ŒUVRES

DE

J. F. COOPER

IMPRIMERIE DE H FOURNIER ET Cᵉ, 7 RUE SAINT-BENOIT.

J. F. COOPER

TRADUCTION

par Defauconpret.

SATANSTOË.

Paris.
FURNE & Cie CH. GOSSELIN
Éditeurs
1846.

OEUVRES
DE
J. F. COOPER

TRADUITES

PAR

A. J. B. DEFAUCONPRET

TOME VINGT-CINQUIÈME

SATANSTOE

PARIS

FURNE ET Ce, CHARLES GOSSELIN
ÉDITEURS

M DCCC XLVI

SATANSTOE.

CHAPITRE PREMIER.

> Voyez donc un peu qui vient ici? Un jeune homme
> et un vieillard causent solennellement ensemble.
> SHAKSPEARE.

Il est facile de prévoir que l'Amérique est destinée à subir de grands et rapides changements. Il en est qui sont plus particulièrement du domaine de l'histoire ; ceux-là, c'est à l'histoire de les raconter avec la véracité quelque peu suspecte qui distingue trop souvent ses travaux ; mais il y a peu d'espoir qu'aucune trace de la société américaine, envisagée sous son aspect privé, soit conservée parmi nous par aucun des moyens ordinairement en usage. Sans théâtre, du moins au point de vue national, sans rien qui ressemble à des mémoires sur une vie contemporaine, sans littérature légère, pour nous donner quelques esquisses des mœurs et des opinions du jour, je ne vois vraiment pas comment la génération qui suivra pourra conserver quelque idée des usages et des traits caractéristiques de la nôtre. Quelques traditions pourront bien se transmettre pendant quelque temps ; mais si les vingt années à venir travaillent aussi activement que celles qui les ont précédées, à substituer une race entièrement nouvelle aux descendants de nos pères immédiats, il y a gros à parier que ces traditions elles-mêmes seront emportées dans ce tourbillon sans cesse renaissant d'étrangers. C'est ce qui m'a déterminé à tenter un effort, pour conserver quelques vestiges de la vie de famille, telle qu'elle existe à New-York, tandis que je cherche à stimuler le zèle de quelques amis à New-

Jersey, et dans les États plus méridionaux, pour qu'ils en fassent autant pour leur pays. Je ne sais si je réussirai à les décider ; mais pour que du moins les essais que je ferai moi-même ne soient pas perdus, j'ai inséré une disposition expresse dans mon testament pour engager ceux qui viendront après moi, jusqu'à mon petit-fils inclusivement, si jamais j'en ai un, à continuer mon œuvre, et à consigner comme moi par écrit ce qui se sera passé autour d'eux. Peut-être dans deux générations commencera-t-on à publier des ouvrages en Amérique, et alors le fruit de nos travaux communs pourra n'être pas perdu.

Sans doute ce sont des incidents bien simples de la vie privée que je vais raconter ; je ne fais pas de l'histoire, je le répète ; mais je crois intimement que celui qui peint avec fidélité une seule scène d'une seule vie contribue puissamment pour sa part à reproduire la physionomie générale d'une époque. C'est ce que j'entreprendrai de faire, sans me permettre d'autres allusions à des événements d'une nature plus générale que celles qui seront indispensables pour l'intelligence du récit.

Je suis né le 3 mai 1737 sur un col de terre, appelé Satanstoé (l'Orteil de Satan), dans le comté de West-Chester et dans la colonie de New-York ; partie de l'immense empire soumis alors à Sa Majesté George II, roi de la Grande-Bretagne, de l'Irlande et de la France ; défenseur de la foi ; rempart et bouclier de la succession protestante. Avant de parler de ma famille, donnons au lecteur une idée plus présise du lieu de ma naissance.

Un *col*, dans le langage du West-Chester et de Long-Island, est ce qu'on devrait appeler plutôt une tête et des épaules, si l'on n'avait égard qu'à la configuration du pays. Péninsule serait le mot propre, si nous faisions une description géographique ; mais je préfère employer l'expression locale qui, après tout, est également usitée ailleurs. Le col de Satanstoé contient juste quatre cent soixante-trois acres et demi d'excellentes terres de West-Chester ; et quand la pierre en a été extraite et mise en œuvre, ce sont des terres qui en valent bien d'autres. Il a deux milles de côtes, et produit la quantité ordinaire d'herbes marines pour engrais, sans compter une centaine d'acres de marais salants. Ce domaine avait été apporté en mariage à mon grand-père, le capitaine Hugh Littlepage, trente ans après la cession définitive de la colonie aux Anglais par les Hollandais, ses propriétaires primitifs ; il devait passer à mon père, le major Evans Littlepage. C'était donc, même à l'époque de ma naissance, un ancien bien patrimonial. C'est là que mes parents demeuraient depuis près d'un demi-siècle, depuis bien plus longtemps même, si l'on comprend la ligne maternelle ; c'est là que je demeure, au moment où j'écris ces lignes ; c'est là, je l'espère, que mon fils unique demeurera après moi.

Avant de commencer une description plus détaillée de Satanstoé, il ne serait peut-être pas mal d'expliquer d'où lui vient ce nom assez étrange. Le col est situé près d'une passe bien connue qui se trouve dans le bras de mer étroit qui sépare l'île de Manhattan de l'Ile-Longue (Long-Island), sa voisine, et qu'on appelle la Porte-de-l'Enfer. Or, voici ce que rapporte une tradition, qui, je l'avoue, ne circule guère que parmi les nègres des environs. Un jour, le père des Ténèbres, mis violemment à la porte de certaines tavernes de la Nouvelle-Hollande, s'était échappé par cette passe célèbre, laissant pour traces de son passage les récifs et les tournants qui rendent la navigation si difficile dans cet endroit ; et en posant précipitamment le pied là où s'étend aujourd'hui une vaste baie au sud et à l'est du col, il toucha de son orteil le col lui-même ; tandis qu'il s'enfonçait dans l'est, partie du pays d'où le bruit courait qu'il était primitivement sorti. Comme le diable est censé mettre sens dessus dessous tout ce qu'il touche, et que notre domaine ressemblait assez par sa forme à un orteil renversé, on lui donna le nom d'Orteil-de-Satan, Satanstoé, nom qu'il porte de temps immémorial ; s'il est permis de se servir de cette expression en parlant d'un pays où rien ne remonte à plus d'un siècle et demi.

J'avoue que je ne suis nullement partisan des changements inutiles, et j'espère de tout mon cœur que ce nom lui restera tant que la maison de Hanovre gouvernera ce royaume, tant que l'on verra l'eau couler et l'herbe pousser. On a tenté tout récemment de persuader aux gens du voisinage que ce nom est irréligieux et indigne d'habitants aussi éclairés que ceux du West-Chester ; mais la tentative a échoué.

Sous le rapport de l'étendue, comme pour la culture et pour les embellissements, Satanstoé n'est guère qu'une grande ferme, mais une ferme en très-bon état. Tous les bâtiments sont en pierre; jusqu'aux hangars, et les murs qui l'entourent feraient honneur à un château-fort. La maison passe pour une des plus belles de la colonie. Elle n'a, il est vrai, qu'un étage, surmonté de mansardes; mais ces mansardes sont les plus jolies du monde, et elles ne dépareraient pas même une maison d'York. Le bâtiment a la forme d'un L, ou de deux côtés d'un parallélogramme, dont l'un présente une façade de soixante-quinze pieds, et l'autre de cinquante. Elle a vingt-six pieds de profondeur, compris l'épaisseur des murs. Le salon avait, du plus loin que je me souvienne, un tapis qui couvrait les deux tiers du plancher, et des toiles cirées garnissaient les principaux couloirs. Le buffet de la salle à manger excitait une admiration générale; et je doute que même aujourd'hui il y en ait un plus beau dans le comté. Toutes les pièces étaient de dimensions convenables; les plus grandes occupaient toute la profondeur du bâtiment, et avaient onze pieds d'élévation, excepté dans les endroits où passaient les poutres qui soutenaient les mansardes.

Comme, sans compter le col, il y avait de la fortune dans la famille, et que les Littlepage avaient servi dans l'armée régulière, mon père comme enseigne, et mon grand-père comme capitaine, l'un et l'autre dans leur jeunesse, nous faisions partie de la petite noblesse du pays. Il n'y avait pas de grand domaine dans cette partie du West-Chester, et Satanstoé passait pour une propriété d'une certaine importance. Car je ne parle pas des Morris qui habitaient Morrisiana, ni des Philips, dont les biens, sur les bords de l'Hudson, s'étendaient jusqu'à douze milles de nous, ni d'une branche cadette des de Lancey qui s'était établie encore plus près; c'étaient les chefs de la colonie, et personne ne pouvait avoir la prétention de lutter avec eux. Quoi qu'il en soit, les Littlepage occupaient un rang très-respectable parmi ceux qui par leurs propriétés, par leur éducation, par leurs alliances, par leur rang officiel, et par une sorte de considération héréditaire, formaient comme l'aristocratie du pays. Mon père et mon grand-père avaient, dans leur temps, siégé dans l'Assemblée, et, à ce que j'ai entendu dire à des vieillards, avec bonheur. Un jour, entre autres, mon père fit un discours, qu'il mit onze minutes à débiter, preuve certaine qu'il avait quelque chose à dire ; et ce fut un sujet de grande mais innocente joie pour toute la famille jusqu'au jour de sa mort, et même longtemps après.

Ce qui ajoutait beaucoup à notre considération, c'étaient les services militaires de la famille. C'était quelque chose alors d'être enseigne même dans la milice, à bien plus forte raison d'avoir le même grade dans l'armée régulière. Il est vrai qu'aucun de nos ancêtres n'avait servi longtemps dans les troupes de Sa Majesté ; mon père avait vendu son brevet à la fin de sa seconde campagne ; mais l'expérience militaire, et, je puis ajouter, la gloire qu'ils avaient acquise, quoique si jeunes, leur furent utiles pour tout le reste de leur vie. Ils furent nommés officiers dans la milice; mon père s'éleva jusqu'au grade de major, grade qu'il conserva pendant les quinze dernières années de sa vie.

Ma mère était d'origine hollandaise des deux côtés ; son père était un Blauvett, et sa mère une Van-Busser. J'ai entendu dire qu'il y avait eu des alliances entre les Van-Cortland et les Van-Busser ; mais je ne saurais préciser à quel degré, et je dois même présumer que ce n'était pas à un degré très-rapproché ; autrement mes renseignements auraient été plus exacts. Ma mère avait apporté à mon père une fortune de treize cents livres, ce qui était une jolie dot en 1733. Je sais très-bien qu'aujourd'hui c'est par six, huit, dix mille livres, et même plus, que l'on compte dans les grandes familles ; mais quiconque se reporte à cinquante ans en arrière, et trouve que sa mère a apporté mille livres à son mari, n'a nullement à rougir.

Je n'étais ni fils unique, ni même fils aîné. Un frère m'avait précédé, deux sœurs me suivirent ; mais tous moururent très-jeunes. Mon petit frère vécut pourtant assez pour me prendre le nom d'Évans, et je reçus le nom hollandais de mon grand-père maternel, qui s'appelait Cornelius. Corny fut donc le diminutif par lequel m'appelèrent tous les blancs de ma connaissance pendant les seize à dix-huit premières années de ma vie, et mes parents, tant qu'ils vécurent. Corny Littlepage n'est pas en soi-même un trop vilain nom, et j'espère que ceux qui me feront l'honneur de lire ce manuscrit ne trouveront pas qu'il a perdu à être porté par moi.

J'ai déjà dit que mon père et mon grand-père avaient, chacun à leur tour, siégé dans l'Assemblée; l'un, deux fois; l'autre, une fois seulement. Quoique notre habitation fût à si peu de distance du bourg de West-Chester, ce n'était pas ce bourg qu'ils représentaient, mais le comté, les de Lancey et les Morris entendant diriger les élections du bourg de manière à laisser peu de chances aux petits poissons qui auraient voulu se montrer à la surface de l'eau. Néanmoins cette élection politique mit mon père en relief, et lui donna une considération dont il n'eût peut-être pas joui sans cela. Y eut-il plus d'avantages que d'inconvénients pour nous à sortir ainsi de la routine habituelle de notre vie paisible, c'est ce que montrera la suite de cette histoire.

J'ai toujours regardé comme un bonheur pour moi de n'être pas né dans les premiers jours de la colonie, lorsque les intérêts en jeu et les événements qui leur donnaient l'impulsion n'étaient pas assez importants pour causer ces vives émotions, ces espérances saisissantes, qui sont le résultat d'une civilisation plus avancée. Sous ce rapport, mon apparition dans le monde eut lieu à l'époque la plus favorable. New-York, qui peut contenir aujourd'hui cent mille âmes, en comptait soixante-dix mille, en comprenant les deux couleurs. C'était un théâtre assez vaste pour qu'on pût trouver à y jouer son rôle; tandis qu'à la naissance de mon père il y avait à rabattre au moins de moitié. Je sus apprécier cet avantage, et l'on verra, je crois, que je n'ai vécu ni dans un coin du globe ni dans un siècle où les grands événements aient complétement manqué.

Naturellement mes plus anciens souvenirs se rattachent à Satanstoé et au coin du feu de la famille. Dans mon enfance, j'entendis beaucoup parler de la succession protestante, de la maison de Hanovre, du roi George II; le tout entremêlé des noms de George Clinton, du général Monkton, de sir Charles Hardy, de James de Lancey, et de sir Danvers-Osborne, ses représentants officiels dans la colonie. Chaque siècle a ses *anciennes* et ses *dernières* guerres; et je me rappelle à merveille celle qui éclata entre les Français du Canada et nous, en 1744. J'avais sept ans, et c'était un événement de nature à faire impression sur un enfant de cet âge. Mon grand-père vivait encore, et il prit un grand intérêt aux mouvements militaires de l'époque, ce qui était naturel de la part d'un vieux guerrier. New-York n'eut aucune part à la célèbre expédition qui prit Louisbourg, alors le Gibraltar de l'Amérique; mais le capitaine Littlepage ne s'y associa pas moins de tout son cœur, ne pouvant le faire plus efficacement. Comme le lecteur pourrait ne pas connaître tous les ressorts secrets qui dirigèrent alors les événements, quelques mots d'explication ne seront pas inutiles.

Il y avait et il y a encore peu de sympathie, au point de vue du sentiment national, entre les colonies de la Nouvelle-Angleterre et celles du sud; et rien de plus différent que leurs coutumes et leurs opinions religieuses, de même que leur origine. J'ai entendu dire que les premières s'étaient recrutées en grande partie dans l'ouest de l'Angleterre, où l'on retrouvait encore beaucoup de leurs usages et de leur idiome; tandis que les colonies plus méridionales avaient reçu leur population des comtés du centre et des parties de l'île qui ont un cachet moins particulier, moins provincial en quelque sorte. Je n'affirme pas positivement le fait; mais ce qui est certain, c'est que nous autres de New-York, nous regardons nos voisins de la Nouvelle-Angleterre comme des êtres tout différents, et que ceux-ci ont exactement la même opinion à notre égard.

Quoi qu'il en soit, il est certain que la Nouvelle-Angleterre est une portion de l'empire qui, soit en bien, soit en mal, fait classe à part. Elle doit son nom à la circonstance que les possessions anglaises rencontrèrent, à leurs limites occidentales, celles des Hollandais, qui furent ainsi séparées des autres colonies d'origine purement anglo-saxonne, par un vaste district ayant plus d'étendue que la métropole elle-même. Il faut qu'il y ait dans le caractère de ces Anglo-Saxons une prédisposition à railler et à mépriser les autres races. J'ai remarqué, en effet, que les habitants de la mère-patrie qui viennent au milieu de nous, la montrent même à l'égard de nous autres habitants de New-York et de ceux de la Nouvelle-Angleterre; tandis que ces derniers manifestent envers nous, leurs voisins, des sentiments qui n'ont rien de commun avec l'humanité, cette grande vertu du christianisme, dont ils se prétendent pourtant des membres si zélés.

Mon grand-père était de la vieille souche, et il partageait peu ces jalousies d'État à État. Il habitait New-York depuis son enfance, il s'était marié à New-York, et il n'affichait pas ces prétentions outrecuidantes à la supériorité, que nous rencontrons quelquefois dans les Anglais pur sang; quoique je me rappelle très-bien des occasions où il signalait des défauts dans notre civilisation, et d'autres où il s'étendait avec complaisance sur la grandeur et sur la puissance de son île. Tout cela était naturel, car il n'est presque personne parmi nous qui soit disposé à contester la suprématie de l'Angleterre.

Je me souviens d'un voyage que le capitaine Hugh Littlepage fit à Boston, en 1745, pour voir les préparatifs qui se faisaient pour la grande expédition. Quoique, au point de vue militaire, sa colonie n'eût aucune part à cette entreprise, son expérience faisait rechercher sa société par les officiers qui étaient alors assemblés sur les côtes de la Nouvelle-Angleterre. On a dit que l'expédition contre Louisbourg avait été conçue par un avocat, dirigée par un négociant, et exécutée par des artisans et des ouvriers. Cela est vrai en principe ; mais, comme à toute règle, il y eut des exceptions. Il y avait beaucoup de vieux militaires qui avaient servi sur le continent dans les guerres antérieures, et mon grand-père en avait connu plusieurs. Ce fut avec eux qu'il passa bien des heures délicieuses avant l'embarquement, et j'ai souvent pensé depuis que ma présence seule l'empêcha de partir avec eux. Le lecteur trouvera sans doute que j'étais bien jeune pour avoir entrepris un si long voyage, mais en voici la raison. Je venais d'avoir la petite vérole ; le médecin avait déclaré qu'un changement d'air me ferait du bien, et mon excellente mère avait décidé son beau-père à m'emmener avec lui, quand il était parti pour Boston dans l'hiver de 1744.

Les choses que je vis alors eurent une influence matérielle sur toute ma vie. Je pris le goût des aventures, et surtout des entreprises militaires. Mon grand-père rencontra à Boston un de ses anciens compagnons d'armes, qui était venu aussi pour voir les préparatifs, et ils ne se quittèrent presque plus. Le major Hight était de Jersey. Il avait été dans son temps un bon vivant, et il lui en restait bien encore quelque chose. Il aimait beaucoup à boire, et surtout de l'excellent madère, dont il avait apporté une bonne provision avec lui. Il fallait alors l'entendre causer avec son ami sur la marche des affaires. Ils ne se traitaient pas à chaque phrase de « major » et de « capitaine, » ce qui n'eût pas manqué d'arriver s'ils eussent été de la province dans laquelle ils se trouvaient, quoique New-York ait toujours passé pour la plus aristocratique des colonies du nord. C'étaient tout simplement Hugh et Joe, comme ils s'étaient appelés dans leur enfance.

— Ces Yankees me plairaient plus, s'ils priaient moins, mon vieux, dit un jour le major, tout en fumant sa pipe, après une discussion approfondie sur les événements du jour. — Je ne vois pas la nécessité de perdre tant de temps à prier, une fois que la campagne est commencée.

— Ils n'en font jamais d'autre, répondit mon grand-père, prenant son temps, comme c'est l'habitude des fumeurs. Vous rappelez-vous, quand nous servions ensemble, en 1717, que les troupes de la Nouvelle-Angleterre avaient toujours leurs ministres, qui étaient des espèces de colonels en second? On dit que Son Excellence a décidé qu'il y aurait un jour de jeûne par semaine, en guise de prière publique, pendant toute la durée de la campagne.

— Oui, maître Hugh, prier et piller, voilà tout ce qu'ils savent faire, reprit le major en vidant sa pipe avant de la remplir; prier et piller, c'est leur fort. Vous vous rappelez le vieux Watson, qui servait dans les levées de Massachusetts en 1712? le vieux Tom Watson, le bras droit de Barnwell dans notre expédition de Tuscarora?

Mon grand-père inclina la tête en signe d'assentiment, seul genre de réponse que l'exercice continu de sa pipe permit pour le moment.

— Eh bien, il a un fils qui fait partie de l'expédition, et le vieux Tom, que dis-je? le colonel Watson, car il tient beaucoup à ce qu'on l'appelle ainsi, est venu ici avec sa femme et ses deux filles pour le voir s'embarquer. J'ai été lui rendre ma visite, et j'ai trouvé la famille occupée, comme une fourmilière, à préparer le bagage du jeune Tom. Je vis tout le *bataclan* étalé sous mes yeux, et j'eus le temps de l'examiner à mon aise.

— Ce que vous ne manquâtes pas de faire, ou vous n'êtes pas le Joe Hight de 1710.

Le vieux major venait de remplir sa pipe, et il soufflait comme un forgeron pour l'allumer. L'opération fut bientôt faite, et il reprit alors :

— Vous ne vous trompez pas. Mais que diriez-vous de trouver une demi-douzaine de bottes d'oignons rouges dans les provisions d'un enseigne ?

— Allons donc ! êtes-vous certain qu'ils étaient rouges ?

— Rouges comme son uniforme. Il y avait ensuite une cruche remplie de mélasse, qui était grosse comme cette dame-jeanne, ajouta-t-il en montrant celle qui contenait ses provisions. Mais ce qui attira surtout mon attention, ce fut un énorme sac qui était vide. — Que diable le jeune Tom veut-il faire de ce sac ? me demandai-je tout bas ; mais, tout en causant, le père m'avoua très-franchement que Louisbourg passait pour une ville très-riche, et qu'on ne pouvait savoir ce que la fortune, ou la Providence — oui, par saint George, il nomma la Providence ! — pouvait faire trouver à son fils Tom sur son chemin. Comme pour le moment ce sac était vide, les jeunes filles imaginèrent d'y placer sa Bible et son livre d'hymnes, bien sûres que c'était l'endroit où le jeune enseigne les trouverait le plus facilement. Je suis très-certain, Hugh, que vous n'avez jamais eu ni Bible ni livre d'hymnes dans aucune de vos nombreuses campagnes.

— Non, certes, ni sac de butin, ni cruche de mélasse, ni bottes d'oignons rouges, grommela mon grand-père.

Ce soir-là les deux amis se mirent en gaieté en buvant au succès de l'expédition Yankee, au moment même où ils lançaient force lardons contre les individus. C'est un travers qui n'est pas particulier à nos provinces. J'ai souvent remarqué que les Anglais parlent des Français comme les Yankees parlent de nous, tandis que les Français, autant que je puis entendre leur baragouin, qui semble n'avoir jamais ni commencement ni fin, traitent les Anglais comme les Puritains de l'Ancien-Monde.

Comme je l'ai déjà fait entendre, nous n'étions pas très-forts à

New-York sur l'article de la religion ; tandis qu'au contraire chez nos voisins la religion était toujours *en évidence*. Un certain colonel Heathcote, Anglais comme lui d'origine, révolté de voir que nous n'étions guère que des païens, raconta à mon grand-père l'expédient qu'il avait imaginé pour réveiller un peu le sentiment religieux. Commandant la milice de la colonie, il donna ordre aux capitaines des différentes compagnies de réunir leurs hommes tous les dimanches au point du jour, et de leur faire faire l'exercice sans interruption jusqu'au soir, à moins qu'ils ne consentissent à aller entendre l'office du matin et du soir, et deux bons sermons dans la journée ; expédient qui réussit à merveille.

Mais tout ce bavardage m'entraîne loin de mon histoire, et il est temps d'y revenir.

CHAPITRE II.

> Je voudrais qu'il n'y eût point d'âge entre dix et vingt-trois ans, ou que l'intervalle s'écoulât en dormant.
>
> SHAKSPEARE.

JE ne dirai pas grand'chose des quatorze premières années de ma vie. Elles se passèrent comme celles de la plupart des fils de bonne famille de notre colonie. Il y avait chez nous une classe, peu nombreuse il est vrai, et composée en grande partie de propriétaires d'origine hollandaise, qui se contentait de l'éducation indigène et qui n'envoyait presque jamais ses enfants en Angleterre pour compléter leur instruction. Ce sont des préjugés qui commencent, me dit-on, à s'affaiblir ; et l'on pourrait bien ne pas tarder à croire qu'Oxford et Cambridge sont des universités qui valent bien celle de Leyde ; mais dans mon enfance une pareille opinion eût été une monstruosité aux yeux de tous les

Van du monde. Ils donnaient à leurs enfants très-peu d'instruction proprement dite, ce qu'ils pouvaient en ramasser par-ci, par-là; mais ils leur inculquaient des leçons de probité non moins utiles que le savoir, si les deux choses étaient réellement inconciliables.

Une autre classe, en grande partie d'origine anglaise, élevait ses fils avec soin, et les envoyait en Angleterre dans les grands établissements d'instruction publique, et, pour finir, à l'Université. Les Littlepages n'étaient pas de ce nombre; ni leurs goûts ni leur fortune ne les engageaient à prendre un si haut essor. Quant à moi, j'appris assez de grec et de latin d'un ministre anglais pour être en état d'entrer dans un collége. Le révérend Thomas Worden, recteur de la paroisse sur laquelle nous demeurions, passait pour un savant du premier ordre. Il était de tous les dîners, de toutes les fêtes, de toutes les réunions qui se donnaient à dix milles à la ronde. Ses sermons étaient courts, mais énergiques, et il traitait les prédicateurs qui parlaient une demi-heure, de phraseurs ignorants qui ne savaient pas condenser leurs pensées. Vingt minutes étaient sa mesure, quoique mon père l'eût entendu une fois aller jusqu'à vingt-deux. Quand le sermon ne durait que quatorze minutes, mon grand-père ne manquait jamais de protester qu'il était divin.

Quand je quittai M. Worden j'étais en état de traduire les deux premiers livres de l'Énéide et tout l'Évangile de saint Matthieu assez couramment, et alors la question fut de savoir à quel collége on m'enverrait : nous avions le choix entre deux, où les langues savantes et les sciences étaient enseignées avec un succès qui avait lieu d'étonner dans un pays si nouveau. C'étaient Yale, à New-Hawen, dans le Connecticut, et Nassau-Hall, alors établi à Newark, dans le New-Jersey. M. Worden haussa les épaules de pitié dès qu'on prononça leur nom; il dit que la plus mince école primaire d'Angleterre valait cent fois mieux, et que tout élève des classes de grammaire à Eton ou à Westminster pourrait s'asseoir dans la chaire et en remontrer aux professeurs. Mon père, qui était né aux colonies, et qui de plus était colon dans l'âme, fut un peu piqué, tandis que mon grand-père, né dans la mère-patrie, mais élevé aux colonies, ne savait trop quelle contenance faire. Le capitaine avait un grand respect pour son pays natal, qu'il regardait comme le paradis sur la terre, bien qu'il n'en eût pas conservé une idée très-distincte; mais en même temps il aimait le vieil York, et en particulier le West-Chester, où il s'était marié et établi.

J'assistai à la conversation dans laquelle cette question fut décidée. C'était dans le grand parloir de la maison, une semaine avant Noël. Je venais d'avoir quatorze ans. Les personnes présentes étaient le capitaine Hugh Roger, le major Evans, ma mère, le révérend M. Worden, et un vieux Hollandais nommé Van Valkenburgh, que ses amis appelaient par abréviation le colonel Follock. Ce colonel était un ancien compagnon d'armes de mon père, de plus arrière-cousin de ma bisaïeule; c'était un homme de poids et de considération. Jamais il ne manquait de venir faire une visite à Satanstoe vers cette époque de l'année. Cette fois il était accompagné de son fils, Dirck, qui était mon ami, et qui avait juste un an de moins que moi.

— Eh! bien donc, demanda le colonel pour entamer la discussion, voyons, Evans, quelles sont vos intentions à l'égard de ce garçon? Recevra-t-il une éducation de collége, comme son grand-père, ou seulement une éducation d'école primaire, comme son père?

Cette allusion aux études de mon grand-père était une plaisanterie du colonel, qui prétendait que, du moment qu'on était né dans la mère-patrie, on avait par cela seul la science infuse.

— A parler franchement, répondit mon père, c'est un point qui n'est pas encore entièrement réglé; car les opinions diffèrent sur l'endroit où on l'enverra, si même on l'envoie quelque part.

Le colonel fixa ses gros yeux bleus sur mon père avec une expression bien prononcée de surprise.

— Comment diable! mais y a-t-il donc tant de colléges, pour que le choix soit si difficile?

— Il ne peut être question que de deux pour nous, car Cambridge est trop éloigné pour que nous songions à y envoyer notre enfant. Nous y avons bien pensé dans le principe, mais nous y avons renoncé.

— Cambridge! qu'est-ce que cela? demanda le Hollandais en

ôtant sa pipe de sa bouche pour faire une question de cette importance.

— C'est un collége de la Nouvelle-Angleterre, près de Boston, tout au plus à une demi-journée de distance.

— Gardez-vous d'y envoyer Cornelius! s'écria le colonel, en lâchant ces paroles en même temps qu'une bouffée de fumée.

— Et pourquoi donc? demanda ma mère inquiète.

— Il y a trop de dimanches par là, madame Littlepage. L'enfant sera gâté par un tas de ministres. Il partira honnête garçon et reviendra mauvais garnement.

— Comment donc, mon cher colonel, s'écria le révérend M. Worden avec une chaleur tant soit peu affectée, est-ce à dire que le clergé et les dimanches ne soient propres qu'à faire des scélérats?

Le colonel ne répondit rien. Il continua à fumer sa pipe très-philosophiquement; mais il fit un geste des plus significatifs avec sa pipe du côté du levant, en l'honneur des colonies de la Nouvelle-Angleterre. Le révérend ne fit pas mine de s'en apercevoir, et continua à verser d'un vase dans un autre le cordial qu'il préparait.

— Que pensez-vous d'Yale, colonel? demanda mon père, qui avait compris à merveille cette pantomime.

— Je n'en retournerais pas la main, Evans. Encore des braillards qui prient toute la journée. Est-ce que de braves gens ont besoin de tant de religion? Quand un homme est vraiment bon, la religion ne peut que lui être nuisible. — J'entends la religion des Yankees.

— J'ai encore une objection contre Yale, s'écria le capitaine Hugh Roger, c'est leur anglais.

— Ne m'en parlez pas, s'écria le colonel, qui ne pouvait pas dire deux mots d'anglais sans les écorcher; leur anglais est atroce.

— Voyez pourtant! dit mon père; je n'en avais pas le moindre soupçon. Alors il faudra envoyer notre garçon à Newark, dans le New-Jersey.

— J'y pourrais consentir, ajouta ma mère, s'il ne fallait point passer l'eau.

— Comment passer l'eau? répéta M. Worden. Le Newark dont nous parlons, madame Littlepage, n'est pas celui d'Angleterre, mais bien celui de la colonie voisine.

— Je le sais, monsieur Worden ; mais on ne peut aller à Newark sans faire cette traversée terrible de New-York à Powles-Hook ; et chaque fois que mon pauvre enfant reviendrait chez nous, il aurait à passer par-là. Non, monsieur, c'est impossible. Je n'aurais plus une seule minute de tranquillité.

— Il peut aller par le gué de Dobb, madame Littlepage, dit tranquillement le colonel.

— Je ne m'en soucierais guère plus. Un gué est un gué, et l'Hudson est toujours l'Hudson depuis Albany jusqu'à New-York. De l'eau est de l'eau partout.

Cette proposition était tellement incontestable qu'il y eut un moment de silence.

— Il y a moyen après tout, Evans, reprit enfin le colonel, en jetant un coup d'œil significatif à mon père, il y a moyen, vous le savez comme moi par expérience, de doubler l'Hudson. La route est longue; il faut passer par les bois ; mais cela vaut encore mieux que de laisser le pauvre garçon sans instruction. Le trajet peut être fait en deux mois, et cela lui dégourdira les jambes. Je lui montrerai le chemin.

Ma mère vit qu'on se moquait d'elle et de ses craintes chimériques, et elle eut le bon esprit de garder le silence. La discussion ne s'en prolongea pas moins, et, après avoir longtemps pesé le pour et le contre, on décida que je serais envoyé au collége de Newark.

— Vous y enverrez aussi Dirck, n'est-ce pas? ajouta mon père dès que l'affaire fut réglée en ce qui me concernait. Ce serait dommage de séparer deux garçons qui vivent ensemble depuis si longtemps et qui ont entre eux tant de points de ressemblance.

— A quelques légères différences près, répondit froidement le colonel.

Il n'y avait pas plus de rapports entre Dirck et moi qu'entre un cheval et un mulet.

— Ah! c'est que Dirck ferait honneur à ses maîtres. C'est un garçon solide, réfléchi; c'est une de ces bonnes pâtes dont on ferait un évêque en Angleterre.

— Nous n'avons pas besoin d'évêques dans ma famille, major Evans, ni de si grands savants, voyez-vous. On ne nous a jamais rien appris, à nous autres, et nous n'en avons pas moins fait notre chemin. Je suis colonel; mon père l'était de même, mon grand-père également; et Dirck peut le devenir, sans avoir besoin de passer ce terrible gué qui effraie si fort madame Littlepage.

Le colonel aimait assez à plaisanter; mais c'étaient des plaisanteries assaisonnées, suivant l'expression de M. Worden, de bon gros sel hollandais. Tant que je fus à Newark, après même que j'en fus sorti, ma mère eut à essuyer une bordée continuelle de sarcasmes sur ce terrible gué, que le colonel trouvait moyen de ramener à chaque phrase.

— Vous vous êtes très-bien tiré d'affaires, colonel, nous en convenons tous, sans avoir été mis au collége; mais qui sait si vous ne seriez pas parvenu plus haut encore, dans le cas où vous auriez pris vos degrés? peut-être le colonel serait-il aujourd'hui général.

— Il n'y a point de général dans la colonie, le commandant en chef excepté, riposta le colonel. Nous ne sommes pas des Yankees pour faire des généraux de nos laboureurs.

— Parbleu, vous avez raison, Follock, s'écria mon père; des colonels sont assez bons pour nous; mais nous tenons encore à ce que même un colonel soit un homme respectable et digne de l'emploi qui lui est confié. Quoi qu'il en soit, un peu d'instruction ne fera pas mal à Corny; faites de Dirck ce que vous voudrez, Corny n'en ira pas moins au collége. Ainsi donc, c'est un point réglé; n'en parlons plus.

Effectivement, je partis pour le collége, et, qui plus est, par le terrible gué. Si près que nous fussions de la ville, ce fut le jour où je partis avec mon père pour Newark que je rendis ma première visite à l'île de Manhattan. J'avais une tante qui demeurait dans Queen-Street, et qui nous avait invités à nous arrêter chez elle en passant. A cette époque, on n'était pas toujours, comme aujourd'hui, par voies et par chemins. Il était rare que mon père et mon grand-père allassent à New-York, à moins que leurs fonctions législatives ne les y appelassent. Les visites de ma mère étaient encore moins fréquentes, quoique mistress Legge fût sa propre sœur. M. Legge était un avocat renommé, mais il inclinait vers l'opposition, et il ne pouvait y avoir beaucoup de sympathie entre une personne de cette opinion et notre famille. A peine étions-nous arrivés qu'il s'engagea une vive discussion entre mon père et mon oncle sur la question de savoir jusqu'où allait le droit de contrôler les actes du gouvernement. Il paraît qu'il s'était formé dans la ville un parti qui avait la prétention de se faire rendre compte de l'emploi de toutes les taxes jusqu'au dernier schelling. Cette intervention, tout à fait déplacée dans des affaires qui ne les concernaient pas, réclamée par les gouvernés, était repoussée avec énergie par les gouvernants, qui prétendaient que ce serait entraver la marche régulière de l'administration. Mon père soutenait la cause du pouvoir, mon oncle celle du peuple; on s'animait de plus en plus, et je me souviens que ma pauvre tante paraissait au supplice, et qu'elle chercha à faire prendre un autre tour à la conversation.

— Je suis charmée, dit-elle, que Corny soit arrivé dans ce moment, car demain est un grand jour de fête pour les nègres et pour les enfants.

Je ne m'offensais pas le moins du monde d'être rangé avec les nègres; car ils prenaient part à presque tous les amusements des jeunes gens de notre âge; mais je fus un peu piqué de me voir confondu avec les enfants, moi qui venais d'avoir quatorze ans et qui allais entrer au collége. Néanmoins je n'en laissai rien voir, et j'avoue même que j'étais assez curieux de savoir quelle était cette grande fête qui se préparait. Mon père se chargea d'en demander l'explication à ma tante.

— Un bâtiment a apporté ce matin la nouvelle que le *Patron* d'Albany est en route pour New-York, dans son équipage à quatre chevaux, précédé de deux piqueurs, et qu'il arrivera sans doute demain dans la matinée. Plusieurs de mes connaissances ont déjà permis à leurs enfants d'aller à sa rencontre; et quant aux noirs, il n'y aurait aucune avance à leur refuser la permission, attendu qu'ils la prendraient d'eux-mêmes.

— Ce sera une excellente occasion pour Corny de voir un peu le monde, dit mon père, et je ne voudrais la laisser échapper pour rien au monde. Il est bon d'ailleurs que les jeunes gens apprennent de bonne heure à honorer leurs supérieurs.

— Eh bien! soit, dit mon oncle qui, malgré ses opinions avancées en politique, avait un faible pour la puissance; après tout, le Patron d'Albany est un homme des plus respectables et des plus riches; que Corny aille le voir passer; mais j'espère que vous permettrez à Pompée et à César de l'accompagner. Il est bon qu'ils voient comment est tenu un équipage de Patron.

Munis de cette autorisation, nous partîmes tous les trois de bonne heure, et mes conducteurs commencèrent par me montrer les beautés de New-York. C'était déjà une belle et noble cité, quoique en 1751 elle fût loin d'avoir les dimensions qu'elle a atteintes aujourd'hui. Vers onze heures, le flot de nègres et d'enfants qui se précipitaient hors de la ville nous entraîna, et nous ne nous arrêtâmes qu'à un mille de distance, sous quelques cerisiers, presque en face de la maison de campagne du lieutenant-gouverneur de Lancey. Il n'y avait pas que des enfants et des nègres sur la route : on voyait aussi des tabliers de cuir, et bon nombre d'ouvriers étaient venus prendre leur part du spectacle. Je vis même deux ou trois personnes, l'épée au côté, qui rôdaient dans les bois et dans les contre-allées, preuve que des gens comme il faut avaient aussi le désir de voir le grand personnage. Enfin on aperçut les deux piqueurs et le carrosse, traîné par de gros chevaux noirs que César déclara être de la vraie race flamande. Le patron était un homme de bonne mine, portant un habit écarlate, une large perruque et un chapeau à trois cornes. Je remarquai que la poignée de son épée était d'argent massif. Mais l'épée de mon père avait aussi une poignée d'argent massif; c'était un cadeau que mon grand-père lui avait fait au moment où il entrait dans l'armée. Le Patron rendit gracieusement en passant les saluts qu'on lui adressait, et tous les spectateurs semblaient ravis du spectacle qu'ils avaient sous les yeux. C'était chose rare dans les colonies que de voir un semblable équipage, et je m'applaudis de ma bonne fortune.

Il arriva un petit incident qui rendit cette journée longtemps mémorable pour moi. Parmi les spectateurs assemblés sur la route à cette occasion, se trouvaient quelques groupes de jeunes filles, qu'à leur mise on reconnaissait pour appartenir à la classe aisée, et qui avaient été entraînées aussi jusque-là, soit par leur curiosité, soit par celle de leurs bonnes. Dans un de ces groupes était une jolie enfant de dix à douze ans, qui attira surtout mon attention. Elle avait de grands yeux bleus d'une expression charmante, et les garçons de quatorze ans sont déjà sensibles à la beauté, quoique, en général, ils préfèrent les grandes demoiselles aux petites filles. Pompée se trouvait connaître Silvy, la négresse qui conduisait mon petit amour, qu'il salua du nom de miss Anneke (abréviation pour Anna Cornelia). Anneke me parut aussi un très-joli nom, et je rompis la glace en offrant quelques fruits que j'avais cueillis sur le bord du chemin. Mes fruits furent acceptés; mes affaires allaient à merveille, et déjà je m'étais aventuré à demander si miss Anneke avait déjà vu un Patron, quel était le plus grand personnage, d'un Patron ou d'un gouverneur, quand un petit garçon boucher, en passant, coudoya rudement Anneke, lui enleva une pomme qu'elle tenait à la main, et je vis une larme couler des yeux de la pauvre enfant.

Je n'y pus tenir, et j'allongeai au drôle, entre les deux épaules, un coup qui lui fit comprendre que la petite fille avait un protecteur. Ce garnement était à peu près de mon âge et de ma force; il me toisa un instant de la tête aux pieds, d'un air de mépris, puis il me fit signe de le suivre dans un verger qui était à quelques pas de distance. J'y courus en dépit des prières d'Anneke; et Pompée et César me suivirent. Nous avions déjà mis habit bas quand ils arrivèrent; car ils s'étaient demandé si l'on devait me permettre ou non de me battre. Pompée faisait valoir que cela retarderait le dîner; mais César, qui avait voix prépondérante, prétendit que, puisque j'avais donné un coup, je ne pouvais refuser satisfaction. Par bonheur, M. Worden était un boxeur très-habile; il m'avait donné, ainsi qu'à Dirck, d'excellentes leçons, et je les mis si bien à profit que le garçon boucher fut bientôt forcé de demander grâce. Il avait le nez en sang et l'œil poché; j'avais bien aussi une ou deux balafres, mais ce fut un titre de gloire au collége, où elles me valurent le renom, à peine mérité, de pugiliste consómmé.

Quand je regagnai la route après le combat, Anneke avait disparu, et j'eus la sottise de n'oser demander ni à César ni à Pompée son nom de famille.

CHAPITRE III.

> En vérité, voilà un admirable personnage, qui n'est pas mécontent de son petit mérite. Voyons! qu'il vienne nous montrer son talent.
>
> SHAKSPEARE.

JE n'ai pas l'intention de conduire le lecteur au collége, où je restai les quatre années d'usage. Ce temps ne fut pas perdu, comme il arrive d'ordinaire, mais mis sérieusement à profit. Je lus le Nouveau-Testament tout entier en grec ; plusieurs des discours de Cicéron; Horace, Odes et Satires, sans en passer un vers; quatre livres de l'Iliade; le traité de l'Orateur de Cicéron, d'un bout à l'autre, sans négliger pour cela la géographie, les mathématiques et les autres branches des connaissances. La philosophie morale fut, dans la dernière année, l'objet d'une étude sérieuse, ainsi que l'astronomie. Nous avions un télescope qui nous montrait quatre des satellites de Jupiter, tout autant. Notre collége n'était pas moins bien monté sous d'autres rapports. Un des élèves de notre classe avait acheté de hasard à New-York un exemplaire d'Euripide, et cet exemplaire resta au collége pendant six mois entiers, quoique je n'aie jamais eu la bonne fortune de le voir, attendu que le propriétaire était fort jaloux de son trésor, et qu'il le dérobait avec soin à tout regard profane. N'importe, nous savions qu'il était au collége, et nous eûmes grand soin de veiller à ce que les étudiants du collége d'Yale en fussent informés. Je ne crois pas qu'ils eussent jamais vu même la couverture d'un Euripide. Quant au télescope, j'en parle de science certaine, ayant vu plus de dix fois de mes propres yeux les satellites de Jupiter. Nous avions un maitre très-expert en astronomie, et qui eût été de force à nous montrer l'anneau de Saturne, s'il avait pu découvrir la planète : ce fut le seul obstacle qui l'arrêta.

Mes quatre années de collége furent un heureux temps. Les vacances étaient fréquentes, et j'allais constamment les passer à la maison. J'ai toujours trouvé du plaisir à m'instruire, et je puis dire, je crois, sans vanité, à l'âge où je suis parvenu, que j'occupais la troisième place dans ma classe. Nous aurions eu quatre gradués, si l'un de nos compagnons n'était tombé malade au moment des examens. Nous nous en tirâmes à notre honneur ; seulement j'entendis mon grand-père dire à M. Worden qu'il aurait été plus content de nos dissertations, si nous avions moins parlé de la prospérité croissante et phénoménale des colonies. Il était loin de blâmer qu'on fût bon patriote ; mais il ne voyait pas la nécessité de le répéter sur tous les tons et à peu près dans les mêmes termes.

Quant au gué de Powles-Hook, j'avoue qu'il méritait sa réputation, quoique je m'en inquiétasse peu alors. Ma mère ne se sentit pas d'aise quand je le passai pour la dernière fois ; et les premiers mots qu'elle prononça en m'embrassant furent ceux-ci : Grâce au ciel, Corny, tu n'auras plus jamais besoin de passer cet horrible gué, maintenant que tu es sorti du collége. Ma pauvre mère ne songeait pas alors que j'aurais bien d'autres dangers à courir dans le monde ; et même elle se trompait dans ses prévisions, car combien de fois n'ai-je pas fait depuis la même traversée !

C'était une recommandation pour un jeune homme, en 1755, d'avoir pris ses grades dans un collége. Dans la classe surtout à laquelle j'appartenais, les exemples n'en étaient pas fréquents. Il semblait que par là j'eusse donné le droit d'être plus exigeant à mon égard. Quoi qu'il en soit, je ne crois pas avoir fait honte à notre *alma Mater* ; et les connaissances que j'eus le bonheur d'acquérir furent loin de m'être inutiles par la suite.

J'entretins une correspondance active avec Dirck Follock pendant tout le temps de mon séjour au collége. Il resta encore deux ans à l'école de M. Worden ; mais je ne sais trop ce qu'il y apprit. Le maître avait coutume de dire au colonel que les progrès de son cher fils étaient lents, mais certains ; et c'en était bien assez pour satisfaire un homme qui avait une aversion instinctive pour ce système de tout faire en courant, si en usage parmi la population anglaise. Le colonel Follock aimait assez que son fils, proportion gardée en raison de l'âge et de l'expérience, n'en sût pas plus que lui.

Quand je retournai à la maison paternelle, l'école venait de changer de mains. M. Worden avait fait un modeste héritage, et il renonçait à l'enseignement, carrière pour laquelle il n'avait jamais eu beaucoup de goût. Mais il ne s'en acquitta pas avec moins de zèle de ses fonctions de ministre, quoique les mauvaises langues aient prétendu que depuis qu'il se voyait à la tête d'un revenu de cinquante livres sterling il en prenait un peu plus à son aise. Il fallait trouver un remplaçant à M. Worden, ou fermer une école qui était le centre de la science dans le West-Chester. On chercha d'abord en Angleterre, mais sans succès ; et il fallut agréer un gradué du collége d'Yale, ce qui n'eut pas lieu sans beaucoup de murmures et de réclamations. A son arrivée, le colonel Follock et le major Nicolas Oothout, autre Hollandais respectable, retirèrent leurs enfants ; et, à partir de ce moment, Dirck ne retourna jamais à l'école.

Le nouveau pédagogue s'appelait Jason Newcome, et comme j'aurai souvent à parler de lui, il est bon que je le fasse connaître à nos lecteurs. La première fois que je le vis, nous nous observâmes d'abord comme deux oiseaux qui viennent percher sur la même branche. C'était New-Haven contre Newark ; et un gradué de Newark était chose aussi curieuse dans le pays qu'un sou de la reine Anne, ou un livre imprimé dans le quinzième siècle. Jason était un puritain renforcé en théorie ; mais ses principes fléchissaient au besoin dans la pratique. Ainsi, ce soir-là, je surpris sous son air austère et contrit une expression cachée de contentement, lorsqu'une heure ou deux avant le souper on apporta des cartes et des pipes. Il ne savait trop d'abord quelle contenance tenir, et son regard inquiet semblait demander si c'était bien pour lui que ces innocents plaisirs se préparaient. Quand ma mère eut disposé les jeux sur la table, Jason jeta un coup d'œil derrière lui, comme pour s'assurer si le ministre ou « les voisins » n'étaient pas là pour le voir.

Les voisins! qu'un homme devient méprisable, quand il vit dans une crainte continuelle des commentaires et des jugements de ces inquisiteurs sociaux! quelle pitié de n'avoir pour guide de ses actions que cette stupide pensée du *qu'en dira-t-on?* Et cependant on verra l'homme le plus heureusement doué accepter ainsi la surveillance de l'envie, de l'ignorance et de la sottise. C'est toujours la fable du géant tenu enchaîné par un pygmée. J'ai toujours remarqué que ceux qui par leur caractère et leurs principes auraient le plus de droits de siéger dans ce tribunal improvisé ont toujours soin de s'en tenir éloignés, laissant ainsi le rebut de la société rendre des arrêts qui, pour être injustes, n'en exercent pas moins d'autorité.

J'aurais ri de bon cœur, si je l'avais osé, en voyant Jason éprouver toutes les angoisses d'un criminel, pendant que ma bonne et innocente mère préparait la table de jeu. Ses scrupules n'étaient que de convention ; c'était le résultat des idées étroites et mesquines d'une secte de province ; ce n'était point le cri de la conscience, telle que Dieu l'a faite. Mon grand-père dit qu'on ne voyait plus littéralement que le blanc de ses yeux, au moment où M. Worden commença à mêler ; et pendant tout le temps de la partie, il avait l'air embarrassé d'un coupable qui s'attend à voir entrer quelqu'un et à être pris sur le fait. Je découvris bientôt que, si Jason avait peur, ce n'était pas de commettre des actions aussi noires que celle de faire un whist ou de boire un verre de punch ; c'était d'être vu le faisant. Sa conscience établissait une ligne de démarcation bien distincte entre les actes et les conséquences qu'ils pouvaient entraîner. En un mot, il était fragile tout comme un autre, mais il lui répugnait de le paraître.

M. Worden sua sang et eau pour faire briller son successeur, et rien n'était plus amusant que la manière dont Jason prononçait le latin. Il n'avait pas la plus légère idée de la quantité, et c'était à n'y rien reconnaître. Son anglais n'était pas moins burlesque. Jason était le fils d'un bon fermier du Connecticut, et il n'avait reçu dans le principe d'autre éducation que celle qu'on peut recevoir dans une école de village ; il n'avait lu d'autres livres que la Bible, une demi-douzaine de volumes de sermons et d'ouvrages de polémique, dans lesquels on ne traitait jamais qu'un côté de la question, et quelques brochures écrites expressément pour entonner les louanges de la Nouvelle-Angleterre, et rabaisser tout le reste de l'univers. Comme pour sa famille le monde se concentrait dans le village qu'elle habitait, sauf une visite parfois à Hartford le jour de l'élection, son expérience de la vie était des plus bornées. Son anglais était celui du voisinage et des gens de sa classe, et, par conséquent, ce n'était pas du pur dorien. C'était sur cette base tant soit peu grossière que Jason avait établi l'édifice de son instruction lorsque ses parents se décidèrent à profiter de ses heureuses dispositions et à l'envoyer à New-Haven, de sorte que son langage était un composé d'expressions prétentieuses à côté de naïvetés triviales. Non pas que Jason n'eût acquis un certain fonds de connaissances : j'ai déjà dit qu'il était gradué; mais il avait commencé tard, et il se ressentait encore du milieu dans lequel il avait vécu si longtemps. Il avait de la finesse dans l'esprit, mais des manières toujours si évasives, qu'on eût été parfois tenté de l'accuser d'hypocrisie. Jason professait un grand mépris pour New-York; il ne parlait que du Connecticut, ne trouvait bien que ce qui s'y faisait et blâmait tout le reste. Il y avait pourtant une chose pour laquelle il avait en tout lieu beaucoup de déférence : c'était l'argent. Les gens riches n'étaient pas nombreux alors au Connecticut, ils ne le sont pas même aujourd'hui ; et Jason faisait un exception pour les gens riches, il les aimait tous comme des compatriotes.

Tels sont, en peu de mots, les principaux traits du caractère du personnage que je trouvai, à mon retour, à la tête de l'école de M. Worden. Nous eûmes bientôt fait connaissance. La conversation ne tarissait pas entre nous, et nous ne nous ménagions pas, par suite de nos préjugés mutuels. Jason était le niveleur le plus radical, tandis que j'étais imbu des opinions de ma colonie, dans laquelle les distinctions de classes sont beaucoup plus fortement marquées que dans la Nouvelle-Angleterre, Boston excepté, ainsi que ses environs immédiats. Nous n'étions pas non plus d'accord sur le rang à donner aux diverses professions. Après les fonctions de ministre, Jason ne connaissait rien de plus honorable que celles de maître d'école. Le clergé formait, dans ses idées, une sorte d'aristocratie ; mais on ne pouvait commencer sa carrière sous des auspices plus favorables qu'en ouvrant un pensionnat. Dès que nos relations eurent pris le caractère d'une sorte d'intimité à l'état de guerre, voici la manière dont mon nouveau compagnon me fit connaître sa façon de penser.

— Je m'étonne superlativement, Corny, que vos parents ne cherchent pas à vous produire dans une sphère quelconque. Vous avez comme qui dirait près de dix-neuf ans, et il est temps d'y penser.

— Je ne sais si je vous comprends bien, monsieur Newcome, dis-je en me rengorgeant un peu, mon amour-propre se trouvant agréablement chatouillé en voyant qu'on me jugeait en âge de me produire.

— Il me semble pourtant que je parle assez catégoriquement, monsieur Littlepage. Votre éducation a coûté assez gros à vos chers parents pour qu'ils cherchent à l'utiliser un peu. Voyons ; combien pensez-vous qu'elle ait coûté, depuis le jour où vous êtes entré chez M. Worden, jusqu'au jour où vous avez quitté Newark ?

— En vérité, je n'en ai pas la plus légère idée. C'est un sujet auquel je n'ai jamais pensé.

— Comment ! jamais les auteurs de vos jours n'en ont parlé avec vous ; jamais ils n'ont supputé le total ?

— Jamais, à ma connaissance ; et ce n'est pas moi, en tout cas, qui aurais pu les aider à le faire.

— Mais le livre des dépenses de votre père en fait foi, puisque toutes les sommes doivent figurer à votre débit.

— A mon débit ? Pensez-vous donc que mon père ait l'intention de me faire payer ce qu'il dépense pour mon éducation ?

— Il est vrai que vous êtes fils unique, et que tout vous reviendra au bout du compte.

— Et quand j'aurais un frère ou une sœur, croyez-vous qu'on tiendrait note de chaque schelling que nous coûterions, pour nous le redemander un jour ?

— Oh ! que oui dà, c'est de la justice la plus juste ; et comment saurait-on autrement équilibrer les dépenses de manière à ce que chaque *fieu* ait son compte?

— Il me semble que justice est faite, du moment qu'un père donne à chacun de ses enfants ce qu'il juge à propos de lui donner. S'il veut donner à mon frère quelques centaines de livres sterling de plus qu'à moi, qu'ai-je à dire? N'est-il pas le maître de sa fortune, et ne peut-il pas en faire l'usage qui lui convient?

— Cent livres sterling, c'est une somme superlative! s'écria Jason avec un accent de conviction profonde. Si l'argent vous a été prodigué par si fortes sommes, raison de plus pour que vous vous mettiez à faire quelque chose pour rendre au cher bonhomme la monnaie de sa pièce. Pourquoi ne pas ouvrir une école?

— Une école!

— Oui, une école. Vous auriez pu reprendre celle de M. Worden, si vous aviez eu quelques années de plus; mais je la tiens et je la garde. Au surplus, il en manque dans maint et maint endroit. C'est un état superlatif!

— Et pensez-vous sérieusement, monsieur Newcome, que celui qui est destiné à hériter un jour de Satanstoé n'ait rien de mieux à faire que d'ouvrir une école? Vous oubliez que mon père et mon grand-père ont été officiers.

— Je ne vois pas, moi, ce qu'on peut faire de mieux. Si vous avez des idées si raffinées, demandez une place de professeur dans le collége de New-Jersey. J'ai été sur le point d'obtenir une place de ce genre; mais j'avais pour compétiteur le fils du gouverneur, et il me l'a soufflée.

— Le fils du gouverneur! vous plaisantez, monsieur Newcome.

— C'est vrai comme l'Évangile. — Mais à propos, pourquoi donc donnez-vous à la ferme de votre père ce nom vulgaire de Satanstoé? L'Orteil de Satan! ce n'est pas un mot décent, et cependant je vous l'ai entendu prononcer devant votre propre mère.

— Vous pourrez même entendre ma mère le prononcer cent fois par jour devant son propre fils. Quel mal y a-t-il à cela?

— Quel mal! d'abord c'est un nom profane et irréligieux; ensuite c'est un nom vulgaire et bon tout au plus pour le peuple;

enfin il blesse l'histoire et la tradition, l'Esprit malin n'ayant pas d'orteils, puisqu'il a les pieds fourchus.

Je me bornerai à reproduire cette partie de notre conversation ; elle suffira pour donner une idée des opinions de Jason, et je serai mieux compris quand j'en viendrai à comparer ses opinions à ses actes.

Dirck et moi nous devînmes inséparables à mon retour du collége. Je passais des semaines entières chez lui, et il me rendait mes visites de grand cœur. Nous avions pris alors tout notre développement ; et le cœur du Grand-Frédéric aurait tressailli d'aise à voir mon jeune ami lorsqu'il eut accompli sa dix-neuvième année. Il avait près de six pieds, et tout annonçait qu'il serait fort en proportion. Ce n'était pas un de ces Apollons délicats à la tournure svelte et légère ; c'était un Hercule aux larges épaules ; et sa mère, petite femme trapue, Hollandaise jusqu'au bout des ongles, avait toutes les peines du monde à l'étreindre dans ses bras, quand elle lui faisait baisser la tête pour l'embrasser, ce qui arrivait régulièrement deux fois par an, à Noël et à la nouvelle année. Il avait le teint clair, les membres robustes et bien proportionnés, les yeux bleus, les cheveux blonds, et une figure qui pouvait passer pour belle. Il avait bien, je ne chercherai pas à le cacher, une certaine lourdeur de corps et d'esprit qui ne s'accorde pas très-bien avec l'idée qu'on se fait généralement de la grâce et de la beauté. Néanmoins, Dirck était un garçon qui valait son pesant d'or, pur comme le jour, bon comme le pain, brave comme un coq de combat.

Jason était bien différent, sous plusieurs rapports essentiels. Il était aussi grand, mais très-anguleux, et d'une contenance et d'une démarche si mal assurée qu'il semblait tout dégingandé. Cependant il n'était pas dépourvu de force, ayant travaillé dans une ferme jusqu'à près de vingt ans. Il était actif comme un chat, ce qu'on n'aurait jamais soupçonné en voyant son dandinement perpétuel. Sous le rapport intellectuel, Jason saisissait une idée deux fois plus vite que Dirck ; mais il ne la saisissait pas toujours du bon côté. Au contraire, que le Hollandais eût le temps de la réflexion, et il était rare que son gros bon sens n'allât pas droit au but. En même temps, c'était une des meilleures natures qu'il fût possible de rencontrer. Il était bien difficile de le mettre en colère; mais, quand cela arrivait, un ouragan n'eût pas été plus terrible. Je le vis une fois en fureur, et j'aurais autant aimé me laisser enfermer dans la loge d'un animal féroce, que d'aller me heurter contre lui dans ce moment-là.

Je ne sais trop si je devrais me permettre de parler maintenant de moi-même. J'étais fort, actif, d'une belle venue; et j'ai lieu de croire que je n'avais pas trop mauvaise mine, quoique je préférasse de beaucoup que ce fût un autre que moi qui le dît. Dirck et moi nous avions souvent essayé nos forces dans notre enfance, et j'avais eu toujours le dessus; mais quand mon ami fut arrivé à l'âge de dix-huit ans, sa carrure athlétique fit pencher la balance en sa faveur. Je ne me souciai plus trop de me mesurer avec lui, bien que mon agilité extraordinaire compensât un peu l'inégalité. Je ne devrais pas employer ce mot *extraordinaire* en parlant de moi; il m'est échappé involontairement, et je ne l'effacerai pas maintenant. Je n'ajouterai plus qu'un mot; le lecteur en pensera ce qu'il voudra : j'étais d'un bon naturel, disposé à la bienveillance pour mes semblables, et n'ayant pour l'argent qu'un attachement raisonnable.

Voilà le portrait de trois des principaux acteurs dans la scène que je vais raconter; scènes qui pourront avoir quelque intérêt pour ceux qui aiment à lire le récit d'aventures arrivées dans un pays nouveau.

CHAPITRE IV.

> Ne nous décourageons pas, et, quelque chose qui arrive, sachons travailler et attendre.
> LONGFELLOW.

JE venais d'avoir vingt ans lorsque je partis avec Dirck pour aller visiter New-York pour la première fois; la distance n'étai que de vingt-cinq milles en passant par King's-Bridge; et cependant un voyage à New-York n'était pas alors chose si commune. Je vois des messieurs de notre voisinage qui passent sous nos fenêtres presque toutes les semaines en allant ou en revenant; mais il n'en était pas ainsi il y a trente ans. Ma bonne mère faisait toujours ce voyage deux fois par an; une fois à Pâques, et l'autre fois à l'automne pour faire ses provisions d'hiver. Mon père le faisait bien jusqu'à quatre fois; mais il avait la réputation d'un coureur, et l'on disait qu'on ne le trouvait jamais chez lui. Quant à mon grand-père, la vieillesse était venue, et il ne sortait plus guère, à moins que ce ne fût pour aller à des époques fixes rendre visite à de vieux amis qui demeuraient à peu de distance, et chez lesquels il ne manquait jamais de passer quelques semaines chaque été.

Le voyage dont je parle eut lieu peu de temps après Pâques; c'était l'époque de l'année où beaucoup de familles de nos environs avaient l'habitude de se rendre dans la capitale pour avoir occasion d'assister aux offices qui se célébraient tous les jours dans l'église de la Trinité, de même que les Hébreux se rendaient à Jérusalem pour célébrer la Pâque. Ma mère n'avait pu faire le voyage à cause d'un accès de goutte de mon père, et ma tante Legge s'était fait une si douce habitude d'avoir auprès d'elle, à cette époque, quelqu'un de notre famille, que je fus envoyé pour la remplacer. Dirck avait des parents chez lesquels il pouvait loger, de sorte que tout se trouvait arrangé pour le mieux. Afin d'être prêt à partir avec moi, mon ami traversa l'Hudson une semaine d'avance; et après qu'il eut pris quelques jours de repos, nous nous élançâmes vers la capitale, montés sur deux des meilleurs coursiers qu'on pût trouver dans le comté, et je vous prie de croire que ce n'est pas peu dire.

Ma mère était la plus tendre des mères, et elle était pleine d'anxiété pour son fils unique; elle savait qu'un voyage a toujours ses dangers, et elle tenait à ce que nous partissions de bonne heure, afin d'être sûre que nous arriverions avant la nuit; grâce à Dieu, les voleurs de grand chemin étaient tout aussi inconnus alors dans les colonies qu'ils le sont aujourd'hui; mais il y avait d'autres périls qui alarmaient l'excellente femme : tous les ponts n'étaient pas également sûrs; les routes faisaient de longs circuits; il n'était pas impossible de se perdre en chemin, et l'on citait des personnes qui avaient dû passer la nuit dans la plaine de Harlem, vaste solitude qui se trouve à sept ou huit milles de la capitale. Aussi ma mère eut-elle grand soin de nous éveiller de très-bonne heure; pour cela, elle s'était levée avant le jour; elle prépara en toute hâte notre déjeuner, et nous quittions Satanstoé au moment où le soleil commençait à dorer l'horizon.

Dirck ce matin-là était d'une gaieté charmante, et, s'il faut tout dire, Corny n'éprouvait nullement cet abattement que, par égard pour les bienséances, il eut dû peut-être ressentir, lorsque, dans un âge aussi tendre, il quittait pour la première fois de son plein gré le toit paternel. Nous cheminions ensemble, riant et jabotant comme deux jeunes filles qui viennent de franchir le seuil de la pension. Jamais je n'avais vu Dirck si communicatif, et il me dévoila ses sentiments et ses espérances avec un abandon qui me toucha infiniment; nous étions à peine à un mille de Satanstoé que mon ami commença sur-le-champ.

— Vous savez sans doute, Corny, ce dont nos deux pères se sont occupés depuis quelque temps?

— Quoi! mon père et le vôtre? — Je n'en sais pas le premier mot.

— Ils ont présenté au gouverneur et au conseil une demande collective pour faire constater leurs droits sur les terres qu'ils ont achetées aux Mohawks, lors de la dernière campagne qu'ils ont faite ensemble comme officiers de milice.

— C'est tout nouveau pour moi, Dirck, répondis-je; pourquoi donc nos chers parents en ont-ils fait tant de mystère?

— Qui sait? Peut-être est-ce pour dérouter les Yankees; vous savez que mon père ne peut souffrir qu'un Yankee mette le nez dans ses affaires; il dit que les Yankees sont les sauterelles de l'ouest.

— Mais comment l'avez-vous découvert, vous, Dirck?

— Je ne suis pas un Yankee, Corny.

— Et c'est à cette recommandation que vous devez la confidence de votre père?

— Mon père me l'a dit, comme il me dit tout ce qu'il juge à propos que je sache; nous fumons ensemble, et puis nous causons.

— Je me mettrais sur-le-champ à fumer aussi si je pensais que ce fût un moyen d'apprendre ce que je désirerais savoir.

— La pipe apprend *peaucoup* de choses, reprit Dirck avec un accent légèrement hollandais, qu'il prenait quelquefois involontairement lorsque ses pensées se reportaient vers la Hollande, quoique en général il parlât l'anglais tout aussi bien que moi, et infiniment mieux que ce modèle de goût, de savoir, de piété et de vertu, M. Jason Newcome, le gradué du collége d'Yale et le président en perspective de cette institution ou de quelque autre du même genre.

— C'est ce qu'il me semble, si c'est pendant que vous fumez ensemble que votre père vous révèle ses secrets. — Mais où sont ces terres, Dirck?

— A peu de distance du pays des Mohawks, près des concessions du Hampshire.

— Et combien peut-il y en avoir?

— Quarante mille acres, dont une partie se compose de ces plaines grasses et fertiles que les Hollandais aiment particulièrement.

— Et votre père et le mien ont acheté toutes ces terres en commun, dites-vous?

— Précisément.

— Savez-vous ce qu'ils les ont payées?

Dirck prit son temps pour répondre à cette question : il commença par tirer de sa poche un portefeuille qu'il eut quelque peine à ouvrir, à cause du trot de son cheval, car nous ne voulions pas ralentir notre marche, afin d'arriver avant la nuit. Il réussit enfin à mettre la main sur le papier qu'il cherchait, et me le passa.

— Voici, dit-il, la liste des objets donnés aux Indiens, telle que je l'ai copiée. Il y a en outre quelques centaines de livres sterling d'épingles pour le gouverneur et pour ses officiers.

Je lus tout haut la liste, par saccades, selon que l'allure de mon cheval le permettait :

— Cinquante couvertures avec des liserés jaunes; dix pots de fer, de quatre galons chacun; quarante livres de poudre; sept fusils; douze livres de grains de collier; dix cordons de wampun;

cinquante galons de rhum de la Jamaïque, première tête; vingt cornets à bouquin, et trois douzaines de tomahawks de fabrique anglaise, première qualité.

— Ma foi, Dirck, m'écriai-je dès que j'eus fini la lecture, voilà quarante mille acres de terre qui ne coûtent pas cher dans la colonie de New-York. Avec deux cent cinquante dollars on achèterait aisément tout cela, compris le rhum et les tomahawks de fabrique anglaise et de première qualité.

— Deux cent quarante-deux dollars ont payé le tout, ni plus ni moins, répondit Dirck avec assurance, tout en se préparant à allumer sa pipe, car il pouvait fumer tout à son aise, le petit trot de nos montures ne nous faisant guère franchir plus de six milles par heure.

— Eh! bien, c'est bon marché. Je suppose que les fusils, le rhum et les autres articles ont été fabriqués exprès pour être livrés aux Indiens?

— Non, Corny; vous faites injure à nos parents, qui sont la loyauté même.

— Tant mieux pour eux et pour nous; mais que vont-ils faire de ces terres, maintenant qu'ils en sont propriétaires?

Dirck ne répondit pas tout de suite, sa pipe l'occupait; il ne la perdit pas de l'œil avant qu'il en eût vu sortir la fumée.

— Le premier point sera de les trouver, Corny, dit-il enfin. Quand une concession est faite, et les titres délivrés, il faut alors envoyer quelqu'un à la recherche des terres. — On m'a cité un propriétaire qui a obtenu une concession de dix mille acres il y a cinq ans, et bien qu'il fasse une battue générale chaque été, il n'a pas encore pu parvenir à les trouver. — Il est vrai que dix mille acres ne sont pas grand'chose, au milieu de ces forêts.

— Ainsi donc nos parents ont l'intention de se mettre à la recherche de cette propriété dès que la saison le permettra?

— Un moment, Corny, un moment; comme vous y allez! C'était l'avis de votre père, qui a du sang gallois dans les veines; mais le mien prend les choses plus froidement: « Attendons l'année prochaine, a-t-il dit à votre père, et alors nous pourrons envoyer nos garçons; d'ici là sans doute la guerre aura pris une tournure quelconque, et nous saurons mieux à quoi nous en tenir. » Nos pères sont tombés d'accord sur ce point, et il est convenu que nous partirons au commencement du printemps de l'année prochaine.

Cette chasse aux acres de terre était loin de me paraître désagréable, non plus que la perspective d'hériter un jour de vingt mille acres, indépendamment de la ferme de Satanstoe. Nous continuâmes à en causer, Dirck et moi, tout en cheminant, et notre seul regret était que l'expédition ne dût avoir lieu que dans un an.

La guerre à laquelle Dirck avait fait allusion avait éclaté quelques mois avant notre voyage à New-York, un M. Washington, de la Virginie, ayant été fait prisonnier avec son détachement, dans un petit fort construit dans le voisinage des Français, non loin des bords de l'Ohio, rivière qui se jette dans le Mississipi, à une grande distance vers l'ouest. Je connaissais très-peu alors et je ne connais pas encore beaucoup ces régions éloignées; tout ce que je sais, c'est qu'elles sont quelquefois visitées par des détachements armés ou des chasseurs des colonies. A mes yeux, ce n'est guère la peine de se battre pour un territoire si sauvage et si lointain, car il s'écoulera des siècles avant qu'on puisse y introduire quelques vestiges de civilisation. Je me lamentai avec Dirck que l'été dût s'écouler sans que nous eussions aucune chance de voir l'ennemi.

Nous nous arrêtâmes à Kingsbridge pour dîner, comptant bien souper à New-York. Pendant qu'on nous servait, je montai avec mon compagnon sur les hauteurs de l'Hudson. Je ne connaissais guère encore ce noble fleuve, et Dirck, qui le descendait souvent, entre le village d'Haverstraw et New-York, pour aller voir quelques personnes de sa famille, se chargea de m'en faire admirer les beautés.

— Regardez là-bas, Corny, me dit-il en m'indiquant un point éloigné sur le bord de la rivière; voyez-vous une maison, dans la petite baie qui s'étend au-dessous de nous, avec une pelouse qui descend jusqu'au bord de l'eau et un beau verger par derrière?

Je regardai dans la direction indiquée : je vis bien une maison, telle qu'elle m'était décrite, quoique, à la distance de deux ou trois milles, il fût assez difficile de distinguer les objets, et que je ne pusse guère admirer que de confiance. Cependant je distinguai la maison, le verger et la pelouse. Le bâtiment était en pierres de taille, comme la plupart des grandes habitations du pays; il était long, de forme irrégulière, et il ne paraissait pas moins commode que solide; les murs n'étaient pas blanchis à la chaux, suivant l'usage constant des colons hollandais, qui semblent ne se passionner que pour la pipe et pour la brosse; on leur avait laissé leur teinte grisâtre, ce qui faisait qu'au premier coup d'œil il était plus difficile de distinguer les contours de l'édifice. Cependant je trouvai bientôt un certain charme à considérer ce tableau un peu sombre, qui reposait la vue, et sur lequel ressortaient les différents angles, les toitures et les cheminées. Après tout, la petite baie tranquille et retirée, la pelouse de peu d'étendue, mais bien distribuée, le verger et tous les autres accessoires, formaient un des sites les plus agréables que j'eusse encore vus. Je m'empressai de dire à mon compagnon ce que j'en pensais; on voulait bien me reconnaître quelque goût, et j'avais été consulté plus d'une fois par des voisins de campagne sur le dessin de leurs jardins.

— Quelle est cette maison, Dirck? demandai-je; en connaissez-vous le propriétaire?.

— C'est Lilacsbush (le Bosquet de Lilas), répondit mon ami; et elle appartient à un cousin de ma mère, Herman Mordaunt.

Ce n'était pas la première fois que j'entendais prononcer ce nom; c'était celui d'un des principaux habitants de la colonie, fils d'un major Mordaunt, de l'armée anglaise, qui avait épousé la fille d'un riche négociant hollandais; de là le nom d'Herman, qui avait passé au fils avec la fortune. Les Hollandais aiment tant ce qui leur rappelle leur pays qu'ils ne manquaient jamais de donner à ce M. Mordaunt son nom de baptême, et on ne l'appelait jamais autrement dans la colonie qu'Herman Mordaunt. Du reste, j'avais peu entendu parler de lui; tout ce que je savais, c'était qu'il passait pour riche, et qu'il était admis dans la meilleure société, quoique, à proprement parler, il n'appartînt pas à l'aristocratie territoriale ou politique de la colonie.

— Puisque Herman Mordaunt est le cousin de votre mère, mon

cher Dirck, vous avez sans doute été à Lilacsbush, et vous pouvez me dire si l'intérieur de la maison répond aux dehors.

— Tant que madame Mordaunt a vécu, je ne laissais jamais passer un été sans y aller avec ma mère; la pauvre dame n'est plus, mais je continue à aller de temps en temps dans la maison.

— Et pourquoi n'avez-vous pas poussé jusqu'à Lilacsbush pour demander à dîner à vos chers parents? Savez-vous qu'à la place d'Herman Mordaunt je me fâcherais tout rouge en apprenant qu'un de mes cousins est descendu à l'auberge, à deux milles de ma maison? Il est impossible qu'il ne connaisse pas le major et le capitaine Littlepage, et je regarde comme de rigueur de lui envoyer un mot d'excuse; ce sont des procédés qu'on se doit entre personnes de notre condition, Dirck, et il ne faut pas blesser les usages du monde.

— Modérez-vous, Corny, nous ne blesserons personne! Herman Mordaunt et sa fille ne sont pas à Lilacsbush; ils passent tous les hivers à New-York et ne reviennent jamais qu'après les fêtes de la Pentecôte.

— Peste! c'est donc tout à fait un grand personnage? maison de ville, maison de campagne! Je ne sais pas trop, en effet, si ce ne serait pas agir trop librement avec un si gros seigneur que d'aller lui demander à dîner sans l'avoir prévenu.

— Vous plaisantez, Corny; en voyage, est-ce qu'on observe toutes ces formalités? Herman Mordaunt nous aurait fait l'accueil le plus cordial, et je n'aurais pas hésité un seul instant si je n'avais su que toute la famille ne peut manquer d'être à présent à New-York. Pâques est venu de bonne heure cette année, et nous voici déjà aux fêtes de la Pentecôte; dès qu'elles seront passées, Herman Mordaunt et Anneke s'empresseront de revenir pour jouir des lilas et des roses.

— Ah! il y a une miss Anneke. Et quel âge peut-elle avoir, maître Dirck?

En faisant cette question, je regardai mon ami, et je vis une vive rougeur se répandre sur tous ses traits. Dirck était trop franc pour se cacher, et il répondit d'une voix ferme:

— Ma cousine Anneke Mordaunt vient d'avoir dix-sept ans, et vous saurez, Corny...

— Voyons, qu'est-ce que je vais savoir? J'écoute de mes deux oreilles. — Allons, mon cher, vous n'allez pas rester en si beau chemin.

— Eh! bien, vous saurez qu'Anneke est une des plus jolies filles de la colonie; et, qui plus est, elle est aussi *ponne* que jolie. — L'accent hollandais reprenait le dessus dès que Dirck s'animait en parlant.

Je fus tout surpris de la vivacité et de l'énergie avec laquelle il s'exprimait. Dirck était un garçon tout rond, tout positif, et il ne me fût jamais venu à l'idée qu'il pût devenir amoureux. Je ne m'étais même jamais bien rendu compte de l'attachement que nous nous portions. L'habitude avait commencé par former notre liaison; et l'opposition de nos caractères avait pu contribuer à la cimenter; il y a souvent un attrait si irrésistible dans les contrastes! En grandissant, j'avais apprécié de plus en plus les bonnes qualités de Dirck, et la raison était entrée pour beaucoup dans l'affection que j'avais pour lui. Mais si j'étais convaincu que Dirck ferait un excellent ami, jamais je n'aurais soupçonné qu'il pût connaître l'amour ; même, alors, je ne m'arrêtai pas longtemps à cette idée, quoique je me rappelle encore l'air d'ébahissement avec lequel je contemplai son visage en feu, ses yeux animés, son maintien vraiment imposant. En un moment, Dirck était devenu un tout autre homme.

— Et cette charmante personne est votre cousine ?

— Oui, ma cousine issue de germaine.

— Alors j'espère que quelque jour j'aurai l'honneur d'être présenté à miss Anneke Mordaunt, qui vient d'avoir dix-sept ans, qui est une des plus jolies filles de la colonie, et qui est aussi bonne qu'elle est jolie.

— Je voudrais que vous la vissiez, Corny, avant de retourner chez vous, reprit Dirck, qui avait alors repris tout son flegme; mais rentrons à l'auberge, ou nous risquons de trouver notre dîner froid.

Je réfléchis en chemin à la chaleur extraordinaire qu'avait montrée mon ami; puis, une fois à table, le repas qu'on nous servit m'eut bientôt fait oublier cet incident. Le dîner se composait, suivant l'usage, de jambon bouilli, de pommes de terre, d'œufs à la coque, et d'un beefsteak cuit à point, avec les accompagnements ordinaires de hors-d'œuvre, de tourtes aux pommes et de cidre. C'est le dîner substantiel qui attend le voyageur dans les bonnes tavernes de New-York, et j'avoue qu'il me plaît fort. Je le préfère à tous les ragoûts, à toutes les friandises en renom. La soupe même à la tortue, pour laquelle nous avons une certaine célébrité à New-York, est loin de me faire le même plaisir.

Il faut rendre justice à Dirck : il mangea de bon cœur ; et je dois convenir qu'en général il perd difficilement l'appétit. Comme à l'ordinaire, je fis presque tous les frais de la conversation ; et je causai surtout avec notre hôtesse, qui apprenant que j'étais le fils du major Littlepage, l'une de ses meilleures et de ses plus fidèles pratiques, vint poser elle-même le dessert sur la table, et me fit l'honneur de m'adresser la première la parole. Elle s'appelait mistress Léger ; mais il n'y avait en elle de léger que son nom ; car c'était la personne la plus replète qu'on pût s'imaginer.

— Dites-moi, ma chère mistress Léger, lui demandai-je dès qu'il fut possible de placer un mot, ce qui n'eut lieu que lorsqu'elle eut épuisé toute sa litanie et l'honneur des Littlepage, connaîtriez-vous par hasard dans ces environs une famille du nom de Mordaunt?

— Si je la connais, monsieur ! pourquoi ne me demandez-vous pas si je connais les Van Cortland, les Philipse, les Ellis et tous les gentilshommes des environs. Si je connais M. Mordaunt ! lui qui a une maison de campagne, un vrai bijou, à deux milles de chez nous ! Est-ce que lui et madame Mordaunt passaient jamais devant notre porte, quand ils allaient voir madame Van Cortland, sans s'arrêter pour dire un mot et laisser un schelling? La pauvre dame est défunte ; mais elle a laissé une vivante image de ses vertus, qui fera du ravage dans la colonie, ou je me trompe fort. Cette chère enfant est la modestie même, monsieur ; aussi ai-je cru pouvoir me permettre de lui dire, la dernière fois qu'elle a passé ici, qu'elle n'avait qu'à prendre garde à elle, et qu'à mon avis on devrait bien l'enfermer pour tous les vols qu'elle allait faire, sans parler de ceux qu'elle avait déjà faits. Elle est devenue toute rouge, Monsieur, comme la plus jolie petite écrevisse qu'on ait jamais servie sur une serviette. C'est vraiment une charmante personne !

— Et ces vols dont vous parlez, ma bonne hôtesse, que sont-ils ? des cœurs, sans doute ?

— N'est-ce pas assez, vraiment ? ce sont des larcins que se permettent toutes les jeunes filles, comme vous savez ; mais je vous réponds, moi, qu'en ce genre, vous n'ayez jamais vu de si grande voleuse que miss Anneke.

— Voyons, quels cœurs a-t-elle déjà dérobés ? je serais curieux de connaître les noms de quelques victimes.

— Mon Dieu ! elle est trop jeune pour en avoir fait encore beaucoup. Mais attendez seulement un an, et vous m'en direz des nouvelles.

Pendant tout ce temps, Dirck était mal à l'aise, et j'éprouvais un malin plaisir à épier les changements qui s'opéraient sur sa physionomie ; mais pour couper court à toute question ultérieure et pour se soustraire à mon espionnage, mon jeune ami se leva brusquement, et demanda la note et les chevaux.

Pendant le reste du voyage, il ne fut plus question de Lilacsbush, ni d'Herman Mordaunt, ni de sa fille Anneke. Dirck garda le silence, ce qui était son habitude après le dîner ; et moi, je mis tous mes soins à ne pas me tromper de route en traversant la plaine. Arrivés à New-York à l'entrée de la nuit, nous mîmes nos chevaux à l'écurie d'une auberge, et suivis d'un nègre qui était chargé de nos portemanteaux, nous nous mîmes à parcourir à pied le dédale des rues de la capitale. New-York, en 1757, était déjà une ville commerçante d'une grande activité. En descendant Queen-Street, nous comptâmes plus de vingt bâtiments rangés sur la rivière. Dirck et moi nous nous arrêtions, malgré nous, à chaque pas, pour contempler ce spectacle si animé. Ma mère m'avait bien recommandé de ne pas tomber dans ce défaut si souvent reproché aux provinciaux, mais c'était plus fort que moi ; et, malgré toutes mes résolutions, l'attrait était irrésistible. Enfin, mon ami et moi nous nous séparâmes, pour aller, lui chez sa tante, moi chez la mienne. Toutefois, avant de nous quitter, nous convînmes que nous nous retrouverions le lendemain matin, à l'entrée de Broadway, dans la plaine où devait se célébrer la fête de Pinkster.

Mon oncle et ma tante demeuraient alors dans Duke-Street, près de Hanover-Square. Ils me reçurent comme l'enfant de la maison. Mon oncle était un excellent homme, quoiqu'il fût trop porté à tomber dans l'absurde quand il était question des droits de la populace. Je fus charmé de l'accueil qui me fut fait; à huit heures et demie, je pris ma part d'un excellent souper chaud, et en sortant de table, comme je ne pouvais cacher que j'étais fatigué après une si longue course à cheval, je me retirai dans ma chambre.

Le lendemain était le premier jour des fêtes. Ce sont les grandes saturnales des nègres de New-York. J'avais dit à ma tante de ne pas m'attendre pour déjeuner; que je partirais au point du jour, afin de pouvoir me promener un peu sur le quai, avant de me rendre au lieu de la fête. En effet, le lendemain je sortis de bonne heure, quoique un heure plus tard que je n'en avais eu l'intention; car j'entendis déjà un bruit de tasses qui annonçait qu'on préparait la table pour le déjeuner. Je réfléchis alors que sans doute tous les domestiques demanderaient à aller voir la fête, et que je ferais bien de ne pas rentrer pour dîner. Je courus en prévenir Junon, la négresse que je trouvai au petit parloir, et d'un bond je fus dans la rue.

J'entrais dans Hanover-Square, quand je vis un vieux nègre qui cherchait à ramasser quelques sous avant de prendre part aux amusements de la journée. Il portait suspendus à ses épaules, deux seaux qui étaient luisants de propreté. Il criait : vin blanc! vin blanc! d'une voix sonore, et je fus auprès de lui en un moment. Il n'est rien que j'aime le matin comme un verre de petit vin blanc, et je me procurai ce régal, que j'accompagnai d'un gâteau. Ainsi restauré, je me promenai dans le Square, dont la beauté m'avait frappé la veille au soir. A ma grande surprise, ne voilà-t-il pas qu'au beau milieu de Queen-Street, j'aperçois Jason Newcome, regardant autour de lui de l'air le plus ébahi du monde, et sentant d'une lieue son Connecticut! Quelques mots d'explication m'apprirent le secret de sa présence. Ses écoliers avaient congé pour quelques jours à l'occasion de la fête, et Jason avait saisi cette occasion pour rendre sa première visite à la grande capitale de la colonie. Il commençait, comme moi, ses voyages.

— Et que venez-vous chercher par ici ? demandai-je au pédagogue, qui m'avait appris déjà qu'il était descendu à une taverne des faubourgs, où les prix étaient « superlativement » raisonnables ; — c'est à l'entrée de Broadway qu'a lieu la fête.

— On me l'a dit ; mais je veux commencer par voir un navire et tout ce qu'il y a à voir de ce côté. M'est avis qu'il sera bien temps, dans deux ou trois heures, d'aller voir ces folies, si toutefois il est permis à un chrétien d'y jeter même les yeux. Pourriez-vous me dire, Corny, où est-ce que je trouverai Hanover-Square ?

— Vous y êtes, monsieur Newcome ; et, suivant moi, c'est une bien belle place.

— Comment ? c'est ici Hanover-Square [1] ! Mais je ne vois pas que la place ait en aucune manière la forme d'un carré, c'est plutôt un triangle.

— Vous prenez les choses trop à la lettre, monsieur ; on donne le nom de *square*, dans une ville, à une place où l'air circule librement, sans qu'il soit besoin pour cela qu'elle ait quatre côtés égaux et autant d'angles droits ; la forme n'y fait rien. Convenez que c'est un endroit charmant.

— Comme c'est petit !

— Petit ! la rue a près de cent pieds de large d'un côté. Je conviens que de l'autre elle se rétrécit de moitié, à cause de la proximité des maisons.

— Oui, c'est à quoi je pensais, les maisons sont *proximes*, comme vous dites. Si j'avais fait Hanover-Square, voyez-vous, la place aurait de cinquante ou soixante acres, avec les statues de tous les membres de la famille de Brunswick au milieu. Et pourquoi a-t-on laissé ce petit *bouquet* de maisons au beau milieu de votre Square ?

— Le Square finit, monsieur, où commencent ces maisons. Elles ont trop de prix pour être abattues, bien qu'il en ait été

---

[1]. *Square* veut dire carré.

question. Mon oncle Legge disait hier soir qu'on les estimait plus de vingt mille dollars.

Ce grand prix réconcilia Jason avec les maisons; car il avait une grande déférence pour l'argent, quelque forme qu'il revêtit. C'était la seule source de distinction humaine qu'il comprît parfaitement, quoiqu'il eût bien quelques idées vagues sur la dignité de la couronne et sur le respect dû aux représentants.

— Corny, dit Jason à demi-voix en me prenant sous le bras pour me parler à l'écart, comme s'il avait quelque grand secret à me dire, quoique personne ne fût là pour nous entendre, qu'est-ce donc que vous avez pris pour *amers* il n'y a qu'un moment?

— Pour amers? je ne vous comprends pas, Jason. Je n'ai rien pris d'amer aujourd'hui, ni n'ai aucune envie d'en prendre.

— Cette boisson que vous a donnée tout à l'heure un nègre qui traversait le Square, puisque c'est ainsi que vous l'appelez; il me semble que vous la trouviez excellente. J'ai le gosier sec, et un petit verre me ferait superlativement bien.

— Oh! c'est du vin blanc qu'on vend ici, et vous le trouverez délicieux. Si vous voulez prendre vos amers, comme vous dites, vous n'avez qu'à appeler le marchand et à lui donner un sou.

— Comment un sou? ce serait si bon marché? demanda Jason en savourant d'avance la bienheureuse liqueur.

— C'est le prix. Laissez ici de côté toute votre fausse honte de Connecticut. — Eh! marchand, voilà un amateur de votre vin blanc.

Jason jeta derrière lui un regard d'alarme pour examiner si on pouvait le voir. Quand il eut la tasse à la main, il ferma les yeux, comme pour mieux savourer les amers. Il la vida d'un trait.

— Pouah! s'écria-t-il en faisant une grimace effroyable, lui qui s'attendait à savourer quelque combinaison délicieuse d'épices et de rhum, c'est du lait de beurre, par saint Jingo!— Saint Jingo était le seul saint que l'éducation puritaine de Jason lui permit d'invoquer.

CHAPITRE V.

> Qui veut acheter mes beaux fruits, mes beaux
> fruits du Rockoway!
> *Cris de New-York.*

Jason se renferma pendant quelque temps dans un silence complet; il se sentait blessé dans sa dignité; et quand il ouvrit les lèvres, ce fut pour lâcher une dernière bordée contre cette abominable drogue hollandaise. Pourquoi l'appelait-il hollandaise? je n'en vois pas d'autre raison que l'aversion qu'elle lui inspirait.

Je ne tardai pas à rejoindre Dirck, et nous nous rendîmes tous les trois sur les quais, admirant les divers bâtiments qui les bordaient. Vers neuf heures nous remontâmes Wall Street, et déjà presque tous les habitants du voisinage étaient échelonnés dans la rue pour jouir du bonheur des nègres qui, avec leurs bonnes figures toutes luisantes, couraient de tous côtés à la fête. Notre passage excita quelque attention; trois étrangers ensemble, c'était quelque chose de remarquable, et nous ne pouvions nous attendre à passer inaperçus.

Après avoir montré à Jason quelques uns des principaux édifices, nous sortîmes de la ville, nous dirigeant vers une vaste plaine où, pendant longtemps, on avait fait faire l'exercice aux soldats, et qui maintenant, je ne sais trop pourquoi, s'appelle le Parc; peut-être quelque jour méritera-t-elle ce nom. C'était là qu'avait lieu la fête qui était déjà très-animée.

Ce spectacle n'avait rien de nouveau pour Dirck ni pour moi; mais Jason n'avait pas la plus légère idée de rien de pareil. Il y a, je crois, peu de nègres au Connecticut; et encore ce petit nombre est-il moulu si fin, si fin, dans le moulin puritain qu'ils ne sont ni chair ni poisson. Jamais on n'a entendu parler dans la Nouvelle-Angleterre d'une fête qui n'eût pas un rapport direct avec les saints ou avec la politique.

Jason fut d'abord scandalisé du bruit, de la danse, de la musique, des jeux de toute espèce qui avaient lieu autour de lui.

Les neuf dixièmes des nègres de New-York et de tout le pays à trente milles à la ronde étaient alors répandus dans la plaine ; les uns battaient du tambour, d'autres chantaient des chansons africaines, un grand nombre étaient à boire, tous riaient à gorge déployée. C'était une scène de bonheur et de gaieté, mais de la gaieté sous sa forme la plus vulgaire. Malgré les copieuses libations qui se faisaient de toutes parts, on ne rencontrait pas un seul homme ivre. C'est chose assez rare qu'un nègre qui se grise. Ce qui distingue cette fête de toutes celles du même genre, des foires et de tous les divertissements champêtres, c'est son caractère africain. Il est vrai qu'il y a aujourd'hui parmi nous peu de nègres d'origine africaine ; mais les traditions et les usages de leur pays primitif se sont perpétués. Ainsi plusieurs faisaient de la musique, en frappant en mesure sur des peaux tendues sur l'extrémité de bâtons creux, tandis que d'autres dansaient et gambadaient de manière à montrer qu'ils éprouvaient un plaisir infini. C'était, dit-on, une imitation des danses et de la musique de leurs ancêtres d'Afrique.

Des spectateurs à peau blanche se promenaient en grand nombre au milieu de la fête. On voyait surtout beaucoup d'enfants, et même de jeunes personnes, accompagnées de leurs bonnes ou de leurs nourrices que leurs maîtres n'avaient pas voulu priver de prendre leur part de tous ces plaisirs. Il y avait deux heures que nous nous promenions, et Jason lui-même commençait à oser s'amuser, quand je me trouvai par hasard séparé de mes compagnons ; et, en errant seul à l'aventure, je rencontrai un groupe de jeunes filles, accompagnées de deux ou trois vieilles négresses dont la mise soignée annonçait qu'elles étaient placées dans des familles de distinction. Quant aux jeunes personnes, il y en avait de tous les âges ; depuis la petite pensionnaire jusqu'à la grande demoiselle, depuis le bouton à peine formé jusqu'à la fleur déjà entr'ouverte. Il y en avait même quelques-unes qui avaient déjà toute la grâce de jeunes femmes, une entre autres, qui se distinguait par l'enjouement naïf et l'innocence virginale de ses dix-sept ans. Elle était mise simplement mais avec goût, et tout en elle, manières, tournures, toilette, annonçait une demoiselle de bonne famille, assez âgée pour ne manquer à aucune des convenances de sa position et assez jeune pour jouir de tous les plaisirs de la fête. Lorsqu'elle approcha de mon côté, il me sembla que je la connaissais; mais ce ne fut qu'au son de sa voix pleine de douceur et d'enjouement, que je me rappelai la jolie enfant pour laquelle je m'étais battu avec un garçon boucher, il y avait près de six ans. Bientôt, ce qui d'abord n'avait été qu'une conjecture se changea en certitude.

Dans le premier moment de surprise, ayant rencontré les yeux de la belle demoiselle, je me hasardai à lui faire un profond salut. Elle sourit d'abord, de l'air d'une personne qui retrouve une ancienne connaissance; puis son teint se colora, et elle répondit à mon salut par une révérence gracieuse, mais pleine de réserve; et, les yeux fixés à terre, elle se détourna, comme pour causer avec sa compagne. Après cela, je ne pouvais m'avancer pour lui parler, mais je n'étais pas sans espoir que la vieille négresse qui l'accompagnait me reconnaîtrait; car elle m'avait témoigné beaucoup d'intérêt lors de ma querelle. Il n'en fut rien, malheureusement; et la vieille Katrinke, ce fut le nom que j'entendis lui donner, continua à donner des explications au cercle enjoué qui l'entourait sur les différents jeux de ses compatriotes, sans faire aucune attention à moi. Le caquetage de ces demoiselles alla son train, quoique ma belle inconnue continuât à montrer beaucoup de calme et de retenue.

— Ah! miss Anneke! s'écria tout à coup Katrinke, voici un jeune monsieur que vous ne serez pas fâchée de voir, je vous en réponds.

— Anneke, répétai-je en moi-même, et un jeune monsieur que vous ne serez pas fâchée de voir? Serait-ce Dirck?

Je fus bientôt tiré d'incertitude. En effet Dirck s'avança vers le petit groupe, fit un salut général et finit par secouer cordialement la main à ma jeune inconnue en l'appelant sa cousine Anneke. C'était donc Anna Mordaunt, comme on l'appelait dans les cercles anglais, fille unique et héritière d'Herman Mordaunt, de Lilacsbush! Ma foi, pensai-je, Dirck a plus de goût que je ne lui en supposais! Dans ce moment les regards de Dirck se rencontrèrent avec les miens; et d'un air d'orgueil et de triomphe, il me fit signe d'approcher.

— Cousine Anneke, dit mon ami, qui n'employait jamais les circonlocutions quand il pouvait les éviter, voici Corny Littlepage dont vous m'avez entendu parler si souvent, et pour qui je réclame une de vos plus belles révérences et un de vos sourires les plus gracieux.

Miss Mordaunt eut la bonté d'obéir littéralement ; je reçus le sourire gracieux et la belle révérence ; il me parut seulement qu'on cherchait à réprimer une légère envie de rire. Je m'étais incliné jusqu'à terre, et je marmottais quelques compliments inintelligibles, quand la vieille négresse laissa échapper une exclamation ; et avec la liberté d'une ancienne domestique de confiance, elle tira sa jeune maîtresse par la manche, et lui dit vivement quelques mots à l'oreille. Anneke rougit, se tourna de mon côté, me regarda plus fixement et avec plus d'assurance, et ce fut alors que je fus l'objet du plus charmant sourire qui jamais, suivant moi, eût pu être adressé à un mortel.

— M. Littlepage n'est pas tout-à-fait un étranger pour moi, mon cousin, répondit la belle enfant. Katrinke me rappelle que c'est le jeune homme qui a pris un jour ma défense, et je commence en effet à le reconnaître. Vous souvenez-vous, monsieur Littlepage, de ce petit garçon qui m'avait insultée et de votre bienveillante intervention pour me protéger ?

— Eussent-ils été vingt, mademoiselle, tout homme de cœur en eût fait autant à ma place.

Il me semble que pour un jeune homme sans usage du monde, et pris ainsi à l'improviste, ce n'était pas trop mal répondre. Ce fut sans doute aussi l'avis de miss Mordaunt, car sa rougeur augmenta encore et la fit paraître mille fois plus charmante.

— Vingt ? répéta Dirck avec énergie ; qu'ils soient vingt, s'ils veulent, grands ou petits, cousine, et vous ne manquerez pas de protecteurs.

— Je suis sûre d'un du moins, cousin Dirck, répondit Anneke en présentant la main à mon ami avec un abandon dont je l'aurais dispensée volontiers ; mais M. Littlepage, qui n'était alors que *maître* [1] Littlepage, ne me connaissait pas, et je n'avais pas les mêmes droits à sa protection qu'à la vôtre.

---

1. L'usage est d'appeler les jeunes garçons maître, *master*, et non monsieur.

— Il est singulier, Corny, que vous ne m'ayez jamais dit un mot de cette aventure.—Croiriez-vous bien, cousine, que lorsque je lui ai montré Lilacsbush, et que je lui parlais de vous et de votre père, il ne m'en a pas ouvert la bouche?

— Je ne savais pas alors que c'était miss Mordaunt que j'avais eu le bonheur de servir. Mais M. Newcome est derrière vous, Follock, et il brûle d'être présenté à son tour.

Jason reçut le sourire et la révérence d'Anneke et y répondit par un salut qui sentait d'une lieue le pédagogue. Après cette présentation, la première sans doute par laquelle Jason eût jamais passé, et pendant que je me félicitais de voir que le silence que j'avais gardé sur mon exploit me donnait une nouvelle importance aux yeux de la belle demoiselle, profitant d'un instant où miss Mordaunt parlait à Dirck de sa mère et du reste de sa famille, il vint à moi, et me tirant à l'écart, comme s'il avait quelque confidence intime à me faire :

— Je ne savais pas que vous aviez été maître d'école, Corny, me dit-il sérieusement.

— Et comment le savez-vous aujourd'hui, monsieur Newcome, puisqu'il n'en est rien?

— Comment ! cette jeune personne ne vient-elle pas de vous appeler *maître* Littlepage ?

— Attendez un an ou deux, Jason, et alors vous serez un peu plus au fait de nos usages.

— Mais je l'ai entendu superlativement de mes deux oreilles.

— Alors il faut bien que cela soit. J'aurai sans doute tenu dans mon jeune temps quelque pension de demoiselles et je ne sais comment je l'avais oublié. Mais miss Mordaunt nous attend; nous allons nous promener un peu avec elle.

Pendant une heure ou deux, nous eûmes le plaisir d'accompagner les jeunes personnes dans les allées de boutiques et au milieu des différents groupes de cette singulière foule. J'ai déjà eu occasion de dire que la plupart des nègres étaient nés dans la colonie ; mais il y en avait aussi d'Afrique. New-York n'avait jamais eu d'esclaves d'après le système des planteurs du Sud, c'est-à-dire par troupes de cent, travaillant dans les champs sous l'inspection de surveillants, et habitant des cabanes séparées.

Nos nègres demeuraient presque toujours sous le même toit que leurs maîtres, ou, si leur habitation était séparée, ce qui arrivait quelquefois, elle était du moins rapprochée de celle du reste de la famille. Chez les Hollandais particulièrement, ils étaient traités avec une grande bonté; à la campagne, on les consultait souvent sur les travaux à faire; à la ville, presque toutes les branches du service domestique leur étaient dévolues exclusivement.

Nous restâmes une grande demi-heure à considérer un groupe d'Africains. On voyait qu'ils se sentaient reportés aux scènes de leur enfance, tant ils prenaient part avec ardeur à ces jeux à moitié sauvages. Les nègres nés en Amérique les regardaient avec un intérêt évident. C'étaient pour eux des espèces d'ambassadeurs de la terre de leurs ancêtres, venus pour leur retracer les usages et les superstitions qui caractérisaient plus particulièrement leur race. Ils cherchaient même à les imiter, quoique ces efforts fussent souvent burlesques, malgré le sérieux qu'ils y mettaient. Ce n'était pas du tout une caricature qu'ils voulaient faire; ils ne cherchaient au contraire qu'à manifester leur respect et leur affection.

Pour ne point laisser s'effacer toute trace de cette génération, je parlerai d'un usage qui était presque général chez les Hollandais et qui a été adopté par quelques unes des familles anglaises qui se sont alliées avec eux. Ainsi, je citerai les Littlepage, et ce fut à mon occasion que cet usage fut pratiqué. Voici en quoi il consistait. Quand un enfant de la famille arrivait à l'âge de six à huit ans, un jeune esclave du même âge et du même sexe lui était donné avec de certaines formalités, et dès lors ils contractaient ensemble une espèce d'alliance indissoluble. Du moins elle n'était jamais brisée qu'en cas d'inconduite grave, et, tout aussi souvent, de la part du maître que de celle de l'esclave. Ainsi, par exemple, un dissipateur peut être obligé de se défaire de ses nègres; mais l'esclave dont je parle sera le dernier qui le quittera. Les nègres qui se conduisent vraiment mal sont envoyés dans les îles où ils travaillent aux plantations de sucre, ce qui paraît une punition très-suffisante.

Le jour où j'atteignis ma sixième année, un petit esclave me fut donné de la manière que j'ai décrite, et il devint, il est encore, non-seulement ma propriété, mais mon factotum. C'était Jacob, le nègre dont j'ai déjà eu occasion de parler. Anneke Mordaunt, dont la grand'mère était Hollandaise, avait aussi auprès d'elle, à la fête, une négresse de son âge, qui s'appelait Mary. C'était une grosse réjouie aux lèvres rouges, aux dents de perles, aux yeux noirs, qui n'aimait qu'à rire, et dont sa jeune maîtresse, plus calme et plus sérieuse, avait parfois beaucoup de peine à réprimer les écarts.

Nous étions à nous promener, comme je le disais, quand Mary acourut vers Anneke, les mains étendues et les yeux tout écarquillés, en criant avec une force qui nous mit nécessairement tous dans la confidence :

— Oh ! miss Anneke ! quel bonheur, maîtresse ! qui jamais l'aurait pensé !

— Parlez, Mary, et abstenez-vous de ces sottes exclamations, dit doucement sa jeune maîtresse, qui n'aimait pas à se voir donner ainsi en spectacle.

— Voyez un peu, mistress ! ces nègres ont envoyé tout là-bas dans leur pays, et ils ont fait venir un lion pour la fête !

C'était là une nouvelle en effet ! Aucun de nous n'avait jamais vu de lion. Les animaux sauvages étaient alors très-rares dans les colonies, à l'exception de ceux qu'on prenait dans nos forêts. J'avais bien vu quelques ours bruns, des loups en quantité, et une panthère empaillée ; mais jamais je n'avais regardé au nombre des choses possibles que je me trouvasse si près d'un lion vivant. Mary pourtant avait raison, à une seule circonstance près : il n'était pas littéralement exact que l'animal eût été pris expressément pour l'occasion. C'était la propriété d'un baladin qui avait aussi un singe très-agile et très-amusant. Le prix d'entrée était d'un quart de dollar pour les grandes personnes ; les enfants et les nègres ne payaient que moitié. Quand toutes les informations préalables furent prises, il fut convenu que tous ceux qui pourraient rassembler assez d'argent et de courage entreraient ensemble pour contempler le roi des animaux. — Je dis, de courage ; car il en fallait à de jeunes novices pour se trouver en présence d'un lion vivant.

Le lion était renfermé dans une loge placée au milieu d'une

barraque en planches construite pour la fête. En approchant de la porte, je m'aperçus que les joues de la plupart des jeunes compagnes d'Anneke commençaient à pâlir; signe de faiblesse que les négresses qui étaient avec elles, tout étrange que cela puisse paraître, ne tardèrent pas à donner aussi. Mary pourtant ne broncha pas; et quand arriva l'instant décisif, elle et sa jeune maîtresse furent les seules qui persistèrent dans leur résolution primitive. On chercha d'abord à décider quelques-unes des plus grandes demoiselles; mais voyant tous les efforts inutiles, miss Mordaunt dit avec calme :

— Eh bien, messieurs, Mary et moi nous représenterons notre sexe. Je n'ai jamais vu de lion, et je n'ai pas envie de laisser échapper cette occasion. Ces demoiselles attendront à la porte ceux de nous qui ne seront pas mangés.

Nous étions alors près du bureau où l'on prenait les billets. Dirck avait été retenu par une personne de sa connaissance qui sortait de la baraque, et qui lui racontait quelque incident burlesque arrivé dans la salle. J'étais d'un côté d'Anneke, Jason de l'autre, Mary formait l'arrière-garde.

A ma grande surprise, Jason, qui d'ordinaire n'était jamais pressé en pareil cas, tira sa bourse, prit quelque menue monnaie, et dit d'un air content de lui-même :

— Permettez-moi, miss, de vous régaler, ainsi que la bonne. C'est un honneur que je réclame superlativement.

Je vis Anneke rougir; ses yeux cherchèrent Dirck. Avant que j'eusse eu le temps de rien dire, elle répondit avec beaucoup d'aplomb :

— Ne vous donnez pas cette peine, monsieur Newcome; M. Littlepage voudra bien prendre des billets pour nous.

— Comment donc, une peine? mais c'est comme qui dirait un plaisir! c'est une occasion délectable!

Pendant que Jason se perdait dans ses phrases, je m'étais élancé au bureau. Je pris les billets et les remis entre les mains d'Anneke, qui me remercia. Dirck nous rejoignit et entra avec nous. Avant de passer à autre chose, je raconterai la fin de cet incident qui, tout futile qu'il paraisse, mit en relief le tact exquis de miss Mordaunt. Elle s'approcha de moi en sortant, et me dit avec une simplicité charmante :

— Je vous remercie, monsieur Littlepage, d'avoir pris mes billets. C'est, je crois, trois schellings ?

J'inclinai la tête, et j'eus le plaisir de sentir la jolie petite main de miss Mordaunt, qui glissait l'argent dans la mienne. En ce moment, un grand coup de coude que je reçus dans le côté faillit faire tomber les pièces. C'était Jason qui avait pris cette liberté.

— Êtes-vous fou, Corny? me dit-il en me tirant à l'écart. A-t-on jamais vu faire payer ainsi le beau sexe? Vous n'avez donc pas vu que j'allais la régaler ?

— La régaler, monsieur Newcome! et croyez-vous que miss Mordaunt eût souffert qu'on la régalât, pour me servir de votre expression?

— Tiens, et pourquoi pas? Quelle est la jeune personne qui vous accompagnera quelque part, si vous ne la régalez pas? N'avez-vous pas remarqué comme elle prenait bien la chose?

— Ce que j'ai remarqué, c'est l'impression pénible qu'elle a éprouvée quand vous l'avez appelée *miss*, et la répugnance qu'elle avait à vous laisser prendre les billets.

Je ne me charge pas d'expliquer le pourquoi; mais il est certain qu'en anglais rien n'est plus grossier que d'appeler une jeune personne *miss* tout court, sans y joindre son nom, tandis qu'en France le suprême bon ton est de ne dire que « mademoiselle », et dans ce pays, de même qu'en Espagne, en Italie et en Allemagne, la grossièreté serait d'ajouter le nom de famille. J'avais été révolté de la familiarité de Jason, et j'étais bien aise de le lui faire sentir.

— Allons, Corny, vous n'êtes qu'un enfant et vous n'y entendez rien, reprit le pédagogue, qui était d'un trop bon caractère pour se fâcher. Laissez-moi faire, et vous verrez comment je vais raccommoder les choses.

Et, avant que j'eusse eu le temps de l'arrêter, il s'approcha d'Anneke, et lui présentant trois petites pièces qu'il avait puisées de nouveau dans sa bourse :

— Il faut excuser Corny, *miss*, lui dit-il; il est si jeune! il ne connaît encore rien aux façons du monde. N'y faites pas attention. Quand il aura quelques années de plus, il ne fera plus de ces bévues superlatives.

Et Jason avait toujours la main étendue vers miss Mordaunt. Celle-ci eut le bon esprit de prendre la chose en plaisanterie, et elle répondit en s'armant de tout son sérieux :

— Vous êtes vraiment trop bon, monsieur Newcome; mais à New-York l'usage est que les dames paient pour elles en pareil cas. Quand j'irai dans le Connecticut, je serai heureuse de me conformer à ses usages.

En disant ces mots, Anneke rejoignit ses compagnes.

— Vous le voyez! s'écria Jason, qui ne voulut pas en avoir le démenti; elle est vexée que vous ne l'ayez pas régalée. — Tout de même, ajouta-t-il en remettant l'argent dans sa poche, voilà trois schellings d'épargnés.

Mais voilà une assez longue digression; il est grand temps de rentrer dans la baraque.

Le lion avait un grand nombre de visiteurs, et nous eûmes quelque peine à approcher. Cependant Anneke arriva au premier rang, quelques messieurs s'étant serrés pour lui faire place. Par malheur, elle avait un schall de couleur écarlate, ce qui fut sans doute cause de ce qui arriva, quoique je sois loin d'en répondre. Miss Mordaunt ne manifesta d'abord aucune crainte; mais la foule augmentant toujours, elle se trouva portée si près de la loge, que le lion, en passant une patte à travers les barreaux, saisit le bord du schall et le tira violemment. J'étais auprès d'Anneke, et avec une présence d'esprit qui me surprend encore, je réussis à détacher le schall des épaules de la chère enfant, et la soulevant doucement de terre, j'allai la déposer à une certaine distance. Tout cela se passa si vite que la moitié des personnes présentes ne soupçonnèrent ce qui était arrivé que quand tout fut fini; et, ce qui m'étonne le plus, c'est que je ne conserve pas le plus léger souvenir du plaisir que je ne pus manquer d'éprouver en tenant ainsi dans mes bras Anneke Mordaunt. Le gardien intervint aussitôt, et le lion lâcha le schall, semblant tout désappointé qu'il ne s'y trouvât personne.

Anneke était en sûreté avant d'avoir eu le temps de comprendre le danger qu'elle avait couru. Dirck n'avait pu percer la foule assez vite pour la secourir, et Jason n'était arrivé que pour recevoir le schall des mains du gardien. Quelque effrayée qu'elle eût pu être dans le premier moment, elle ne tarda pas à reprendre son sang-froid, et elle resta encore une demi-heure avec nous à examiner et à admirer son terrible assaillant.

Ce fut en sortant de la loge qu'eut lieu la petite scène relative aux billets, que j'ai racontée. Miss Mordaunt exprima le désir de retourner directement chez elle ; elle craignait que quelque ami maladroit n'alarmât son père par un récit exagéré de ce qui lui était arrivé. Dirck lui offrit de l'accompagner. Avant de nous quitter, la charmante enfant se tourna vers moi, les yeux humides :

—Monsieur Littlepage, me dit-elle d'une voix émue, c'est maintenant seulement que je commence à comprendre tout ce que je vous dois. Tout s'est passé si soudainement, et j'étais si troublée que je n'ai su et que je ne sais guère plus à présent comment vous remercier. Croyez néanmoins que je n'oublierai jamais cette matinée ; et, si vous avez une sœur, offrez-lui, je vous prie, l'amitié d'Anneke Mordaunt, et dites-lui bien que les prières qu'elle peut adresser au ciel pour son frère ne seront jamais plus ferventes que les miennes.

Avant que j'eusse pu me remettre assez pour faire une réponse convenable, Anneke s'était éloignée, tenant son mouchoir sur ses yeux.

CHAPITRE VI.

Allons ! sois bref ; je vois où tu veux en venir, je suis déjà presque un homme.

Cymbeline.

Je ne me souciais pas pour le moment de continuer à me promener, je profitai d'un moment de foule pour perdre Jason, et je m'acheminai vers la ville. Je me croisai en chemin avec plusieurs équipages remplis d'enfants de grandes familles qui, à leur tour, allaient voir la fête. Je reconnus sur les portières le Vaisseau des Levingston, la Lance des de Lancey, le Château Brûlant des Morris, et d'autres armoiries bien connues dans la province. Les voitures n'étaient pas alors aussi communes que de nos jours; cependant la plupart des gens de condition en avaient pour aller à la campagne.

Toute la ville semblait sur pied, et la plaine, qui est l'emplacement du Parc actuel, se remplissait de plus en plus de curieux. La guerre avait amené plusieurs régiments dans la province, et je rencontrai au moins vingt jeunes officiers que *Pinkster* attirait comme les autres. J'avoue que je les regardais avec admiration, peut-être même avec envie, pendant qu'ils passaient deux par deux, se tenant par le bras. Presque tous avaient été élevés en Angleterre, plusieurs dans les universités; tous, à l'exception de quelques jeunes gens des colonies, avaient vu la meilleure société anglaise. Ils avaient un air d'aisance, de satisfaction, tranchons le mot, de suffisance, qui ne laissa pas de faire quelque effet sur moi. J'étais un sujet fidèle, j'aimais le roi, surtout depuis qu'il s'était si profondément identifié avec la succession protestante, j'aimais tous les membres de la famille royale, et je ne désirais rien tant que la gloire et la splendeur de la couronne d'Angleterre; je ne pouvais donc avoir que des sentiments de bienveillance pour les officiers de Sa Majesté; et cependant, je l'avouerai, cet air de morgue où perçait la supériorité de la métropole sur la colonie, de manière à rappeler celle du patron sur le client, du maître sur l'esclave, cet air me blessait profondément. Mais n'anticipons pas sur les événements.

Un peu fatigué de ma promenade, ému de tous les incidents de la matinée, j'avais hâte de rentrer à la maison, et je pris le chemin de Duke-Street où m'attendait le dîner froid de ma tante. Je dis le dîner froid; car pendant trois jours il fallut bien se résoudre à se passer à peu près de cuisinier. Quelquefois on trouvait bien un blanc pour venir faire le service; mais c'étaient des bonnes fortunes assez rares. Il nous en arriva un à une heure et demie : c'était le domestique anglais d'un colonel Mosely, ami intime de mon oncle. J'appris que plusieurs officiers de l'armée avaient la même attention pour d'autres familles où ils étaient reçus sur le pied de l'intimité.

Les mariages entre de jeunes officiers anglais et nos jeunes beautés d'York étaient alors assez fréquents, et j'y avais pensé plus d'une fois, au sujet d'Anneke, en voyant défiler devant moi tous ces beaux militaires.

Dès que j'ouvris la porte de la rue, mistress Legge accourut au-devant de moi.

— Corny, mon cher enfant, dit-elle, qu'avez-vous fait pour vous attirer un pareil honneur?

— Quel honneur? je n'en ai reçu aucun, que je sache. Expliquez-vous, ma bonne tante.

— Herman Mordaunt est là qui vous attend dans le salon. C'est après vous qu'il demande, c'est vous qu'il veut voir, il ne parle que de vous.

— Souffrez alors que je coure le recevoir. Excusez-moi, chère tante, je vous raconterai tout après le dîner.

Mon oncle était absent, et je trouvai Herman Mordaunt seul dans le salon. Sachant le trouble que *Pinkster* jetait dans toutes les maisons, il n'avait pas voulu que ma tante lui tînt compagnie, persuadé que les soins du ménage devaient la réclamer, et il s'était mis à feuilleter en m'attendant un volume du Spectateur, ouvrage qui jouit à juste titre d'une grande réputation dans toutes les colonies.

M. Mordaunt s'avança vers moi avec cette politesse exquise que donne l'usage du monde. Ses manières étaient pleines d'aisance, et, me serrant vivement la main :

— Je suis charmé, mon jeune ami, me dit-il sans autre préambule, que la dette de reconnaissance que j'ai contractée revienne au fils d'un homme que j'estime autant qu'Evans Littlepage. Un bon et honnête homme comme lui, d'une excellente famille, méritait bien d'avoir pour fils un brave jeune homme qui n'hésite pas à prendre même contre un lion la défense d'une jeune fille.

— Je n'affecterai point de ne pas vous comprendre, monsieur, répondis-je, quoique vous vous exagériez beaucoup le danger.

Je doute qu'un lion même eût eu le cœur de faire du mal à miss Mordaunt, quand même il l'aurait pu.

Il me semble que cette réponse n'était pas trop mal tournée pour un jeune homme de vingt ans, et j'avoue que je me la rappelle encore aujourd'hui avec complaisance. Je prie le lecteur de me pardonner cette faiblesse, et si je la signale, c'est qu'avant tout je dois être historien véridique, et je ne veux rien cacher de ce qui me concerne.

Herman Mordaunt ne voulut pas se rasseoir, à cause de l'heure avancée; mais il m'assura de son amitié, et m'invita à dîner pour le vendredi, le premier jour où il pouvait compter sur ses domestiques. L'invitation fut faite pour trois heures, car on dînait de plus en plus tard depuis que nous avions une armée; et il parait même qu'à Londres le bon ton était de dîner plus tard encore. Après être resté cinq minutes, Herman Mordaunt se retira en me serrant affectueusement la main.

Au dîner, je racontai à mon oncle et à ma tante ce qui s'était passé, et je fus charmé de les entendre parler de mes nouvelles connaissances dans les termes les plus favorables.

— Herman Mordaunt, dit mon oncle, pourrait jouer un grand rôle s'il voulait entrer dans la vie politique. Il a des talents, de l'instruction, une jolie fortune, et il est allié à ce qu'il y a de mieux dans la colonie, et même, dit-on, en Angleterre.

— Anneke est une charmante enfant, ajouta ma tante, et puisque Corny était destiné à protéger une jeune fille, je suis charmé que ce soit elle. Elle a le meilleur cœur, et ma sœur Littlepage et moi nous n'avions pas d'amie plus intime que sa mère. Il serait bien, Corny, d'aller savoir ce soir même de ses nouvelles. C'est une attention qu'elle est en droit d'attendre, après ce qui est arrivé.

Je ne demandais pas mieux, assurément; mais j'étais si jeune et si novice que je ne savais trop comment me présenter. Heureusement Dirck arriva bientôt; il approuva ce qu'avait dit ma tante, et offrit de me conduire. J'acceptai avec empressement, et nous partîmes ensemble pour Crown-Street, où demeurait alors M. Mordaunt dans un superbe hôtel. Il vint nous ouvrir lui-même, aucun de ses nègres n'étant encore revenu de la fête.

Dirck me parut au mieux, non-seulement avec le père, mais encore avec la fille. On ne l'appelait que mon cousin, et il était évident que sa cousine était ce qu'il aimait le mieux au monde. Tout cela me tourmentait un peu, je l'avoue. J'aimais Dirck, mais j'aurais préféré qu'il aimât, lui, toute autre personne.

Herman Mordaunt me fit monter un magnifique escalier, puis entrer dans un petit salon parfaitement éclairé. Anneke y était, entourée de cinq ou six de ses jeunes amies et de quelques jeunes gens parmi lesquels il n'y avait pas moins de quatre uniformes écarlates.

Je ne chercherai pas à cacher ma faiblesse : en entrant dans le salon, je me sentis tout troublé; je ne voyais rien et je ne savais quelle contenance faire. Anneke fit un pas ou deux pour venir à ma rencontre; mais la pauvre enfant n'était guère moins embarrassée. Elle rougit en me remerciant du service que je lui avais rendu, et s'estima heureuse que son père m'eût trouvé pour me témoigner sa reconnaissance. Elle m'invita alors à m'asseoir, me présenta aux personnes présentes, et me nomma deux ou trois des demoiselles. Celles-ci m'adressèrent de charmants sourires, comme pour me remercier à leur tour de ce que j'avais fait pour leur amie; et je m'aperçus en même temps que les hommes, notamment les officiers, m'examinaient avec attention.

— J'espère que votre petit accident, qui n'a rien été après tout, puisque vous vous en êtes si bien tirée, ne vous a pas empêchée de jouir du coup d'œil de la fête? dit un des jeunes militaires dès que le mouvement causé par mon arrivée eut cessé.

— Mon petit accident, monsieur Bulstrode? répéta Anneke avec une petite moue charmante; croyez-vous donc qu'il soit si agréable pour une demoiselle de se trouver dans les griffes d'un lion?

— Allons, je me rétracte, et je dirai : votre sérieux accident, puisque vous êtes décidée à vous regarder comme une victime; mais pas assez sérieux, du moins je l'espère, pour vous avoir empêchée de jouir des amusements de la fête.

— C'est une fête qui revient tous les ans, et que, par conséquent, je suis assez vieille pour avoir vue déjà bien des fois.

— On m'a dit aujourd'hui, reprit un autre officier à qui j'avais entendu donner le nom de Billings, que vous étiez accompagnée d'un détachement de ce que Bulstrode appelle l'infanterie légère.

Trois ou quatre des jeunes personnes prirent alors part à la conversation, protestant qu'elles ne souffriraient pas qu'on les enrôlât dans l'armée d'une façon si cavalière. M. Bulstrode riposta qu'un jour ou l'autre il espérait pourtant les voir entrer non-seulement dans l'armée, mais dans son régiment. Ce furent alors des réclamations sans fin contre ce service forcé, et surtout des éclats de rire auxquels je fus bien aise de voir que ni Anneke, ni sa plus intime amie, Mary Wallace, ne prenaient part. J'approuvai leur réserve, et je m'aperçus qu'on n'en avait pour elles que plus d'égards et plus de respect.

J'appris un peu plus tard que des trois officiers le plus jeune était enseigne; il se nommait Harris, et était fils cadet d'un membre du parlement; à proprement parler, ce n'était encore qu'un enfant. Le second, Billings, était capitaine, et l'on disait que c'était le fils naturel d'un grand personnage. Quant à Bulstrode, il était fils aîné d'un baronnet qui pouvait avoir de trois à quatre mille livres sterling de revenu; à force d'argent il était déjà parvenu au grade de major, quoiqu'il n'eût encore que vingt-quatre ans. C'était un joli garçon, et je vis du premier coup d'œil que c'était un admirateur déclaré d'Anneke Mordaunt. Les deux autres s'admiraient trop eux-mêmes pour avoir des sentiments bien vifs pour toute autre personne. Dirck, plus jeune que moi, et d'une défiance excessive, se tenait à l'écart, causant presque tout le temps d'agriculture avec le père.

Il y avait une heure que nous étions ensemble, et j'avais pris assez d'aplomb pour changer de place et pour regarder un ou deux tableaux qui décoraient les murs, et qui étaient des originaux apportés de l'Ancien-Monde; car, à dire vrai, l'art de la peinture n'a pas encore fait de grands progrès dans les colonies, quand M. Bulstrode s'approcha de moi. Il était mon aîné de quatre ans; il avait été élevé dans une université; c'était l'héritier d'un baronnet; il connaissait le monde; il était parvenu au grade de major; il savait être aimable quand il le voulait. Que d'avantages n'avait-il pas sur un pauvre garçon tel que moi, qui n'avait aucune expérience! Je n'étais nullement flatté qu'il vînt ainsi se placer à mon côté, en présence d'Anneke Mordaunt, comme pour donner lieu à une comparaison qui ne pouvait que lui être favorable. Je n'avais pourtant nul moyen de me plaindre; son ton était poli, ses manières prévenantes; et cependant je ne pouvais m'ôter de l'esprit qu'il cherchait à s'amuser un peu à mes dépens.

—Savez-vous que vous êtes un heureux mortel, monsieur Littlepage, dit-il en commençant, d'avoir pu rendre un pareil service à miss Mordaunt? Nous envions tous votre bonne fortune, tout en admirant votre courage; voilà une aventure qui fera du bruit dans notre régiment; car miss Anneke a tous les cœurs, et son libérateur a droit à notre reconnaissance.

Je marmottai quelques paroles assez embrouillées pour répondre à ce compliment, et mon interlocuteur continua.

—Je suis surpris, monsieur Littlepage, qu'un brave comme vous ne vienne pas dans nos rangs à une époque où il y a chance de se battre. On dit que votre père et votre grand-père ont servi et que vous avez de la fortune; vous trouverez parmi nous grand nombre de jeunes gens de mérite et de bon ton, et vous passerez le temps très-agréablement; on attend de nombreux renforts, et je suis sûr que vous obtiendriez facilement un beau grade. Je serais heureux de vous aplanir les voies si vos vues se tournaient de ce côté.

Tout cela fut dit avec un air de franchise et de sincérité d'autant plus apparent peut-être qu'Anneke était assise de manière à ne pouvoir manquer de nous entendre; je remarquai même qu'elle tourna les yeux de mon côté au moment où j'allais répondre; mais je n'osai regarder du sien pour voir quelle expression se peignait sur sa figure.

—Je suis bien sensible, monsieur Bulstrode, à votre aimable proposition, répondis-je d'un ton assez ferme, car la fierté vint à mon secours; — mais mon grand-père vit encore, je dois lui obéir, et je sais que son désir est que je reste à Satanstoé.

— A Satan quoi? demanda Bulstrode avec plus de curiosité peut-être qu'il n'était compatible avec la stricte bienséance.

— A Satanstoé, monsieur. Je ne suis pas surpris que ce nom vous fasse sourire, il est assez étrange; mais enfin c'est le nom donné par mon grand-père à la terre que nous habitons.

— Le nom me plaît fort, je vous assure, et je suis certain que je raffolerais de votre aïeul, cette bonne et honnête nature anglosaxonne. Mais il ne veut pas que vous demeuriez éternellement dans cette demeure de Satan...

— De Satanstoé, non, monsieur; mais du moins jusqu'à ma majorité, que je n'atteindrai que dans quelques mois.

— Sans doute pour vous préserver des griffes de Satan, n'est-ce pas? Ces bons vieillards ont souvent grandement raison. Enfin, si jamais vous changez d'idée, mon cher Littlepage, ne m'oubliez pas. Rappelez-vous que vous avez un ami qui a quelque petite influence, et qui se fera un plaisir de l'employer pour celui qui a sauvé miss Mordaunt. Sir Harry est retenu par la goutte, et il parle de me céder son siège lors de la dissolution; en ce cas ma recommandation aurait naturellement plus de poids. Savez-vous que j'aime prodigieusement ce nom de Satanstoé?

— Je vous remercie, monsieur Bulstrode, mais j'avoue que je voudrais ne devoir mon avancement qu'à mon seul mérite, et un homme d'honneur...

— Allons donc, mon cher, où en êtes-vous? Rappelez-vous Juvénal : *Probitas laudatur et alget.* Vous êtes trop frais émoulu du collége pour avoir oublié ce vers?

— Je n'ai jamais lu Juvénal, monsieur Bulstrode, et je n'ai nulle envie de le lire, si c'est là la morale qu'il enseigne.

Bulstrode allait répliquer, quand une certaine miss Warren, qui semblait diriger ses batteries sur le major, intervint heureusement dans ce moment critique.

— Est-il vrai, monsieur Bulstrode, dit-elle, que MM. les officiers aient loué le nouveau théâtre, et qu'ils comptent nous faire la galanterie de donner quelques représentations? M. Harris vient de trahir une partie du secret, et il nous a laissé entendre que vous pourriez nous en dire bien davantage.

— M. Harris mérite d'être mis aux arrêts pour avoir violé la consigne.

— M. Harris n'est pas le seul à blâmer, répondit Anneke avec calme; et c'est tout le régiment qu'il faudrait punir, car voilà quinze jours qu'on ne parle pas d'autre chose.

— Allons, il faudra donc faire grâce au coupable. Eh! bien,

oui, j'en conviens, nous avons loué le nouveau théâtre, et nous avons l'intention de prier les dames de venir m'entendre massacrer Caton et Scrub, deux rôles qui ont du moins le mérite du contraste : n'est-ce pas, miss Mordaunt?

— Je ne connais pas Scrub, mais j'ai lu la pièce d'Addison, et l'on ne pouvait mieux choisir. Quand les représentations doivent-elles commencer?

— Dès que saint Pinkster aura fini les siennes et voudra bien nous céder la place.

A ce nom de saint Pinckster, ce furent des exclamations de toutes ces demoiselles, des cris de joie, un déluge de questions et de réponses; tout le monde parlait ensemble, et Anneke profita de ce désordre pour se tourner de mon côté.

— Songez-vous sérieusement à prendre du service, monsieur Littlepage? demanda-t-elle avec un certain embarras.

— En temps de guerre on ne peut répondre de rien; mais, en tout cas, ce ne sera jamais que comme défenseur de la patrie.

Il me parut que cette réponse plaisait à miss Mordaunt. Après un moment de silence, elle reprit :

— Vous savez le latin, monsieur Littlepage, puisque vous avez été à l'université?

— Comme on le sait dans nos colléges, miss Mordaunt.

— Que voulait donc dire la citation de M. Bulstrode?

— Que la probité est louée et meurt de faim.

Une expression de déplaisir se peignit sur le front lisse et calme de miss Mordaunt, qui avait une grande fermeté de caractère et des principes très-arrêtés dans un âge aussi tendre; elle ne dit rien pourtant, et se contenta d'échanger un regard significatif avec son amie Mary Wallace.

— Ah! vous allez jouer le rôle de Caton, monsieur Bulstrode, s'écria une jeune personne sur qui la vue d'un bel uniforme faisait plus d'effet qu'il ne l'eût fallu pour son bien ; c'est charmant en vérité! Et quel costume allez-vous prendre? celui du temps, ou celui de nos jours?

— Mais tout bonnement ma robe de chambre disposée pour la circonstance, à moins que saint Pinkster ne me suggère quelque meilleure idée.

— Croyez-vous donc réellement que Pinkster soit un saint? demanda miss Mordaunt d'un ton assez sérieux.

Bulstrode se mordit les lèvres; il n'avait jamais songé à demander à quelle occasion la fête avait lieu; et il est certain que la manière dont elle est célébrée par les nègres de New-York ne pouvait guère le mettre sur la voie.

— Si je suis dans l'erreur, répondit-il d'un air contrit, miss Mordaunt voudra bien m'en tirer.

— Très-volontiers, monsieur Bulstrode. Apprenez donc que Pinkster n'est ni plus ni moins que la fête de la Pentecôte. Ainsi donc c'est un saint à retrancher de votre calendrier.

Bulstrode reçut la leçon avec une bonne grâce parfaite; il inclina la tête en signe de soumission, et Anneke lui adressa un sourire si plein de bonté que j'aurais voulu pour beaucoup que cette scène n'eût pas eu lieu.

— Aussi, miss Mordaunt, c'est la faute de *nos* ancêtres, qui ne connaissaient pas Pinkster, et c'est ce qui peut expliquer mon ignorance.

— Mais quelques-uns des miens l'ont connu, et ils observaient la fête, répondit Anneke.

— Oui, du côté de la Hollande; mais quand je me permets de parler de nos ancêtres, j'entends ceux que j'ai le bonheur d'avoir en commun avec vous.

— M. Bulstrode est donc votre parent? demandai-je presque involontairement et avec trop de précipitation.

Anneke répondit de manière à montrer qu'elle ne trouvait pas ma question déplacée.

— Le grand-père de M. Bulstrode et ma bisaïeule maternelle étaient frère et sœur, dit-elle avec douceur. Nous sommes donc des espèces de cousins, suivant la mode de Hollande, qu'il dédaigne tant; mais je crois que cette parenté serait regardée comme peu de chose en Angleterre.

Bulstrode se récria contre cette supposition. Il protesta que son père au contraire attachait le plus grand prix à sa parenté avec M. Mordaunt, et qu'il lui avait bien recommandé de cultiver sa connaissance dès qu'il serait arrivé à New-York. Je vis par là sur quel pied le formidable major était dans la maison.

Ne jouais-je pas de malheur? Il n'y avait que moi qui n'avais aucun lien de parenté avec Anneke. J'eus beau chercher parmi tous mes ancêtres de Hollande, je n'en trouvai aucun qu'il fût possible de mettre en avant.

CHAPITRE VII.

> —Sir Valentine, je ne me soucie pas d'elle, moi.
> — Bien fou celui qui risquerait sa vie pour une fille qui ne l'aime pas.
> — Je n'en veux pas, et vous pouvez la prendre.
>
> SHAKSPEARE.

Je vis Anneke Mordaunt plusieurs fois, soit dans les promenades, soit chez elle, avant le jour pour lequel son père m'avait invité à dîner. Le matin de ce jour-là, M. Bulstrode me fit l'honneur de venir me voir ; il m'annonça qu'il était du dîner, et qu'en sortant de table on se rendrait au théâtre pour la représentation en question.

— Si vous voulez vous donner la peine de passer à la taverne de la Couronne, vous trouverez des billets à votre adresse pour vous et pour vos amis, et notamment pour votre parent, M. Dirck Follock ; c'est, je crois, son nom. Ces Hollandais ont des noms bizarres, n'est-ce pas monsieur Littlepage?

— Ils peuvent paraître tels à un Anglais, monsieur, mais les nôtres ne leur semblent pas moins étranges sans doute. Quant à M. Dirck Van Valkenburgh, il n'est pas mon parent, c'est aux Mordaunt qu'il est allié.

— Aux Mordaunt ou à vous, qu'importe? Je savais qu'il était parent de quelqu'un de ma connaissance; cela suffisait pour l'inviter. Savez-vous que je ne le vois jamais sans regretter qu'il ne fasse point partie de notre compagnie de grenadiers?

— Dirck sans doute y serait très-bien placé; mais vous connaissez les familles hollandaises, monsieur Bulstrode. Elles conservent une grande partie de leur attachement pour la Hollande, et il est rare qu'elles prennent du service dans l'armée ou dans la marine, comme nous autres d'origine anglaise.

— Comment? ce n'est pas assez d'un siècle pour calmer cet enthousiasme pour les marins de la Hollande? En Angleterre, la colonie de New-York passe pour être fidèle.

— J'ai souvent entendu dire à mon grand-père que le règne du roi Guillaume avait beaucoup contribué à rapprocher du nouveau gouvernement les Hollandais qui sont ici, mais que depuis, ils s'étaient un peu refroidis. Néanmoins la maison de Hanovre n'a pas ici de sujets plus fidèles que les Van Valkenburghs.

— Eh bien! raison de plus pour nous amener votre ami. Cette représentation ne vous donnera pas une grande idée de nos théâtres, Littlepage; c'est tout au plus bon pour tuer le temps. — Mais il faut que j'aille à la répétition; au revoir, à trois heures.

Le brillant major s'éloigna aussitôt, et je me rendis à la taverne pour retirer mes billets. Il y avait foule de gens qui venaient en chercher, et chacun déposait une offrande pour venir en aide à de pauvres familles de soldats. En m'en allant, je me dirigeai vers le Mail, qui était alors la promenade à la mode. Les musiques des régiments, placées dans le cimetière de l'église de la Trinité, jouaient alternativement, au grand amusement des promeneurs. Quelques âmes timorées trouvaient bien *in petto* le lieu singulièrement choisi; mais on se serait gardé de critiquer tout haut ce que messieurs les militaires avaient une fois décidé.

Il y avait beaucoup de monde au moment où j'arrivai. Les jeunes personnes étaient en majorité. Il y avait un assez grand nombre d'uniformes, même de marins, plusieurs croiseurs de Sa Majesté se trouvant dans le port. Comme on n'aurait pas osé se montrer au Mail, si l'on n'avait pas appartenu à une certaine classe de la société, toutes les toilettes étaient d'une élégance remarquable, et je fus vivement frappé du spectacle, nouveau pour moi, que j'avais sous les yeux.

Qu'on se figure une rue de près d'un demi-mille de longueur, ayant plus de quatre-vingts pieds de large dans sa partie la plus étroite, terminée d'un côté par un fort élevé, surmonté de batteries construites sur le roc, et dominant la baie; de l'autre, par la plaine, qui forme le Parc actuel, et où les troupes étaient constamment à manœuvrer; par la maison de correction, la prison et les casernes; le tout couronné de hauteurs escarpées, couvertes de maisons de campagne, au pied desquelles se prolongeaient des marécages, des vergers et des prairies, qui donnaient à cette partie de l'île un aspect pittoresque. L'église de la Trinité, l'un des plus majestueux édifices de la colonie, tel qu'il existait alors, avec son architecture gothique et ses belles statues, contribuait pour sa part à la beauté de l'ensemble. Le beau temps était revenu; le printemps venait de faire son entrée avec son cortége de fleurs. Tout semblait sourire dans la nature, et il était impossible de jouir d'un coup d'œil plus animé.

Au milieu de cette foule qui circulait dans tous les sens, je m'aperçus bientôt que j'excitais quelque attention. En ma qualité d'étranger, je ne devais pas m'en étonner; car je n'avais pas la vanité de supposer que je pusse y être personnellement pour quelque chose. Ce n'était pas que ma figure et mon air eussent rien de désagréable; je ne fais pas assez fi des dons de la Providence pour tenir ce langage; et je suis arrivé à un âge où je puis dire la vérité, sans qu'on m'accuse de suffisance. Ma mère se plaisait à répéter tout bas dans son petit cercle d'intimes que son Corny était un des plus jolis garçons de la colonie. Je sais que toutes les mères ont un faible remarquable pour leurs enfants, et comme j'étais le seul enfant que la mienne eût conservé, il est probable que la bonne chère âme me voyait avec les yeux de son cœur, et que l'opinion qu'elle avait de son fils provenait uniquement de son affection pour lui. Il est vrai que ma tante Legge s'était exprimée plus d'une fois de la même manière; mais il est naturel que deux sœurs pensent de même sur un pareil sujet, d'autant plus que ma tante n'avait jamais eu d'enfants.

Quoi qu'il en soit, je fus l'objet d'une assez grande curiosité, pendant que je cherchais de tous côtés dans l'espoir de rencontrer Anneke; car je pensais sans cesse à sa beauté, à sa grâce, à sa gentillesse, à son amabilité. Dirck me donnait bien quelques inquiétudes; mais Anneke était sa cousine au second degré, et c'était une parenté trop proche pour qu'on pût songer à les unir. Mon grand-père avait toujours posé en principe qu'on ne devait permettre les mariages entre cousins qu'au troisième degré, et je trouvais que mon grand-père avait parfaitement raison.

Je viens de dire que je cherchais Anneke ; eh bien ! le croirat-on? lorsque, enfin, je la vis venir de loin, donnant le bras à Mary Wallace et causant avec Bulstrode, tandis que son amie conversait avec Harris, je tournai aussitôt les yeux d'un autre côté, et je me serais esquivé sans même risquer le moindre salut, si Bulstrode, qui m'avait aperçu, ne m'eût appelé.

— Comment donc, Cornélius *Cœur-de-Lion*, il n'y a pas une heure que nous nous sommes quittés, et vous ne reconnaissez déjà plus vos amis! Allons, brave paladin, tournez la tête, et saluez au moins ces dames.

Je laisse à juger de ma confusion. Je balbutiai quelques excuses, et Anneke eut pitié de mon embarras.

— *Cœur-de-Lion* est un surnom qui convient mieux à un militaire qu'à un bourgeois, dit-elle gaiement en continuant sa promenade. M. Littlepage peut le mériter, mais je ne sais trop, monsieur Bulstrode, s'il ne préfère pas vous le laisser à vous autres officiers.

— Je suis charmé de cette occasion, monsieur Littlepage, de vous enrôler de mon côte dans la guerre que me fait sans cesse miss Mordaunt. Elle est toujours prête à faire bon marché de nous autres pauvres diables qui avons traversé le vaste océan pour protéger les colonies, New-York entre autres, et leurs habitants, compris ces dames, contre les agressions de leurs mortels ennemis, les Français. On ne veut nous en savoir aucun gré, et je ne demande pas mieux que de vous prendre pour arbitre.

— Avant que M. Littlepage accepte ces graves fonctions, il est bon, dit Anneke en souriant, qu'il en connaisse les devoirs et la responsabilité : d'abord, je dois le prévenir que M. Bulstrode, au milieu de ses protestations d'attachement pour les colonies, ne les regarde guère que comme des provinces qui doivent leur existence même à l'Angleterre; tandis que je prétends que si nous devons quelque chose à quelqu'un, ce n'est pas à l'Angleterre, mais aux Anglais. Quant aux habitants de New-York, monsieur Littlepage, et surtout quant à nous deux, nous pouvons dire aussi un mot en faveur de la Hollande. Je suis fière, voyez-vous, de mon origine hollandaise.

Ce « quant à nous deux, » dans la bouche de miss Mordaunt, me chatouilla délicieusement les oreilles, quoique je n'eusse pas pour la Hollande la même affection qu'elle. Je fis la réponse que m'inspira la veine du moment; puis la conversation changea de sujet, et l'on parla de la représentation du soir.

— Savez-vous que j'ai grand'peur de vous, cousine ; — Bulstrode appelait souvent ainsi Anneke ; — vous n'êtes pas très-bien disposée pour les militaires en général, et en particulier pour notre régiment. Billings et Harris ont une peur effroyable de vos critiques.

— Ce seraient les critiques d'une grande ignorante, en tout cas; car de ma vie je ne suis entrée dans un théâtre. Nous allons faire notre début en même temps, monsieur Bulstrode, vous sur la scène, moi dans la salle.

— Ce n'est pas tout à fait mon début, en ce sens que j'ai joué quelquefois en pension. Mais c'est la première fois que je parais comme artiste *amateur*.

— C'est bien mal à moi, lorsque vous faites tant d'efforts pour nous amuser, de vous demander si ce genre d'amusement est tout à fait convenable. Pardonnez la franchise d'une parente.

— Les idées sont un peu changées sur ce point, cousine, et je puis vous assurer que plusieurs seigneurs ont organisé des divertissements de ce genre dans leurs maisons de campagne. C'est une mode française, comme vous savez ; et tout ce qui vient de France a beaucoup de vogue parmi nous en temps de paix. Sir Harry n'approuve pas beaucoup ce projet, et quant à ma respectable mère, elle m'en a parlé plus d'une fois dans ses lettres, en des termes qui n'avaient rien de très-encourageant.

— C'est du moins agir en fils bien respectueux. Mais sans doute, quand sir Harry et lady Bulstrode apprendront vos grands succès, ils oublieront le champ dans lequel vous avez cueilli vos lauriers. Mais l'heure avance; il est temps, Mary, que nous allions faire notre toilette. J'ai aussi un rôle à jouer au dîner ; j'espère que ces messieurs ne l'ont pas oublié.

A ces mots Anneke s'éloigna avec son amie, après nous avoir

salués de manière à ne pas nous permettre de les reconduire. Bulstrode prit mon bras d'un air dégagé, et se dirigea vers Duke-street où il demeurait, tandis qu'Harris, qui partout aimait à arriver le dernier, continuait sa promenade.

— Savez-vous, Littlepage, que c'est une des plus jolies et des plus aimables filles des colonies? s'écria mon compagnon, dès que nous fûmes seuls, avec une chaleur et un sérieux qui me surprirent. Quelques mois de séjour à Londres en feraient une femme accomplie; il ne lui manque qu'un peu d'usage et de vernis du monde; car il y a dans sa naïveté un charme qui vaut l'art des coquettes.

— Pour moi, répondis-je au comble de la surprise, je ne vois pas ce qui manque à miss Mordaunt; elle me semble être la perfection, et elle ne pourrait que perdre à changer.

Ce fut le tour de Bulstrode à ouvrir de grands yeux. Il me regarda fixement pendant quelques secondes; puis il ne parla plus d'Anneke et mit la conversation sur les pièces de théâtre. Bulstrode avait de l'esprit et de l'instruction; j'avais un grand plaisir à l'écouter. Voilà l'homme qui convient à Anneke Mordaunt, ne pouvais-je m'empêcher de penser. Il réunit tous les avantages : la naissance, les dehors, l'éducation, la fortune; s'il se présente, il ne peut manquer de réussir. Il conduira sa femme à Londres pour lui donner ce vernis dont il fait tant de cas. La prudence veut que je veille sur mon cœur; n'allons pas laisser naître une passion qui ne pourrait que me rendre malheureux.

J'étais jeune, et voilà pourtant comme je raisonnais. Je me croyais bien sage, et je formais les plus belles résolutions. En quittant le jeune major, je lui promis de venir le reprendre au bout d'une demi-heure, afin de me rendre avec lui chez Herman Mordaunt. Je fus exact au rendez-vous.

— Il est heureux, dit Bulstrode en me prenant le bras, que ce soit la mode à New-York d'aller à pied; car des voitures auraient beaucoup de peine à passer dans ces rues étroites. J'en rencontre pourtant parfois quelques-unes. Quant aux chaises à porteur, je ne puis souffrir d'y voir un homme.

—Plusieurs de nos principales familles ont des équipages, et elles s'en servent, répondis-je. Néanmoins il est de très-bon ton que les dames elles-mêmes aillent à pied ; et je suis convaincu qu'un grand nombre n'iront pas autrement ce soir au spectacle

— Savez-vous, Littlepage, que je ne désespère pas de vous enrôler un jour dans notre troupe? Je puis vous répondre, sans vouloir nous flatter, que vous ne vous trouveriez pas en trop mauvaise compagnie.

Je protestai que je serais un acteur détestable, puisque je n'avais pas même la première idée d'un théâtre; mais mon compagnon n'en insista pas moins; et, tout en discutant, nous arrivâmes à Crown-street. C'était un quartier assez éloigné; mais du moins l'air y était excellent.

— Je ne conçois pas M. Mordaunt d'avoir été se bâtir une maison dans le faubourg, dit Bulstrode en frappant à coups redoublés en véritable patricien ; il faut sortir tout à fait de ses habitudes pour venir le voir.

— Ici pourtant les distances ne doivent vous paraître rien auprès de celles de Londres. Il est vrai que là vous avez des voitures.

— Sans doute, mais brisons là. Il ne faudrait pas qu'Anneke pensât que je trouve la course trop longue quand je viens chez elle.

Nous étions les derniers, sauf le tardif M. Harris. La réunion se composait d'une douzaine de personnes. Comme on se voyait tous les jours, les compliments ne furent pas trop longs à échanger, et Herman Mordaunt commença à vérifier si tout son monde était arrivé.

— Il me semble qu'il ne manque plus que M. Harris, dit-il à sa fille; l'attendrons-nous, ma chère? Il est souvent si en retard!

— C'est que maintenant c'est un personnage important, dit Bulstrode. Sa naissance lui donne le droit de conduire à table la maîtresse de la maison. Voilà ce que c'est que d'être le quatrième fils d'un baron irlandais! Le père d'Harris vient d'être anobli.

Personne ne le savait encore, et il en résulta une nouvelle indécision pour savoir si l'on se mettrait à table sans l'attendre.

— A défaut de ce fils d'un nouveau baron irlandais, vous pensez sans doute que je serai obligée de donner la main au fils aîné d'un baronnet anglais, dit Anneke avec un sourire qui tempéra ce qu'il pouvait y avoir de légèrement ironique dans sa manière.

— Plut à Dieu, cousine, répondit Bulstrode à demi-voix, quoique assez haut pour que je l'entendisse, pourvu que le cœur accompagnât la main!

C'était assez clair, et je regardai Anneke avec inquiétude pour voir quel effet une déclaration aussi à bout portant avait produit sur elle; mais elle ne manifesta point la moindre émotion, et il était évident qu'elle ne regardait la chose que comme une plaisanterie. Je ne concevais pas qu'on pût tourmenter ainsi une si jeune personne.

— Je crois, mon cher père, que nous ferions bien de faire servir, dit-elle avec calme en se tournant vers M. Mordaunt. M. Harris pourrait se formaliser de ne pas trouver tout le monde à table. Ce serait signe que sa montre ne va pas bien, et qu'il serait arrivé une demi-heure trop tôt.

Herman Mordaunt sortit un instant pour aller donner des ordres en conséquence.

— Ce sera une leçon pour Harris, dit Bulstrode. Je n'ose pas répéter ce qu'il a eu la témérité de me dire à ce sujet pas plus tard qu'hier.

— Osez, osez, lui cria-t-on de toutes parts.

— Eh! bien, oui, car vraiment il le mérite. Vous saurez donc que comme son aîné et son ancien dans le service, je me permettais de lui faire quelques observations sur sa manie d'arriver toujours le dernier; savez-vous ce qu'il m'a répondu? Maintenant, m'a-t-il dit, après lord Loudon, le commandant en chef, le gouverneur, et quelques autres grands personnages, j'ai le droit de préséance; eh! bien, si j'arrive de bonne heure, il faut que je donne la main à toutes les vieilles dames et que je prenne place à leurs côtés, tandis que, en arrivant un peu tard, j'ai chance de me glisser auprès de leurs filles. — Mais aujourd'hui son calcul ne vaudra rien, la maîtresse de la maison n'ayant pas encore tout à fait cinquante ans.

— Je ne croyais pas à M. Harris tant de malice, dit doucement Anneke; mais le voici qui arrive pour faire valoir ses droits.

— Ah! le gaillard s'est rappelé votre âge, et il a fait un extraordinaire.

Dans ce moment on annonça que le dîner était servi, et tous les yeux se tournèrent vers Harris, comme pour dire qu'on lui laissait le champ libre. Le jeune officier, qui n'avait pas même encore mon âge, hésitait un peu à se mettre en évidence et à réclamer les droits de son rang, lorsque M. Mordaunt, qui avait été en Angleterre, et qui connaissait très-bien les usages du monde, prit la parole :

— Messieurs, dit-il, je vous prie de ne pas trouver mauvais que nous fassions aujourd'hui les honneurs à M. Cornélius Littlepage ; c'est surtout pour le remercier de son dévouement et de son courage que nous sommes réunis, et il voudra bien donner la main à miss Mordaunt.

Herman Mordaunt indiqua alors à l'honorable M. Harris une autre dame, et chacun fit ensuite son choix ; pour moi, à cette invitation inattendue, je sentis le feu me monter au visage, et j'osai à peine regarder Anneke en la conduisant à table. Ma main tremblait comme la feuille, et c'est à peine si je touchai le bout de ses jolis petits doigts ; naturellement je me trouvai placé auprès de la jeune et jolie maîtresse de la maison.

C'était, à bien dire, le premier dîner de cérémonie auquel j'assistais ; car chez ma tante nous n'étions qu'en famille. A ma grande surprise, on servit de la soupe ; tout était excellent, et surtout cuit à point ; néanmoins, c'était surtout par la quantité que se distinguait le dîner, comme tous ceux de New-York, quoique, sous le rapport des mets, la cuisine américaine ait fait de grands progrès.

— Si j'avais pu prévoir cette réunion, miss Mordaunt, dis-je dès que je pus trouver l'occasion de parler à ma belle voisine, mon père aurait été heureux de vous envoyer du gibier de sa chasse.

Anneke me remercia, et l'on vint à parler du West-Chester, qui est renommé pour ses perdrix, ses cailles, ses mauviettes, et pour toute espèce de gibier. Bientôt on ne parla plus que de chasse et de chasseurs, et miss Mordaunt se vit obligée de demander grâce.

— En vérité, messieurs, dit-elle en plaisantant, vous oubliez que miss Wallace et moi nous ne chassons pas.

— Si ce n'est avec les flèches de Cupidon, répondit Bulstrode avec un ton de galanterie comique; car avec ces armes-là vous faites de terribles ravages; j'en sais quelque chose, moi, qui me trouve placé entre les deux.

Bientôt ce fut le moment de porter les santés, et M. Mordaunt donna l'exemple en proposant celle de miss Markham, vieille demoiselle à laquelle il passait pour avoir fait un doigt de cour dans son temps; ce fut ensuite le tour d'Anneke, et son toast fut : A la troupe des comédiens amateurs ! Puisse-t-elle se distinguer autant dans les arts de la paix qu'elle l'a fait au champ d'honneur !

De grands applaudissements suivirent ce toast; et Bulstrode ayant dit tout bas à Harris qu'il ne pouvait se dispenser de répondre au nom du régiment, Harris tourna tant bien que mal quelques phrases que Bulstrode interrompait à chaque mot en criant : Bravo ! à merveille ! Écoutez, écoutez ! En finissant, le jeune officier but à la santé des belles de New-York, aussi remarquables par leur esprit que par leurs attraits.

— Bravo ! s'écria de nouveau Bulstrode, de mieux en mieux; décidement Harris est en veine.

— Allons, Bulstrode, à votre tour.

— Moi, j'ai l'honneur de proposer la santé de lady Dolly Merton.

Personne de nous, que je sache, ne connaissait cette lady Dolly. D'autres toasts suivirent, puis on pria les dames de chanter. Anneke donna l'exemple sans se faire prier, et jamais je n'avais entendu de voix plus douce; l'air était simple, mais d'une mélodie charmante, et il fut chanté avec une grâce inexprimable. Bulstrode était ravi, et je l'entendis murmurer : Elle chante vraiment comme un ange! Son tour vint ensuite, et il chanta une romance avec beaucoup d'expression. Harris chanta ensuite, à peu près comme il parlait; puis Mary Wallace. Herman Mordaunt lui-même entonna une chanson bachique. Je fus alors invité à payer mon écot; j'obéis; j'avais beaucoup de goût pour la musique, et j'avais lieu de croire que je ne m'en tirerais pas plus mal que les autres. Quelques larmes que je crus remarquer dans les yeux d'Anneke quand j'eus fini, me convainquirent que je ne m'étais pas trompé.

Enfin la jeune maîtresse de la maison se leva, en rappelant à son père la représentation du soir. Quelques-uns d'entre nous reconduisirent les dames jusqu'au salon ; au lieu de retourner à table, je restai avec elles, et Bulstrode en fit autant, sous prétexte qu'il avait besoin de toute sa tête pour se bien pénétrer de l'esprit de son rôle.

CHAPITRE VIII.

> Traitez chaque homme d'après ses mérites ; et quel est celui qui ne sera pas fustigé ? Ne consultez au contraire que le sentiment de votre honneur et de votre dignité ; moins cet homme est digne de vos bontés, plus votre bienveillance est méritoire.
>
> SHAKSPEARE.

— Harris sera complétement hors de combat si je ne trouve pas moyen de lui faire quitter la table, dit bientôt Bulstrode ; vous savez qu'il doit jouer ce soir Marcie, et s'il est bon qu'il soit un peu en gaieté pour avoir de l'assurance et de l'entrain dans son rôle, il ne faut pas qu'il en ait trop, pour l'honneur de la vertueuse Romaine.

Ce fut un *tolle* général de la part de toutes les dames en apprenant que M. Harris devait jouer un rôle travesti ; personne ne connaissait encore la distribution des rôles ; tout ce qu'on savait, c'était que Bulstrode devait jouer Caton ; le reste avait été tenu secret, afin que les spectateurs eussent le plaisir de la surprise et cherchassent à deviner les acteurs. Anneke assura que son père ne retenait jamais ses convives longtemps, et qu'on ne tarderait pas à les voir tous arriver. En effet, au bout d'une demi-heure, tous ces messieurs firent leur entrée dans le salon pour prendre le café, et Harris marchait à peu près droit. Bulstrode ne tarda pas à l'emmener, en déclarant que, comme le fantôme d'Hamlet, leur heure était venue.

A sept heures, toute la société se dirigea vers le théâtre; les rues offraient un coup d'œil inaccoutumé; elles étaient remplies de personnes en grande toilette, et l'on eût dit un salon en plein air. La plupart des cavaliers portaient leur chapeau à la main, pour ne pas déranger l'économie de leur coiffure. Anneke Mordaunt était charmante : un doigt de poudre jeté légèrement sur ses beaux cheveux châtains, qui sortaient en tresses ondoyantes de dessous un bonnet rejeté coquettement sur le derrière de la tête, donnait à sa physionomie une expression de douceur ineffable. Plus d'une fois, en marchant à côté d'elle, je me surpris à penser combien j'étais peu digne de la place que j'occupais. Je crois que cette humilité est l'un des signes les plus certains du véritable amour.

Enfin nous arrivâmes au théâtre et nous pûmes entrer dans la salle. Les premiers rangs étaient occupés par des nègres en grande livrée, qui retenaient des places pour leurs maîtres. Ils disparurent, suivant l'usage, à mesure que le monde arriva, et nous prîmes possession des places qui nous avaient été réservées. Je reconnus les soins attentifs de Bulstrode pour Anneke, à la manière dont nous étions placés.

Un vif sentiment de curiosité et d'intérêt se peignait sur toutes les figures, surtout de la partie jeune de l'auditoire; Anneke semblait jouir d'avance du plaisir qu'elle se promettait, quoique cette expression de joie fût tempérée par la réserve qui la caractérisait. L'orchestre était à son poste; les instruments à vent y dominaient; il paraît que c'étaient des amateurs, tant civils que militaires, et beaucoup de dames dans les loges échangeaient des sourires d'intelligence avec les musiciens.

Enfin le commandant en chef et le lieutenant gouverneur parurent dans leur loge : la toile se leva presque aussitôt; et un nouveau monde se déroula à nos yeux! Je ne parlerai pas du jeu des acteurs, quoique, suivant moi, il fût parfait. Bulstrode fut couvert d'applaudissements ; et des habitués de spectacle, qui avaient vu les grands théâtres de Londres, protestaient que la création du rôle de Caton aurait fait honneur aux plus grands comédiens. Son costume me parut être tout à fait convenable ; mais il me serait impossible de le décrire. Je me rappelle que Siphax portait l'uniforme de colonel de dragons, et Juba celui d'officier général, et qu'il s'éleva de grandes discussions, parce que les deux acteurs avaient jugé à propos de paraître avec des perruques de laine, et la figure toute noircie. On répondait à cela qu'ils représentaient des Africains, et qu'il suffisait de jeter les yeux sur la galerie, pour voir que les Africains sont ordinairement noirs et qu'ils ont les cheveux crépus. A cela près, tout se passa à la satisfaction générale. La « vertueuse » Marcie elle-même se tint assez droite, et Bulstrode assura que ce qu'il y avait d'un peu tendre dans son regard tempérait admirablement ce qu'il y aurait eu peut-être de trop mâle dans sa tournure. Enfin tout le monde fut content, sans en excepter les autorités. Herman Mordaunt sourit bien une ou deux fois à des endroits qui auraient dû lui faire éprouver une toute autre sensation ; mais sans doute cela tenait à son peu d'habitude des représentations théâtrales.

Pendant l'entr'acte, entre la tragédie et la petite pièce, les acteurs vinrent dans la salle pour recevoir les félicitations qu'ils méritaient. Les yeux expressifs d'Anneke étincelaient de plaisir, pendant qu'elle faisait son compliment à Bulstrode avec un véritable enthousiasme, et elle convint qu'elle ne s'était jamais fait une idée de l'effet du spectacle, rehaussé par l'éclat des lumières, par les costumes et les décorations. Elle était sûre d'avance que la seconde pièce ne serait ni moins intéressante ni moins bien jouée. Il était évident que le succès du major avait encore avancé ses affaires, et qu'il y aurait folie à moi de vouloir entrer en lutte contre un pareil compétiteur. C'était une réflexion qui me peinait extrêmement, quand un coup de sonnette se fit entendre, et les acteurs nous quittèrent pour aller s'habiller.

L'entr'acte fut très-long, et il fut employé à se rendre des visites d'une loge à l'autre. J'allai voir ma tante dans sa loge ; et elle me parut assez contente, quoique moins enthousiaste que les jeunes personnes. Mon oncle restait fidèle à son caractère : bonhomme au fond, mais nullement disposé à prodiguer les éloges.

— Pas trop mal pour des écoliers, Corny, pas trop mal ; quoique le jeune cadet qui jouait Marcié ait encore beaucoup à faire. Je ne sais pas son nom ; mais on dirait qu'il a étudié son rôle auprès de quelque vivandière.

— Vous êtes sévère, mon oncle, et l'on est plus indulgent de notre côté. N'avez-vous pas du moins été content de Caton?

— Oui, pour un amateur, Bulstrode ne s'en est pas trop mal tiré. A propos, Jane, — c'était le nom de ma tante — on dit qu'il va épouser la charmante fille d'Herman Mordaunt, et qu'il en fera lady Bulstrode un de ces jours.

— Et pourquoi pas, monsieur Legge? D'ailleurs, ils sont parents, je crois.

— C'est possible. Le père de Mordaunt était d'une assez bonne famille anglaise, quoiqu'il fût pauvre comme Job lorsqu'il épousa une de nos héritières de Hollande. Herman Mordaunt eut, de son côté, le bon esprit d'épouser aussi une héritière, bien qu'elle ne fût pas Hollandaise ; de sorte qu'Anneke héritera de tout cela.

Ainsi donc ce semblait chose décidée dans l'esprit de quelques personnes que Bulstrode devait épouser Anneke ! Je ne saurais décrire le coup que me porta cette découverte; et je compris seulement alors à quel point en une semaine mon pauvre cœur s'était laissé prendre.

Le *Stratagème à la mode* commença bientôt, et Bulstrode reparut sous les traits de Scrub. Les connaisseurs trouvèrent son jeu excellent, et le laquais leur parut encore préférable au sénateur romain. La pièce en elle-même me sembla d'une trivialité révoltante ; mais on disait qu'elle avait beaucoup de succès en Angleterre, et un arrêt rendu par la métropole semblait sans appel. Je remarquai avec joie, néanmoins, que la figure d'Anneke prenait une expression sérieuse, et qu'elle semblait ne trouver aucun plaisir à des scènes si peu en rapport avec son sexe et avec son âge. Aussi attendit-elle à peine que le rideau fût baissé pour se retirer.

Dans la rue, nous fûmes rejoints par quelques amies de miss Mordaunt qui semblaient enchantées, et qui le disaient hautement. Anneke ni Mary Wallace ne répondirent rien, et je me gardai bien de faire aucune allusion à la petite pièce qu'on venait de représenter. Quant à ces pauvres dames, elles étaient plus à plaindre qu'à blâmer ; elles admiraient de confiance ce qui avait fait l'admiration de la métropole. Comment se défier du jugement de sa mère! Eh bien! je parierais que ni le peuple ni le gouvernement anglais ne songent en aucune manière à ce genre de responsabilité qui pèse sur eux.

Notre petite société retourna chez Herman Mordaunt où nous devions souper. Au moment où nous nous mettions à table, Bulstrode entra triomphant pour recevoir les éloges qu'il avait si bien mérités.

— D'abord, convenez, s'écria-t-il, que mademoiselle Marcie a fait merveille. Elle n'a pas marché trop de travers ; mais je vous assure qu'en ma qualité de directeur de spectacle, j'ai éprouvé un moment de terribles angoisses.

— Oui, répondit sèchement Herman Mordaunt, le directeur a dû avoir beaucoup à faire en effet.

— Miss Mordaunt a bien voulu faire entendre que Caton ne l'avait pas trop ennuyée. Puis-je savoir ce qu'elle pense de la seconde pièce?

— Elle m'empêchera de regretter que nous n'ayons pas de théâtre régulier ; ce qui aurait pu avoir lieu si le spectacle avait fini avec la tragédie.

— Je crains de vous comprendre, et je voudrais que nous eussions fait un autre choix, répondit Bulstrode, avec un ton d'humilité qui ne lui était pas ordinaire, même en parlant à miss Mordaunt. Nous avions cru ne pouvoir mieux faire que de prendre la pièce en vogue à Londres. Si nous nous sommes trompés, vous ne nous refuserez pas du moins votre pardon en échange de nos excuses.

A la fin du repas, suivant l'usage invariable, des santés furent portées de nouveau. Hermann Mordaunt resta fidèle à sa miss Markham.

— C'est un pacte que nous avons fait ensemble, dit-il en riant, et je n'y manquerai jamais.

Quand vint le tour de Dirck, dont la voix s'était à peine fait entendre de toute la journée, tant il avait toujours de défiance de lui-même, il parut se réveiller tout à coup, et rassembler toute son énergie, et je puis assurer le lecteur qu'il n'en manquait pas dans l'occasion. C'était la franchise personnifiée. Il n'aimait qu'une personne au monde, et il était incapable de dissimulation ; et, tout en rougissant jusqu'aux oreilles, il proposa la santé d'Anneke Mordaunt.

C'était blesser tous les usages que de porter la santé d'une personne présente, et Bulstrode se récria contre cette innovation. Ce fut alors un déluge de plaisanteries contre le pauvre Dirck, et Anneke ne trouva d'autre moyen de le faire cesser qu'en buvant à son tour à la santé de son cousin Van Valkenburgh. Dirck regagna ensuite une partie du terrain qu'il avait perdu en chantant une chanson comique en patois hollandais. Il y mit une expression si burlesque que toute la société se pâma de rire, même ceux qui n'y comprenaient rien. Il était plus de minuit quand on se sépara.

Je ne restai plus à New-York que deux jours, et le cœur bien gros j'allai prendre congé d'Anneke et de son père.

— Dirck m'apprend qu'il part avec vous demain, me dit Herman Mordaunt dès qu'il m'aperçut. Anneke va aujourd'hui même à Lilacsbush avec son amie miss Wallace; car ce serait dommage de ne pas voir notre jardin au moment où il est tout en fleurs. Moi-même je dois les rejoindre dans la soirée. Maintenant savez-vous ce qu'il faut faire ? Partez demain au point du jour, et vous viendrez nous demander à déjeuner en passant. C'est votre chemin, et nous ne vous retiendrons pas longtemps. A une heure, vous pourrez vous remettre en route ; vous aurez encore tout le temps d'arriver à Satanstoé avant la nuit.

Une pareille invitation ne pouvait se refuser, et je me retirai le cœur plus léger qu'en entrant. C'est une chose si triste, des adieux, lorsqu'on ne sait pas quand on se reverra !

Le lendemain, Dirck et moi nous étions en selle à six heures. C'était une belle matinée du mois de mai, et dès que nous fûmes dans la campagne, l'air semblait tout imprégné du doux parfum des lilas. Au moment où nous venions d'entrer dans l'avenue de Bowery, un cavalier sortait de New-York et venait de notre côté. Il n'eut pas plus tôt aperçu deux voyageurs suivant la même direction, qu'il se mit à piquer des deux, sans doute pour avoir des compagnons. Il fut bientôt près de nous : c'était Jason Newcome en personne. La surprise fut égale des deux côtés ; et, de la part du pédagogue, il s'y mêla, je crois, un peu de désappointement ; car il n'aimait rien tant que de faire de nouvelles connaissances. Il paraît qu'il avait fait une excursion assez lointaine pour visiter un vieux parent, et c'était pour cette raison que nous ne l'avions pas rencontré depuis l'affaire du lion.

Je n'ai jamais pu me rendre bien compte du procédé à l'aide duquel Jason savait vous soutirer votre secret. Il est vrai qu'il ne se faisait aucun scrupule de faire des questions, même celles que la plus simple délicatesse eût dû lui interdire. A défaut de moyens plus directs, il se perdait dans le champ des conjectures, et Dieu sait quelle carrière il se donnait alors, et à quelles suppositions erronées il se trouvait entraîné le plus souvent.

Dans cette occasion, Jason ne tarda pas à découvrir où nous allions. La manière dont il s'y prit est assez caractéristique pour que je la rapporte ici.

— Nous sommes partis de bonne heure, messieurs, à ce qu'il paraît, dit notre homme, dès que nous fûmes à portée de l'entendre. Il faut que nous ayons eu des raisons superlatives pour cela.

— Est-ce que notre souper ne nous attend pas ce soir à Satanstoé?

— Notre souper! mais vous arriverez pour dîner tout au moins, à moins pourtant que vous n'ayez l'intention de vous arrêter en chemin.

— Cela pourrait bien être, monsieur Newcome.

— Sans doute chez M. Van Coetlandt? habitation charmante.

— Nullement, monsieur.

— Oh! alors chez le riche comte Philips, sur le bord de la rivière? Cela ne vous détournera pas beaucoup.

— C'est plus loin que nous nous détournerons.

— Ah! vous vous détournerez donc! j'en étais sûr. Eh bien! il y a l'habitation de M. Mordaunt, dont la fille a été tirée par vous des griffes du lion ; — domaine délicieux, qu'on appelle Lilacsbush.

— Et comment savez-vous cela, Jason?

— En questionnant à droite et à gauche.

Et Jason commença alors une série de manœuvres plus ou moins adroites pour nous décider à le conduire avec nous. Je cherchais à esquiver la proposition le plus honnêtement possible, lorsque Herman Mordaunt, qui était venu à cheval à notre rencontre, le voyant avec nous, lui témoigna l'espoir de recevoir aussi sa visite, proposition que Jason n'eut garde de refuser.

CHAPITRE IX.

> Quand l'Amour agite pour la première fois son flambeau à nos yeux, que sa clarté nous semble brillante ! Pourquoi si souvent nos yeux, en le regardant ensuite, sont-ils obscurcis par les larmes ?
> HEDEN.

Nous avions encore deux milles à faire lorsque Herman Mordaunt nous rejoignit. Il nous fit traverser un petit bois, et nous nous trouvâmes bientôt sur une hauteur d'où l'œil plonge sur l'Hudson dans une étendue de près de quarante milles. Sur la rive opposée s'élevait comme un mur la barrière des Palissades, à une hauteur de plusieurs centaines de pieds. Pas un souffle ne ridait la surface de ce beau fleuve qui, dans cet endroit, a au moins trois quarts de mille de largeur ; c'était une seule et immense nappe d'eau qui étincelait aux rayons du soleil. Jamais matinée ne me parut plus belle ; tout semblait en harmonie avec la grandeur calme mais sublime du paysage, et avec les trésors que la nature s'était plu à prodiguer. Les arbres étaient couverts de cette première verdure qui a tant de fraîcheur ; les oiseaux construisaient leurs nids presque sur chaque branche ; les fleurs sauvages naissaient en quelque sorte sous les pas de nos chevaux, et tout, autour de nous, semblait chanter un hymne de bonheur et d'amour.

— C'est une de mes promenades favorites du matin, dit Herman Mordaunt dès que nous fûmes arrivés sur la hauteur ; et ma fille, qui monte très-bien à cheval, m'accompagne souvent. Elle doit être ici quelque part avec Mary Wallace ; car elles avaient promis de me suivre, dès qu'elles seraient prêtes.

Dirck laissa échapper un cri de joie, et partit sur-le-champ au galop. Nous en vîmes bientôt la raison ; il avait aperçu les deux amazones sur le penchant d'une colline, et rien n'avait pu le retenir. Quelques minutes après, nous étions tous réunis.

Jamais Anneke Mordaunt ne m'avait paru si charmante. Sa robe dessinait admirablement sa taille, et de longues plumes tombaient gracieusement de son chapeau de castor. L'air et l'exercice avaient donné un nouvel éclat à son teint toujours si animé ; et, en nous voyant, une expression de plaisir se peignit sur son visage, comme si les hôtes qui lui arrivaient étaient loin de lui déplaire.

— Monsieur votre père me disait que vous affectionnez cette promenade, dis-je à miss Mordaunt en retenant mon cheval pour rester à côté d'elle, tandis que les autres prenaient les devants. Pourquoi faut-il que Satanstoé soit si loin ! J'aurais l'espoir de vous rencontrer le matin. Nous avons dans le West-Chester des dames qui sont aussi d'excellentes écuyères, et qui seraient fières de vous admettre dans leurs rangs.

— J'ai quelques connaissances sur la partie de la rivière d'Harlem où vous demeurez, répondit Anneke, mais pas cependant dans votre voisinage immédiat. Mon père autrefois chassait souvent dans les plaines de Satanstoé ; il me l'a dit ; et il me parle toujours avec grand plaisir de vos petits oiseaux.

— Je crois même que mon père a souvent chassé avec le vôtre. M. Bulstrode m'a promis de suivre ce bon exemple. — Eh bien ! maintenant que vous avez eu le temps d'y réfléchir, que dites-vous de la représentation ?

— Elle a été trop longue d'une heure ; ce qui ne m'empêche pas de rendre justice à M. Bulstrode, qui, si la fortune l'eût voulu, eût pu devenir un comédien éminent.

— M. Bulstrode est, dit-on, l'héritier d'un baronnet, et il est appelé à une grande fortune ?

— C'est ce qu'on assure. N'est-ce bien pas à lui, monsieur Littlepage, dans cette position, de venir si loin pour servir son roi et son pays dans des guerres aussi rudes que celles des colonies?

Je fus obligé d'en convenir; mais j'aurais voulu de tout mon cœur que la question fût faite avec moins d'empressement et de vivacité. A vrai dire, je ne savais trop que penser des sentiments d'Anneke pour le jeune major. Venait-on à parler de lui? elle écoutait avec un calme et un sang-froid que j'étais loin de remarquer dans toutes ses compagnes. Ce n'était pas encore un médiocre avantage pour M. Bulstrode de se trouver dans une colonie; héritier d'un baronnet! c'est quelque chose à Londres, mais c'est bien plus encore à New-York; tout ce qui vient de loin paraît si beau!

Herman Mordaunt, qui nous précédait avec Jason, nous dirigea par de petits sentiers qui nous permirent de rester sur les hauteurs pendant près de deux milles sans être obligés de mettre pied à terre. Enfin nous atteignîmes un point d'où l'on découvrait Lilacsbush à moins d'un demi-mille de distance.

— Voilà mon domaine, dit-il en s'arrêtant pour nous attendre; cette barrière que je vais lever me sépare de mon plus proche voisin du côté du sud. Ces hauteurs n'ont guère d'autre utilité que de servir de pâturages au commencement de la saison; mais convenez qu'on y jouit de bien belles vues.

— Je suis sûr qu'avant peu elles se couvriront de maisons de campagne.

— Ce serait bien possible; nous vivons dans un pays où il est assez difficile de prévoir ce qui arrivera le lendemain; on cherche de tous les côtés à s'arrondir. A propos, monsieur Littlepage, on dit que votre père et mon ami, le colonel Follock, viennent de faire une acquisition territoriale assez importante; on parle d'un domaine considérable, situé, je crois, près d'Albany.

— Oh! pas si considérable qu'on veut bien le dire; quarante mille acres tout au plus, et c'est encore assez loin d'Albany, à quarante milles au moins, si j'ai bien compris. Au surplus, Dirck et moi, nous devons l'hiver prochain nous mettre à la recherche de ces terres, et nous saurons alors au juste à quoi nous en tenir.

— Ma foi, nous pourrions bien nous retrouver par là; j'ai des affaires importantes à régler à Albany; voilà longtemps que je les néglige, et j'ai l'intention d'aller jeter un coup d'œil de ce côté au commencement du printemps prochain; nous nous rencontrerons peut-être au milieu des forêts.

— Vous avez déjà sans doute été à Albany, monsieur Mordaunt?

— Plus d'une fois, avant et depuis mon mariage, et toujours pour affaires, comme vous pensez bien; la distance est trop grande pour que ce puisse être un simple voyage d'agrément.

— Mon père y a été quand il était militaire, et il me dit que c'est une partie de la province qui mérite d'être visitée. A tout hasard, c'est un voyage que je suis décidé à entreprendre, puisqu'il est bon, dit-on, que les jeunes gens voient le monde; si l'on se bat de ce côté, eh bien! Dirck et moi, nous prendrons du service.

Tout en causant nous étions arrivés à la porte de Lilacsbush; Bulstrode n'était pas là, et j'eus l'indicible plaisir d'aider miss Mordaunt à descendre de cheval. Avant d'entrer, nous nous arrêtâmes un moment pour examiner la vue. J'ai déjà donné au lecteur quelque idée de l'apparence générale de la propriété; mais il fallait s'en approcher pour en bien comprendre les beautés. Comme son nom l'indiquait, la pelouse, la maison, les dépendances étaient entourées de lilas alors en pleine fleur; ces arbustes étaient en si grand nombre qu'ils jetaient à l'entour une sorte de lueur purpurine qui se reflétait jusque sur les traits d'Anneke pendant qu'elle me faisait remarquer cet effet magique.

— Le plus beau mois pour moi est celui où nos lilas fleurissent, dit Anneke qui jouissait de ma surprise et de mon enchantement; aussi ne manquons-nous jamais de le passer ici; vous conviendrez du moins, monsieur Littlepage, que notre habitation est bien nommée.

— C'est vraiment une féerie! Je n'aurais jamais cru que le simple et modeste lilas pût prêter tant de charmes à une demeure.

— La simplicité et la modestie prêtent du charme à tout, fit observer la sensée mais taciturne Mary Wallace.

L'intérieur de la maison ne me plut pas moins que l'extérieur : je reconnus le goût d'Anneke. Sans doute ce n'était pas une résidence du premier ordre; c'était une de ces maisons solidement construites, à un étage et demi, que les familles les plus distinguées se plaisent à habiter à la campagne, ayant beaucoup de rapports avec mon cher Satanstoé, mais meublée avec beaucoup d'élégance. La salle à manger était un vrai bijou ; les buffets qui étaient dans les coins étaient si bien vernis qu'on eût pu s'y mirer; la vaisselle plate était d'un travail si parfait qu'elle n'avait pu être achetée qu'en Angleterre; la porcelaine de Chine, entre les mains d'Anneke, me parut la plus jolie que j'eusse jamais vue; tout avait un air d'aisance, de propreté, de richesse, qui me frappa singulièrement.

— Anneke, dit Herman Mordaunt pendant le déjeuner, M. Littlepage m'apprend qu'il se propose de voyager dans le nord l'hiver prochain ; le régiment de Bulstrode s'attend de son côté à être envoyé à Albany, de sorte que nous pourrions bien nous retrouver tous encore parmi les Hollandais.

J'essayai de balbutier quelques paroles pour exprimer tout le plaisir que j'en ressentais ; mais je m'en tirai assez mal.

— C'est ce que j'avais cru comprendre, répondit Anneke; j'espère que le cousin Dirck sera du voyage?

Le cousin Dirck répondit affirmativement, et l'on parla du bonheur de se retrouver en pays de connaissance si loin de chez soi. De nous tous, Herman Mordaunt était le seul qui se fût éloigné de plus de cent milles du lieu de sa naissance; je venais ensuite, car Princeton est bien à quatre-vingts milles de Satanstoé.

— Et moi donc, dit Jason avec sa familiarité vulgaire; dans mon dernier voyage, est-ce que je n'ai pas été plus loin encore de Danbury? Parlez-moi des voyages pour apprendre mille choses utiles. Je le sais bien par la différence qu'il y a entre York et le Connecticut.

— Et lequel de ces pays préférez-vous, monsieur Newcome? demanda miss Mordaunt.

— Voilà, *miss*, — Jason n'en voulait pas démordre, — voilà une question superlativement insidieuse; car on ne peut se déboutonner sur un pareil sujet sans se faire une foule d'ennemis. New-York est une grande colonie, une très-grande colonie, je n'en disconviens pas; mais tout le monde sait qu'autrefois elle était hollandaise, j'en demande bien pardon à M. Follock, et l'on conviendra que le Connecticut a eu dès le principe l'avantage proéminent d'un territoire délicieux et d'habitants superlativement moraux et religieux.

Herman Mordaunt ouvrit de grands yeux; Dirck et moi nous étions trop habitués au langage de Jason pour y trouver rien d'extraordinaire dans cette occasion. Quant aux jeunes amies, elles échangèrent imperceptiblement un sourire d'intelligence, comme pour se demander ce que voulait dire ce singulier original.

— Vous avez donc remarqué quelque différence dans les coutumes entre les deux colonies, monsieur? demanda Herman Mordaunt.

— Une différence énorme, monsieur, énorme. En voulez-vous un tout petit exemple? Tenez, voici un fait qui n'aurait jamais pu arriver dans le Connecticut, pas plus que toute la province ne tiendrait dans cette théière.

— Voyons un peu; vous piquez ma curiosité.

— Il s'agit de la jeune *miss*, votre fille. Vous savez ce lion que nous avons été voir tous ensemble; eh bien, Corny avait payé pour *miss*, rien de mieux jusque-là.

— Est-ce que ma fille aurait oublié de s'acquitter?

— Patience, mon cher père, écoutez la fin de l'histoire.

— Non, sans doute, elle ne l'a pas oublié; mais croiriez-vous bien que Corny a pris l'argent? Je soutiens qu'on ne trouverait pas dans tout le Connecticut un homme qui en eût fait autant. Si l'on ne peut régaler des dames à présent, qui donc régalera-t-on?

Il n'y avait pas moyen de se fâcher avec un pareil personnage. Herman Mordaunt lui répondit avec ce ton de politesse exquise qui ne l'abandonnait jamais :

— Il faut excuser miss Mordaunt de tenir à nos coutumes, monsieur Newcome, à cause de sa jeunesse et de son peu d'usage du monde.

— Mais Corny; que Corny ait fait une pareille bévue!

— Que voulez-vous? M. Littlepage est comme ma fille, il n'a pas encore voyagé dans le Connecticut.

Je quittai Lilacsbush sérieusement amoureux; ce serait une faiblesse de ma part de le cacher. Anneke, dès le premier moment, avait fait sur moi une vive impression; mais cette impression ne s'arrêtait plus à l'imagination; elle avait pénétré jusqu'au fond du cœur. Peut être fallait-il la voir dans l'intimité pour juger de toutes ses perfections. A New-York, je ne l'avais entrevue que dans la foule, entourée d'admirateurs ou de jeunes filles de son âge, et il n'était guère possible d'apprécier son caractère. Cependant, quand Mary Wallace était auprès d'elle, on voyait qu'elle était plus à l'aise, et ses sentiments naturels se montraient alors dans toute leur naïveté. Lorsque miss Mordaunt parlait à son amie, l'affection faisait vibrer sa voix, la confiance se peignait dans son regard, l'estime, la déférence respiraient dans tous ses traits. Mary Wallace avait deux ans de plus qu'elle; et cette différence d'âge, jointe à son caractère, justifiait ces égards de la part de son amie, qui, du reste, en les ayant pour elle, ne cédait qu'à un élan naturel de son cœur.

Une preuve de l'empire que la passion prenait sur moi, c'est que j'oubliai Dirck, son attachement évident, ses prétentions antérieures aux miennes et ses chances de succès. Quelle qu'en fût la cause, il était évident qu'Herman Mordaunt avait beaucoup d'estime pour Dirck Van Valkenburgh. Les relations de parenté qui existaient entre eux pouvaient y être pour quelque chose, et il était possible que le père calculât déjà les avantages d'une alliance plus intime avec lui. Le colonel Follock passait pour riche, et son fils, outre sa mâle figure et ses membres robustes qui annonçaient un jeune Hercule, avait le plus heureux caractère et la meilleure réputation. Eh bien, pourtant Dirck ne me faisait pas peur; c'était Bulstrode qui, dès le principe, m'avait donné de sérieuses inquiétudes. Je voyais tous les avantages qu'il avait sur moi, je me les exagérais même, et j'étais aveugle sur ceux de mon ami. Peut-être si l'image de Dirck s'était présentée plus souvent ou plus distinctement à mon esprit sous les traits d'un rival, aurais-je eu la magnanimité de battre en retraite et de lui laisser le champ libre. Mais après cette matinée passée à Lilacsbush, le sacrifice n'était plus possible; et lorsque je m'éloignai de la maison côte à côte avec mon ami, je ne songeais en aucune manière à l'affection qu'il avait pu avoir pour Anneke, et la magnanimité était un sentiment qui, lorsqu'il s'agissait d'elle, n'avait plus aucune prise sur mon cœur.

— Savez-vous, Corny, que ces Mordaunt sont joliment cossus? commença Jason, dès que nous fûmes en route. Il y avait plus de vaisselle plate sur leur table qu'il n'y en a dans tout Danbury. Quelle prodigalité, bon Dieu! il faut que le vieux soit superlativement riche, Dirck.

— Il a des propriétés assez considérables, Jason; mais cette vaisselle est depuis longtemps dans sa famille. Elle lui vient d'Angleterre ou de Hollande.

— Retenez de moi que cette vaisselle n'est pas étalée là pour rien. On a une fille, on veut l'établir, peut-être bien à un de ces riches officiers anglais qui foisonnent à présent dans la province. Qu'est-ce que c'est qu'un Bulstrode que j'ai entendu nommer si souvent? En voilà un qui me donne à penser. C'est que je me trompe rarement, voyez-vous, dans mes prévisions.

Je remarquai que Dirck tressaillit involontairement; pour moi j'éprouvai un tel serrement de cœur que je fus quelque temps avant de pouvoir parler.

— Monsieur Newcome, dis-je enfin, peut-on savoir sur quoi se basent vos conjectures?

— Allons, n'allons-nous pas nous donner du *monsieur* maintenant, sur la grande route? Vous êtes Corny, Dirck est Dirck et je suis Jason. La route la plus courte est toujours la meilleure, et j'aime qu'entre amis on s'appelle par son nom de baptême. Vous me demandez sur quoi se basent mes conjectures? sur une foule de circonstances. D'abord, quand on a une fille sur les bras, il est tout simple qu'on cherche à s'en débarrasser; ensuite ces officiers sont presque tous riches comme Crésus, et les parents aiment beaucoup les prétendus qui ont du *quibus*. Enfin il en est qui doivent hériter de titres, et c'est là une tentation superlative pour les jeunes filles. Je ne crois pas qu'il y en ait une seule à Danbury qui y résistât.

J'ai toujours trouvé étrange que dans la partie des provinces où demeurait Jason, on eût tant de respect pour les titres. Nulle part les habitudes ne sont plus simples, ni l'égalité de condition plus grande. Néanmoins l'amour pour les titres est si profond dans le Connecticut que la moindre petite qualité restera toujours attachée au nom de la personne, et ne le quittera pas même sur la pierre funéraire. Nulle part dans les colonies, on ne montre plus de déférence pour le rang que dans la Nouvelle-Angleterre.

Nous arrivâmes un peu tard à Satanstoé, par suite de la pause que nous avions faite à Lilacsbush. Ma mère fut ravie de me voir après une si longue absence, absence qui ne lui semblait pas sans danger quand elle songeait que j'avais passé quinze grands jours au milieu des attraits et des séductions de la capitale. Elle se jeta dans mes bras, les larmes aux yeux, et me serra contre son cœur avec une étreinte toute maternelle.

Il me fallut raconter tout ce que j'avais fait, tout ce que j'avais vu, sans oublier Pinkster, le spectacle et le lion. Dans le premier moment, je ne parlai point des Mordaunt. Un jour que j'étais à me creuser la tête dans mon cabinet pour tâcher de composer quelques vers, ma mère entra et vint s'asseoir à côté de moi, son tricot à la main, pour travailler comme c'était son habitude; car elle ne restait jamais une minute à ne rien faire. Je vis par le sourire de bonté qui errait sur ses lèvres qu'elle avait quelque chose à me dire, et que ce quelque chose n'avait rien de désagréable pour moi. J'attendis avec quelque curiosité qu'elle commençât. L'excellente mère ! avec quelle complète abnégation elle s'oubliait elle-même pour ne songer qu'à ce qui pouvait avoir le rapport même le plus éloigné avec mon bonheur à venir !

— Finissez, mon fils, finissez ce que vous écrivez, car un mouvement machinal m'avait fait serrer immédiatement mon papier, je ne suis pas pressée.

— Mon Dieu, ma mere, j'ai fini, c'étaient quelques vers que je transcrivais, que je cherchais à mettre sur leurs pieds.

— Des vers ! mon cher enfant, vous êtes donc poëte, Corny ? reprit ma mère avec un sourire de complaisance ; car on est toujours flattée d'être la mère d'un poëte.

— Poëte, ma mère ! Dieu m'en préserve ! autant vaudrait être maître d'école comme Jason.

— Allons, n'en parlons plus; mais dites-moi un peu : qu'est-ce qu'on raconte, que vous avez arraché une jeune et belle fille de la gueule d'un lion, pendant votre séjour à New-York? Comment se fait-il que je n'apprenne cela que par M. Newcome?

Ma figure devait être pourpre, car je sentais le feu me monter au front, pendant que ma mère souriait de plus en plus. Ma langue était clouée à mon palais, et je n'aurais pu dire un mot, quand même Anneke pour récompense eût dû me sourire ainsi.

— Il n'y a point tant à rougir, Corny, pour avoir sauvé une jeune fille et pour avoir été ensuite chez son père recevoir les remerciements de ses parents. Les Mordaunt sont d'une famille qu'on ne peut être qu'honoré de visiter. Ainsi donc la lutte entre vous et le lion a été très-acharnée, mon enfant?

— Que parlez-vous de lutte, ma mère? il paraît que Jason excelle à broder une histoire. Il s'agit tout simplement d'un schall qu'un lion attirait à lui avec sa griffe.

— Oui, mais ce schall était sur l'épaule de la jeune personne, et elle était perdue, si vous n'aviez eu assez de présence d'esprit et de courage pour le dégager.

— Comme vous voudrez, ma mère. J'ai eu le bonheur de rendre service à une jeune personne charmante, et son père et elle m'en ont remercié, comme c'était une chose toute simple.

— N'est-il pas étrange, ajouta ma mère d'un air pensif et comme si elle se parlait à elle-même, que vous soyez fils unique, et qu'Anneke Mordaunt soit fille unique aussi, comme Dirck Follock me l'a souvent répété?

— Ah! Dirck vous parlait donc souvent d'Anneke, ma mère?

— Très-souvent; vous savez bien qu'il est son parent, comme vous aussi au surplus.

— Comme moi! je serais parent d'Anneke Mordaunt, et pas de trop près?

Ce mot m'échappa, mais il était trop tard. Ma mère sourit de nouveau, et je crois qu'à partir de ce moment, elle soupçonna ma passion naissante.

— Oui, parent, Corny, et je vais vous dire comment. Ma trisaïeule, Alida Vander Heyden, était cousine germaine de la trisaïeule d'Herman Mordaunt, qui était une Van Kleeck. Ainsi vous voyez qu'Anneke et vous, vous êtes parents.

— Oui, ma mère, assez parents pour que je sois plus à l'aise avec elle, et pas assez pour qu'il en résulte des inconvénients.

— On dit, mon enfant, qu'Anneke n'est pas mal.

— Pas mal, ma mère! dites donc ravissante! Beauté, modestie, grâce, délicatesse, piété, elle réunit tout! c'est un ange à dix-sept ans!

Ma mère parut étonnée de la chaleur avec laquelle je m'exprimais, et son sourire n'en devint que plus significatif. Cependant elle crut ne devoir pas prolonger la conversation sur ce sujet, et elle se mit à me parler de l'apparence de la récolte et de toutes les raisons que nous avions de bénir la céleste Providence. Je présume qu'avec son instinct de femme, elle en avait appris assez pour le moment pour savoir à quoi s'en tenir.

L'été succéda bientôt à ce mois de mai qui tenait désormais une si grande place dans mon existence, et je cherchai de l'occupation dans les champs; mais rien ne pouvait me distraire de la pensée unique qui m'absorbait : Anneke était partout avec moi. Aussi fus-je bien heureux lorsque Dirck, vers le milieu de la saison, une fois qu'il était venu passer quelques jours avec nous, me proposa d'aller rendre avec lui une autre visite à Lilacsbush. C'était un garçon prudent, et il avait commencé par écrire pour savoir si nous ne dérangerions pas Herman Mordaunt. La réponse ne se fit pas attendre; elle était aussi affectueuse qu'on pouvait le désirer. On nous attendait avec impatience, et avec d'autant plus de plaisir qu'Anneke et Mary Wallace seraient là pour nous recevoir. J'admirai le sentiment honorable qui avait dicté à Dirck cette démarche franche et loyale.

Nous montâmes à cheval de manière à arriver à Lilacsbush quelques heures avant le dîner. Anneke nous accueillit le sourire sur les lèvres, et les joues animées d'une certaine rougeur; mais je ne pus découvrir le moindre changement dans ses manières avec nous. C'étaient la même bonté, la même prévenance, les mêmes attentions. Les représentations d'amateurs avaient continué jusqu'au départ du régiment; et Bulstrode, Billings, Harris, la vertueuse Marcie et toute la troupe étaient en route pour Albany. Anneke, à cause de son départ pour la campagne, n'avait pu voir que trois de ces représentations; mais elle trouvait qu'il y avait au moins autant à blâmer qu'à louer. Elle n'en rendait pas moins justice au jeu admirable de Bulstrode; et quelques personnes regrettaient même qu'il n'eût pas pris la carrière du théâtre.

Je cédai aux instances qui me furent faites, et je couchai à Lilacsbush; mais le lendemain je partis avec mon ami, une heure ou deux après le déjeuner. J'étais porteur d'une invitation pressante de mes parents à Herman Mordaunt, pour qu'il vînt goûter notre poisson avec les deux amies; et la visite fut rendue dans le mois de septembre. Ma mère reçut Anneke comme une parente, quoique le père et la fille dussent être assez surpris de voir que les parents de Hollande leur pleuvaient ainsi de tous côtés. Néanmoins ils n'en parurent pas mécontents : le nom de la famille de ma mère était respectable, et l'on ne pouvait qu'être honoré de lui appartenir. Nos hôtes nous quittèrent le soir même, je les accompagnai à cheval jusqu'à la distance de cinq milles, et alors je pris congé d'Anneke que je ne devais plus voir de plusieurs mois, et je n'ai pas besoin de dire s'ils me parurent longs et pénibles.

L'année 1757 fut mémorable dans les colonies par les progrès de la guerre. Montcalm s'était avancé jusqu'à la source du lac George, il avait pris le fort William Henry, et toute la garnison avait été massacrée. Ce coup de main avait mis l'ennemi en possession du Champlain, et un poste formidable occupait également la forte position de Ticonderoga. La face des affaires s'était considérablement rembrunie dans les colonies; et de grands efforts devaient être tentés, le printemps suivant, pour réparer les pertes. On parlait de renforts considérables qu'on attendait d'Angleterre, de levées, plus nombreuses que jamais, qu'on devait faire dans les colonies. Lord Loudon était rappelé, disait-on, et il devait être remplacé par un vieux militaire du nom d'Abercrombie. Des régiments commençaient à arriver des Indes occidentales. Une troupe régulière de comédiens en arrivait en même temps; et l'hiver suivant fut signalé à New-York par de grands plaisirs, dont le récit arriva jusqu'à Satanstoé.

CHAPITRE X.

> Cher Hasty-Pudding, quel bonheur inespéré de te trouver en Savoie! Condamné à errer dans tout l'univers sans patrie, sans asile, toutes mes peines sont oubliées : je serre la main d'un ami!
> BARLOW.

L'HIVER tirait à sa fin, et le vingt et unième anniversaire de ma naissance était passé. Mon père et le colonel Follock, qui cet hiver-là vint fumer avec lui plus souvent que de coutume, commencèrent à parler sérieusement du voyage que je devais faire avec Dirck à la recherche des terres concédées. On se procura des cartes, on fit des calculs minutieux, et chaque membre de la famille fut appelé à donner son avis sur la marche à suivre. J'avouerai que la vue du vaste et gros parchemin qui contenait le plan de Mooseridge (le Mont-aux-Rennes), c'était le nom de notre nouvelle propriété, excita certains sentiments de convoitise dans mon esprit. Des ruisseaux circulaient en tous sens à travers les collines et les vallées ; de petits lacs étaient disséminés à la surface ; en un mot l'artiste qui avait dressé le plan n'avait rien omis de ce qui pouvait donner du charme et de la valeur à la propriété[1]. Si c'était une bonne chose d'être l'héritier de Satanstoé, il était encore préférable de posséder en commun avec mon ami Dirck toutes ces vastes plaines, ces collines verdoyantes, ces ruisseaux limpides et ces lacs pittoresques. En un mot, pour la première fois dans l'histoire des colonies, les Littlepage se trouvaient à la tête de ce qu'on pouvait appeler un domaine.

Le premier point à régler, c'était la manière dont Dirck et moi

---

1. Il y a quarante ans, un habitant de New-York acheta une grande quantité de terres en friche sur la foi d'une carte. Quand il en vint à visiter sa nouvelle propriété, il se trouva qu'elle était entièrement dépourvue d'eau. L'arpenteur fut appelé, et accusé de mauvaise foi, attendu que sur la carte il y avait de nombreuses rivières. — Pourquoi avoir mis tous ces cours d'eau, quand dans la réalité il n'en existe pas un seul? demanda l'acquéreur irrité. — Mon Dieu, monsieur, répondit l'arpenteur, est-ce qu'on a jamais vu une carte sans rivières?

nous nous rendrions à Moooseridge. Deux modes de transport se présentaient : nous pouvions attendre que la rivière fût navigable, et alors nous embarquer sur un des sloops qui partent une ou deux fois par semaine de New-York pour Albany au retour de la belle saison. Mais l'armée se servirait sans doute de cette voie, et il faudrait alors s'exposer à une foule de retards et de désagréments pour attendre le bon plaisir des quartiers-maîtres et des fournisseurs. Mon grand-père, vieillard vénérable à cheveux blancs, qui restait en robe de chambre et en bonnet de coton toute la matinée, mais qui ne manquait jamais de mettre sa perruque et de faire sa toilette pour le dîner, secoua la tête dès qu'il en fut question, et nous engagea à conserver, avant tout, la liberté de nos mouvements.

— Ayez affaire le moins possible à tous ces gens-là, Corny, me dit-il ; c'est l'argent qu'ils recherchent et non l'honneur ; et si vous tombez dans leurs griffes, ils vous traiteront comme un baril de bœuf ou un tas de pommes de terre. Si vous êtes obligé de suivre l'armée, mon garçon, restez au milieu des vrais soldats, mais surtout évitez les fournisseurs.

Il ne fallait donc plus songer à aller par eau. Restait la voie de terre. En partant en traîneau avant que la neige qui couvrait les routes fût fondue, nous pouvions être en trois jours à Albany.

Il n'y avait plus à traiter que la question économique, et voici le plan auquel on s'arrêta. Si j'en parle, c'est qu'il me semble éminemment judicieux. On savait qu'il faudrait beaucoup de chevaux pour l'armée, pour le transport des provisions, etc. Or, nous avions à la maison quelques chevaux robustes, qui commençaient à se faire vieux, mais qui pouvaient encore très-bien servir pour une campagne. Le colonel Follock en avait de semblables, et le tout réuni s'élevait à quatorze. C'était de quoi faire trois beaux attelages, et il devait rester encore deux chevaux pour porter une charge plus légère. On se procura de vieux traîneaux de toute solidité ; Jaap, avec deux autres nègres, fut envoyé en avant à la tête de ce que mon père appelait une brigade de traîneaux de transport. On y avait placé tout le porc et la farine qui n'étaient pas nécessaires à la consommation des deux familles. La guerre avait fait monter considérablement le prix de ces denrées, et nos parents décidèrent que nous ne pouvions trouver de meilleure occasion d'apprendre à tirer parti du produit de nos terres. Pour que Jaap eût le temps de faire manœuvrer sa lourde brigade, il partit deux grands jours avant nous. Les nègres portaient les provisions nécessaires pour leur nourriture et celle des chevaux. Il est bon de prendre toutes ses précautions, et il ne faut pas faire en route de dépenses inutiles.

Quand tout fut prêt, il nous fallut écouter les derniers avis de nos parents avant de nous lancer dans le monde.

— Corny, me dit mon père en me faisant venir dans son cabinet; voici les titres et les contrats qui établissent notre propriété, vous ferez bien de les consulter avant de faire aucune vente, Voici aussi des lettres de recommandation auprès de quelques militaires, dont je voudrais vous voir cultiver la connaissance. Celle-ci, entre autres, est pour mon vieux capitaine, Charles Merrewether, qui est maintenant lieutenant-colonel, et qui commande un bataillon dans le Royal-Américain. Il pourra vous être très-utile, quand vous serez près de l'armée. Le porc, quand il est de la qualité de celui que vous aurez, doit se vendre, dit-on, trois demi-joes le baril; ainsi vous pouvez vous baser là dessus. Si par hasard on vous invite à la table du commandant en chef, ce qui pourrait bien arriver, par suite de l'amitié que me porte le colonel Merrewether, j'espère qu'on reconnaîtra en vous un digne descendant des Littlepage, qui se sont toujours signalés par leur dévouement. A propos, j'oubliais la farine; elle doit valoir deux demi-joes le baril dans un moment comme celui-ci. J'ai glissé aussi une ou deux lettres pour quelques-uns des Schuylers, avec qui j'ai servi quand j'étais à votre âge. Ce sont des personnes de la première distinction; alliées à la bonne et vieille famille des Van Cortland et même quelque peu aux Rensselaers. Ah! s'ils marchandent le baril de langues marqué T....

— Qui donc, mon père, les Schuylers?

— Mais, non, je parle des fournisseurs de l'armée, vous leur direz qu'elles ont été salées à la maison, et qu'elles sont dignes de figurer sur la table du commandant en chef.

Telles furent en résumé les dernières instructions de mon père. Celles de ma mère furent d'une tout autre nature:

— Mon cher enfant, me dit-elle, voilà un moment bien important pour vous. Vous allez nous quitter, et vous verrez bien du pays. N'oubliez pas, je vous en conjure, ce que votre parrain a promis pour vous à votre baptême, ni ce que vous devez à votre famille et à vous-même. Les lettres que vous emportez vont sans doute vous ouvrir l'entrée des meilleures maisons, et c'est un grand avantage pour un jeune homme. Recherchez surtout la société des personnes respectables de notre sexe. Les jeunes gens ne peuvent que gagner auprès des femmes honnêtes, leur conduite n'en est que meilleure et leurs principes que plus sûrs.

— Mais, ma mère, si nous devons accompagner quelque temps l'armée, comme mon père et le colonel Follock le désirent, nous ne pourrons guère cultiver la société des dames.

— Je parle du temps que vous passerez à Albany ou dans les environs. D'ailleurs, je ne vois pas trop ce que vous feriez avec l'armée, puisque vous n'êtes pas militaires. Je vous ai procuré une lettre de recommandation pour madame Schuyler, une des dames les plus respectables du comté. J'exige absolument que vous la lui remettiez en mains propres. Il se pourrait aussi qu'Herman Mordaunt....

— Comment! est-ce qu'Herman Mordaunt et Anneke....?

— Je n'ai point parlé d'Anneke, mon enfant, dit ma mère en souriant, quoique, en effet, elle accompagne son père. Ma sœur Legge m'écrit qu'ils sont partis de New-York il y a deux mois, et qu'ils ont le projet de passer l'été dans le nord. Ce n'est pas tout. Elle me mande qu'Herman est chargé de quelque mission importante, qu'on ne connaît pas, et qui doit le retenir jusqu'à la fin de la saison près d'Albany et des postes militaires. Le motif apparent qu'il donne à son voyage est d'aller visiter quelques terres qu'il possède de ce côté. Sa fille et Mary Wallace sont avec lui, et il a emmené plusieurs domestiques avec un traîneau chargé d'effets, ce qui indique une absence de quelque durée. Ecoutez, je ne veux rien vous cacher. Ce n'est pas que votre mère craigne pour son fils la comparaison avec quelque jeune homme que ce soit des colonies, mais enfin on se dit tout bas à New-York......

— De grâce, que dit-on, ma mère? ne craignez rien; j'ai du courage.

— Eh bien! on dit qu'Herman Mordaunt ne s'est fait donner cette mission que pour avoir occasion de conduire Anneke près d'un certain régiment où se trouve le fils d'un baronnet qui lui est quelque peu parent, et qu'il désire faire épouser à sa fille.

— Quelle supposition! m'écriai-je avec indignation. Jamais Anneke Mordaunt n'a pu concevoir un projet si peu délicat!

— Anneke, non; mais son père, ce n'est pas la même chose. Les pères ont beaucoup d'audace, et les mères aussi, je puis en parler, moi, — quand il s'agit du bonheur de leur enfant.

— Mais qui lui répond qu'il l'assurerait ainsi? Comment, d'ailleurs, peut-on si bien savoir ce qui se passe dans le cœur d'Herman Mordaunt?

— En jugeant les autres d'après soi-même, mon cher fils; mais je conviens que le moyen est loin d'être infaillible, et c'est ce qui peut vous laisser quelque espoir. Je ne vous le cacherai pas, Corny; vous ne sauriez me donner de fille que j'aimasse plus tendrement. Nous sommes parents, comme vous savez; la trisaïeule de son père...

— Laissons là sa trisaïeule, ma bonne, mon excellente mère! Si vous saviez quel bien vous me faites! Non, jamais vous n'aurez d'autre fille qu'Anneke Mordaunt; elle ou personne!

— Ne parlez pas ainsi, Corny, je vous en conjure! s'écria ma mère avec un certain effroi. Songez qu'on ne peut répondre des goûts; c'est un rival redoutable qu'un régiment; et, après tout, ce M. Bulstrode, comme on le nomme, je crois, pourrait convenir à la fille aussi bien qu'au père. Mon pauvre Corny rester toujours garçon, quand il n'y a pas une fille du comté qui ne dût être fière de l'épouser! Non, cela ne peut pas être.

— Allons, ma mère, n'en parlons plus. — Mais est-il vrai que M. Worden doive partir avec nous?

— Non-seulement M. Worden, mais M. Newcome. M. Worden regarde comme un devoir de suivre l'armée où il y a si peu d'aumôniers; et dans ces vilaines guerres les pauvres âmes sont appelées si subitement à rendre leur dernier compte, que personne n'a vraiment le courage de s'opposer à son départ.

Un jour ou deux après cette conversation, notre petite troupe quitta Satanstoé avec un certain éclat. Deux chevaux, appartenant par moitié aux deux familles, étaient attelés à un sleigh [1] qui avait été remis à neuf pour le voyage, et qui était la propriété exclusive du colonel Follock. Dirck avait ordre de le vendre aussitôt notre arrivée; l'extérieur était bleu de ciel, l'intérieur, rouge-ardent, couleur fort en vogue pour ce genre de voitures, parce qu'elle emporte une idée de chaleur; c'est du moins ce que disent les vieilles gens, quoique j'avoue que, dans la pratique, j'aie toujours trouvé que ce n'était pas autre chose qu'une idée.

Nous avions deux peaux de bison et une peau d'ours; la peau d'ours, recouverte d'un drap écarlate, avait tout à fait bonne façon. Des deux peaux de bison, l'une, la plus grande, était placée sur le siége de derrière et retombait sur le dos du traîneau, qui était assez élevé pour nous préserver du vent; l'autre était étendue au fond de la voiture en guise de tapis, et recouvrait en même temps mes genoux et ceux de Dirck en formant une sorte de tablier, qui nous préservait du froid de ce côté. La peau d'ours formait coussin pour nous sur le siége de devant, et tablier pour Jason et pour M. Worden, qui étaient assis par derrière.

Ce fut le 1er mars 1758 que nous partîmes pour cette mémorable expédition; l'hiver avait été ce qu'il est habituellement dans nos latitudes, quoiqu'il fût tombé plus de neige qu'à l'ordinaire le long de la côte. L'air de la mer et la neige ne vont guère bien ensemble; cependant j'avais été en traîneau autour de la ferme pendant la plus grande partie du mois de février. Il y avait bien alors des apparences de dégel, et le vent tournait au sud; aussi mon père nous conseilla-t-il de prendre la route qui traversait le comté par le milieu, et de gagner les hauteurs le plus tôt possible. Non-seulement il y avait toujours plus de neige dans

---

[1]. *Sleigh* est un mot purement américain qui vient du hollandais. Quelques personnes prétendent que les Américains ne doivent se servir que des mots anglais *sled* ou *sledge*, traîneau; mais pourquoi se servir du même mot pour exprimer deux choses qui ne sont pas identiques? Le sleigh est le traîneau fashionable. N'avons-nous pas maintenant le mot *wagon* en même temps que celui de *coach* ou voiture? Avant peu, le mot sleigh sera anglais, comme il est aujourd'hui américain. Une nation qui compte vingt millions d'habitants non-seulement peut faire un mot, mais elle pourrait faire une langue au besoin.

cette partie du pays, mais elle résistait plus longtemps à l'action du dégel que celle qui était tombée plus près de la mer. Je reçus le dernier baiser de ma mère, la dernière poignée de main de mon père, la bénédiction de mon grand-père ; je montai dans le sleigh, je pris les rênes des mains de Dirck, et nous partîmes.

Il faudrait supposer des personnes d'une humeur bien sombre pour qu'un voyage fait en traîneau ne fût pas gai. Nous étions tous disposés à nous amuser, quoique Jason ne pût passer le long de la grande route sans que son esprit critique trouvât à s'exercer. Tout sentait la Hollande à ses yeux, ou bien la colonie d'York ; les portes n'étaient pas à leur place ; les fenêtres étaient trop grandes, quand elles n'étaient pas trop petites ; les habitants sentaient le tabac, etc. ; que sais-je ? Nous prîmes le parti de rire de ces saillies connecticutiennes. Jason s'évertua de plus belle, dans l'espoir de piquer Dirck ; mais Dirck, impassible, continua à fumer sa pipe sans sourciller et sans répondre un mot.

Nous n'étions encore qu'à quelques milles que déjà les signes de dégel augmentaient ; le vent du midi se faisait sentir, la neige sur la route devenait glissante, et des filets d'eau commençaient à scintiller sur le flanc des collines. Nous nous enfonçâmes de plus en plus dans l'intérieur en gravissant les hauteurs, et le soir nous étions arrivés sans encombre au manoir des Van Cortland. Le lendemain, le vent soufflait toujours dans la même direction ; c'était un avertissement de ne pas nous endormir. Cette seconde journée fut encore activement employée ; en sortant des montagnes, nous traversâmes les plaines de Dutchess, et nous arrivions avant la nuit à Fishkill. C'était un établissement en pleine prospérité ; les habitants vivaient dans l'abondance, et en même temps dans un calme profond ; simples et honnêtes, ils paraissaient s'inquiéter fort peu de ce qui se passait dans le monde.

En sortant de Fishkill nous trouvâmes un grand changement, non-seulement dans le pays, mais même dans la température : nous étions au milieu de plaines beaucoup mieux habitées que je ne l'avais cru possible à une si grande distance dans l'intérieur. Le froid était piquant, comme si nous avions rétrogradé d'un grand mois pendant la nuit ; la neige avait deux ou trois pouces d'épaisseur, et le sleigh roulait avec une grande facilité.

Dans l'après-midi nous rejoignîmes Jaap et la brigade des traîneaux de transport; aucun accident n'était arrivé; et, les laissant en arrière, nous poursuivîmes notre route. Depuis Fishkill, nous avions vu de temps en temps la rivière; elle était prise, et des traîneaux la sillonnaient en tous sens; néanmoins nous préférâmes suivre toujours la grande route, c'était plus sûr.

Enfin, le lendemain nous arrivions à une hôtellerie hollandaise qui n'était qu'à quelque distance d'Albany. Au moment d'entrer dans la seconde ville de la colonie, il fallait reprendre haleine et jeter un coup d'œil sur sa toilette. Dirck, Jason et moi, nous avions pris pour le voyage des bonnets de fourrure, Dirck et moi en peau de martre, et Jason, plus modeste, en peau de renard; une houppe élégante retombait par derrière. Cette coiffure allait admirablement à la noble et belle figure de Dirck, et, si j'en devais croire ma mère, qui était toujours prête à admirer son cher fils, elle ne m'allait pas non plus trop mal. Quant à M. Worden, il avait cru devoir conserver son chapeau ordinaire, par respect pour son état.

Nous avions tous des redingotes doublées de fourrures, et après une sérieuse consultation je décidai, ainsi que Dirck, qu'il était de meilleur genre de faire notre entrée dans la ville en costume de voyageurs que de changer de toilette. Jason ne fut pas du même avis; il crut qu'en pareil cas on devait mettre ce qu'on avait de plus beau, et je fus tout surpris de le voir paraître au déjeuner en culotte noire, avec des bas de laine chinés, de grandes boucles d'argent à ses souliers, et un habit que je savais qu'il gardait religieusement pour les jours de fête; cet habit était couleur vert-pomme, et n'était guère en rapport avec la saison; mais Jason n'était pas très-fort sur les usages, surtout en matière de goût. Heureusement le temps était assez doux; et quelques rayons d'un soleil bienfaisant, dirigés sur l'habit vert-pomme, empêchèrent le sang de Jason de se glacer complétement dans ses veines. Quant à M. Worden, il n'avait gardé de toutes ses fourrures qu'un manchon et une cravate, et il portait un manteau de drap noir.

Ainsi costumés, nous nous dirigeâmes vers le bord de la rivière, et bientôt les clochers et les toits de l'ancienne cité d'Albany se montrèrent pour la première fois à nos regards. De l'extrémité méridionale de la colonie, nous étions arrivés presque à ses limites du côté du nord.

Je dois avouer qu'aucun de nous ne se souciait de traverser l'Hudson sur la glace, en traîneau, et cela au mois de mars. Nous n'étions pas habitués chez nous à traverser ainsi des rivières, et le froid n'était pas assez vif pour que la tentation nous parût tout à fait dépourvue de danger. Je dois dire à l'honneur de Jason que, dans cette circonstance, il montra plus de bon sens qu'aucun de nous.

— *Voyez voir* un peu, révérend monsieur Worden, — Jason n'omettait jamais le titre de personne, — vous n'avez qu'à jeter les yeux sur la rivière pour voir qu'elle est couverte de sleighs. Il y a des routes au nord et au sud, et si l'on traverse ici c'est que les gens du pays savent bien qu'il n'y a aucun risque.

C'était puissamment raisonner, mais le révérend ne se laissa pas convaincre; il voulut absolument descendre, pour traverser à pied; et même alors le sentier frayé lui causa des frayeurs; il crut tout aussi dangereux d'être près d'un sleigh que d'être dedans, et il traça de nombreux zigzags en se dirigeant vers les quais de la ville.

A voir le nombre des sleighs qui se succédaient, remplis d'une vive et pétulante jeunesse, on eût dit un jour de fête. Le bruit des clochettes, le mouvement rapide de ces petits équipages, les éclats de rire des passants, tout concourait à former un tableau des plus animés. Nous pouvions être au milieu de la rivière quand un sleigh, plus élégant que les autres, s'élança du bord, et passa comme une flèche à côté de nous; il était rempli de dames, à l'exception du conducteur, debout sur le devant; ce conducteur, tout couvert de fourrures comme nous, n'était autre que Bulstrode; et parmi les cinq ou six visages roses et riants qui étaient tournés de notre côté, j'en reconnus un que je ne pouvais jamais oublier, celui d'Anneke Mordaunt. Je ne sais si nous fûmes reconnus à notre tour, car le passage fut comme celui d'un météore; mais je ne pus m'empêcher de tourner la tête pour les suivre des yeux. Ce changement de position me permit d'être témoin d'une petite scène assez divertissante dans laquelle

M. Worden joua le principal rôle. Un sleigh qui suivait la même direction que nous, voyant à pied sur la glace un voyageur dont le costume annonçait un ministre de l'église, se détourna du chemin et se lança au galop sur ses traces, les personnes qui le montaient voulant lui offrir une place à côté d'elles. Au bruit des clochettes, notre révérend, effrayé d'un si dangereux voisinage, prit ses jambes à son cou, suivi par le sleigh de toute la vitesse des chevaux excités par le fouet. Tout le monde s'arrêta pour contempler ce spectacle étrange, jusqu'à ce que le pauvre M. Worden, complétement hors d'haleine, eût enfin réussi à atteindre l'autre bord.

CHAPITRE XI.

> Commencez par empêcher le sang de circuler dans nos veines; alors, mylord, vous pourrez songer à faire entendre raison à l'amour.
>
> Young.

Nous arrivâmes au rivage en même temps que le traîneau de chasse, qui avait été obligé de faire un détour pour éviter de gros glaçons. On se figurerait difficilement la stupéfaction de M. Worden; et ceux qui par pure obligeance s'étaient mis à sa poursuite n'étaient guère moins ébahis. C'étaient deux jeunes gens de bonne mine, qui parlaient anglais avec un léger accent hollandais, et trois jeunes dames aux yeux noirs sur le visage desquelles, à l'expression générale de surprise, se mêlait une certaine envie de rire. Voyant que nous étions étrangers, et que le fugitif était de notre société, un des jeunes gens ôta respectueusement son bonnet de fourrure, et, du ton le plus poli :

— Qu'a donc le révérend père, nous demanda-t-il, pour courir si vite.

— Ce que j'ai? s'écria M. Worden, qui soufflait encore comme un bœuf, j'ai que je ne me soucie pas d'être noyé!

— Noyé! répéta le jeune Hollandais en jetant les yeux sur la rivière, comme pour s'assurer qu'elle était toujours prise ; comment le révérend peut-il craindre un danger semblable?

Comme M. Worden n'avait pas encore repris haleine, j'expliquai aux jeunes Albaniens que nous arrivions des environs de New-York ; que nous n'avions jamais passé une rivière sur la glace; et que notre compagnon ayant mis pied à terre parce qu'il avait plus peur encore en traîneau, avait cherché à éviter également le leur, dont le voisinage ne lui semblait pas moins dangereux. Cette explication fut écoutée dans un respectueux silence, quoique j'eusse surpris un regard malin échangé entre les deux jeunes gens, et certain mouvement de lèvres chez les dames, qui prouvait qu'on avait assez de peine à ne pas éclater. Quand j'eus fini, le plus âgé des deux, grand et beau garçon de vingt-quatre à vingt-cinq ans, qui avait l'air très dégourdi, quoique ses manières et son costume annonçassent une personne de distinction, nous fit mille excuses de sa maladresse; et descendant de voiture, il réclama l'honneur d'échanger une poignée de main avec chacun de nous. Il se nommait Guert Ten Eyck, nous dit-il, et il espérait que nous lui permettrions de nous faire les honneurs d'Albany. Il était connu de tout le monde, ajouta-t-il, et en cela il disait vrai, comme nous eûmes bientôt l'occasion de nous en assurer. Guert Ten Eyck avait la réputation d'un vrai boute-entrain, et il faisait autant de folies qu'on peut s'en permettre sans descendre au-dessous d'un certain niveau dans la société. Les jeunes dames qui l'accompagnaient étaient d'un cran au-dessous de lui, ce qui leur faisait rechercher sa compagnie avec d'autant plus d'empressement qu'il était joli garçon, toujours prêt à rire, ayant toujours la bourse à la main, et qu'on pouvait se bercer secrètement de l'espoir d'être l'heureuse personne destinée par la Providence à faire d'un mauvais sujet le meilleur des maris.

Il va sans dire que ces particularités ne nous étaient pas connues alors, et nous accueillîmes les offres obligeantes de Guert Ten Eyck avec le même empressement qu'il montrait à les faire. Il s'informa de l'hôtel où nous devions descendre, promit de ne pas tarder à venir nous voir, et nous serra de nouveau cordialement la main. Son compagnon nous fit un salut distingué; le trio aux yeux noirs, placé sur le siége de derrière, nous adressa un gracieux sourire; et ils partirent à bride abattue, faisant retentir du bruit de leurs clochettes tous les échos d'Albany. Pendant ce temps, M. Worden avait repris sa place, et nous suivîmes plus modérément, notre attelage n'ayant rien de l'ardeur hollandaise de deux chevaux qui venaient de quitter l'écurie. Telles furent les circonstances sous l'empire desquelles nous fîmes notre entrée dans l'ancienne cité d'Albany. J'espérais que le petit incident de la chasse donnée au révérend serait bientôt oublié, car on n'aime pas à se trouver mêlé dans une histoire qui a son côté grotesque; mais nous comptions sans notre hôte : Guert n'était pas homme à laisser dormir une semblable affaire; il s'en empara, la broda de toutes les manières, et bientôt on ne parla dans tout le pays que des « gambades du révérend. »

Albany, en 1758, était essentiellement une ville hollandaise. En passant, nous n'entendions guère parler que hollandais; c'était en patois hollandais que les femmes grondaient leurs enfants; usage, soit dit en passant, auquel cette langue semble merveilleusement appropriée; les nègres chantaient des chansons hollandaises; on s'appelait en hollandais; enfin le hollandais régnait en souverain. On rencontrait beaucoup de militaires dans les rues, et d'autres signes indiquaient la présence de troupes assez considérables. Cependant Albany ne me parut qu'une petite ville de province auprès d'York. Il faut dire qu'alors on y comptait à peine quatre mille habitants. La grande rue, où se trouvait notre hôtel, était d'une dimension tout à fait remarquable; mais les ruelles qui y conduisaient étaient tellement étroites qu'on avait voulu évidemment regagner sur elles l'espace qu'on lui avait donné.

La foule réunie dans cette rue où étaient entassés des traîneaux remplis, les uns de bois, les autres d'oies, de dindons, de volailles de toute espèce, de gibier de toute sorte; les sleighs qui fendaient l'air, remplis de jeunes gens des deux sexes; le son incessant des clochettes; les cris et les discussions en bas-hollandais; les énergiques jurons anglais des sergents; les gros rires des nègres; sans parler de la beauté d'une journée où le ciel était aussi pur que l'air était froid; tout cela produisit sur moi un effet semblable à celui que j'avais éprouvé en entrant pour la première fois au spectacle. Et ce n'était pas le trait le moins frappant du tableau, de voir Jason, au milieu de la rue, ouvrant de grands yeux ébahis, avec son habit vert pomme et ses bas chinés.

J'étais sorti avec Dirck pour passer en revue les principales curiosités de la ville, et nous étions arrêtés devant la façade de l'église hollandaise, quand Guert Ten Eyck nous accosta avec la cordialité franche et sans façon que nous avions déjà remarquée en lui :

— Bonjour, monsieur Littlepage ; votre serviteur, monsieur Follock, cria-t-il en nous serrant la main à nous la briser ; justement je vous cherchais. Vous saurez que quelques amis et moi nous sommes dans l'habitude de nous réunir l'hiver pour souper ensemble ; c'est aujourd'hui que nous enterrons joyeusement la saison, et ils m'ont tous exprimé le désir de vous avoir. J'espère que vous ne nous refuserez pas. Nous nous réunissons à neuf heures, nous soupons à dix, nous nous séparons à minuit ; c'est tout ce qu'il y a de plus régulier, et nous sommes d'une sagesse exemplaire.

Il y avait quelque chose de si ouvert, de si engageant, de si simple en même temps dans la manière dont cette invitation était faite, qu'il n'était guère possible de la refuser. Nous savions que le nom de Ten Eyck était considéré dans la colonie ; il avait une mise des plus soignées ; au moment où nous l'avions rencontré pour la première fois, il conduisait un attelage des plus fringants. C'était évidemment un homme de bonne compagnie, quoiqu'il eût son cachet particulier.

— Nous ne nous ferons pas prier, monsieur Ten Eyck, répondis-je ; vous nous invitez de si bonne grâce que, mon ami et moi, nous acceptons avec plaisir.

— Comment, votre ami ? ce sont vos amis que nous attendons ; il nous les faut tous, et j'en vois un d'ici dont je me charge, je suis sûr qu'il ne me refusera pas. — C'était l'habit vert pomme qu'il avait entrevu. — Quant au révérend, il viendra aussi ; il a l'air d'un bon vivant, et je suis sûr qu'il n'est pas le dernier quand il s'agit de manger un dindon et de boire un bon verre de madère. D'ailleurs il doit avoir besoin de se restaurer un peu, après l'exercice violent qu'il a fait.

— M. Worden tient très-bien sa place à table. Je lui ferai part de votre invitation, et j'espère le décider à nous accompagner.

— N'y manquez pas; sans lui la partie ne serait pas complète. Ainsi donc au revoir, mon cher monsieur Littlepage; j'ai dans l'idée que nous allons devenir des amis inséparables. Vous m'avez plu du premier coup d'œil, et je suis bon physionomiste. Ah! ça, comme vous ne connaissez pas la ville, je viendrai vous prendre. A huit heures et demie, je serai chez vous.

Guert nous fit ses adieux par une nouvelle poignée de main, et nous continuâmes notre excursion. Nous montâmes la rue jusqu'à l'église anglaise, édifice imposant construit en pierres de taille. A l'exception de la Trinité, à New-York, c'était le plus grand temple, consacré à l'exercice de notre culte, que j'eusse encore vu. Si Saint-Pierre d'Albany n'était pas tout à fait Saint-Pierre de Rome, ce n'était point pour cela une église à dédaigner. A notre surprise, nous rencontrâmes à la porte le révérend M. Worden et M. Jason Newcome, qui venaient d'envoyer un petit enfant demander la clef au sacristain. La clef ne tarda pas à arriver, et nous entrâmes.

Je n'ai jamais conçu qu'on entrât dans un temple quelconque consacré au service de Dieu sans un sentiment de respect. Quand ce ne serait point par conviction, ce devrait être au moins par convenance. Mais Jason ne pensait pas ainsi. Il entra dans Saint-Pierre avec le même air d'indifférence et de cynisme qu'il montrait pour tout ce qui n'était pas argent, depuis l'instant où il avait mis le pied dans la colonie d'York. D'ordinaire, il portait son chapeau renversé sur le derrière de la tête, comme pour se donner un air de dédain et de crânerie; mais je remarquai que, pendant que nous nous découvrions tous, il enfonçait son castor jusqu'aux oreilles, comme par bravade. Se découvrir dans une église lui semblait une sorte d'idolâtrie; que sait-on! il pouvait y avoir des images cachées, et l'on ne saurait jamais se tenir trop en garde contre les piéges de l'esprit malin. C'était la réponse qu'il m'avait faite un jour que je lui reprochais d'être entré dans ma propre paroisse le chapeau sur la tête.

L'intérieur de Saint-Pierre ne me parut pas moins remarquable que son extérieur. Trois des bancs destinés aux fidèles étaient surmontés de dais sur lesquels étaient des armoiries. Ils appartenaient aux familles de Van Reusselaer et de Schuyler. Ils étaient recouverts de drap noir en signe de deuil, sans doute par suite de quelque perte faite par l'une de ces anciennes familles, qui étaient alliées de très-près. Il y avait aussi quelques écussons appendus aux murs, pour rappeler le souvenir soit d'officiers anglais de distinction, morts au service du roi dans la colonie, soit de quelques-uns de nos compatriotes les plus éminents. Le voyageur de l'Ancien-Monde qui trouve ces traces aristocratiques croit y voir un pronostic pour l'avenir, tandis que c'est simplement un reflet du passé.

— Pourquoi donc ces dais et tous ces ornements, Corny? demanda le pédagogue, d'un air dédaigneux.

— Pour marquer la place de quelques familles de distinction, monsieur Newcome.

— Est-ce que vous croyez que dans le Paradis elles auront de ces fariboles sur leurs têtes?

— Je n'en sais rien, monsieur; mais il est certain que le juste n'aura pas besoin de ces distinctions pour être discerné de l'impie.

— C'est ridicule au superlatif. C'est sans doute pour les trois grandes autorités de l'Église : l'évêque, le ministre et le doyen. A merveille! qu'ils se dorlotent ici-bas, ils ne seront peut-être pas si à leur aise ailleurs.

Cet esprit de dénigrement ne le quittait jamais, et je crus inutile de lui répondre. En sortant de l'église, je fis part à M. Worden de l'invitation de Guert. Il fit quelques difficultés; il n'avait pas encore vu son révérend frère, le ministre de Saint-Pierre, et il voulait lui demander, comme une faveur, d'officier à sa place le dimanche suivant; il ne pouvait prendre aucun engagement avant que cette grave affaire fût décidée. Justement, en retournant à notre hôtel, nous rencontrâmes le ministre; l'arrangement fut bientôt conclu : M. Worden prêcherait matin et soir, et tant qu'il voudrait.

— A propos, mon cher frère, demanda M. Worden, en forme de parenthèse, les Ten Eyck sont une famille respectable, n'est-ce pas?

—Très-respectable, mon cher monsieur, on l'estime infiniment.

— Corny, me dit alors M. Worden à l'oreille, décidement, j'accepte ; prévenez nos nouveaux amis que j'irai souper avec eux. Il sera bon de leur faire entendre que je ne suis pas un puritain, moi ?

A peine arrivés, nous nous trouvions déjà lancés dans le monde. Dans deux jours M. Worden allait monter en chaire ; et, le jour même, il était invité à souper. C'était un début qui promettait. En attendant, il fallait songer à dîner.

On nous servit un repas assez bon. Par bonheur, suivant l'observation judicieuse de M. Worden, le plat principal était du gibier, mets d'une digestion plus facile, qui nous permettrait de faire encore honneur au souper. Nous suivîmes ce bon conseil, mais Dirck cependant ne put résister à la vue appétissante de quelques ragoûts hollandais, et il y eut un certain hachis auquel Jason commença par dire deux mots, mais qu'il ne quitta ensuite qu'après avoir épuisé la conversation avec lui.

Après le dîner, une petite promenade était encore nécessaire, soit pour employer le temps, soit pour redonner un peu d'ardeur à l'appétit. D'ailleurs, nous avions aussi une vente à faire, et il fallait chercher à nous aboucher, Dirck et moi, avec quelque fournisseur de l'armée. Mon heureuse étoile me fit encore rencontrer Guert, qui semblait passer sa vie dans la rue. Après lui avoir appris l'acceptation du révérend, le hasard fit que, dans le cours de la conversation, je vins à parler de quelques chevaux et de quelques denrées que j'avais à vendre.

— Parbleu ! mon cher Littlepage, vous ne pouviez mieux vous adresser, s'écria Guert avec son sourire ouvert. J'ai votre homme. C'est un gros fournisseur qui achète en ce moment tout ce qu'il peut trouver. Suivez-moi, je vais vous conduire chez lui.

Chemin faisant, Guert nous recommanda de ne rien rabattre du prix que nous demanderions ; que c'était le roi qui payait, après tout.

— Il est bon que vous sachiez que l'ordre est venu d'acheter des chevaux à tout prix, ajouta-t-il ; ainsi donc, dites que vous ne voulez point les vendre sans les traîneaux et les harnais, et les gens du roi prendront tout en bloc.

L'idée était bonne et j'en profitai. Le fournisseur se montra en effet d'excellente composition. Un messager fut envoyé à l'écurie, et les chevaux comparurent en personne. Ils étaient un peu poussifs; mais Guert montra un talent merveilleux pour les faire valoir; et le marché fut bientôt conclu. On nous paya comptant en bonnes pièces d'or espagnoles. Les peaux même furent vendues avec le reste, et Guert, pour établir une concurrence qui tournât à mon profit, se montra amateur de la peau d'ours, qui lui avait donné dans l'œil, et qu'il voulut absolument me payer une guinée. Je fis mes efforts pour la lui faire accepter, en souvenir de notre heureuse rencontre; mais il n'y voulut jamais consentir. Guert, dans toutes les affaires d'argent, montrait la délicatesse la plus sévère. Je n'irai pas jusqu'à dire que j'aurais acheté un cheval sur sa recommandation, surtout si le cheval lui eût appartenu, les maquignons ont leurs faiblesses; mais, au demeurant, Guert était un des plus honnêtes garçons qu'on pût voir.

Le fournisseur craignait tant de se voir souffler son marché, qu'il m'acheta de confiance les sleighs, les traîneaux, les attelages et les provisions, qui n'étaient même pas encore arrivés. Il est vrai qu'il connaissait mon père de réputation, et que son nom lui parut une garantie suffisante. Pour donner une idée du mouvement qui régnait alors, car en vingt-quatre heures les routes pouvaient devenir impraticables, j'ajouterai que le sleigh qui venait d'être acheté fut chargé à l'instant même et dirigé sur le nord, avec ordre à ceux qui le conduisaient de s'avancer le plus près possible du lac George. De là le convoi pouvait facilement rejoindre l'armée, par le moyen des deux lacs.

— Eh bien! Littlepage, s'écria Guert avec enjouement, voilà une affaire terminée. Vous avez obtenu de bons prix, et le roi, je l'espère, a de bons chevaux. Peut-être sont-ils un peu vénérables; mais qu'importe? l'armée tuerait le coursier le meilleur de la colonie en moins d'une campagne dans les bois; antant vaut lui en donner de vieux et d'invalides. Mais voyons; si nous allions faire un tour dans la grande rue; le cœur vous en dit-il? c'est l'heure où les jeunes dames sortent ordinairement en sleigh pour faire leur promenade du soir.

— Sans doute les dames d'Albany sont d'une beauté remarquable, monsieur Ten Eyck? demandai-je à mon compagnon, voulant dire quelque chose d'agréable à un homme qui montrait tant d'empressement à me servir. Les échantillons que j'ai pu voir ce matin, en traversant la rivière, m'en ont donné l'idée la plus favorable.

— Mon cher monsieur, nous n'avons pas à nous plaindre ; nos dames, en général, sont charmantes, pleines de grâces et d'amabilité ; mais il en est arrivé une cet hiver de la partie de la colonie que vous habitez, dont l'approche seule serait capable de faire fondre les glaces de l'Hudson !

Mon cœur battit plus vite, car je ne connaissais qu'une personne qui pût produire une sensation semblable.

— Elle est donc de New-York, monsieur Ten Eyck? m'aventurai-je à demander.

— Sans doute, mon cher. Le voisinage de l'armée nous vaut la présence de quelques beautés anglaises ; mais il n'est colonel, major ni capitaine qui en ait amené de comparables à celles qui accompagnent Herman Mordaunt. Peut-être ce nom ne vous est-il pas inconnu?

— Nullement, monsieur. Herman Mordaunt est même le parent de Dirck Follock, mon ami, que voici.

— Ma foi, M. Follock est un heureux mortel de pouvoir appeler sa cousine une personne aussi ravissante qu'Anneke Mordaunt.

— Oh! oui, monsieur! m'écriai-je vivement ; Anneke Mordaunt est la plus jolie fille de l'York.

— Doucement, je ne vais pas aussi loin, reprit Guert en modérant son enthousiasme d'une manière qui me surprit, bien qu'un vif sentiment d'admiration se peignît toujours sur sa belle figure ; miss Mordaunt est très-bien, j'en demeure d'accord ; mais il y a avec elle une miss Mary Wallace qui fait tout autant de sensation à Albany.

Mary Wallace! Jamais il ne me serait venu à l'idée de comparer la pensive, la silencieuse Mary, malgré toutes ses perfections, à Anneke Mordaunt. Ce n'était pas qu'elle ne fût très-agréable. Elle était même jolie, et sa figure avait une expression calme et angélique qui m'avait souvent frappé. Partout ailleurs qu'auprès de son amie, elle n'eût pu manquer de fixer l'attention du plus indifférent.

Ainsi donc Guert Ten Eyck admirait, aimait peut-être Mary Wallace! nouvelle preuve, s'il en était besoin, de notre penchant à aimer nos contrastes. Il était impossible de voir deux personnes d'un caractère plus opposé que Mary Wallace et Guert Ten Eyck.

— Miss Wallace est charmante en effet, répondis-je dès que je fus revenu de ma surprise; et je ne suis pas étonné de vous entendre parler d'elle avec tant d'admiration!

Guert s'arrêta tout court au milieu de la rue, me regarda en face avec une expression de sincérité qui ne pouvait être feinte, me prit la main, et me dit d'un ton pénétré :

— De l'admiration, monsieur Littlepage! ce n'est pas un mot assez énergique pour exprimer ce que je ressens pour Mary. Je voudrais l'épouser dans une heure, et la chérir tout le reste de ma vie. Je l'adore, et je baiserais l'empreinte de ses pas!

— Et vous le lui avez dit, monsieur Ten Eyck?

— A satiété, mon cher monsieur. Voilà deux mois qu'elle est à Albany, et mon cœur lui appartenait dès la première semaine. Je le lui ai offert sur-le-champ, et je crains même de m'être trop pressé; Mary est une jeune personne sensée et prudente, et les personnes de ce caractère sont portées à se méfier des jeunes gens qui se déclarent trop vite. Elles aiment à être servies pendant sept ans, et sept ans encore, comme Joseph servit pour mériter Putiphar.

— Vous voulez dire, comme Jacob servit pour mériter Rachel.

— Jacob, Joseph, peu importe; quoique dans nos bibles hollandaises, je pense que c'est de Joseph qu'il est question. En tout cas, vous savez ce que je veux dire, monsieur Littlepage. Si vous voulez voir ces dames, venez avec moi. Je vous conduirai à un endroit où le sleigh d'Herman Mordaunt ne manque jamais de passer à cette heure. J'en sais quelque chose, attendu que je suis toujours là pour saluer ces dames.

Je commençai à comprendre pourquoi Guert était continuellement dans la rue. Au surplus, il nous tint parole, et il nous posta près de l'église hollandaise, devant laquelle j'eus bientôt le bonheur de voir passer Anneke et son amie. Anneke était aussi fraîche, aussi ravissante que jamais. Je crus remarquer que les yeux de Mary Wallace cherchaient l'angle où Guert s'était placé, et qu'elle rougit en lui rendant son salut. Mais le tressaillement de surprise qui échappa à miss Mordaunt en me voyant ainsi inopinément devant elle, son regard enflammé, le sourire qu'elle m'adressa, tout me remplit d'une émotion que j'eus toutes les peines du monde à contenir.

CHAPITRE XII.

> Le vin entre alors dans les têtes, et la raison déloge au plus vite. La sottise s'installe à sa place; et bientôt leurs plaisanteries ne sont plus que des blasphèmes.
> *La Société des amis de la Pointe.*

Guert me jeta un regard expressif, au moment où le sleigh disparut derrière l'église. Il nous proposa alors de continuer notre promenade. En montant la grande rue, je ne fus pas médiocrement surpris de voir le genre d'amusement auquel se livrait toute la jeunesse d'Albany; et je ne parle pas ici de garçons de douze à quatorze ans, mais de jeunes gens de dix-huit à vingt. Cet amusement consistait à glisser en traîneau du haut de la rue, dont la pente était très-rapide. Le point de départ n'était pas loin de l'église hollandaise, et l'impulsion donnée conduisait jusqu'au delà de l'église anglaise, distance qu'on pouvait évaluer à plus d'un quart de mille. Les chars variaient de dimension et de forme, suivant les personnes qui les occupaient. Certes, il n'était pas un enfant à New-York qui ne sût diriger ces frêles esquifs avec autant d'adresse que de facilité; mais c'était la première fois que je voyais des grandes personnes prendre part à ce divertissement. La rigueur des hivers, cette côte qui se trouvait ainsi à portée, sans sortir de la ville, étaient sans doute les circonstances qui avaient amené cette innovation.

Au moment où nous étions arrivés à la hauteur de l'église anglaise, une troupe de jeunes officiers sortit du fort, gais et en train, comme on l'est en sortant de table. Dès qu'ils eurent atteint le point de départ, trois ou quatre des plus jeunes s'élancèrent dans autant de traîneaux, et les voilà partis comme un trait. Personne ne semblait le trouver étrange ; au contraire, des personnes âgées les regardaient avec une sorte de complaisance et d'intérêt, comme si elles se trouvaient reportées ainsi aux jours de leur jeunesse. Je ne puis pas dire que ces jeunes amateurs, qui n'étaient pas du pays, réussissent tous également à diriger leurs traîneaux ; souvent ils étaient arrêtés par quelque obstacle avant d'arriver au bas de la côte.

— Voulez-vous en faire autant, monsieur Littlepage ? demanda Guert avec un air de gravité polie, qui prouvait à quel point il prenait au sérieux cet amusement. Voici un traîneau qui est grand et solide ; il peut très-bien nous porter tous deux, et vous n'avez aucune inquiétude à avoir : je réponds de vous, quand un régiment de cavalerie ferait ses évolutions en bas.

— Ne sommes-nous pas un peu âgés pour prendre ce divertissement dans les rues d'une grande ville, monsieur Ten Eyck ? demandai-je d'un air de doute, et en regardant autour de moi, comme quelqu'un qui voudrait refuser, mais qui n'ose. Ces officiers du roi sont privilégiés, comme vous savez.

— Les rues d'Albany nous appartiennent tout aussi bien qu'à eux, soyez-en sûr : de jeunes dames me font souvent l'honneur de se confier à moi, et jamais il n'est arrivé aucun accident.

— Comment ? est-ce que de jeunes dames s'aventurent à descendre ainsi ?

— Mais, oui, quelquefois, par un beau clair de lune ; bien qu'il y ait un endroit plus retiré, à peu de distance d'ici, où elles se rendent de préférence pour se donner ce plaisir. Tenez, monsieur Littlepage ! voici le capitaine Mouson, un de nos plus honorables officiers, qui s'apprête à descendre. Dépêchons-nous, ou il sera arrivé avant nous. Asseyez-vous comme si vous étiez la dame, et laissez-moi faire.

Comment résister ? Guert avait été si plein d'attentions et de prévenances pour moi ! Il était de si bonne foi ! Je m'assis de la manière qui m'avait été indiquée, plaçant mes pieds sur la planche de devant. En un instant, Guert, dont on ne pouvait s'empêcher d'admirer la mâle prestance, était debout derrière moi, une jambe étendue de chaque côté du traîneau, qu'on dirige, comme le sait tout Américain né au nord du Potomac, en touchant délicatement la glace du talon. L'élan nous fut donné, et nous fendîmes l'espace comme la frégate qu'on lance à la mer.

Je ne m'en défendrai pas : dans le premier moment, j'éprouvai une sensation de plaisir. La rapidité de la course, la lutte que nous avions engagée avec un autre traîneau, l'adresse de Guert, qui, sans presque toucher la terre, nous dirigeait à travers la foule des attelages qui encombraient la rue, me causèrent une sorte d'enivrement, et j'oubliai que je me donnais ainsi en spectacle à des étrangers. Heureusement nous allions si vite qu'il n'y avait pas grand risque d'être reconnu; et au milieu de tant de sujets de distraction, cet acte de folie aurait sans doute passé inaperçu sans un malencontreux accident.

Nous avions franchi avec un grand succès l'intervalle des deux églises, et de graves et respectables bourgeois criaient en nous voyant passer : bravo, Guert, à merveille! car Guert semblait être au mieux avec tout le monde; quand, au moment où nous tournions derrière le vieux temple hollandais, dans le désir ambitieux de descendre encore plus bas et d'atteindre le quai, notre frêle esquif rencontra un sleigh qui venait en sens inverse, tiré par deux chevaux fougueux, et je vis l'instant où nous allions être précipités sous leurs pieds. Rien ne nous sauva que la présence d'esprit de Guert et sa force herculéenne. En donnant un grand coup de talon dans la neige, il fit pirouetter le traîneau sur lui-même, et nous fûmes lancés à terre où nous nous mîmes à rouler l'un sur l'autre. Le nègre qui conduisait le sleigh était parvenu à retenir ses chevaux; et, après avoir décrit quelques nouveaux cercles, nous finîmes par nous retrouver sur nos pieds juste en face du brillant attelage.

Quel spectacle s'offrit à ma vue! En avant était le nègre dont la bouche se fendait jusqu'aux oreilles par suite du fou rire dont il était pris. Je l'aurais battu de bon cœur; et pourtant qui n'aurait pas ri en voyant deux grands garçons comme nous précipités en bas d'un traîneau, et se roulant à terre comme de petits gamins. Au surplus, si l'envie en avait pu naître dans mon cœur, elle se passa bien vite, en voyant à trois pas de moi, directement en face, Anneke Mordaunt et Mary Wallace. La honte d'être surpris au milieu de cette triste équipée me glaça le sang dans les veines. Je ne sais ce que Guert pouvait éprouver, mais dans ce moment j'aurais voulu de grand cœur qu'il fût au fond de l'Hudson, avec Albany, ses traîneaux, sa côte et ses églises.

— Monsieur Littlepage! s'écria involontairement Anneke, avec une expression qui n'était que trop claire.

— Monsieur Guert Ten Eyck! dit Mary Wallace avec plus de calme, mais non moins de surprise.

— Lui-même à votre service, miss Mary, répondit Guert, qui semblait un peu déconcerté de l'issue de son exploit, mais pour un motif que je ne compris pas tout d'abord, tandis qu'il secouait la neige de son habit. — A votre service aujourd'hui comme toujours. N'allez pas supposer au moins que ce soit par maladresse que cet accident est arrivé. Tout le mal vient du petit malheureux qui est chargé de crier gare! au tournant de l'église, et qui avait déserté son poste. Qu'une de ces dames me fasse un jour l'honneur de se placer dans mon traîneau, et je m'engage, foi d'Albanien, à lui faire descendre la côte la plus rapide sans déranger un de ses rubans.

Mary Wallace ne répondit rien, et elle me parut pensive. Anneke prit la parole pour son amie; et avec une vivacité que je ne lui avais jamais vue :

— Non, non, monsieur Ten Eyck, dit-elle; quand Mary ou moi nous voudrons descendre ainsi, et redevenir petites filles, c'est à de petits garçons que nous nous confierons. Ils sont plus habitués à ces sortes d'exercice que des hommes faits qui ont eu le temps de les oublier. Pompée, nous allons retourner à la maison.

La froide inclination de tête qui suivit, tout en étant assez gracieuse pour sauver les apparences, ne nous prouva que trop que nous étions loin d'avoir gagné dans l'estime de ces dames par cette prouesse. Si elles eussent été d'Albany, il est probable qu'elles n'auraient fait que rire de notre aventure; mais à New-

York, on était plus grave, et on laissait ce passe-temps aux enfants. Que pouvions-nous faire? Nous soumettre, et nous incliner jusqu'à terre en toute humilité, pendant que l'équipage s'éloignait rapidement.

— Voyez un peu, Littlepage! s'écria Guert avec un soupir étouffé; en voilà pour toute une semaine à n'obtenir que des regards à la glace, et cela pour avoir descendu une côte en traîneau lorsque j'ai peut-être quatre ans de plus que l'âge ne le veut! — Et vous, mon cher, quel âge avez-vous?

— Je viens d'avoir vingt et un ans. Plût à Dieu que je fusse encore en nourrice!

— C'est rétrograder bien loin, et ce serait bien assez de retourner à l'école. Mais ne nous décourageons pas. J'aime à m'amuser, on le sait, et je l'ai dit moi-même plus de vingt fois à miss Wallace. Savez-vous ce qu'elle répond? qu'à un certain âge, et quand on est homme, on doit s'occuper de choses plus graves et songer à son pays. Cela n'empêche pas de glisser en traîneau : elle permet bien de patiner ; elle trouve que ce n'est déroger en rien à sa dignité d'homme. Savez-vous bien qu'elle m'a déjà fait un sermon à ce sujet?

— Très-bon signe, monsieur Guert; on ne sermonne que ceux auxquels on prend quelque intérêt.

— Par saint Nicolas! je n'y avais jamais songé, Littlepage! s'écria Guert, qui, malgré tous les avantages extérieurs que lui avait prodigués la nature, n'était rien moins que suffisant; touchez là, mon cher; je sens mon amitié pour vous croître à chaque instant. Mais puisque nous en sommes sur les sermons, Mary me fait entendre encore, à propos de la guerre, qu'un garçon tel que moi ne doit pas rester les bras croisés quand on se bat autour de lui. Trouvez-vous que ce soit fort aimable de la part d'une jeune personne de vouloir exposer son amant à recevoir une balle dans la tête?

— Du moment qu'on s'occupe de vous, ne vous plaignez pas; c'est bon signe, vous dis-je encore.—Mais je suis obligé de vous quitter; j'ai promis à M. Worden de le rejoindre à l'hôtel à six heures.

En m'en retournant, je réfléchis à ce qui venait d'arriver, et j'éprouvai une grande mortification. Anneke était mécontente, c'était évident; et ce que je craignais, c'était qu'à ce déplaisir il ne se joignît quelque méprise. Guert ne me semblait pas dans une aussi mauvaise passe que moi; on le grondait, lui; on le morigénait; mais quelle froideur Anneke m'avait témoignée! quel regard glacial quand elle m'avait vu, pour ainsi dire, sortir de dessous les pieds des chevaux et me secouer de la tête aux pieds, comme un grand imbécile que j'étais! C'est un supplice intolérable de sentir qu'on est ridicule en présence de la femme qu'on aime.

Près de l'hôtel, je rencontrai Dirck : il était rayonnant.

— Je viens de voir Anneke et Mary Wallace, me dit-il, et elles se sont arrêtées pour me parler. Herman Mordaunt est ici depuis le milieu de l'hiver, et il compte y rester la plus grande partie de l'été. Il ne sera point question de Lilacsbush cette année. Herman Mordaunt a pris ici une maison où il se fait servir par ses gens, et il tient ménage. Votre couvert sera toujours mis, Corny ; car vous êtes le favori, depuis cette affaire du lion. Pour Anneke, jamais je ne l'ai vue si belle!

— Miss Mordaunt vous a-t-elle dit qu'elle aurait du plaisir à nous voir comme auparavant, Dirck?

— Si elle l'a dit! je me rappelle encore ses expressions : Cousin Dirck, me dit-elle, de sa jolie petite bouche rose, toutes les fois que vous pourrez venir, je serai charmée de vous voir, et j'espère que vous nous amènerez l'ecclésiastique dont vous nous avez parlé.

— Et Jason Newcome ou Corny Littlepage, elle n'en a point parlé? Ne me cachez rien, Dirck : mon nom n'a pas été prononcé?

— Si fait, je l'ai prononcé plusieurs fois; je lui ai parlé de notre voyage, de la manière avantageuse dont vous vous étiez défait de vos provisions, de bien d'autres choses. Oh! nous avons beaucoup parlé de vous, Corny.

— Mais enfin, une de ces demoiselles a-t-elle prononcé formellement mon nom?

— Vous m'y faites songer! et j'avoue même que je n'ai pas trop su ce qu'Anneke voulait dire : J'ai rencontré M. Littlepage, m'a-t-elle dit; il me semble grandi depuis que je ne l'ai vu; ce sera bientôt un homme. — Y comprenez-vous quelque chose, Corny?

— Je comprends, Dirck, que je suis un sot, un grand enfant, et je voudrais n'avoir jamais mis le pied dans Albany. — Mais grand Dieu! qu'est-ce que je vois?

Dirck poussa une de ces exclamations hollandaises qu'il eût fait retentir dans le palais d'un roi, et toute sa figure s'illumina d'un sourire sympathique. Je venais d'apercevoir un traîneau qui venait droit à nous. Il était occupé par Jason tout seul qui semblait prendre un plaisir infini à ce divertissement. Il franchissait l'espace, le chapeau renversé en arrière, l'habit vert-pomme exposé aux regards, les bas chinés et les grosses boucles d'argent se montrant à gauche et à droite du traîneau, et il déployait dans cet exercice toute l'adresse d'un gamin des rues qui en fait son état.

— Ce doit être bien amusant, Corny! dit mon compagnon qui pouvait à peine rester en place. J'ai presque envie d'emprunter un traîneau et de descendre à mon tour.

— Oui, faites-le, Dirck, si vous voulez ne revoir miss Mordaunt de votre vie. Retenez cela de moi, mon ami, qu'elle n'aime pas à voir des hommes s'amuser comme des enfants.

Dirck ouvrit de grands yeux; mais comme il était taciturne par nature, il ne dit rien, et nous rentrâmes. M. Worden était à relire un ancien sermon qu'il devait débiter le dimanche suivant. Dès qu'il nous vit, il vint à nous: il était dans le ravissement. Peu lui importaient les Hollandais: il en avait vu à peine, et il avait pour eux le dédain d'un habitant de la métropole; mais il avait lié connaissance avec tant d'officiers anglais, il avait reçu tant d'invitations, que sa campagne promettait d'être des plus agréables. Il applaudit à mon heureux début dans les affaires, promit d'instruire mes parents du zèle et de l'activité que j'avais déployés; en un mot, notre mentor, très-content de lui-même, était tout disposé à l'être aussi des autres.

A l'heure dite, Guert vint nous prendre, toujours franc, toujours poli, toujours de bonne humeur. M. Worden lui plut infiniment.

— Vous saurez, messieurs, que la société dans laquelle je vais avoir l'honneur de vous introduire, est composée des jeunes gens les plus aimables d'Albany, sinon de la colonie tout entière. Nous nous réunissons une fois par mois dans la maison d'un vieux garçon, qui est des nôtres, et qui sera charmé, monsieur Worden, de causer religion avec vous. M. Van Brunt est très-expert en matière de religion; et toutes les fois qu'il y a quelque discussion ou quelque pari sur ce chapitre, c'est lui qui prononce en dernier ressort.

Il y avait là de quoi donner à penser; mais M. Worden n'était pas homme à se laisser effrayer aisément quand il s'agissait d'un bon souper. Il eût toléré même une discussion religieuse, avec un pareil dénouement en perspective. Il partit bras dessus bras dessous avec Guert, et nous fûmes bientôt à la porte de M. Van Brunt, que j'avais surnommé le bachelier en théologie. Guert entra sans frapper.

Le club se composait de douze membres, compris Guert; il était au grand complet. Du premier coup d'œil, je reconnus qu'il n'y avait là personne qui se fût fait scrupule de dégringoler la côte; et avec de pareils gaillards, j'augurai que la nuit serait bonne. Je connaissais les Hollandais; tout sobres, tout paisibles, tout flegmatiques qu'ils paraissaient ordinairement, c'étaient d'assez grands tapageurs, dès qu'une fois ils étaient en train. Je sais bon nombre d'histoires à leur sujet, et j'avais entendu dire plus d'une fois que les jeunes Albaniens se signalaient tout particulièrement.

Toutefois l'accueil qui nous fut fait fut des plus convenables; on parut charmé qu'un ministre de l'église fût de la partie. Le mot de « révérend » passa de bouche en bouche, et il était facile de voir l'effet qu'il produisait. On se promettait évidemment d'être bien sages et d'une sobriété exemplaire. Celui qu'on semblait toujours consulter du regard, c'était Van Brunt, personnage de quarante-cinq ans, aux épaules carrées, à la face rubiconde, aux manières assez libres, qui fréquentait de préférence la société des jeunes gens, parce qu'il était resté jeune de goûts et de caractère.

— Ne trouvez-vous pas, messieurs, dit M. Van Brunt, que rien n'altère comme de rester debout à se regarder le blanc des yeux? Si nous prenions un peu de punch pour nous rafraîchir le cœur en même temps que le gosier? Guert, la cruche est près de vous.

Guert remplit des verres et chacun eut le sien. Le punch était déjà en grande vogue dans la colonie. J'avoue que celui qui nous fut servi était excellent, quoique d'une force diabolique. Sans doute Guert n'en jugea pas de même, car il en vida deux verres coup sur coup, sans sourciller, en homme qui est sûr de sa tête. La cruche, malgré sa capacité, fut vidée dès le premier assaut, et pour qu'il n'y eût pas de doute à ce sujet, Guert la renversa sens dessus dessous.

La conversation s'engagea, la plupart du temps en anglais par égard pour le révérend, qu'on supposait ne pas comprendre le hollandais. C'était une erreur; M. Worden pouvait s'exprimer pasablement dans cette langue, quand il le voulait. On me félicita sur les marchés que j'avais conclus avec le fournisseur; enfin c'était à qui me ferait l'accueil le plus cordial et le plus empressé. Je ne m'en cache pas : je fus touché de ces efforts bienveillants pour me mettre à mon aise; et quand une seconde cruche de punch fit son apparition, j'en pris un verre sans me faire prier; tandis que Guert, fidèle à ses habitudes, en prenait deux. Ce n'était pas que Guert fût sujet à l'ivresse; ce qu'il buvait ne faisait aucun effet sur lui; et tous ceux qui l'entouraient auraient roulé sous la table, qu'il serait resté ferme sur sa chaise. Mais tôt ou tard, la sobriété reprend ses droits, et dans un âge avancé cette sorte de buveurs paient cher les excès qu'ils ont cru pouvoir longtemps se permettre impunément.

Tel était l'état des choses, et une aimable gaieté s'insinuait graduellement dans les esprits, quand un domestique nègre ouvrit la porte d'un air consterné et fit signe à son maître qu'on le demandait. Guert ne fut absent qu'une minute, et quand il revint, un embarras visible se peignait sur sa belle figure. M. Van Brunt fut appelé dans un coin; deux ou trois des plus intimes se joignirent à eux, et il se forma une espèce de conciliabule qui semblait très-sérieux. J'étais assis si près que, quoiqu'on parlât à demi-voix, j'entendais quelques bribes de phrases auxquelles il m'était impossible d'attacher aucun sens, celles-ci par exemple : — Ce vieux Cuyler... — Voilà un souper digne des dieux... — Du gibier et des canards... — Des perdrix et des cailles... — Il nous connaît tous... — Cela ne prendra pas... — Le révérend est l'homme qu'il faut... — Des étrangers... — Que faire?

Dans ces propos interrompus, ce que je voyais de plus clair, c'était que, pour une raison ou pour une autre, notre souper courait de grands dangers ; mais quelle en était la cause, c'était ce qui me restait à apprendre. Guert jouait évidemment le premier rôle dans cette délibération, et on semblait l'écouter avec beaucoup de déférence et d'égards. Enfin notre ami sortit du cercle, et, avec beaucoup de courtoisie et de sang-froid, il nous fit part en ces termes de la difficulté qui se présentait :

— Vous saurez, messieurs, que nous autres jeunes gens d'Albany, nous avons certains usages qui ne sont peut-être pas familiers à ceux qui, comme vous, sont plus rapprochés de la capitale. Le fait est que nous ne sommes pas toujours aussi sages et aussi réservés que nos chers parents pourraient le désirer. Chez nous, c'est parfois tour de bonne guerre de faire main basse sur les poulaillers et les basses-cours des bons bourgeois, et de souper à leurs dépens. Je ne sais pas ce que vous en pensez, messieurs, mais j'avoue que, pour moi, les oies et les canards emportés ainsi à la pointe de l'épée, ont mille fois plus de saveur que s'ils avaient été achetés au marché. Néanmoins, c'était un souper bien et dûment acheté que nous devions manger ce soir ; mais il est devenu la victime de la mise en pratique de la petite théorie que je vous exposais.

— Que parlez-vous de victime à propos du souper, ami Ten Eyck ! s'écria M. Worden avec une consternation qui n'avait rien d'affecté. Ce n'est pas qu'il serait arrivé quelque malheur au souper?

— Disparu, évanoui, subtilisé complétement ! plus une aile, plus une cuisse, pas même une pomme de terre ; — ils ne nous ont rien laissé !

— Et qui donc? demanda le malheureux révérend.

— C'est un point qui reste encore à éclaircir ; car l'opération a été conduite d'une manière si fine et si délicate, que nos nègres n'en savent absolument rien. Il paraît qu'il n'y a qu'un instant on a crié au feu! et, pendant que tous les domestiques se précipitaient dans la rue, notre souper nous était soufflé.

— Mon Dieu, mon Dieu, quelle calamité, quel vol abominable! il n'y a pas de peines assez sévères contre de pareils scélérats.

— Ce n'est qu'une folie qui est loin de mériter des noms si rigoureux, monsieur. C'est sans doute le fait de quelques-uns de nos amis qui espèrent se régaler ce soir à nos dépens; ce qu'ils feront en effet, messieurs, si vous ne nous aidez à recouvrer ce que nous avons perdu.

— Vous aider, mon cher monsieur! je suis prêt à faire tout ce que vous voudrez. Parlez! Voulez-vous que j'aille au fort requérir la force armée?

— Non, monsieur, nous n'avons nul besoin de la force armée. Je suis sûr que ce que nous cherchons n'est qu'à deux ou trois portes d'ici, et tout serait réparé, monsieur Worden, si vous vouliez seulement nous prêter un peu d'assistance.

— Dites, dites, au nom du ciel, monsieur Guert! Les plats doivent se refroidir en attendant. — Et le révérend courait dans toute la salle cherchant après son chapeau et son manteau.

— Voici donc, messieurs, le service que vous pourriez nous rendre, reprit Guert avec un sang-froid qui me passe quand je viens à réfléchir aux incidents de cette soirée. Comme je vous disais, notre souper n'est qu'à deux pas, et je vous réponds qu'il est succulent. Rien de plus facile que de le voir reparaître sur notre table. Seulement, il faudrait amorcer la vieille Dorothée et trouver moyen de la retenir cinq minutes à la porte de sa maison. Elle nous connaît tous, nous, et elle découvrirait la mèche en un instant, si nous nous montrions; mais M. Worden et M. Littlepage n'auraient aucune peine à l'amuser le temps strictement nécessaire. Elle est folle des révérends, cette chère Dorothée; elle ne pourrait jamais retrouver votre piste, et nous souperions en toute liberté. Ensuite, au petit bonheur!

— Je suis votre homme! je le suis! s'écria M. Worden, qui ne tenait plus en place. Il est bien juste que nous reprenions notre bien là où il se trouve; en effet nous arriverions quand le souper serait mangé ou desséché, si nous nous amusions à aller chercher des constables.

— Ne me parlez pas de constables, monsieur Worden, nous ne les employons jamais dans nos guerres contre les poulaillers. Tout ce qui peut nous arriver, c'est un peu d'eau chaude à la figure, ou une légère escarmouche avec nos amis.

Il ne restait plus qu'à régler les détails de l'expédition. Guert devait se mettre à la tête d'un détachement portant de grands paniers couverts de serviettes. Ils entreraient dans la cuisine pendant l'absence de Dorothée, puis feraient main basse sur tous les plats, qui devaient s'y trouver encore, l'usage général à Albany, dans une certaine classe, étant de souper au coup de neuf heures. Quant à Dorothée, un nègre, qui était venu avec son maître pour aider à servir, devait l'attirer sous un prétexte quelconque à la porte de la rue, où ce serait alors l'affaire de M. Worden de la retenir quatre ou cinq minutes. A ma grande surprise, le ministre entra dans le complot avec l'empressement d'un enfant, assurant qu'il se faisait fort de retenir la vieille une demi-heure, s'il le fallait, en lui débitant un beau sermon sur la nécessité d'observer le huitième commandement. Les rôles ainsi distribués, il fallait entrer en scène sans retard, car l'heure pressait.

Dès le principe, cette affaire m'avait médiocrement souri ; ma descente en traîneau avait quelque peu refroidi mon enthousiasme pour les propositions de Guert. Pourtant, ce n'était pas à moi de reculer, quand M. Worden se portait en avant, et après tout il n'y avait pas grand mal à reprendre un souper qu'on avait dérobé dans notre propre maison. Guert ne prit pas, comme nous, par la rue. Il sortit avec son détachement par une porte dérobée, et il devait entrer également par une porte de derrière dans la cour de la maison qu'il s'agissait d'assaillir. Une fois dans cette cour, il était facile de pénétrer dans la cuisine, puis de battre en retraite, pourvu qu'on eût réussi à éloigner la cuisinière dans ce moment décisif.

Arrivés à la porte extérieure, nous nous arrêtâmes pendant que notre nègre allait prévenir Dorothée que quelqu'un demandait à lui parler. Nous eûmes un moment pour examiner la maison. Elle était grande, plus grande que la plupart de celles qui l'entouraient, et, ce qui me frappa, il y avait une lanterne allumée au-dessus de la porte. C'était donc une sorte de taverne ou d'auberge, et alors la chose devenait plus facile à comprendre. Les maraudeurs y avaient sans doute établi leur domicile pour manger notre souper tout à leur aise.

Une minute ne s'était pas écoulée que notre nègre revint avec un jeune noir qu'il avait su éloigner de son poste par une ruse à lui, et il était suivi de Dorothée. Dorothée se confondit en révérences dès qu'elle aperçut le chapeau à larges bords et le manteau noir du révérend, et elle lui demanda ce qu'elle pouvait faire pour son service. M. Worden se mit alors à lui faire un long et grave sermon sur le péché du vol, et il la tint ainsi tout ébahie pendant trois grandes minutes. En vain la pauvre cuisinière protestait qu'elle n'avait rien pris; que ce qui appartenait à son maître était sacré pour elle; que jamais elle ne se permettait de donner même les restes de viandes froides sans un ordre formel, et qu'elle ne pouvait imaginer pourquoi on lui parlait ainsi. Il faut être juste : M. Worden s'acquitta de son rôle dans la perfection, et son habit le secondait à merveille. Enfin un coup de sifflet parti de l'allée donna le signal du succès, et M. Worden, après avoir solennellement souhaité le bonsoir à Dorothée, s'éloigna avec toute la dignité de sa profession. Une minute après, nous étions rentrés; Guert accourut nous serrer la main, nous remercier de notre utile coopération, et nous inviter à nous mettre à table. Il paraît qu'au moment de notre arrivée, Dorothée venait justement de finir de dresser tous les plats, et qu'elle les avait rangés devant le feu, tout prêts à servir dès que neuf heures sonneraient. Ainsi préparé, le souper n'attendait plus qu'une table pour le recevoir; et c'était la nôtre qui devait lui servir d'asile, au lieu de celle de nos voisins.

Malgré la rapidité avec laquelle ce changement s'était opéré, l'ordre et la symétrie du service ne laissèrent rien à désirer : le gibier était cuit à point; chacun se mit à l'œuvre avec un appétit aiguisé par la campagne qu'on venait de faire, et pendant quelques minutes on n'entendit guère que le bruit des couteaux et des fourchettes; puis vinrent les santés, et, pour finir, les toasts, les chansons et les histoires.

Guert chanta plusieurs airs avec des paroles anglaises ou hollandaises, d'une voix pleine de force et de douceur en même temps. Quand il eut fini, et qu'on battait encore des mains, il dit à M. Worden qu'il fallait maintenant porter un toast à quelque dame.

— Allons, mon révérend, vous avez fait merveilles tout à l'heure comme prédicateur; maintenant il faut nous montrer votre galanterie.

— Une dame, monsieur? demanda le ministre qui alors était aussi en train que personne.

— Oui, oui, une dame! répétèrent six ou sept voix à la fois, la dame du révérend!

— Eh! bien, messieurs, très-volontiers, puisque vous le voulez absolument. J'espère que du moins vous la trouverez assez vénérable, — à notre sainte mère l'Église!

On rit à gorge déployée, et l'on félicita le ministre de sa présence d'esprit. M. Van Brunt me dit alors solennellement que c'était mon tour.

— Messieurs, le nom que je vais vous proposer est presque aussi céleste : à miss Anneke Mordaunt!

— A miss Anneke! répétèrent tous les convives, et je m'aperçus qu'Anneke avait déjà fait grande sensation à Albany.

— A vous, Guert.

Cet appel changea toute l'expression de la figure de Guert; il devint grave, comme si celle dont il allait prononcer le nom arrêtait l'élan de sa gaieté folle. Il rougit, puis levant les yeux et regardant autour de lui d'un air ferme, comme pour défier qu'on lui donnât un démenti, il s'écria :

— A miss Mary Wallace!

— Parbleu, Guert; j'aurais pu la nommer d'avance, dit Van Brunt un peu sèchement; car voilà plus de dix fois que je vous l'entends proclamer depuis deux mois.

— Et vous n'êtes pas au bout, monsieur, car jamais je n'en proclamerai d'autre, tant qu'elle restera Mary Wallace. — Eh bien, monsieur le constable! quelle est donc la raison qui nous procure l'honneur de votre visite à cette heure de la nuit?

CHAPITRE XIII.

> Il me semble, mes camarades, que vous êtes déjà
> des apprentis coquins ; mais, pour peu qu'on vous
> laisse faire, vous serez bientôt passés maîtres.
>
> DOGBERRY.

A l'apparition du constable de la ville, fonctionnaire dont la personne était connue de la plupart des convives, tout le monde se leva, et je fis comme les autres. Ce n'est pas que je visse de grands sujets d'alarme, quoiqu'il fût évident que cette visite devait se rattacher au souper pris et repris, la loi ne permettant pas en tout cas de se rendre justice soi-même. Quant au constable, petit homme compact d'une carrure toute hollandaise, qui estropiait l'anglais à faire plaisir, mais dont je désespérerais de reproduire le langage, il était le plus calme de toute la société.

— Eh bien, monsieur Guert, dit-il d'un ton de bienveillante autorité, me voici encore une fois ! M. le maire serait charmé de vous voir, ainsi que le révérend père qui est avec vous, et la personne qui lui servait de clerc pendant qu'il sermonnait la vieille Dorothée, la cuisinière de M. le maire.

La cuisinière de M. le maire ! voilà donc le grand secret ! Ce n'était pas de son souper que Guert s'était remis en possession : ce souper était passé à tout jamais entre les mains, et des mains dans l'estomac des Philistins ; c'était le souper du maire d'Albany, — de Peter Cuyler, d'un homme respectable sous tous les rapports, qui remplissait ces fonctions de temps immémorial, — qu'il avait dérobé et que nous avions mangé ! La lanterne était le symbole de l'autorité, et non l'enseigne d'une auberge ; et ce repas n'avait pas été préparé pour un seul homme ni même pour une seule famille ; sans doute M. le maire avait nombreuse compagnie, car quinze appétits des plus vigoureux n'avaient pu faire qu'une brèche légère à tant de plats succulents, et une demi-douzaine de nègres affamés étaient dans le moment même acharnés après les restes dans la cuisine. Dans de telles circonstances, je jetai un regard inquiet sur le révérend M. Worden, qui me regarda d'un air non moins lugubre; mais il n'y avait point de remède, et après une courte délibération avec Guert, nous prîmes nos chapeaux et nous suivîmes le constable à la résidence de M. Cuyler.

— Ne vous tourmentez pas, messieurs, de cette petite interruption de vos plaisirs, dit Guert en se plaçant entre M. Worden et moi dès que nous fûmes dans la rue; ces sortes de choses arrivent fréquemment chez nous. En tout cas, vous êtes innocents, puisque vous supposiez que le souper était bien à vous, et qu'il s'agissait uniquement de le reprendre par la voie directe au lieu d'avoir recours aux lenteurs interminables de la loi.

— Et à qui donc était destiné le souper que nous venons de manger? demanda M. Worden.

— En vérité, je ne vois pas trop pourquoi à présent on ne vous dirait pas la vérité, mon cher révérend. Eh bien, donc, en droit le souper appartenait à M. le maire Cuyler. Laissez-moi faire, tout s'expliquera le mieux du monde; ma mère doit être quelque peu parente de la femme de M. le maire; d'ailleurs, tout le monde est plus ou moins cousin à Albany. Je n'ai donc fait, après tout, que souper avec mes parents, quoique seulement je me sois invité moi-même.

— Je ne sais, monsieur, si M. Littlepage et moi nous ne serions pas en droit de nous plaindre, dit M. Worden d'un ton grave; je pouvais très-convenablement adresser un sermon à une cuisinière sur le huitième commandement, quand cette cuisinière était accusée d'avoir trempé dans un complot pour vous ravir votre souper; mais que répondrai-je à Son Honneur M. le maire, quand il va diriger contre moi la même accusation? Ce n'est pas pour moi seul que je suis profondément affecté; mais songez au caractère sacré dont je suis revêtu; que vont dire vos disciples des écoles de Leyde?

— Fiez-vous à moi, mon bon révérend, fiez-vous à moi, répondit Guert, tout prêt à se sacrifier lui-même plutôt que de laisser un ami dans la peine. J'ai l'habitude de ces sortes d'affaires, et je réponds de tout.

— Oui, oui, dit le constable, M. Guert doit être au courant, ou il n'y sera jamais, car, avec lui, c'est à recommencer toutes les semaines.

Voilà qui était encourageant! Guert était si bien connu pour ses tours et pour ses folies, que rien n'étonnait de sa part. Qu'allions-nous devenir? Certes, je ne craignais pas qu'on nous jetât en prison et qu'on nous traduisît solennellement en justice comme voleurs; je savais jusqu'où les Hollandais portaient les plaisanteries de ce genre, et quelle indulgence les anciens montraient pour la jeunesse. Et puis, dans un tour semblable, c'est beaucoup d'avoir réussi, de s'être tiré adroitement d'affaire et d'avoir mis les rieurs de son côté; néanmoins ce n'était pas une petite chose d'avoir empêché un maire de souper, d'autant plus que messieurs les maires ont presque tous commencé par être aldermen, et qu'il n'y a rien de plus gourmand qu'un alderman.

Malgré tout son aplomb apparent, Guert était préoccupé, comme le prouva une demande qu'il adressa au constable, au moment où nous étions à la porte de M. Cuyler, sous la terrible lampe officielle:

— Comment va notre respectable maire, ce soir, Hans? J'espère qu'il a trouvé moyen de souper, lui et ses convives?

— Je ne vous dirai pas, monsieur Guert; mais il avait l'air terriblement refrogné. Tenez; comme le jour où il a fait arrêter les voleurs de chevaux de la Nouvelle-Angleterre. C'était trop fort aussi, monsieur Guert, de lui prendre son propre souper. Si vous étiez venu à moi, j'aurais pu vous dire qui avait votre gibier et vos canards.

— J'aurais mieux fait, Hans, assurément; mais que voulez-vous? nous étions si pressés! Nous avions un étranger, un révérend à souper; nous ne pouvions pas non plus les laisser mourir de faim.

— Allons, allons, nous sommes tous jeunes tant que nous n'avons pas assez vécu pour être vieux. Mais entrons.

M. le maire avait donné l'ordre qu'on nous fît tous entrer dans le salon, sans doute, à en juger d'après ce qui se passa ensuite, pour infliger à Guert, comme premier châtiment, de comparaître devant une certaine personne. En tout cas, le lecteur peut juger de l'horreur que j'éprouvai en voyant que la société que j'avais condamnée pour ma part à un jeûne rigoureux se composait, indépendamment des enfants de la maison, d'Herman Mordaunt, de Mary Wallace et d'Anneke! Tout le monde naturellement savait ce qui avait été fait, mais, jusqu'à notre entrée dans l'appartement, M. le maire savait seul qui l'avait fait. Encore ne nous connaissait-il, M. Worden et moi, que d'après le rapport de Dorothée, qui nous avait dépeints comme de satanés brigands qui n'avaient pas craint de se faire passer pour des ecclésiastiques.

Guert était plein de franchise et de résolution, et il ne craignit pas d'entrer le premier. Le pauvre garçon! je ne puis m'empêcher de le plaindre encore, quand je songe à ce qu'il dut souffrir en apercevant Mary, dont la figure décomposée exprimait l'angoisse. Hélas! je fus encore plus atterré à la vue d'Anneke qui, le visage en feu, ne daigna pas même regarder de mon côté.

La surprise de M. Cuyler fut évidente en examinant M. Worden. Il s'attendait sans doute à trouver quelque figure de connaissance, quelque criminel déjà traduit plusieurs fois devant lui pour des méfaits semblables; et il voyait un étranger qu'à son air et à son costume il était impossible de ne pas reconnaître pour un véritable ministre de l'église.

— Il doit y avoir ici quelque méprise, constable! s'écria M. Cuyler. Pourquoi m'amenez-vous ces deux étrangers avec Guert Ten Eyck?

— J'avais pour consigne, monsieur le maire, d'amener ses complices. Les voilà!

— Mais ce monsieur est évidemment ecclésiastique, et même de l'église d'Angleterre. — Voyons, Guert, voulez-vous bien me dire quelles sont les personnes que j'ai l'honneur de recevoir?

— De tout mon cœur, monsieur le maire, et c'est un devoir dont je me serais déjà acquitté, si nous avions eu un autre introducteur que le constable de la ville. Toutes les fois que j'accompagne ce digne fonctionnaire, j'ai pour habitude de lui laisser faire les honneurs.

Il me fut facile de remarquer que M. Cuyler dissimulait à peine un léger sourire; et malgré les mesures de rigueur qui avaient été prises contre nous, il était évident que nous n'étions pas tombés au milieu d'ennemis implacables, et que Guert se trouvait en pays de connaissances.

— Ce digne révérend, ajouta-t-il en jetant un regard de côté sur Mary Wallace, pour voir si elle se déridait un peu, arrive d'Angleterre, monsieur le maire; il doit prêcher après-demain dans l'église de Saint-Pierre, sans doute à notre grande édification à tous, sans excepter miss Mary Wallace, si elle veut bien venir l'entendre, bonne et indulgente comme je la connais.

Tous les yeux se tournèrent sur la jeune personne, qui devint rouge, mais qui ne répondit rien. Il était évident pour moi que l'attachement franc et profond de Guert avait fait impression sur le cœur de Mary Wallace, et que, dans cette circonstance en particulier, elle éprouvait plus de peine que de mécontentement véritable. Pour Anneke, elle était révoltée de l'indiscrétion de Guert, qui affichait ainsi ses sentiments avec plus de franchise que de délicatesse. Pendant cette petite scène, toute en pantomime, M. Cuyler avait eu le temps de se remettre de sa surprise d'avoir trouvé dans un de ses prisonniers un ministre véritable, et mon tour vint alors.

— Monsieur est ecclésiastique, c'est très-bien, dit-il à Guert; mais l'autre, vous ne m'avez pas dit qui il était?

— C'est M. Cornélius Littlepage, monsieur le maire; fils unique du major Littlepage, de Satanstoé, dans le West-Chester.

Le maire tombait de surprise en surprise, et il semblait ne trop savoir quelle marche il devait suivre. L'expédition faite sur sa propriété dépassait en hardiesse tous les tours qu'on avait jamais pu se permettre à Albany. Que de jeunes fous dérobassent des poules, des cochons, etc., et fissent ensuite un grand régal avec leur butin, c'était chose assez commune; on avait même vu deux bandes de maraudeurs se piller réciproquement, et le même souper changer plusieurs fois de mains avant d'être consommé; mais jamais, au grand jamais, avant cette fatale soirée, personne n'avait eu l'audace d'attaquer le poulailler de M. le maire, que dis-je? de pénétrer dans sa cuisine. Dans un premier mouvement de colère, M. Cuyler avait envoyé chercher le constable. Celui-ci, qui connaissait à merveille le club de Guert et le lieu de sa réunion, attendu qu'il avait dû déjà s'y présenter plusieurs fois, avait sur-le-champ exécuté sa mission. Toutefois il est probable qu'en y réfléchissant, le maire reconnut qu'une espièglerie ne devait pas être traitée comme un larcin, et qu'il se souvint en même temps que Guert avait un peu du sang de sa femme dans les veines. Quand il vint à découvrir que deux étrangers respectables se trouvaient impliqués dans l'affaire, et que l'un d'eux était ecclésiastique, ces sentiments charitables prirent complétement le dessus, et il changea de système.

— Vous pouvez retourner chez vous, Hans, dit-il d'un ton sensiblement adouci. Si j'ai encore besoin de vos services, je vous enverrai chercher. — A présent, messieurs, ajouta-t-il dès que le constable se fut retiré, je veux vous montrer que le vieux Peter Cuyler sait trouver moyen de couvrir sa table et de traiter ses amis, tout en ayant un voisin aussi dangereux que Guert Ten Eyck. Miss Wallace veut-elle me permettre de lui offrir mon bras? Monsieur Worden, voulez-vous bien donner la main à mistress Cuyler.

M. Worden ne se fit pas prier, et remplit ses fonctions de chevalier d'honneur de madame la mairesse avec une grande courtoisie. Guert offrit le bras à une des jeunes personnes de la maison; le fils de M. Cuyler conduisit Anneke, et moi la dame qui restait, et qui était aussi, je crois, de la famille. Il était évident que nous avions tous notre grâce, et nous crûmes ne pouvoir mieux faire que de seconder les bonnes intentions du principal magistrat d'Albany en montrant l'air le plus dégagé que nous pourrions.

C'est une justice à rendre à M. le maire, ou plutôt à Dorothée: elle avait mis le temps merveilleusement à profit, et, à grand renfort de pâtés et de gibier, elle avait su improviser un second souper, qui éclipsait le premier.

Je n'irai pas jusqu'à dire que je fusse complétement à mon aise, quand je me mis à table pour la seconde fois de la soirée. Toute la partie jeune de la société avait la mine singulièrement grave et allongée; Anneke ne levait pas la tête; Mary Wallace était toujours pensive. Mais M. Cuyler, maintenant qu'il avait résolu de ne point prendre la chose au tragique, voulait du moins s'en amuser. Les plaisanteries ne furent pas épargnées;

M. Worden riposta de très-bonne grâce, et le maire le prit tout à fait en affection.

— Voyons, cousin Guert, s'écria M. Cuyler lorsque deux ou trois verres de madère eurent encore ajouté à sa gaieté, remplissez votre verre, et faites-moi raison, à moins que vous ne préfériez boire à la santé d'une dame. Nous ferons tous chorus. Voyons! Vous ne mangez rien; il faut boire, au moins.

— Ah! monsieur le maire, j'ai déjà porté ce soir une santé, je ne saurais en porter d'autre.

— Comment, pas même si nous n'exceptions pas les personnes présentes, mon garçon?

— Non, monsieur, pas même avec cette extension. Je suis vraiment confus de tant de bontés, après ma folle équipée; mais vous connaissez nos têtes, à nous autres jeunes Albaniens, monsieur le maire; dès que notre amour-propre est en jeu, et qu'il nous faut un souper...

— Eh! bien, qu'est-ce que l'on fait? apprenez-le-moi, Guert, car vraiment je n'en sais rien. D'abord, d'où vous est venue cette passion subite pour le souper de ma cuisinière? Est-ce que celle de Van Brunt ne vous en eût pas préparé un tout aussi bon?

— Le souper de Van Brunt avait disparu, monsieur, enlevé, englouti, je ne sais encore par qui ni comment. Aussi, à vous parler à cœur ouvert, nous n'avions pour toute ressource que votre souper; autrement il fallait mourir de faim. J'avais invité ces messieurs à passer la soirée avec nous. Un de nos nègres qui avait passé devant votre cuisine m'a dit quel fumet délicieux s'en exhalait; l'amour, exagéré peut-être, de l'hospitalité a fait le reste.

— Ainsi c'est par amour de l'hospitalité que vous envoyiez vos hôtes gagner leur souper en faisant de beaux sermons à la pauvre Dorothée, pendant que vous vidiez mes casseroles?

— Nous n'avons pas eu la peine de vider vos casseroles, monsieur le maire; Dorothée est une fille d'ordre, et elle avait dressé ses plats avant d'aller au sermon. Mais ces messieurs ont été dupes, tout autant que Dorothée, car ils étaient convaincus que c'était notre propre souper que nous cherchions à reprendre, et ils ignoraient complétement que vous demeurassiez ici. Je ne dois pas souffrir que les innocents partagent en aucune manière la peine due au seul coupable, et ce coupable, je n'ai pas besoin de vous le nommer de nouveau.

A cet aveu plein de franchise, toutes les physionomies s'éclaircirent, et je vis Anneke jeter les yeux sur Guert comme pour s'assurer s'il disait vrai, en même temps qu'un sourire venait adoucir l'extrême gravité de sa physionomie. Depuis ce moment la confiance parut établie entre tous les convives, jeunes ou vieux, et la conversation prit un tour plus libre et plus naturel. Guert n'en resta pas là; il donna de nouvelles explications; il nous fit blancs comme neige; et de toutes ces terribles inculpations accumulées contre nous, il ne restait à peine que le reproche d'être un peu trop disposés à l'espièglerie, pour un ministre de l'église et pour son élève qui commençait ses voyages.

A mesure que Guert avançait dans son plaidoyer, la figure d'Anneke s'épanouissait de plus en plus, et dès qu'il eut terminé elle se tourna vers moi de la manière la plus gracieuse, et me demanda des nouvelles de ma mère. Comme j'étais juste en face d'elle, et que la table était étroite, nous pouvions causer sans qu'on fît grande attention à nous, d'autant plus que c'était un feu roulant de plaisanteries entre M. le maire et ses autres convives sur les événements de la soirée.

— Vous trouvez à Albany, monsieur Littlepage, quelques usages qui nous sont inconnus à New-York, dit Anneke après quelques remarques préliminaires qui avaient rompu la première glace.

— Je sais à peine, miss Anneke, si c'est à l'incident de ce soir que vous faites allusion, ou bien à celui de l'après-midi.

— Mais à l'un et à l'autre, ce me semble, répondit Anneke en souriant, quoique avec un léger embarras; car ils sont également nouveaux pour nous.

— Croyez, miss Mordaunt, que je suis plus mortifié que vous ne pouvez le penser de m'être ainsi donné en spectacle dans le peu d'heures que j'ai passées ici. Je crains que vous ne me regardiez comme un échappé de collège, qui aurait grand besoin de rester encore sous la férule de ses maîtres.

— C'est vous qui parlez, monsieur Littlepage, et non pas moi,

Vous savez sans doute... Mais nous parlerons de ceci dans un autre moment.

On ne tarda pas à sortir de table. M. le maire, se rappelant sans doute que nous avions déjà figuré à un souper, eut la complaisance d'abréger la seconde séance. Il était tard, et la compagnie se retira immédiatement. Au moment de nous séparer, Herman Mordaunt s'approcha de moi de l'air le plus amical, et il m'invita à venir déjeuner chez lui le lendemain matin à huit heures; il me priait de transmettre la même invitation à Dirck. Ai-je besoin de dire avec quel empressement j'acceptai, et quel soulagement j'éprouvai en voyant se terminer ainsi une aventure qui, un moment, avait pensé me devenir si fatale. Sans doute, si M. Cuyler eût voulu poursuivre sérieusement les ravisseurs de son dîner, les conséquences légales n'auraient jamais pu être bien graves; mais j'aurais été couvert de ridicule, et je n'aurais pu m'y soustraire qu'en m'éloignant au plus vite. Le révérend M. Worden respirait aussi beaucoup plus librement.

— Corny, me dit-il après que nous nous fûmes séparés de Guert, ce second souper m'a aidé singulièrement à digérer le premier. Ne craignez-vous pas que notre nouvel ami ne finisse par nous compromettre?

— Comment donc? je vous croyais engoué de lui. Vous paraissiez si bien ensemble!

— Il me plaît assez, j'en conviens, car il a de la franchise et de la rondeur dans les manières, mais c'est surtout par politique que j'ai cherché à me mettre bien avec lui. Ce matin, voyez-vous, je crains de n'avoir pas assez respecté la dignité de mon caractère en courant sur la glace comme je l'ai fait. J'ai cru entendre une troupe de petits polissons hollandais qui riaient entre eux des « gambades du révérend ». Tout cela m'a donné à penser, et j'ai cru prudent de chercher un point d'appui.

— Très-prudent en effet! Pour moi, sans politique, j'avoue que j'aime Guert infiniment, et que je lui resterai attaché, bien qu'il m'ait déjà attiré deux méchantes affaires depuis le peu de temps que nous nous connaissons; c'est un bon garçon, le cœur sur la main, qui, en véritable Hollandais, une fois qu'il essaie de jouir de la vie, y va bon jeu bon argent.

Je racontai alors l'affaire du traîneau à M. Worden, qui me donna ce genre de consolation qu'on reçoit le plus souvent dans ce monde égoïste :

— En vérité, Corny, me dit mon ancien maître, je ne sais trop si vous ne deviez pas avoir l'air encore plus sot en roulant à bas de votre traîneau, que moi en fuyant à toutes jambes sur la rivière.

Nous nous mîmes à rire tous les deux, moi pour cacher la vexation que j'éprouvais, et M. Worden sans doute parce qu'il était flatté de penser que j'avais dû paraître au moins aussi ridicule que lui.

Le lendemain matin, je me rendis chez Herman Mordaunt d'aussi bonne heure que les bienséances le permettaient. Il habitait un de ces vieux bâtiments hollandais dont Albany se composait en grande partie, et qui étaient séparés de la rue par une petite cour vers laquelle le pignon était tourné. Les murs de cette maison allaient en diminuant de degrés en degrés de manière à former une sorte d'escalier jusqu'au point culminant d'un toit presque droit, et le tout était surmonté d'une girouette, placée sur une barre de fer de quelque élévation. Les Hollandais avaient toujours mis une grande importance à savoir de quel côté soufflait le vent. Il n'entrait pas dans leurs habitudes d'exactitude minutieuse de s'en rapporter aux indications ordinaires de la direction des nuages et de la fumée; ils voulaient avoir une machine construite tout exprès. La fumée pouvait se tromper, mais une girouette, jamais!

Je fus introduit dans un petit parloir où il n'y avait encore personne. Avec quelle rapidité s'écoulèrent pour moi les quelques minutes que j'y passai seul! Sur une chaise était étendu le schall qu'Anneke portait le jour même où je l'avais rencontrée à la fête de Pinkster; sur le schall était posée négligemment une paire de gants si petite qu'évidemment ses mains seules pouvaient y entrer. De jolies boîtes de travail, de charmants ouvrages commencés, indiquaient la présence de jeunes dames du monde. Mais les gants attirèrent surtout mon attention. Je les pris dans mes mains, je les tournai et retournai en tous sens; enfin je les portai à mes lèvres, et je les baisais avec une ardeur toute romanesque, quand des pas légers que j'entendis tout près de moi m'avertirent que je n'étais pas seul. Je remis bien vite les gants à leur place, je me retournai et je vis Anneke. Elle me regardait avec une expression que je ne savais comment interpréter, et qu'aujourd'hui même je puis à peine définir. Une aimable rougeur s'était répandue sur sa figure, pendant que ses yeux peignaient un intérêt tendre, qui me fit battre si violemment le cœur que je crus qu'il allait briser ma poitrine pour s'échapper. J'allais peut-être me jeter aux pieds de la chère enfant, pour lui avouer que depuis un an elle avait absorbé, jour et nuit, toutes mes pensées, et la supplier d'assurer le bonheur de ma vie en devenant ma femme, lorsque après avoir répondu par une révérence gracieuse au salut gauche et embarrassé que je lui avais fait :

— Que trouvez-vous donc tant à admirer dans les gants de miss Wallace? me demanda-t-elle en se mordant les lèvres pour étouffer un malin sourire, quoique ses joues fussent encore rouges et que son regard continuât à être empreint d'une expression de douceur ineffable. C'est mon père qui les lui a donnés, et elle les a mis hier soir en son honneur.

— Pardon, miss, Mordaunt, — je regardais, miss Anneke, — c'est que vraiment ils exhalent une odeur délicieuse, — il me le semble du moins, et je m'assurais...

— C'est sans doute l'eau de lavande dont nous autres femmes nous avons la coquetterie de parfumer nos gants et nos mouchoirs. Mais quelle soirée nous avons passée, monsieur Littlepage! quelle entrée vous avez faite à Albany, et surtout quel maître de cérémonies vous avez choisi !

— Avez-vous donc une antipathie si prononcée pour Guert Ten Eyck, miss Anneke?

— De l'antipathie? il est impossible d'en avoir pour lui. Pour la franchise, pour la sincérité dans tout ce qu'il dit et ce qu'il fait, pour la promptitude à convenir de ses torts, ou à obliger ses amis, pour la bonté du caractère, il est tout ce qu'une sœur pourrait désirer dans son frère; quoique en même temps il ait autant de travers qu'on en puisse déplorer.

— Il me semblait que, malgré toutes ses folies, les dames lui portaient hier un vif intérêt. Est-ce que miss Wallace ne lui est pas favorable?

Le regard vif et expressif qu'Anneke me lança disait clairement que ma question était indiscrète, et je regrettai de l'avoir faite. Un nuage passa sur le front pur de la jeune fille, et une pensée profonde et pénible parut l'absorber un instant. Puis le brouillard se dissipa, un sourire illumina ses traits; d'autres idées se présentèrent à son esprit, et elle me dit, avec un mélange inexprimable de malice et de tendresse que je ne savais comment concilier :

— Après tout, Corny Littlepage, vous conviendrez que vos exploits en traîneau étaient assez burlesques pour qu'une ambition ordinaire eût dû s'en contenter.

— J'en conviens, Anneke, et je vous réponds qu'on ne m'y reprendra plus de longtemps. Ce qui me fait du moins plaisir, c'est que cette sotte aventure du traîneau vous paraisse plus grave que celle du souper; car je craignais bien que celle-ci ne m'attirât une disgrâce complète.

— Elle aurait pu devenir embarrassante, si le maire ne se fût pas montré de si facile composition. On dit que, malgré toutes les libertés que se permettent les jeunes gens d'Albany à l'égard des poulaillers du voisinage, jamais on n'avait rien tenté de si audacieux.

Et Anneke se mit à rire, cette fois naturellement, et sans aucune contrainte.

— J'espère que vous ne trouverez pas mauvais que je rejette tout le blâme sur ce cerveau brûlé de Guert Ten Eyck. Car enfin, c'est lui qui a profité de mon ignorance pour m'entraîner dans ces deux affaires; et, dans la dernière surtout, j'ai agi sans savoir ce que je faisais.

— Dès que Guert Ten Eyck était à la tête de l'entreprise, il ne pouvait guère en être autrement.

— Et puis-je espérer mon pardon, Anneke? dis-je en lui présentant la main.

Je sentis deux jolis petits doigts se poser doucement sur les miens.

— Corny, répondit-elle, et je crois qu'en m'appelant avec cette douce familiarité, elle voulait me prouver à quel point elle avait oublié sa rancune, si vous croyez avoir besoin de pardon, adressez-vous à qui a le droit de pardonner. Mais s'il prend fantaisie à Corny Littlepage d'imiter les petits garçons dans leurs jeux, quel droit Anneke Mordaunt a-t-elle de l'en empêcher?

— Tous les droits du monde! le droit de l'amitié, — le droit d'un esprit supérieur, le droit que ma...

— Chut! j'entends marcher dans le corridor. C'est le pas de M. Bulstrode. Il est inutile qu'il entende cette longue énumération de mes droits. Cependant, comme il lui faut quelque temps pour se débarrasser de son manteau, de ses fourrures et de son épée, je me hâterai de vous dire que Guert Ten Eyck est un maître de cérémonies dangereux pour Corny Littlepage.

— Et cependant n'est-ce pas à l'éloge de son cœur, de son goût et de son esprit, qu'il aime Mary Wallace?

— Ah! il vous l'a déjà dit! Mais j'ai tort de m'en étonner; car à qui ne le dit-il pas?

— Même à miss Wallace, et en cela je l'approuve. L'homme qui aime véritablement ne doit pas laisser longtemps l'objet de son affection dans le doute sur ses sentiments et sur ses intentions. Il m'a toujours semblé, miss Mordaunt, qu'il y a quelque chose de bas et de lâche à vouloir être certain qu'une femme réponde à notre amour avant de lui faire part de nos vœux. Comment saurait-elle si elle peut sans danger écouter son cœur, sans cette franchise de la part de son amant? Je suis bien sûr que c'est avec cette franchise et cette loyauté que Guert Ten Eyck s'est conduit à l'égard de Mary Wallace.

— C'est un mérite qu'on ne saurait lui contester, répondit Anneke à voix basse et d'un air pensif; il s'est déclaré mainte et fois, et ma présence même n'a pas été un obstacle; car je l'ai entendu, à trois reprises différentes, prier Mary de lui permettre de se mettre sur les rangs pour obtenir sa main, mais la conjurer d'attendre pour lui répondre qu'il eût eu le temps de conquérir son estime.

— Vous conviendrez, miss Mordaunt, que cette conduite est celle d'un homme d'honneur?

— Sans doute, monsieur Littlepage, puisque du moins miss

Wallace connaît le motif de ses attentions, et n'en est pas réduite à de simples conjectures.

— Je suis charmé de voir que vous approuviez cette façon d'agir franche et ouverte. Quoiqu'il ne me reste qu'un moment pour dire ce que je voudrais, il me suffira d'ajouter que la conduite que Guert a tenue envers Mary Wallace est celle que Cornélius Littlepage désire tenir envers Anneke Mordaunt.

Anneke tressaillit; ses joues pâlirent, puis l'instant d'après se couvrirent d'une vive rougeur. Elle ne répondit point, mais elle attacha sur moi un regard profond, et pourtant timide, que je n'oublierai jamais. Il semblait exprimer l'étonnement, l'émotion, la pudeur craintive de la jeune fille; mais je n'y remarquai point l'expression du mécontentement. Cependant il n'y avait plus moyen d'entrer en explication, la voix d'Herman Mordaunt et celle de Bulstrode se faisaient entendre à la porte même, et l'instant d'après ils entraient dans l'appartement.

CHAPITRE XIV.

> O ma belle, ma belle amante! qui, le cou fièrement arqué, et l'œil en feu, m'attends en frappant du pied la terre, me voici! je m'élance sur ton dos, et je dévore l'espace. En avant! que celui qui m'atteindra maintenant, te réclame pour sa récompense!
>
> *L'Arabe à son coursier.*

BULSTRODE parut charmé de me voir; il se plaignit que j'eusse oublié si vite l'accueil que tout New-York, disait-il, m'avait fait le printemps précédent. Je ne demeurai pas en reste de politesses ni de compliments avec lui, et nous redevînmes bientôt aussi bons amis qu'autrefois. Mary Wallace ne tarda pas à nous rejoindre, et nous passions dans la salle à manger au moment où Dirck, qui avait été retenu par quelques affaires, arriva enfin.

Herman Mordaunt et Bulstrode firent à peu près seuls, dans les premières minutes, les frais de la conversation. Mary Wallace était habituellement silencieuse ; mais Anneke, sans être d'une loquacité bien grande, aimait assez à causer. Cependant, ce jour-là, elle se borna aux quelques phrases de politesse obligées dans la bouche d'une maîtresse de maison. Une ou deux fois je ne pus m'empêcher de remarquer que sa main restait machinalement sur l'anse de la théyère, après qu'elle avait servi, tandis que ses grands yeux bleus semblaient fixés dans l'espace, comme une personne qui est absorbée dans ses pensées. Chaque fois qu'elle sortait de ces petites rêveries, un certain embarras se peignait sur sa figure, et elle faisait des efforts évidents pour cacher sa préoccupation involontaire. Ces distractions ne cessèrent que lorsque Bulstrode, qui venait de s'entretenir avec notre hôte des mouvements de l'armée, m'adressa tout à coup la parole.

— Eh bien ! monsieur Littlepage, me dit-il, je présume que votre voyage à Albany tient à l'intention où vous êtes de nous accompagner dans la campagne qui va s'ouvrir. J'entends dire que beaucoup de jeunes gens de la colonie se proposent de venir avec nous à Québec.

— C'est un peu plus loin que je ne comptais aller, monsieur Bulstrode, d'autant plus que je n'avais nulle idée que les troupes du roi dussent avancer jusque-là. L'intention de M. Follock et la mienne est de demander la permission de nous attacher à quelque régiment, et d'aller au moins jusqu'à Ticonderoga ; car nous n'aimons pas à penser que les Français occupent un poste comme celui-là, sur les limites mêmes de notre province.

— C'est parler en brave, monsieur, et quand le moment sera venu, j'espère que vous voudrez bien ne pas m'épargner. Notre table d'officiers serait charmée de vous recevoir, et vous savez que je la préside depuis que le lieutenant-colonel nous a quittés.

Je remerciai, et la conversation prit un autre cours.

— J'ai rencontré Harris en venant ici, continua Bulstrode, et, dans son baragouin irlandais, car je maintiens qu'il est Irlandais, bien qu'il soit né à Londres, il m'a fait le récit assez piquant d'un souper auquel il avait pris part, souper enlevé par un détachement de jeunes maraudeurs d'Albany, et apporté dans notre caserne pour régaler quelques-uns de nos messieurs. C'était un assez mauvais tour, quoiqu'on dise qu'un Hollandais ne s'en fâche jamais; mais le côté plaisant de l'histoire, c'est que la partie volée, toujours au dire d'Harris, s'est indemnisée en faisant invasion dans la cuisine de M. le maire, et a si bien vidé toutes les marmites, qu'il n'est pas resté même une pomme de terre!

Je sentis que le feu me montait au visage; il me semblait que tous les yeux étaient fixés sur moi. Heureusement, Herman Mordaunt se chargea de répondre.

— L'histoire, suivant l'usage, n'a pas perdu à voyager, dit-il, quoique le fond en soit vrai. Nous soupions tous hier soir chez M. Cuyler et nous savons parfaitement qu'il y avait tout autre chose qu'une pomme de terre sur la table.

— Comment! ces dames étaient aussi de la partie?

— Oui, ces dames, et même M. Littlepage par dessus le marché, reprit Herman Mordaunt en me jetant un regard d'intelligence. Nous sommes tous là pour attester qu'on nous servit un souper non-seulement copieux, mais succulent.

— Je remarque un sourire général qui m'annonce qu'on me cache quelque chose, s'écria Bulstrode, et je demande à être mis dans le secret.

Herman Mordaunt se mit alors à raconter toute l'histoire, sans en cacher la partie burlesque. Il s'étendit même avec une certaine complaisance sur le sermon prêché par M. Worden à Dorothée, et il me prit à témoin que ce sermon était excellent. Bulstrode rit beaucoup; mais je crus remarquer que les deux jeunes amies auraient préféré qu'on ne parlât point de tout cela. Anneke essaya même une ou deux fois de détourner la conversation, lorsque son père faisait certains commentaires, d'un ton assez léger, sur ces sortes d'amusements en général.

— Ce Guert Ten Eyck n'a point son pareil, s'écria Bulstrode, et c'est vraiment parfois un être indéchiffrable. Je ne connais pas de jeune homme plus brave, plus prévenant, et en même temps plus entier dans ses opinions; et dans d'autres moments c'est un enfant pour les goûts et pour les inclinations. Pourriez-vous m'expliquer cette contradiction, miss Anneke?

— C'est simplement que l'éducation n'a pas développé les heureux germes que la nature avait mis en lui. Si Guert Ten Eyck avait été élevé à Oxford, il serait tout autre, mais il n'a reçu que l'éducation d'un enfant ; il ne peut être longtemps qu'un enfant.

Je fus étonné d'entendre Anneke se prononcer aussi ouvertement ; il n'était pas dans ses habitudes d'avoir des opinions si tranchées sur les autres ; mais je ne fus pas longtemps à découvrir qu'elle n'épargnait point Guert en présence de ses amis, parce qu'elle voyait avec peine l'empire qu'il prenait de plus en plus sur Mary Wallace. Herman Mordaunt semblait partager l'opinion de sa fille, et j'eus bientôt l'occasion d'observer que le pauvre Guert n'avait pour tout allié dans la famille que celui que son mâle et bel extérieur, ses manières ouvertes et sa franchise extraordinaire lui avaient créé dans le cœur de Mary. Il est certain qu'il y avait dans l'habitude constante de Guert de se déprécier toujours lui-même, un charme qui prévenait immédiatement en sa faveur ; j'avoue, pour ma part, que ce fut ce qui me rendit sur-le-champ son ami, et ce qui lui a fait conserver toujours mon attachement.

Après le déjeuner, je sortis avec Bulstrode pour le reconduire à sa caserne, pendant que Dirck restait avec les dames.

— C'est une charmante famille, me dit mon compagnon en me prenant le bras, et je suis fier d'avoir quelques liens de parenté avec elle, quoique j'espère bien y tenir encore quelque jour de plus près.

Je tressaillis, et quittant le bras du major je me retournai à moitié pour le regarder en face. Bulstrode sourit, mais il conserva son sang-froid, et il reprit avec l'aisance d'un homme du monde :

— Je vois que ma franchise vous étonne ; mais pourquoi faire un mystère de ce qui est la vérité ? Quand on est bien décidé à rechercher la main d'une dame, je crois qu'il est d'un honnête homme de le déclarer hautement. N'est-ce pas votre manière de voir, monsieur Littlepage ?

— Le déclarer ? oui, sans doute, à la dame ; peut-être même, à la famille ; mais non pas à tout le monde.

— J'admets votre distinction, qui peut être bonne dans les cas ordinaires ; mais quand il s'agit d'Anneke Mordaunt, il y a de l'humanité à ne pas laisser de pauvres jeunes gens se consumer dans les langueurs d'une passion sans espoir. Je connais très-bien, Corny, la nature de vos relations avec la famille Mordaunt ;

mais d'autres jeunes gens pourraient chercher à s'y introduire dans des vues plus intéressées.

— Est-ce à dire, monsieur Bulstrode, que miss Mordaunt est votre fiancée?

— Oh! non, car elle ne m'a pas encore accepté. Ce qui est vrai, c'est qu'avec le consentement de mon père, j'ai demandé à Herman Mordaunt la main de sa fille, et que l'affaire est en bon train. Finira-t-elle comme je le désire? c'est ce que vous pouvez savoir tout aussi bien et mieux que moi, car, simple spectateur, vous êtes beaucoup mieux à même d'apprécier les sentiments d'Anneke, que moi, partie intéressée.

— Vous oubliez qu'avant ce matin il y avait dix mois que je ne vous avais vus ensemble; et vous ne voudriez pas sans doute me laisser croire que vous avez attendu tout ce temps-là une réponse.

— Comme je vous regarde comme un ami de la famille, Corny, je ne vois pas pourquoi je ne vous exposerais pas franchement où en sont les choses; car, depuis cette affaire du lion, vous êtes presque un Mordaunt vous-même. Quand vous me vîtes pour la première fois, j'avais déjà fait une déclaration, et l'on m'avait répondu, ce que commencent toujours par répondre toutes les jeunes personnes, — qu'on était trop jeune pour songer à se marier, — ce qui, par parenthèse, devient moins vrai de jour en jour; que j'avais en Angleterre des parents que je devais consulter avant tout; qu'on demandait du temps; qu'autrement la réponse serait non; enfin, tout ce qu'on dit en pareil cas, dans les préliminaires d'une négociation.

— Et vous en êtes toujours là?

— En aucune façon, mon cher. J'écoutai Herman Mordaunt, car ce fut lui qui, de l'autre côté, tint le dé de la conversation, je l'écoutai avec la patience d'un saint, je tombai d'accord de tout ce qu'il dit, je déclarai l'intention où j'étais d'écrire à mon père, et alors de renouveler l'attaque quand je serais muni de son consentement.

— Et ce consentement vous arriva par le retour du bâtiment? repris-je, ne pouvant m'imaginer qu'on pût hésiter à agréer Anneke Mordaunt pour belle-fille.

— Mais pas précisément par le retour du bâtiment, quoique sir Harry soit trop bien élevé pour négliger de répondre. C'est ce qui ne lui est jamais arrivé à ma connaissance; pas même lorsque je le pressais un peu vivement au sujet de ma pension, quand je me trouvais à sec avant la fin du trimestre, — ce qui arrive assez souvent aux jeunes gens, n'est-ce pas, Corny? — Eh bien, donc, à vous dire vrai, mon garçon, ce ne fut pas le consentement attendu que je reçus, mais simplement une réponse. Ce diable d'Atlantique n'en finit pas, et il faut du temps pour discuter une question, quand les interlocuteurs sont à mille lieues l'un de l'autre.

— Discuter! et qu'y avait-il besoin de discuter pour convaincre sir Harry que vous ne pouviez pas faire un meilleur choix qu'Anneke Mordaunt, pourvu qu'on voulût bien de vous?

— Pourvu qu'on voulût de moi! Vous êtes vraiment primitif, mon cher, et j'admire votre candeur virginale. Eh bien! nous verrons, au retour de la campagne, quand vous et moi nous reviendrons de Québec, nous verrons si l'on veut de moi.

— En attendant, vous n'avez pas répondu à ma question concernant sir Harry Bulstrode?

— Je vous en demande pardon, à vous et à sir Harry. Ah! vous pensez qu'il était si facile de convaincre mon père? On voit bien que vous n'avez jamais été en Angleterre, mon ami, et vous ne pouvez comprendre quelle est l'opinion générale à l'égard des colonies; vous sentiriez que cela fait beaucoup.

— J'aime à croire que la mère aime ses enfants, comme je suis certain que les enfants aiment leur mère.

— Oui, vous êtes tous de fidèles sujets, c'est une justice à vous rendre; mais pourtant vous conviendrez qu'Albany n'est point Bath et que New-York n'est pas Westminster. Tenez, par exemple, cette église que nous voyons sur cette hauteur, et qu'on appelle Saint-Pierre, est une très-bonne église, une très-respectable église, fréquentée par une très-honnête congrégation; mais enfin ce n'est ni l'église de Westminster ni celle de Saint-James.

— Je crois vous comprendre, monsieur: sir Harry ne se rendit pas à vos raisons?

— Il fit une résistance de tous les diables; et il ne fallut pas moins de trois lettres, dont la dernière était assez verte, pour l'amener à composition. Enfin je triomphai, et son consentement en bonne forme fut remis entre les mains d'Herman Mordaunt. J'avais un avantage : c'est que sir Harry est goutteux et asthmatique, et qu'il ne possède pas un pouce de terre qui ne soit substituée, de sorte que ce ne pouvait jamais être qu'une affaire de temps.

— Et tous ces détails ont été communiqués au père et à la fille?

— Non, non, maître Corny; je ne suis pas si niais; vous autres provinciaux vous avez la peau aussi délicate que le raisin de Fontainebleau, on ose à peine vous toucher. Je crois qu'Anneke ne voudrait pas épouser le duc de Norfolk lui-même, si la famille montrait la plus légère répugnance pour la recevoir.

— Et ne trouvez-vous pas qu'Anneke aurait raison d'obéir à un sentiment si honorable?

— Je ne sais trop; car, enfin, c'est le duc seul qu'elle épouserait, et non pas sa mère, ses oncles et ses amis. Pourquoi donc se créer des chimères à ce sujet? Au surplus, nous n'en sommes pas encore là; je vous répète, Littlepage, l'honneur m'en fait un devoir, que je ne suis pas encore formellement agréé; seulement Anneke sait que le consentement de sir Harry est arrivé, et c'est un grand pas de fait. Sa grande objection sera de quitter son père, qui n'a pas d'autre enfant, et pour qui la séparation sera pénible; il est probable que le changement de pays lui fera aussi quelque chose, car vous autres Américains vous avez tous la rage de rester chez vous.

— Il me semble que ce reproche n'est pas trop juste; car ici l'opinion générale est au contraire que tout est mieux en Angleterre que dans les colonies.

— En vérité, Corny, répondit Bulstrode en souriant avec bonhomie, si vous alliez visiter notre vieille île, je crois qu'à certains égards cette opinion deviendrait aussi la vôtre.

— Et pourquoi pensez-vous qu'un voyage soit nécessaire pour cela? Si j'étais Guert Ten Eyck, ou même Dirck Follock, à la bonne heure; mais moi qui suis d'origine anglaise, dont le grand-père est Anglais et vit encore à Satanstoé, mon dévouement à l'Angleterre ne saurait être douteux.

Bulstrode me pressa le bras, et il ajouta en baissant la voix : — Je crois que vous avez raison, Corny ; la colonie est assez royaliste ; cependant il me semble que ces Hollandais regardent de moins bon œil nos habits rouges que les habitants d'origine anglaise ; doit-on l'attribuer à leur flegme, ou à un reste de mauvaise humeur remontant à la conquête?

— J'ai peine à le croire ; car, après tout, ce n'a pas été une conquête, mais un échange contre l'île que les Hollandais possèdent maintenant dans l'Amérique du Sud. Mais il est assez naturel que les descendants des Hollandais préfèrent les Hollandais aux Anglais.

— Je vous assure, Littlepage, que la froideur avec laquelle nous avons été accueillis par les Albaniens nous a frappés. Je ne vous parle pas des familles de distinction qui nous reçoivent à merveille. Ils devraient ne pas oublier que c'est pour eux que nous venons nous battre et pour empêcher les Français de les envahir.

— A cela ils répondraient probablement que les Français ne les inquiéteraient pas sans leur querelle avec l'Angleterre. — Mais je vais être obligé de vous quitter, monsieur Bulstrode ; j'ai quelques affaires à régler encore. Je n'ajouterai qu'un mot avant de nous séparer : c'est que le roi George II n'a pas de sujets plus dévoués dans ses États que ceux qui habitent ses provinces américaines.

Bulstrode sourit, me remercia du geste et du regard, et nous nous séparâmes.

Je ne manquai pas d'occupation le reste de la journée. Jaap était arrivé avec sa brigade de traîneaux ; chevaux, harnais, traîneaux et provisions, tout fut vendu sans difficulté au même fournisseur, et tout fut payé en bonne monnaie espagnole, qui est notre monnaie courante. C'est à peine si j'ai vu de mon temps deux ou trois billets de la banque d'Angleterre ; la guerre, toutefois, avait fait entrer dans le pays un assez grand nombre de guinées ; mais en général on préférait l'or espagnol. Quand toutes nos ventes furent faites, je me trouvai avoir avec Dirck, en pièces d'or, une somme de huit cent quatre-vingt-dix-huit dollars.

Guert m'aida dans toutes ces démarches avec le même empressement et la même amitié que le premier jour ; non-seulement on nous acheta tout ce que nous avions, mais on retint même tous nos nègres, à l'exception de Jaap, pour le service de l'armée ; et ils furent dirigés le soir même sur le nord avec leurs attelages, très-contents de leurs personnes et du voyage qu'ils allaient faire.

Il était tard quand tout fut réglé, et Guert m'invita à monter dans son sleigh pour faire avec lui une promenade sur la rivière. Je connaissais alors mon nouvel ami ; je savais qu'il n'avait plus ni père ni mère, qu'il était à la tête d'une très-jolie fortune, et qu'il menait aussi grand train qu'il pouvait être compatible avec les habitudes simples de ceux qui l'entouraient. Le luxe des principales familles de New-York était surtout l'abondance de l'argenterie, du linge de table, de tout ce qui tient au ménage ; et puis quelquefois la possession de quelques bons tableaux ; ils étaient rares sans doute, mais enfin on voyait quelquefois se fourvoyer en Amérique quelques chefs-d'œuvre des grands maîtres, surtout de l'école flamande ou hollandaise.

Guert tenait son ménage de garçon dans une maison respectable, qui avait, suivant l'usage, son pignon sur la rue, et qui n'était pas très-grande. On voyait que sa vieille femme de charge avait des habitudes traditionnelles de propreté ; car on se fût miré dans tous les meubles, et tout était dans un ordre aussi parfait que s'il y eût eu une maîtresse de maison, et que cette maîtresse eût été Mary Wallace.

— Si elle consent jamais à me donner sa main, me dit Guert en me montrant son petit appartement, il faudra, Corny, que je fasse bâtir une autre maison. Celle-ci date déjà de cent ans, et quoique alors elle parût admirable, elle n'est pas digne de Mary Wallace. Heureux mortel ! que je vous envie votre invitation à déjeuner de ce matin ! Il faut que vous soyez au mieux avec Herman Mordaunt.

— Il m'honore de son amitié, Guert ; car avec la douce familiarité qui règne dans nos colonies, nous ne nous appelions déjà plus que Guert et Corny. J'ai eu le bonheur un jour de rendre un léger service à miss Anneke, et toute la famille a la bonté de s'en souvenir.

— Oui, j'ai cru remarquer surtout qu'Anneke avait une très-bonne mémoire. Mary Wallace m'a raconté toute l'histoire; il s'agissait d'un lion. Ce n'est pas moi qui aurai jamais le bonheur de voir ma chère Mary entre les griffes d'un lion ou de quelque autre bête féroce; juste le temps de lui montrer que Guert Ten Eyck a aussi du cœur. Mais, Corny, mon garçon, j'attends de vous un service. Vous êtes en si grande faveur que vous obtiendrez sur-le-champ ce que je désire, tandis que je supplierais en vain des mois entiers.

— Je vous ai trop d'obligations, Guert, pour ne pas faire ce qui dépendra de moi pour vous être agréable. Parlez, de quoi s'agit-il?

— D'abord laissez là vos obligations! je ne suis jamais plus heureux que quand j'achète ou je vends un cheval; et, en vous aidant à vous débarrasser de vos vieux serviteurs, je n'ai pas fait grand tort au roi, après tout. Mais c'est justement de chevaux que je veux vous parler. Vous saurez, Littlepage, qu'il n'y a ni jeune homme, ni vieillard, à vingt milles à la ronde, qui ait un attelage comme le mien.

— Est-ce que par hasard vous voudriez le vendre à Mary Wallace? demandai-je en souriant.

— Assurément, mon garçon, et non-seulement les chevaux, mais cette maison, et la vieille ferme, et deux ou trois magasins sur la rivière, et votre serviteur par-dessus le marché, si elle en voulait. Mais comme ces dames n'ont pas besoin de chevaux pour le moment, attendu qu'Herman Mordaunt en a d'excellents, qui même ont failli nous écraser, Corny, nous ajournerons la vente; mais ce qui me ravirait, ce serait de conduire Mary et Anneke dans mon sleigh, avec cet attelage à moi, ne fût-ce que pendant quelques milles.

— Je ne crois pas que la négociation soit bien difficile. Les jeunes personnes aiment assez, d'ordinaire, ce genre de promenades.

— A voir l'ardeur du cheval qui est en tête, on dirait plutôt un colonel à la tête de son régiment, qu'un animal sans raison.

— J'en parlerai à Herman Mordaunt, ou à Anneke elle-même, si vous le désirez.

— Et celui-ci! pour peu que vous lui fassiez sentir la bride, il a les mouvements aussi souples qu'une dame qui danse un menuet. Il m'a conduit, Corny, à travers les plaines de Pins jusqu'à Schenectady en une heure vingt-six minutes, distance de seize milles à vol d'oiseau, mais de près de soixante, si l'on suit tous les détours des mille et une routes.

— Voyons! que voulez-vous que je fasse? parlerai-je à ces dames en les priant de désigner un jour?

— Désigner un jour! oh! que ce jour n'est-il déjà arrivé! Corny, convenez que ce sont deux beautés!

— C'est ce dont, je crois, tout le monde conviendra sans peine, répondis-je en me méprenant sur le sens de ses paroles,—quoique dans un genre différent.

— Mais tout aussi semblables qu'il le faut pour former un attelage parfait. J'appelle l'un Jack et l'autre Moïse. Je n'ai jamais connu de cheval du nom de Jack qui ne fît merveille. Que ne donnerais-je pas, Corny, pour que Mary Wallace vit galoper ce noble animal!

Je promis à Guert que j'emploierais toute mon influence auprès de ces dames pour les décider; et afin que je pusse parler en connaissance de cause, Guert demanda son équipage pour faire un tour avec moi. C'était vraiment quelque chose de curieux. J'avais vu des sleighs plus élégants, sous le rapport de la peinture, du vernis, des ornements; Guert paraissait tenir peu à ces détails. Ce qu'il estimait avant tout dans le sien, c'était sa légèreté extrême, en même temps que sa solidité à toute épreuve. La couleur de l'extérieur était bleu de ciel, couleur favorite des Hollandais; tandis qu'à l'intérieur elle était d'un rouge ardent. Les peaux étaient très-épaisses, et toutes de renard gris; elles étaient bordées d'un drap écarlate qui en rehaussait l'effet. Je ne dois pas oublier les clochettes. Indépendamment des quatre attachées aux harnais, accompagnement indispensable de tout sleigh, Guert avait adapté deux énormes courroies en cuir, qui de la selle passaient sous le ventre de Jack et de Moïse, et une autre courroie autour du cou de chaque cheval, et tout cela était garni d'un si grand nombre de clochettes que c'était vraiment un orchestre complet.

Ce fut dans cet équipage que nous nous élançâmes de la vieille maison de Ten Eyck. Tous les noirs dans la rue restaient ébahis de nous voir, et se tenaient les côtés de rire, seule manière qu'ait un nègre, fût-il au sermon, pour exprimer son admiration. Je me rappelle avoir entendu dire à un voyageur qui avait été jusqu'au Niagara, que son nègre n'avait fait que se pâmer de rire pendant la première demi-heure qu'il avait été en présence de l'imposante cataracte.

Et ce n'étaient pas les noirs seuls qui s'arrêtaient. Tous les jeunes gens rendaient aussi cet hommage à l'habileté de Guert, qui passait pour le meilleur cocher d'Albany. Des dames mêmes en sleighs se retournaient pour le voir; et Guert, excité, animait ses coursiers ardents en les lançant à travers les traîneaux qui encombraient encore la grand'rue.

Nous nous dirigeâmes vers les vastes plaines qui s'étendent pendant plusieurs milles le long des rives occidentales de l'Hudson, au nord d'Albany. C'était la route que prenaient ordinairement les jeunes gens à la mode dans leurs promenades du soir. On s'arrêtait en chemin pour rendre une visite à madame Schuyler, veuve respectable qui, par ses relations, par son caractère et par sa fortune, occupait un rang élevé dans le monde. Guert connaissait cette dame, et il me proposa d'aller lui présenter mes hommages, ce que les étrangers de quelque distinction manquaient rarement de faire. Ce n'était qu'une distance de quelques milles à franchir; pour Jack et pour Moïse, ce ne fut qu'un jeu; et en moins d'une demi-heure, ils s'élançaient à travers la porte de la maison pour nour arrêter à l'entrée d'une pelouse qui devait être charmante en été.

— De par Jupiter, nous jouons de bonheur! s'écria Guert dès qu'il eut jeté les yeux sur l'écurie. Voilà le sleigh d'Herman Mordaunt; il est probable que ces dames ne sont pas loin.

En effet Anneke et Mary avaient dîné chez madame Schuyler, et on leur apportait leurs schalls et leurs manteaux au moment où nous entrions. J'avais trop entendu parler de madame Schuyler pour ne pas l'aborder avec une vive émotion, et, dans le premier moment, je ne vis qu'elle. Elle était d'un embonpoint qui lui permettait à peine de se lever, mais elle avait les yeux les plus spirituels du monde, et en même temps une expression de douceur et de bonté répandue sur toute sa figure. Au nom de Littlepage, elle jeta aussitôt un regard d'intelligence sur ses jeunes amies, mes yeux suivirent machinalement la même direction, et j'aperçus Anneke, qui rougissait et qui semblait un peu confuse. Quant à Mary Wallace, elle me parut éprouver, ce qu'elle ressentait chaque fois que Guert Ten Eyck s'approchait d'elle, une sorte de plaisir mélancolique.

— Je ne vous demanderai pas le nom de madame votre mère, monsieur Littlepage, dit madame Schuyler en me tendant la main ; nous nous sommes connues dans notre jeune temps. En son nom, vous êtes le bienvenu, comme vous ne pouvez manquer de l'être aussi pour vous-même, après le service signalé que j'apprends que vous avez rendu à ma jeune et belle amie que voici.

Je ne saurais dire à quel point ce petit compliment que je devais avant tout à Anneke me chatouilla délicieusement l'oreille. Guert, au contraire, haussait les épaules, et me jetait des œillades langoureuses comme pour me faire entendre qu'il déplorait toujours de ne pas voir son amante dans la gueule d'un lion. Il était impossible de ne pas rire des mines lamentables du pauvre garçon.

Je fus assez surpris de m'apercevoir que Guert semblait en assez grande faveur auprès d'une femme du caractère de madame Schuyler. Mais quelle est celle, même parmi les plus délicates et les plus sensées, qui ne se sent pas un faible pour ces demi-mauvais sujets qui rachètent leurs défauts par tant de charmantes qualités? Le courage d'un lion brillait dans le regard de Guert, et il avait cet air, cette tournure, qui plaisent particulièrement aux femmes. Puis, ce qui lui donnait un charme infini, c'était de paraître ignorer complétement sa supériorité sur la plupart de ceux qui l'entouraient, pour les avantages extérieurs ; en même temps qu'il reconnaissait avec une humilité vraie tout ce qui lui manquait en connaissances. C'était seulement dans les entreprises hardies, téméraires, imprudentes, que Guert ambitionnait toujours le premier rang.

—Avez-vous encore vos beaux chevaux noirs, Guert? demanda madame Schuyler qui savait toujours parler à chacun du sujet qui pouvait lui être le plus agréable. — Vous savez, ceux que vous avez achetés l'automne dernier?

— N'en doutez pas, chère tante, — c'était le nom que donnaient à l'excellente dame tous les jeunes gens qui avaient quelques relations plus ou moins éloignées avec elle; n'en doutez pas; car je ne sais pas où l'on trouverait leurs pareils. Ces messieurs de l'armée prétendent qu'un cheval ne saurait être bon s'il n'est pas pur sang : je ne sais ce qu'ils veulent dire; mais Jack et Moïse sont tous deux de race hollandaise; et les Schuyler et les Ten Eyck ne conviendront jamais que le sang ne soit pas pur dans cette race. J'ai donné à chacun de ces animaux mon propre nom, et je les appelle Jack Ten Eyck et Moïse Ten Eyck.

— Vous auriez pu dire aussi les Littlepage et les Mordaunt, monsieur Ten Eyck, dit Anneke en riant, car ils ont aussi du sang hollandais dans les veines.

— Il est vrai, miss Anneke; et miss Wallace est ici la seule véritable Anglaise. Mais, puisque la tante Schuyler a parlé de mes chevaux, je voudrais vous prier de me permettre de vous reconduire ce soir à Albany avec miss Mary. Votre sleigh pourrait suivre, et comme les chevaux de votre père sont anglais, nous aurions une occasion de comparer les deux races. Les anglo-saxons n'auront à traîner qu'un sleigh vide, et cependant je parierais, cheval contre cheval, que mes bons flamands garderont la tête et arriveront les premiers.

Anneke n'accepta pas cette proposition; sa délicatesse naturelle lui faisait sentir que la réputation de Guert n'était pas assez solidement établie pour que deux jeunes filles pussent accepter le soir une place dans son sleigh, où ne se trouvaient pas toujours des dames de la première distinction. Mais il fit tant d'instances pour qu'au moins on voulût bien juger un jour de la bonté et de l'ardeur de ses chevaux, et je me joignis à lui avec tant de zèle, que Mary Wallace finit par promettre que la chose serait soumise à l'arbitrage d'Herman Mordaunt, et que, s'il l'approuvait, l'excursion tant désirée aurait lieu la semaine suivante.

Cette concession fut accueillie par le pauvre Guert avec un profond sentiment de gratitude; et en retournant à la ville, il m'assura qu'il y avait un siècle qu'il ne s'était senti aussi heureux.

— Cette chère créature, cet ange céleste, devrais-je plutôt dire, ajouta-t-il, ferait de moi tout ce qu'elle voudrait. Je sais que je suis un fou, que j'aime trop nos plaisirs hollandais, et pas assez les livres; mais qu'elle daigne me prendre par la main, me mener à la lisière, et dans un mois je serai devenu méconnaissable. Je ne sais vraiment pas, monsieur Littlepage, ce que les femmes ne feraient pas de nous, quand elles se le mettent sérieusement en tête. Heureux Jack! s'écria-t-il en jetant un regard d'envie à son cheval; que je voudrais être à ta place pour avoir le plaisir de traîner Mary Wallace dans cette excursion!

CHAPITRE XV.

> Tout à coup un long cri d'alarme le fait tressaillir jusqu'au fond du cœur. Lord William! lève-toi en toute hâte; l'eau sape tes murailles.
>
> *Lord William.*

La visite à madame Schuyler avait eu lieu un samedi soir, et c'était le lundi suivant qu'on devait juger des prouesses de Jack et de Moïse. Mais quand je me levai le dimanche matin et que je regardai par la fenêtre, il y avait peu d'apparence que la partie pût être effectuée : il tombait une forte pluie, et le vent soufflait du sud. Nous étions arrivés au 21 mars, époque de l'année où un dégel prononcé, non-seulement met obstacle aux courses en traîneaux, mais annonce la fin de l'hiver. Il avait duré assez longtemps cette année pour que le changement parût devoir être durable.

La pluie continua toute la journée et balaya toutes les rues. M. Worden n'en prêcha pas moins devant une assemblée très-respectable; j'allai l'entendre avec Dirck; mais Jason, plutôt que de paraître sanctionner par sa présence les rites de l'église anglicane, alla s'asseoir dans l'église hollandaise où il assista à un sermon qui dura une grande heure, sermon prononcé dans une langue dont il entendait à peine quelques mots. Anneke et Mary Wallace montèrent la côte en voiture, mais Herman Mordaunt était absent : Guert se trouvait dans la galerie où nous étions placés; et je ne pus m'empêcher d'observer que, pendant tout le temps du service, ni l'une ni l'autre des deux amies ne leva les yeux du côté de nos bancs. Guert m'en fit la remarque à l'oreille, et à la fin de la cérémonie il descendit l'escalier quatre à quatre pour leur offrir la main jusqu'à leur voiture, après m'avoir recommandé d'être exact le lendemain au rendez-vous. Je ne savais trop ce qu'il voulait dire; car les collines commençaient à secouer leur blanche enveloppe, et la neige disparaissait avec une rapidité étonnante. Je ne pus demander d'explication : Guert était trop occupé à faire avancer la voiture, et le temps était de nature à ne pas permettre de rester dans la rue un instant de plus qu'il n'était strictement nécessaire.

Il se fit pendant la nuit un changement dans la température; la pluie avait cessé, quoique le vent fût toujours au sud. C'était le commencement du printemps; et en allant chez Guert pour déjeuner avec lui, je rencontrai déjà dans les rues plusieurs voitures à roues, et je vis remiser des sleighs et des traîneaux comme des objets qui ne devaient plus servir avant l'hiver suivant. Nos printemps n'arrivent pas sans doute aussi brusquement que quelquefois dans l'ancien monde, du moins à ce que j'ai lu; mais quand la neige et les frimas se prolongent jusqu'à la fin du mois de mars, alors le changement est souvent presque magique.

— Voilà pour le coup le printemps qui commence, dis-je à Dirck en me promenant avec lui dans les rues si bien lavées maintenant; et dans quelques semaines il nous faudra partir. Il serait bon d'avoir terminé nos affaires relatives à la concession avant que les troupes se mettent en marche; autrement nous perdrions l'occasion de les voir en campagne.

— Arrivé chez Guert, je n'eus rien de plus pressé que de lui exprimer combien je prenais part à la contrariété qu'il devait éprouver.

— Pourquoi aussi n'avoir pas proposé cette promenade pour samedi dernier? lui dis-je, il faisait doux; mais la neige tenait encore. A présent, il vous faudra remettre votre triomphe à l'hiver prochain.

— Je ne vous comprends pas! s'écria Guert; jamais Jack et Moïse n'ont été si pleins d'ardeur et de santé. Je parierais qu'ils vont en deux heures à Kinderhook.

— Mais qui mettra de la neige sur les routes? Regardez! vous verrez qu'il en reste à peine quelques traces dans les rues.

— Et que nous importent les routes et les rues? n'avons-nous pas la rivière? Elle reste prise plusieurs semaines encore après que la neige nous a quittés. La glace a été singulièrement unie tout cet hiver, et maintenant qu'elle n'est plus recouverte de neige, on n'a pas à craindre les crevasses.

J'avoue que l'idée de faire vingt milles sur la glace ne me souriait pas infiniment; mais ma dignité d'homme ne me permit pas de hasarder une objection qui eût pu être attribuée à la peur.

Après le déjeuner, nous nous rendîmes en corps chez Herman Mordaunt. Quand les deux amies apprirent que nous venions réclamer l'exécution de la demi-promesse qu'elles avaient faite chez madame Schuyler, leur surprise ne fut pas moins grande que la mienne ne l'avait été une demi-heure auparavant, et leur anxiété fut sans doute beaucoup plus vive :

— A coup sûr Jack et Moïse ne sauraient déployer toutes leurs nobles qualités, lorsqu'il n'y a point de neige, dit Anneke en riant, tout Ten Eyck qu'ils sont!

— Nous autres Albaniens, nous avons l'avantage de pouvoir voyager sur la glace, quand la neige nous fait défaut, répondit Guert. Nous avons la rivière à deux pas, et c'est le moment le plus favorable pour y aller en traîneau.

— Mais non pas le moment le moins dangereux, à ce qu'il me semble. Voilà l'hiver bien complétement fini.

— Je le crois, et c'est une raison de plus pour ne pas différer, si vous voulez savoir, ainsi que miss Mary, ce dont mes petits chevaux noirs sont capables. C'est pour l'honneur de la Hollande que je plaide; car autrement je ne me permettrais pas d'insister. Je sentirais, plus que je ne puis l'exprimer, le prix d'une pareille condescendance, car je me rends justice, et je sais mieux que personne à quel point je la mérite peu.

L'humilité si naïve et si sincère de Guert ne manquait jamais son effet sur l'esprit impressionnable de Mary Wallace, et je vis dans ses yeux attendris qu'elle allait céder. Herman Mordaunt entrait dans ce moment, et l'on convint naturellement de le laisser prononcer.

— Je me rappelle, répondit Herman, qu'il y a quelques années, j'ai été sur l'Hudson d'Albany à Sing-Sing; et le voyage se passa à merveille, bien mieux que si nous avions été par terre; car il n'y avait pour ainsi dire point de neige.

— Justement, comme aujourd'hui, miss Anneke! s'écria Guert. Les traîneaux ne peuvent plus aller sur la terre, mais ils vont parfaitement sur la rivière.

— Était-ce vers la fin de mars, cher papa? demanda Anneke avec quelque insistance.

— Non, c'était au commencement de février ; mais la glace en ce moment doit avoir près de dix-huit pouces d'épaisseur, et être assez forte pour porter une charrette remplie de foin.

— Oui, mon petit maître, dit Caton, vieux nègre qui n'avait jamais appelé autrement Herman Mordaunt, qu'il avait porté dans ses bras; je viens de voir une grande charrette y passer à l'instant même.

Il eût été déraisonnable de se défier de la force de la glace, après de pareils témoignages, et Anneke se soumit. Les dispositions du départ furent bientôt faites : les deux dames, Guert et moi, nous devions être conduits par le fameux attelage noir, tandis que Herman Mordaunt, Dirck; et ceux qui voudraient être de la partie, suivraient dans le sleigh de New-York. On espérait qu'une parente respectable, une mistress Bogart, qui habitait Albany, viendrait avec nous, le projet étant d'aller demander à dîner à une autre parente des Mordaunt, à Kinderhook. Pendant qu'on apprêtait les voitures, Herman Mordaunt courut chez mistress Bogart, et lui fit sa proposition qui fut acceptée.

Dix heures sonnaient à l'horloge de la tour de l'église anglaise, lorsque les deux sleighs partirent de la porte d'Herman Mordaunt. Il n'y avait plus de neige au milieu des rues, mais il y en avait encore assez sur les côtés, mêlée avec de la glace, pour nous permettre de gagner la rivière. Arrivé sur le bord de la berge, Herman Mordaunt, qui était en avant, arrêta ses chevaux et se retourna pour demander à Guert s'il convenait d'aller plus loin. La glace près du bord avait évidemment été soulevée, la rivière ayant crû d'un pied ou deux par suite du vent et du dégel; et dans cet endroit, il s'était formé une espèce de monticule de glace sur lequel il fallait commencer par passer. Une large crevasse qui se trouvait au milieu, nous permit de voir l'épaisseur de la glace, et Guert s'empressa de nous la faire remarquer pour nous rassurer. Il n'y avait rien d'extraordinaire dans ce léger mouvement imprimé à la surface, que le courant produit souvent; mais à moins que les masses compactes qui couvraient le bas de la rivière ne s'ébranlassent, il était impossible que celles qui étaient au-dessus pussent changer subitement de position. Des sleighs passaient en grand nombre, apportant à la ville du foin provenant des plaines qui couvraient la rive orientale, et toute hésitation disparut. Le sleigh d'Herman Mordaunt franchit lentement le monticule, le conducteur prenant de grandes précautions pour que ses chevaux ne se blessassent point; le nôtre suivit avec la même prudence, quoique les petits chevaux noirs eussent franchi d'un bond la crevasse en dépit des efforts de leur maître.

Mais une fois sur la rivière, Guert leur lâcha la bride, leur fit sentir le fouet, et nous partîmes comme le vent. Nous n'avions d'autre route que la surface lisse et unie de l'Hudson, le dégel ayant effacé presque toute trace de sentiers. L'eau avait passé sous la glace par les fissures et les interstices qu'elle avait pu trouver, de sorte que nos chevaux couraient sur un sol ferme et sec. Le vent était toujours au sud, sans être trop chaud, et un beau soleil contribuait au charme de notre excursion. Au bout de quelques minutes, tout symptôme d'inquiétude avait disparu. Les jolies bêtes noires justifiaient les éloges de leur maître, en touchant à peine la glace sur laquelle leurs pieds semblaient rebondir avec une sorte de force élastique. Les chevaux bais d'Herman Mordaunt nous suivaient de près, et en moins de vingt minutes, les sleighs avaient passé le banc célèbre de l'Overslaugh.

Tout Américain du Nord connaît l'effet que produit le mouvement d'un traîneau; il est irrésistible, et dispose à la gaieté. Une fois la première émotion passée, Anneke et Mary Wallace en ressentirent aussi l'influence, et Guert acheva de les tranquilliser en leur faisant observer le son produit par les talons des chevaux, signe infaillible de la solidité de la surface sur laquelle nous nous trouvions.

Jamais Mary Wallace ne m'avait paru si en train. Ses yeux étaient presque aussi brillants que ceux d'Anneke, et son sourire n'avait pas moins de douceur. Les deux amies se livraient à toute leur gaieté, et deux ou trois petites circonstances me donnèrent lieu d'espérer que les affaires de Bulstrode pouvaient bien n'être pas aussi avancées qu'il s'en flattait.

— Je suis surpris que M. Mordaunt n'ait pas invité M. Bulstrode à être des nôtres, dit Guert dès que nous fûmes de l'autre côté de l'Overslaugh. Le major aime les promenades en traîneau, et il aurait occupé la quatrième place de l'autre voiture, tout à son aise. Quant à venir dans celle-ci, c'est ce qu'on ne lui eût pas permis, eût-il été général.

— M. Bulstrode est Anglais, répondit vivement Anneke, et il regarde nos amusements d'Amérique comme au-dessous d'un homme qui a été présenté à la cour de Saint-James.

— En vérité, miss Anneke, je ne puis pas dire que je partage votre façon de penser à l'égard de M. Bulstrode, répondit Guert dans toute l'innocence de son cœur. Il est Anglais; il s'en fait gloire, comme Corny Littlepage que voici; mais il faut faire la part de l'amour du pays et de l'antipathie pour les étrangers.

— Corny Littlepage n'est qu'à moitié Anglais; encore y a-t-il beaucoup à rabattre de cette moitié, reprit la jeune fille en riant, car il est né et il a été élevé dans les colonies, et il a toujours aimé les traîneaux depuis le temps où il dégringolait.....

— Ah! de grâce, miss Anneke.....

— Oh! je n'y mets pas de malice, et j'oublie l'église hollandaise et ses environs ; mais n'est-il pas vrai que les amusements de notre enfance nous sont toujours chers? L'habitude et la prévention sont des sœurs jumelles ; et je ne vois jamais ces beaux messieurs d'Angleterre prendre un intérêt extraordinaire à nos usages et à nos fêtes populaires, sans penser qu'il entre dans cet intérêt un degré de complaisance remarquable, et que le plaisir qu'ils éprouvent est d'une tout autre nature que celui que nous ressentons.

— N'est-ce pas être injuste envers Bulstrode, miss Anneke, m'aventurai-je à dire ; il semble nous affectionner beaucoup, et il nous le témoigne en toute occasion. Il est même des personnes qu'il aime si évidemment qu'il est impossible de ne pas s'en apercevoir.

— M. Bulstrode est un excellent comédien, comme le savent tous ceux qui l'ont vu dans Caton, répondit la charmante enfant en se pinçant les lèvres d'une manière qui avait pour moi un charme infini, et ceux qui l'ont vu jouer Scrub, doivent être également convaincus de la flexibilité de son talent. Non, non, le major est beaucoup mieux où il est, où il sera du moins à quatre heures, présidant sa table d'officiers, qu'à dîner dans une modeste salle à manger hollandaise, avec ma cousine, la digne mistress Van der Heyden, qui ne nous offrira qu'un simple repas des colonies, dont l'hospitalité et la cordialité feront tous les frais. La réception qui nous attend, et qui partira du cœur, peut-elle être comprise dans des pays où il faut envoyer un messager deux jours d'avance pour demander la permission de venir, et s'assurer qu'on ne dérangera pas, si l'on ne veut s'exposer à causer une surprise qui n'aurait rien d'aimable, et à recevoir un accueil glacé?

Guert exprima son étonnement qu'on pût ne pas toujours être charmé de voir venir ses amis, et il ne pouvait croire à l'existence d'usages si peu en rapport avec les devoirs de l'hospitalité. Pour moi, je sentais très-bien que la société ne saurait exister aux mêmes conditions dans les pays anciens et dans les pays nouveaux, et que le peuple qui est envahi par les flots d'une population surabondante ne peut accepter les mêmes règles que celui qui est encore à l'abri de ce fléau. Les Américains sont comme les habitants d'une maison de campagne, qui aiment toujours à recevoir leurs amis; et je me hasardai à exposer quelques-unes des causes de ces différences dans les habitudes.

Il n'arriva rien de remarquable dans notre promenade à Kinderhook. Mistress Van der Heyden demeurait à quelque distance de la rivière, et nos deux attelages noirs et bais eurent quelque peine à nous conduire à travers la boue jusqu'à sa porte. Une fois arrivés, l'accueil qui nous fut fait fut tel que la théorie qui venait d'être exposée sur les usages des colonies devait le faire supposer. La bonne parente d'Anneke, non-seulement fut charmée de la voir, comme l'eût été tout autre à sa place, mais elle aurait accueilli avec empressement autant d'étrangers que sa maison pouvait en contenir. Peu d'excuses furent nécessaires; car nous étions tous les bienvenus. Notre arrivée retarderait le dîner d'une heure, elle nous l'avouait franchement; mais cela n'était rien; en attendant on nous servirait quelques rafraîchissements pour nous faire prendre patience. Guert fut invité à faire comme s'il était chez lui, et à donner lui-même ses ordres pour les soins à donner aux chevaux. En un mot notre réception fut celle que tout habitant des colonies a éprouvée quand il est tombé inopinément chez un ami, ou chez l'ami d'un de ses amis, pour lui demander à dîner. Le repas fut excellent, quoique toute cérémonie en fût bannie. Les vins étaient parfaits; tout le monde était de bonne humeur, et notre hôtesse voulut absolument nous faire servir du café avant notre départ.

— La lune va se lever, cousin Herman, et la soirée sera charmante. Guert connaît le chemin; et il n'y a pas d'ailleurs à se tromper, puisque c'est la rivière; et en me quittant à huit heures, vous arriverez bien assez tôt. Je vous vois si rarement que j'ai le droit de réclamer toutes les minutes que vous pouvez me donner. Il nous reste encore beaucoup à dire sur nos anciens amis et sur nos parents communs.

Quand des paroles semblables sont accompagnées de regards et d'actes qui prouvent leur sincérité, il n'est pas facile de s'arracher à une visite agréable. La conversation reprit plus animée que jamais; ce furent des anecdotes sans fin qui nous reportaient à la dernière guerre, une foule de souvenirs d'enfance échangés avec un plaisir indicible, des portraits sur la beauté, la galanterie, les conquêtes de telles et telles personnes que nous autres jeunes gens nous n'avions jamais connues que comme de très-vénérables matrones ou de non moins respectables vieillards.

Enfin l'heure arriva où mistress Bogart elle-même déclara qu'il fallait partir. Anneke et Mary furent baisées sur les deux joues, puis enveloppées dans leurs fourrures, puis baisées encore, et nous partimes. En sortant, je remarquai que huit heures sonnaient à une pendule. Nous eûmes moins de peine à descendre la grève que nous n'en avions eu à la gravir; il ne gelait pas positivement, mais la terre s'était durcie depuis le coucher du soleil. Je fus charmé néanmoins quand l'attelage noir s'élança sur la glace, et nous entraîna vers la ville à raison de onze milles par heure, ce qui pouvait s'appeler bien aller.

La lune n'était ni claire ni brillante; il y avait des vapeurs dans l'atmosphère, ce qui arrive souvent dans le mois de mars quand la température est douce; mais néanmoins on y voyait assez pour que Guert pût laisser courir librement ses chevaux. Nous étions tous dans une disposition d'esprit excellente, Guert et moi surtout, parce que nous nous imaginions l'un et l'autre que nous avions acquis ce jour-là la preuve que celles que nous aimions n'étaient pas sans nous payer de quelque retour. Mary Wallace, avec le tact exquis de la femme, avait su faire ressortir les bonnes qualités de Guert, qui, prenant lui-même confiance, s'était montré tout à fait homme de bonne compagnie. Pour Anneke, elle connaissait alors mon attachement, et j'avais quelque droit d'interpréter favorablement sa manière d'être à mon égard. Par exemple, il me semblait qu'en me parlant sa voix, toujours si douce, avait quelque chose de plus doux encore; en même temps le sourire qu'elle m'adressait me paraissait plus expressif. Je pouvais me tromper; mais c'étaient du moins les conjectures d'un homme qu'on ne peut pas accuser d'un excès de confiance, et dont la timidité naturelle était encore augmentée par la réserve qu'inspire le plus pur amour.

Nous allions grand train; les clochettes que Guert avait multipliées avec tant de prodigalité faisaient entendre leur joyeux carillon à plus d'un demi-mille de distance; les chevaux noirs dévoraient l'espace en animaux intelligents qui sentent que l'écurie est au bout du voyage; et Herman Mordaunt nous suivait de si près que, malgré le bruit assourdissant de notre musique, nous pouvions distinguer le son de ses clochettes. Une heure s'écoula rapidement, et nous avions déjà passé Coejeman. Nous commencions à découvrir dans le lointain un hameau qui s'étendait le long de la grève, et qui dominait le bord escarpé de la rivière. On l'appelait la Ville des Singes, *Monkey-Town*; et il est remarquable en ce que ce sont les premières maisons qu'on rencontre sur les bords de l'Hudson en sortant d'Albany. Il a sans doute légalement un autre nom; mais je répète celui que Guert lui donna devant moi.

J'ai dit que la nuit était faiblement éclairée par la pâle lueur de la lune, qui parcourait le ciel au milieu d'un océan de vapeurs. Nous voyions assez bien les deux rives, ainsi que les maisons et les arbres immédiats; mais il était difficile de distinguer les objets plus petits. Dans le cours de la journée, nous nous étions croisés avec plus de vingt traîneaux; mais à cette heure-là tout le monde semblait avoir déserté la rivière. Il commençait à se faire tard pour les habitudes simples de ceux qui en habitaient les bords. Quand nous étions à moitié chemin entre les îles situées en face de Coejeman et le hameau que je viens de nommer, Guert, qui se tenait debout pour conduire, nous dit qu'il voyait venir quelqu'un qui était sans doute attardé comme nous. Ses chevaux étaient lancés au grand trot, et le sleigh se dirigeait évidemment vers la rive occidentale, comme si ceux qu'il contenait comptaient mettre pied à terre à peu de distance. En passant rapidement, un monsieur nous jeta quelques mots prononcés à voix haute, mais nos clochettes faisaient tant de bruit qu'il n'était pas facile de l'entendre. En même temps il parlait en hollandais, et il n'y avait personne parmi nous, Guert excepté, dont l'oreille fût assez exercée pour saisir quelques mots dits ainsi à la volée. Cet appel passa donc inaperçu, d'autant plus que c'était assez l'usage des Hollandais, lorsqu'ils se croisaient en chemin, de s'appeler ainsi les uns les autres. Je pensais à cet usage, et aux différences que j'avais déjà remarquées entre les habitudes des habitants de cette partie de la colonie et les nôtres, lorsque le son de clochettes se fit entendre tout contre moi. Je tournai la tête et je vis les chevaux bais d'Herman Mordaunt lancés au galop, comme si leur maître voulait mettre son sleigh sur la même ligne que le nôtre. Il y réussit en effet, et Guert s'arrêta aussitôt.

— Avez-vous entendu ce qu'on nous a crié, Guert? demanda Herman dès que tout bruit eut cessé. Cet homme nous appelait de toute la force de ses poumons, et il n'a pas dû le faire sans motif.

— Ce sont des gens qui ne reviennent jamais d'Albany le gosier sec, répondit Guert ; et quand ils sont en goguettes, ils souhaitent le bonsoir à tous ceux qu'ils rencontrent.

— Je ne sais, mais mistress Bogart a cru comprendre qu'ils parlaient d'Albany et de la rivière.

— Les dames sont toujours portées à croire qu'Albany va s'enfoncer dans la rivière après un grand dégel, reprit Guert en riant; mais je puis leur montrer qu'ici même, où nous sommes, la glace a seize pouces d'épaisseur.

Guert me donna les guides, s'élança hors du sleigh, courut au bord d'une large crevasse qu'il avait remarquée à quelque distance, et revint, le pouce posé sur le manche de son fouet, de manière à indiquer l'épaisseur actuelle de la glace. Elle était à cet endroit plutôt de dix-huit pouces que de seize. Herman Mordaunt montra la mesure à mistress Bogart qu'une preuve aussi positive rassura complétement. Anneke ni Mary ne manifestèrent la moindre crainte : au contraire, dès que nous fûmes repartis, elles s'amusèrent un peu aux dépens des terreurs imaginaires de la pauvre mistress Bogart.

J'étais peut-être le seul de notre sleigh qui éprouvât encore quelques alarmes après ce petit incident. Je ne saurais dire pourquoi. Sans doute c'était le danger que pouvait courir Anneke qui me préoccupait si vivement. Il n'y avait point d'hiver où la glace ne se rompît, sous quelque traîneau, sur nos lacs et nos rivières de New-York; souvent les chevaux se noyaient; quoiqu'il fût rare qu'il arrivât d'accident plus sérieux. Je me disais combien la glace est fragile de sa nature ; qu'un dégel si prononcé, des pluies si continuelles, avaient dû l'amollir considérablement, et que tout en conservant son épaisseur, elle pouvait avoir perdu beaucoup de sa solidité. Mais que faire ? si nous mettions pied à terre, nos sleighs ne pourraient plus nous être d'aucune utilité, tandis qu'en continuant, en une heure de temps nous serions rendus chez nous. Cette journée, qui, jusqu'au moment où nous avions rencontré le sleigh inconnu, avait été la plus heureuse de ma vie, changea entièrement d'aspect, et j'aurais donné tout au monde pour qu'elle fût finie. J'aurais consenti de grand cœur à rester toute une semaine sur la rivière, pour qu'Anneke se trouvât transportée chez elle en sûreté. Je le dis à ma honte, je ne pensais guère aux autres, quoique, d'un autre côté, je doive me rendre cette justice que, si Anneke n'eût pas été là, je n'aurais pas abandonné même un cheval, tant qu'il y aurait eu quelque espoir de le sauver.

A partir de ce moment, tout en allant bon train, Guert conduisit avec prudence, et ses jolies bêtes semblaient comprendre ce qu'on attendait d'elles. Bientôt nous passions devant le petit hameau. Il paraîtrait que le bruit de nos clochettes attira l'attention de ceux des habitants qui n'étaient pas encore couchés ; car la porte d'une maison s'ouvrit, et deux hommes en sortirent pour nous regarder, pendant que nous passions avec une rapidité qui n'eût pas permis de tenter de nous suivre. Ces hommes nous crièrent aussi quelque chose en hollandais, et le sleigh d'Herman Mordaunt se montra de nouveau à côté du nôtre.

— Avez-vous entendu ces gens-là? cria-t-il avec force ; car, pour cette fois, Guert ne jugea pas à propos d'arrêter ses chevaux. Ils avaient aussi quelque chose à nous dire.

— Mon Dieu, ils ont toujours quelque chose à dire aux sleighs d'Albany, quoique ce quelque chose ne soit pas toujours bon à entendre.

— Mais mistress Bogart assure qu'ils parlaient aussi d'Albany et de la rivière.

— Je crois connaître le hollandais tout aussi bien que l'excellente mistress Bogart, répondit Guert un peu sèchement, et je n'ai rien entendu. Quant à la rivière, elle me permettra de croire que je la connais un peu mieux qu'elle. Cette glace porterait douze pesantes charrettes serrées les unes contre les autres.

Cette explication parut satisfaisante à Herman Mordaunt et

aux dames, mais non pas à moi. Nos clochettes faisaient quatre fois plus de bruit que celles de nos voisins ; et il était très-possible qu'un appel qui, tout énergique qu'il pouvait être, n'avait pas été entendu de notre sleigh, eût pu l'être de l'autre. Néanmoins on ne s'arrêta pas, et un nouveau mille fut parcouru sans autre incident remarquable.

La gaieté se rétablit parmi nous, et Mary Vallace consentit à chanter un air qui, avec l'accompagnement obligé de clochettes, produisit un effet comique. Nous nous étions retournés, Guert et moi, pour mieux l'écouter, lorsque le bruit d'un frottement aigu sur la glace, suivi d'une bruyante exclamation, ramena subitement notre attention à la tête de nos chevaux. Ce bruit était produit par un sleigh qui passait à trente pas de nous ; un seul homme y était debout ; il agita son fouet, et nous appela à haute voix tant qu'il put se faire entendre. Cette apparition ne dura qu'un instant ; car ses chevaux étaient lancés au galop ; et lorsque nous l'entrevîmes pour la dernière fois, à la lueur vaporeuse de la lune, il était penché sur ses chevaux pour accélérer encore leur vitesse. En ce moment, Herman Mordaunt fut à nos côtés, pour la troisième fois de la soirée, et il nous cria d'un ton d'autorité de nous arrêter.

— Qu'est-ce que tout cela signifie, Guert ? Voilà trois fois qu'on nous parle d'Albany et de la rivière. Je viens d'entendre moi-même prononcer distinctement ces deux mots. Je suis sûr de ne pas m'être trompé.

— Il est très-possible, monsieur, que vous ayez entendu quelque propos de ce genre, répondit l'incrédule Guert ; car ces drôles-là ont toujours quelque impertinence à lancer quand ils passent devant un attelage qui vaut mieux que le leur. Mes petits chevaux noirs excitent beaucoup d'envie partout où je vais ; car de toutes les supériorités, celle dont les Hollandais sont le plus jaloux, c'est d'avoir le plus bel attelage. Sans doute ce butor qui conduisait en écervelé plutôt qu'en personne raisonnable, nous aura demandé si nous pensions avoir le monopole d'Albany et de la rivière.

On plaisanta Guert sur sa prédilection pour ses chevaux, et quand on rit, on n'est guère disposé à écouter la froide raison.

La nuit était calme et silencieuse, et le spectacle de la nature en repos était rendu imposant par la solitude. Guert renouvela ses assurances qu'il répondait de tout, et l'on se remit en route. Guert pressa ses chevaux, comme s'il lui tardait de mettre fin à toute anxiété ; et nous commencions à nous laisser aller à l'influence enivrante d'un mouvement si rapide, quand tout à coup une explosion semblable à celle qu'eût pu produire la décharge simultanée de plusieurs bouches à feu se fit entendre, et les deux conducteurs s'arrêtèrent au même instant. La vieille mistress Bogart avait laissé échapper une légère exclamation ; Anneke et Mary restaient dans une immobilité complète.

— Que signifie ce bruit ? demanda Herman Mordaunt d'une voix qui trahissait son inquiétude ; il faut qu'il y ait quelque chose qui va mal.

— Oui, il y a quelque chose, répondit Guert avec calme, mais d'un ton décidé, et il faut voir ce que c'est.

En disant ces mots, Guert descendit sur la glace, et la frappa fortement du talon de sa botte, comme pour s'assurer de sa solidité. Une seconde détonation retentit évidemment derrière nous. Guert plongea ses regards sur le bas de la rivière, puis il mit sa tête contre la surface de la glace, et il regarda de nouveau. En même temps trois ou quatre de ces explosions terribles se succédaient à de courts intervalles. Guert se releva sur-le-champ.

— J'y suis maintenant, dit-il, et je pourrais bien avoir eu un peu trop de confiance. Néanmoins la glace est solide, et nous n'avons rien à craindre de ce côté. Toutefois il serait peut-être plus prudent de quitter la rivière, bien que je ne sois pas convaincu que le mieux, après tout, ne fût pas de continuer comme nous avons commencé.

— Faites-nous connaître le danger tout entier, monsieur Ten Eyck, dit Herman Mordaunt, afin que nous puissions aviser au meilleur parti à prendre.

— Eh ! bien, monsieur, je crains que le dégel et les pluies survenues en même temps n'aient occasionné une crue si subite que la glace s'est trouvée soulevée, et s'est sans doute brisée en plusieurs endroits près du bord. Quand cela arrive dans la partie supérieure de la rivière, avant que la glace ait disparu dans le bas, il en résulte des espèces d'écluses improvisées où l'eau acquiert une telle force de pression que la plaine de glace se fend à une grande distance, lançant ses débris les uns sur les autres jusqu'à ce qu'ils forment des murs de vingt à trente pieds d'élévation. Rien de semblable ne s'est encore manifesté de ce côté; il n'y a donc point de danger immédiat; mais si vous regardez bien derrière vous, vous pourrez voir qu'un craquement de ce genre vient justement d'avoir lieu à un demi-mille au dessous de nous.

En suivant la direction indiquée, nous vîmes en effet qu'un monticule s'était élevé au travers de la rivière beaucoup plus près de nous que ne le disait notre compagnon, et qu'il nous barrait toute retraite en arrière. La rive occidentale de l'Hudson était très-élevée à l'endroit où nous étions, et, en regardant plus attentivement, je vis, à la manière dont les arbres disparaissaient, les plus éloignés derrière ceux qui étaient les plus près, que, quoique les sleighs fussent arrêtés, nous subissions un mouvement sensible. Je ne pus retenir une exclamation qui révéla sur-le-champ ce fait terrible à mes compagnons. Oui, rien n'était plus certain; la glace nous entraînait par une oscillation lente, mais certaine, au milieu du calme d'une soirée dans laquelle la lune contribuait plutôt à rendre le danger apparent, qu'à nous aider à l'éviter. Que faire? il fallait prendre un parti, un parti prompt et énergique.

Nous attendions qu'Herman Mordaunt nous donnât son avis; mais il dit qu'il s'en rapportait à Guert qui avait plus d'expérience.

— Tant que la glace sera en mouvement, répondit Guert, nous ne pouvons songer à gagner la terre, et je crois que le mieux est d'aller en avant. Chaque pouce que nous gagnerons nous rapprochera d'Albany, et dans un mille ou deux nous serons au milieu des îles, où nous aurons beaucoup plus de chances d'aborder. Au surplus, j'ai souvent traversé la rivière sur des glaçons flottants, et j'ai vu même des sleighs chargés la passer ainsi. Jusqu'à présent, il n'y a rien de très-alarmant. Avançons, et tâchons de nous rapprocher des îles.

Ce fut ce que nous fîmes; mais il n'y eut plus de chants ni de rires parmi nous. Je voyais aisément qu'Herman Mordaunt était inquiet surtout pour Anneke. Il ne pouvait la prendre dans son sleigh et laisser Mary Wallace seule; d'un autre côté, il ne pouvait abandonner mistress Bogart. Comme nous étions tous descendus, au moment de reprendre nos places je lui assurai que je ne perdrais pas Anneke de vue un seul instant.

— Merci, Corny, merci, mon cher enfant! me répondit Herman en me serrant vivement la main. Que Dieu vous bénisse, et vous permette de la protéger! J'allais vous demander de changer de place avec moi; mais, après tout, je crois mon enfant encore plus en sûreté avec vous. Attendons la volonté du ciel.

— Je ne la quitterai qu'avec la vie, monsieur Mordaunt, soyez tranquille.

— Je le sais, Littlepage; vous l'avez déjà prouvé dans cette affaire du lion, et je compte sur vous. Si Bulstrode était venu, nous aurions pu... mais Guert s'impatiente, montons. Je vous confie ma pauvre enfant.

Guert s'impatientait en effet. Dès que je fus placé, il partit rapidement. Je dis quelques mots pour encourager les deux amies; puis aucune voix humaine ne se fit plus entendre au milieu de cette scène lugubre.

CHAPITRE XVI.

> Il tressaillit, frissonnant de tous ses membres dans l'agonie de la peur. — Il n'entendit que la tempête de la nuit; c'était un concert tel qu'il en fallait pour ses oreilles.
>
> LORD WILLIAM.

GUERT voulait atteindre les îles, qui le rapprochaient d'Albany, et qui lui offriraient un lieu de refuge, dans le cas où le danger deviendrait plus imminent. Notre course était si rapide que toute conversation, et même, pour ainsi dire, toute réflexion était devenue impossible. Cependant les craquements de la glace devenaient de plus en plus fréquents, et retentissaient tantôt devant,

tantôt derrière nous. Plus d'une fois on eût dit que les masses énormes, accumulées près de la ville d'Albany, allaient se détacher toutes ensemble, et, formant un torrent irrésistible, balayer toute la rivière ; néanmoins Guert poussait toujours en avant ; d'abord il savait qu'à l'endroit où nous nous trouvions aucune des deux rives n'était abordable ; ensuite, ayant vu plusieurs fois de pareilles débâcles, il s'imaginait que nous n'avions encore rien à craindre. Afin que le lecteur puisse apprécier exactement la nature du danger que nous courions, il peut être à propos de lui donner quelque idée des localités.

Les bords de l'Hudson sont en général hauts et escarpés ; dans quelques endroits, ce sont des montagnes ; on ne rencontre aucune plaine digne de ce nom avant d'approcher d'Albany ; et celles mêmes qui sont au sud de la ville, ne sont pas d'une grande étendue, comparées au cours du fleuve. Sous ce point de vue particulier, le Mohawk est une tout autre rivière ; on voit sur ses bords de grandes plaines qui, m'a-t-on dit, rappellent en miniature celles du Rhin. Quant à l'Hudson, il passe généralement dans la colonie pour un très-beau fleuve, et je me rappelle avoir entendu dire à des voyageurs très-instruits que c'était à peine si la majestueuse Tamise offrait plus de charmes et d'intérêt [1].

Là même où il y a des plaines sur les bords de l'Hudson, le pays garde à l'entour son caractère général ; ce sont de rudes escarpements, des collines abruptes, et même, en quelques endroits, notamment au nord et à l'est, des montagnes ; c'est au milieu de ces hauteurs que le fleuve trace ses sinuosités pendant un espace de soixante à quatre-vingts milles au nord d'Albany, recevant sur son passage le tribut de nombreuses rivières. Il change entièrement d'aspect à peu de distance au-dessus de la ville ; l'influence de la marée se fait sentir alors ; il devient navigable, et il

---

[1]. Cette remarque de M. Cornelius Littlepage pourra faire sourire le lecteur. Mais il y a cinquante ans, on ne concevait pas que rien de ce qui se faisait en Amérique pût valoir rien de ce qui se faisait en Angleterre. Un livre, un tableau, étaient condamnés d'avance, par cela seuls qu'ils avaient pour auteur un Américain ; les fruits mêmes et les productions du pays ne jouissaient que d'une médiocre estime. Aujourd'hui, c'est tout le contraire ; c'est la mode de vanter outre mesure tous les produits indigènes, quels qu'ils soient ; et l'Américain se complaît à s'admirer lui-même. On est passé d'une extrémité à l'autre ; il est probable que le premier changement nous conduira enfin près de la vérité.

est facile de le remonter depuis la mer. Des rivières tributaires, la principale est le Mohawk qui, m'a-t-on dit, — car je n'ai jamais visité ces points éloignés de la colonie, — coule longtemps dans la direction de l'ouest, au milieu de plaines fertiles qui sont bornées au nord et au sud par des collines escarpées. Or, au printemps, quand ces vastes amas de neige, amoncelés dans les forêts et parmi les montagnes et les vallées de l'intérieur, sont fondus par les pluies et les vents du midi, il se forme nécessairement des étangs, qui font beaucoup de mal. Les plaines du Mohawk sont inondées tous les ans: sans doute ces inondations seraient un bienfait, si le plus souvent elles n'entraînaient pas d'affreux désastres : ainsi des maisons sont renversées, des ponts sont détruits, et les débris passent sous les quais d'Albany, se dirigeant vers l'Océan. Alors les marées ne produisent pas de contre-courants, car il n'est pas rare, dans les premiers mois du printemps, que la rivière se précipite pendant des semaines vers la mer, sans aucun mélange, et que l'eau reste douce même à New-York.

Tel était le caractère général du fléau qui venait d'éclater si subitement. L'hiver avait été rigoureux; il était tombé une immense quantité de neige; le dégel avait produit son effet ordinaire, et de tous les points élevés les eaux se précipitaient sur nous avec leur force irrésistible. C'est le long du bord que la glace commence à s'amollir, puis elle se fend sur certains points, et les glaçons, en s'accumulant les uns sur les autres, forment des espèces de digues contre lesquelles les eaux viennent se briser, et d'où elles se répandent comme un déluge sur toutes les basses terres environnantes.

Nous ne le savions pas alors; mais au moment même où Guert pressait ses chevaux à coups redoublés et les excitait à des efforts surnaturels, l'Hudson, des deux côtés de la ville, dans une étendue assez considérable, avait repris son cours ordinaire. De gros glaçons continuaient à descendre vers l'Overslaugh, où, retenus par la digue qui s'y était formée, ils s'amoncelaient en montagnes; mais toute cette plaine solide sur laquelle nous avions passé le matin même, avait disparu.

Les clochettes du sleigh d'Herman Mordaunt, que nous entendions toujours, annonçaient qu'il nous suivait de près, tandis que nous étions lancés en avant à raison d'au moins vingt milles par heure. Plus nous avancions vers le nord, plus le bruit causé par les craquements de la glace devenait fréquent et augmentait d'intensité ; bientôt il fut vraiment effrayant ! Pourtant nos deux compagnes continuaient à garder le silence, conservant leur sang-froid d'une manière admirable, bien qu'il fût impossible qu'elles ne comprissent pas tout ce que notre position avait de critique. Tel était l'état des choses lorsque les chevaux de Guert, hors d'haleine, ralentirent sensiblement le pas, et leur maître sentit qu'il y aurait folie à espérer d'arriver à la ville avant que la catastrophe fût arrivée ; il se résigna donc, et il retenait lui-même la bride, lorsque tout à coup une violente détonation se fit entendre immédiatement devant nous. L'instant d'après, la glace se souleva littéralement sous les pieds de nos chevaux, à une hauteur de plusieurs pieds, en prenant la forme du toit d'une maison ; il était trop tard pour se retirer, et Guert, criant de toutes ses forces : Allons, Jack ! allons Moïse ! allongea le fouet, et les animaux généreux, retrouvant pour un moment toute leur ardeur, s'élancèrent sur le monticule improvisé, en franchissant une crevasse de trois pieds de large, et retombèrent de l'autre côté sur la glace unie. Tout cela fut fait en un clin d'œil. Pendant que le sleigh s'élançait sur cette côte ardue, les deux amies eurent beaucoup de peine à rester assises ; pour Guert, il se tint fièrement debout, comme le pin qui tient au sol par de trop fortes racines pour céder à la tempête ; mais dès que le danger fut passé, il tira la bride à lui, et s'arrêta tout court.

Nous entendions toujours les clochettes de l'autre sleigh de l'autre côté de la barrière, mais nous ne pouvions rien voir. Les glaçons brisés, poussés par une force irrésistible, s'élançaient les uns sur les autres, et formaient un mur perpendiculaire de plus de dix pieds de hauteur, qu'il n'eût plus été possible de franchir même à pied. Alors retentit la voix d'Herman Mordaunt dans toute sa détresse, pour augmenter l'horreur de cet affreux moment.

— Gagnez le bord ! criait le père désolé ; au nom du ciel, le bord, Guert, le bord !

Puis le bruit des clochettes sembla s'éloigner dans la direction de la rive occidentale, et nous écoutâmes tous quatre avec une angoisse indicible. Nous entendions la glace craquer et se fendre tout autour de nous ; devant, derrière, nous voyions des barrières se former ; le son des clochettes devint de moins en moins distinct ; il finit par cesser tout à fait, et il nous sembla que nous étions séparés de tous nos semblables.

Ce n'était pas le moment de rester dans l'inaction, il fallait prendre un parti, et un parti immédiat. Nous avions le choix ou d'essayer de gagner la rive occidentale, ou de nous diriger vers la plus rapprochée des petites îles basses qui se trouvaient dans la direction opposée. Guert se détermina pour ce dernier parti, et mettant ses chevaux au pas, car leurs forces étaient épuisées, il chercha à gagner la pointe de terre. Il nous apprit alors que la crevasse qui s'était ouverte à côté de nous mettait obstacle à ce que nous pussions gagner le bord du côté de l'ouest. En même temps, pour rassurer Anneke sur le sort de son père, il eut recours à un pieux artifice : il lui dit combien il était heureux qu'Herman Mordaunt eût été retenu de l'autre côté de la barrière de glace, puisqu'il pourrait gagner facilement un lieu de refuge, et cette assurance contribua pour beaucoup à soutenir le courage de nos compagnes pendant les douloureux incidents de cette nuit terrible ; tranquille sur le sort de son père, Anneke se trouvait délivrée de ses inquiétudes les plus déchirantes.

Dès que le sleigh fut près de la pointe de l'île, Guert me donna les guides, et alla en avant pour examiner s'il était possible de mettre pied à terre. Son absence put durer quinze minutes, car il voulut examiner à fond l'état de l'île, et les moyens d'y aborder. Ce furent quinze minutes d'une anxiété bien grande. Les masses de glaces qui continuaient à se briser avec fracas derrière nous, les blocs détachés qui se heurtaient les uns contre les autres, faisaient le même bruit que le mugissement de l'océan dans la tempête. Malgré toute la préoccupation d'esprit dont je ne pouvais me défendre dans un pareil moment, il m'était impossible de ne pas admirer le sang-froid de Guert, et sa conduite vraiment héroïque ; ce n'était pas tant sa résolution qui me frappait que ce calme, cette présence d'esprit, qui lui laissaient le libre usage de toutes ses facultés. Un autre à sa place, moins clairvoyant et moins habile, aurait essayé de se sauver par la rive occidentale; c'était en effet le parti qui semblait le plus simple; mais Guert avait bien fait d'y renoncer et de se diriger de préférence vers l'île. En calculant les divers points sur lesquels l'eau s'était violemment ouvert un passage, il avait compris qu'elle devait alors couler librement près de la terre, et qu'il n'y avait aucune chance de salut de ce côté. Quand il nous rejoignit, il m'appela pour me parler à quelque distance, après avoir annoncé à nos compagnes qu'il n'y avait pour le moment aucun nouveau sujet d'alarmes. Mary Wallace lui demanda solennellement de le lui répéter à elle-même; Guert le fit sans hésiter, et j'allai le rejoindre.

— Corny, me dit-il à voix basse, la Providence me punit cruellement d'avoir souhaité de voir Mary Wallace dans les griffes d'un lion; car toutes les bêtes féroces de l'univers n'auraient rien de plus effrayant à mes yeux que la position où nous sommes. Mais il faut montrer de la tête, et sauver ces enfants, ou périr!

— Nos destinées seront communes, chargez-vous de Mary et je veillerai sur Anneke. Mais pourquoi ce langage? qu'a donc notre position de si désespéré?

— Écoutez: deux jeunes gens, actifs et vigoureux comme nous sommes, pourraient parvenir à la rigueur à atteindre le rivage; mais des femmes, c'est différent. La glace est en mouvement tout autour de nous; et tous ces glaçons qui se brisent ou s'entassent les uns sur les autres, n'ont rien de rassurant. Si l'on y voyait clair, peut-être les obstacles nous paraîtraient-ils moins insurmontables; mais, quoi qu'il en soit, je n'oserais laisser miss Wallace s'éloigner de cette île à présent. Nous pouvons être contraints d'y passer la nuit, et il faut prendre nos dispositions en conséquence. Vous entendez la glace qui se casse du côté du rivage; preuve certaine que la rivière a repris son cours de ce côté. Dieu veuille qu'il en soit bientôt de même partout, dussent les eaux entraîner tout avec elles! — J'ai grand peur, Corny, qu'Herman Mordaunt et ceux qui sont avec lui ne soient perdus!

— Grand Dieu! serait-il possible! j'aime à croire qu'ils sont parvenus à gagner le rivage.

— C'est impossible par la direction qu'ils ont prise. Songez donc que le torrent qui doit se précipiter sous la rive occidentale ne peut manquer d'entraîner tout ce qui se trouve sur son passage. C'est cette issue ouverte aux eaux qui nous sauve. Mais faisons trêve aux paroles. Vous comprenez maintenant l'étendue du danger; et ce que nous avons à faire, c'est de conduire dans l'île sans aucun délai nos deux chères compagnes d'infortune. Une demi-heure, une demi-minute peut couper toute communication.

Pendant même que nous parlions, la glace avait fait un mouvement sensible, et nous retrouvâmes le sleigh à vingt pas plus loin de l'île que nous ne l'avions laissé. Les chevaux eurent bientôt regagné cette distance; mais arrivés près du bord, il n'y eut aucun moyen de leur faire franchir les glaçons brisés qui formaient à l'entour une haute barrière. Après deux ou trois efforts désespérés, Guert y renonça, et il me dit d'aider les deux amies à descendre. Il est impossible de se conduire avec plus de courage que n'en montrèrent ces frêles et délicates créatures dans des circonstances aussi critiques. Il n'y eut de leur part ni remontrances, ni larmes, ni exclamations; elles firent simplement ce qu'on leur demandait, et je ne saurais dépeindre le soulagement que j'éprouvai lorsque j'eus réussi à les faire passer de l'autre côté de ces blocs amoncelés. Le froid n'était pas vif; mais la surface de la terre était alors couverte d'une légère gelée; autrement il eût été difficile de marcher dans ces terrains d'alluvion glissants et marécageux; car l'île était si basse que, dès que la rivière montait, elle se trouvait sous l'eau. C'était même le danger que nous avions à craindre, en y cherchant un asile.

Quand je retournai auprès de Guert, il avait déjà été entraîné à la dérive assez loin de l'endroit où je l'avais laissé; et cette fois nous fîmes avancer le sleigh assez au-dessus de la pointe de l'île, pour n'avoir pas à craindre de perdre de vue nos précieux dépôts. A ma grande surprise, Guert se mit à ôter les harnais des chevaux. Il ne leur restait plus que la bride, quand il la détacha également, puis il fit claquer vivement son fouet. Jack et Moïse effrayés se cabrèrent, puis se sentant libres, ils reniflèrent, bondirent impétueusement, et se précipitèrent vers le bas de la rivière avec la rapidité de l'éclair; les coups de fouet réitérés dont leur maître continuait à frapper l'air ne contribuaient en aucune manière à diminuer leur ardeur. Je lui demandai ce qu'il voulait faire.

— Il y aurait de la cruauté à ne pas laisser ces pauvres bêtes essayer de se sauver, en faisant usage de la force et de la sagacité que leur a données la nature, répondit Guert, en suivant des yeux Moïse, celui des chevaux qui se trouvait le dernier, tant qu'il put l'apercevoir dans l'obscurité, et se penchant pour écouter le bruit de ses sabots, tant que le fracas qui retentissait autour de nous, nous permit de l'entendre. — Ils ne seraient pour nous qu'un embarras, puisque avec leurs harnais, ils ne pourraient jamais franchir les crevasses et les glaçons accumulés que nous allons rencontrer maintenant à chaque pas; et en supposant même qu'ils y parvinssent, nous ne pourrions les suivre. Le sleigh est léger, et nous sommes assez forts pour le tirer jusqu'à terre, s'il se présente une occasion favorable; autrement nous le laisserons dans l'île.

Rien ne pouvait me faire mieux comprendre ce que Guert pensait de notre situation, que de le voir abandonner à l'aventure des animaux dont je savais qu'il faisait tant de cas. Je ne pus m'empêcher de lui en faire l'observation, et il me répondit d'un air triste et sérieux qui fit sur moi d'autant plus d'impression que je ne l'avais jamais vu ainsi :

— Il est possible qu'ils parviennent à gagner le rivage, car la nature les a doués d'un instinct merveilleux. Ils savent nager aussi, et peut-être passeront-ils là où vous et moi nous nous noierions infailliblement. En tout cas, j'aurai fait pour eux tout ce que je pouvais faire. S'ils arrivent à terre, quelque fermier les recueillera dans son écurie, et je saurai où les retrouver, si toutefois je suis en vie demain matin.

— Qu'allons-nous faire à présent, Guert? lui demandai-je, ne comprenant que trop les sentiments qui l'oppressaient.

— Il faut nous occuper avant tout de transporter le sleigh dans l'île, après quoi, nous verrons à examiner quel moyen nous pourrons tenter pour sortir de l'île et gagner le véritable bord.

L'entreprise fut moins difficile que je ne l'avais cru d'abord ; la barrière de glace, toute mobile, toute craquante qu'elle fût, ne laissa pas d'être franchie, et nous traînâmes le sleigh jusqu'au pied de l'arbre où Anneke s'était assise avec son amie. Elles montèrent aussitôt dans le traîneau, et s'y assirent enveloppées dans leurs fourrures. La nuit était froide pour la saison, et les peaux qui garnissaient le sleigh furent d'un grand secours. Toute appréhension d'un péril immédiat se dissipa pour le moment, et nos compagnes se persuadèrent qu'elles ne couraient d'autre danger que d'être exposées au froid, tant qu'elles resteraient sur la terre ferme. Une simple explication va démontrer combien cette sécurité était peu fondée.

Toutes les îles de cette partie de l'Hudson sont basses ; ce sont de belles prairies, formées par alluvion, et bordées de saules, de sycomores et de noyers. Grâce à la fertilité du sol, ces arbres étaient, en général, d'une belle venue, mais on voyait évidemment qu'ils étaient jeunes ; il n'y avait là aucun de ces géants des forêts qui semblent avoir vécu des siècles, et cela tenait sans doute aux ravages des inondations annuelles ; je dis annuelles, car, bien qu'il fût rare qu'on en vît de semblable à celle dont nous étions menacés, cependant, chaque année en amenait régulièrement une, et c'était sous cette action périodique des eaux que les îles croissaient ou diminuaient constamment. Pour parer, autant que possible, à ce dernier inconvénient, on avait laissé à l'extrémité de chaque île un petit bois touffu, afin de former une sorte de barricade contre les invasions de la glace au printemps. Néanmoins il suffisait d'une crue de quelques pieds pour que l'île fût entièrement sous l'eau.

Dès que Guert crut qu'Anneke et Mary Wallace étaient pour le moment en sûreté, il me proposa de faire une reconnaissance avec lui pour examiner de plus près l'état précis de la rivière, et chercher les moyens praticables de regagner Albany. Cela fut dit à haute voix, d'un air dégagé, comme s'il ne voyait plus de sujets de crainte, et évidemment pour encourager nos jeunes compagnes. Anneke l'approuva, ajoutant que, depuis qu'elle était dans l'île, toutes ses terreurs s'étaient évanouies.

Quelques minutes suffirent pour nous conduire aux limites de notre étroit domaine, et Guert me fit remarquer les masses énormes de glace qui s'accumulaient à l'extrémité.

— C'est là qu'est notre danger, dit-il avec force, et ces arbres ne nous sauveraient pas. Je suis accoutumé à ce genre d'inondation ; il n'y a point de printemps où il n'y en ait quelqu'une, et cependant je n'en ai jamais vu d'aussi terrible. Ne voyez-vous pas, Corny, ce qui fait notre salut en ce moment?

— Nous sommes dans une île ; tant que nous y resterons, nous ne pouvons courir de grands dangers du côté de la rivière.

— Vous vous trompez, mon pauvre ami, vous vous trompez complétement. Venez avec moi et voyez vous-même.

Je suivis Guert. Il me fit franchir les glaçons qui étaient entassés jusqu'à trente pieds de hauteur en tête de l'île, et qui s'étendaient à droite et à gauche, aussi loin que nous pouvions voir à la faveur de quelques pâles rayons de la lune enveloppée de brouillards. On pouvait, avec quelques précautions, passer sur ces montagnes mobiles, dont le mouvement était assez lent pour ne pas être un obstacle insurmontable, d'autant plus que souvent il s'arrêtait ; mais il n'était plus possible de se dissimuler le véritable caractère du danger. Sans l'obstacle présenté par les îles, toute cette masse flottante aurait continué à descendre hardiment la rivière, jusqu'à ce que l'espace s'élargissant de plus en plus, elle eût fini par se précipiter dans l'océan ; mais arrêtée non-seulement par notre île, mais par toutes celles dont cette partie de l'Hudson était semée, elle se cabrait, se brisait en énormes blocs, et formait ainsi devant chaque île une sorte de digue qui faisait toute notre sûreté. Si cette digue venait à se rompre près de nous, nous ne pouvions manquer d'être balayés par le torrent. L'espoir de Guert, c'était que les eaux avaient trouvé quelques issues étroites des deux côtés le long du bord. S'il se réalisait, alors la grande catastrophe pouvait être évitée ; autrement nous étions perdus.

— Je ne me pardonnerais pas de rester ici, sans chercher à reconnaître quel est l'état des choses plus près du rivage, dit Guert après que nous eûmes examiné, autant que la clarté douteuse de la nuit le permettait, les monceaux de glace qui s'accumulaient de plus en plus, et que nous eûmes discuté les chances de salut qui pouvaient se présenter. Retournez auprès des dames, Corny, et cherchez à entretenir leur courage, pendant que je traverserai ce canal qui est à notre droite pour gagner l'île voisine, et voir ce qui se passe dans cette direction.

— Je n'aime pas à vous laisser partir seul, mon ami. A deux on peut surmonter tel obstacle qui pour un seul peut devenir fatal.

— Venez avec moi, si vous voulez, jusqu'à l'île prochaine, où nous pourrons juger si c'est de l'eau ou de la glace qui nous sépare de la rive orientale. Dans ce dernier cas, vous reviendrez le plus vite possible prendre nos pauvres compagnes, pendant que je chercherai un endroit favorable pour traverser. Je n'aime pas l'aspect de cette digue, pour ne vous rien cacher; et j'ai grand'peur pour celles qui sont à présent dans le sleigh.

Nous allions nous éloigner quand un horrible craquement, plus fort que tous les autres, retentit à quelques pas de nous; saisis d'effroi, nous courûmes à l'endroit où il s'était fait entendre, et nous vîmes qu'un grand saule venait de se briser en deux comme un roseau, et que toute la barrière de glace s'avançait par un mouvement lent mais sensible sur la place même qu'il couvrait l'instant d'auparavant, écrasant ses branches sous son passage, comme la roue d'une charrette écrase l'herbe des champs. Guert me saisit le bras, et ses doigts crispés entrèrent presque dans ma chair, sous son étreinte de fer.

— Il faut partir, dit-il d'une voix ferme, partir à l'instant même. Retournons au sleigh.

Je ne savais pas quel était le projet de Guert; mais je compris qu'il était urgent d'agir avec énergie. Nous courûmes rapidement au point d'où nous étions partis; mais qu'on se figure l'horreur dont nous fûmes saisis en ne retrouvant point le traîneau. Toute la pointe basse de l'île où nous l'avions laissé était déjà couverte de glaçons mouvants, qui l'avaient sans doute emporté pendant les quelques minutes qu'avait duré notre absence. Je jetai un regard effaré tout autour de moi, et croyant apercevoir à quelque distance plus bas sur la rivière un objet qui semblait être le sleigh, j'allais me précipiter de ce côté, lorsqu'un cri d'alarme nous appela dans une autre direction. Mary Wallace sortit de derrière un arbre où elle avait cherché un abri, et, saisissant le bras de Guert, elle le supplia de ne plus la quitter.

— Et Anneke? où est Anneke? m'écriai-je dans une angoisse inexprimable; je ne vois point Anneke!

— Elle n'a point voulu quitter le sleigh, répondit Mary Wallace, pouvant à peine reprendre haleine. Je l'ai priée, je l'ai conjurée de me suivre; je lui répétais que vous ne pouviez tarder à revenir. Elle n'a voulu rien écouter; elle s'est obstinée à rester à la même place.

Je n'avais pas besoin d'en entendre davantage; je m'élançai sur la montagne mobile, et sautant de glaçon en glaçon, je finis par découvrir le sleigh qui descendait lentement la rivière, poussé par cette nouvelle couche de glace qui recouvrait la surface primitive. D'abord je n'aperçus personne dans le traîneau; mais, arrivé tout près, je trouvai Anneke blottie dans les peaux. Elle était à genoux, implorant le secours de Dieu.

J'éprouvai une sorte de satisfaction farouche, qui n'était pas sans charme, de me trouver ainsi, séparé du reste des humains, au milieu de cette scène de désolation, seul avec Anneke Mordaunt. Dès qu'elle revint à elle, et qu'elle comprit que j'étais là, elle s'informa de ce qu'était devenue Mary Wallace, et elle se trouva soulagée en apprenant que son amie était avec Guert, et qu'il ne la quitterait plus de la nuit. J'aperçus même leurs formes qui se dessinaient à travers le brouillard, pendant qu'ils franchissaient légèrement le canal qui séparait les deux îles, et ils disparurent dans cette direction au milieu des roseaux qui couvraient les bords.

— Suivons-les, dis-je vivement; le passage est encore facile, et nous pourrons aussi gagner la rive.

— Allez, vous! dit Anneke, qui semblait tombée dans un anéantissement complet; allez, Corny; un homme peut se sauver aisément; et vous êtes fils unique, le seul espoir de vos parents.

— Anneke, ma bien-aimée! pouvez-vous croire un moment que je partirai seul? Pourquoi ce profond découragement, cette indifférence pour vous-même? N'êtes-vous pas aussi la seule espérance de votre pauvre père? Est-ce que vous l'avez oublié?

— Non, non! s'écria la chère enfant d'une voix entrecoupée; aidez-moi à descendre, Corny, vite, bien vite; je vous accompagne partout où vous voudrez, fût-ce au bout du monde, pour épargner à mon père une pareille angoisse!

A partir de ce moment, toute trace de faiblesse ou d'hésitation disparut, et Anneke se montra prête à seconder tous mes efforts. C'était cette soumission passive à un sort qui semblait inévitable, d'un côté, et de l'autre, un mouvement de frayeur involontaire, qui avaient amené la séparation des deux amies.

Je ne sais comment décrire la scène qui suivit. Je ne pensais pas à moi, toutes mes craintes s'étaient concentrées sur Anneke. Je ne l'aurais pas aimée de toutes les puissances de mon âme, comme je le faisais, que le danger où se trouvait cette chère enfant, la confiance avec laquelle elle s'abandonnait à ma conduite, auraient suffi pour bannir de mon esprit toute idée d'égoïsme ou d'intérêt personnel. Dans des moments pareils, les affections se montrent à découvert, et tous les faux semblants dont les convenances les enveloppent disparaissent. J'agissais, je parlais avec Anneke comme avec la personne qui m'était la plus chère au monde; mais je suppose que le lecteur aimera mieux apprendre ce que nous fîmes, dans des circonstances semblables, que ce que nous pouvions dire ou éprouver.

Je le répète : il ne m'est point facile d'observer ici quelque suite dans mon récit. Tout ce que je sais, c'est qu'en courant plutôt qu'en marchant, nous traversâmes le canal sur lequel j'avais entrevu les formes indistinctes de Guert et de Mary, et nous réussîmes même à atteindre la rive orientale de la seconde île, dans l'espoir de pouvoir gagner la terre de ce côté. Mais cet espoir fut cruellement déçu; l'eau coulait à grands flots sur la glace; je ne pus découvrir aucune trace de nos compagnons, et nos appels répétés restèrent sans réponse.

— Notre position est désespérée, Cornélius, dit Anneke avec un calme forcé, dès qu'elle vit que la retraite était impossible. Retournons au sleigh, et soumettons-nous à la volonté de Dieu.

— Chère Anneke, songez à votre père, et rassemblez tout votre courage. Le lit de la rivière est encore solide; il faut le traverser, et voir si nous serons plus heureux de l'autre côté.

Ma frêle compagne s'appuyant sur mon bras, en même temps qu'elle était soutenue par sa force de caractère, obéit sans murmurer ; la rivière fut traversée de nouveau, mais le même obstacle nous arrêta. Les eaux s'étaient frayé une issue de chaque côté, et se précipitaient avec la rapidité d'une flèche. Cependant notre course avait été si rapide que les forces d'Anneke étaient absolument épuisées, et il fallut s'arrêter un moment pour qu'elle reprît haleine. Je profitai de cet instant pour regarder autour de moi, et réfléchir au parti qu'il était possible de prendre. Ce temps d'arrêt, quelque court qu'il fût, sembla augmenter encore l'horreur de notre situation.

Ce n'était plus seulement par intervalles que nous entendions la glace se fendre et se briser dans la partie supérieure de la rivière. Ce bruit était devenu incessant comme celui du vent déchaîné, ou du ressac contre la côte. Cette barrière de glaçons amoncelés devenait visible à mes yeux, à mesure qu'elle approchait de nous, s'élevant de plus en plus vers le ciel ; et il me sembla que la rivière tout entière reprenait son cours, poussée par une impulsion irrésistible. Dans ce moment terrible, où je commençais à croire que la volonté de la Providence était qu'Anneke et moi nous périssions ensemble, un son étrange vint se mêler à tous ces murmures effrayants de la nature bouleversée. J'entendis, à n'en pouvoir douter, les clochettes d'un sleigh, d'abord dans l'éloignement et par intervalles, puis bientôt plus près et sans interruption ; je distinguais même le frottement du traîneau sur la glace. J'ôtai mon chapeau, je pressai ma tête dans mes deux mains, car je craignais de n'être pas maître de mes sens. Rien n'était plus certain néanmoins ; les sons devinrent de plus en plus distincts ; et bientôt vint s'y mêler le bruit des pas des chevaux.

— Y aurait-il donc d'autres créatures aussi malheureuses que nous ? s'écria Anneke, oubliant ses terreurs dans un élan de tendre compassion. Voyez, Littlepage, voyez, cher Cornélius, voici assurément un autre sleigh qui vient de ce côté.

Il venait en effet, ou plutôt il passa comme un ouragan, comme un tourbillon à cinquante pas de nous. Je le reconnus du premier coup d'œil ; c'était celui d'Herman Mordaunt. Il était vide ; les chevaux effrayés se précipitaient partout où les poussait la terreur. Au moment où le sleigh passa devant nous, il était renversé; une nouvelle secousse le remit debout, et il disparut bientôt, pendant que le son des clochettes et le piétinement des chevaux se perdaient dans l'horrible fracas qui ébranlait tout l'horizon.

Dans cet instant un cri prolongé, poussé évidemment par une voix humaine, se fit entendre dans le lointain. Il me sembla qu'on m'appelait par mon nom, et Anneke crut l'entendre également. Cet appel, si c'en était un, venait du midi, et de la rive occidentale. L'instant d'après, des sons plus effrayants que jamais partaient de la barrière de glace qui s'était formée au-dessus de nous. Passant un bras autour de la taille délicate de ma compagne chérie pour la soutenir, je me mis à marcher rapidement dans la direction de la voix. En essayant de gagner la rive occidentale, j'avais remarqué un monticule de glace qui flottait, ou plutôt qui était poussé sur la surface lisse de la rivière gelée, précédant des glaçons de moindre dimension qui étaient entraînés par le courant. Ces glaçons flottants venaient s'ajouter incessamment à ce monticule qui croissait à vue d'œil, et qui menaçait de former une nouvelle digue dès que, parvenu à une dimension suffisante, il rencontrerait une passe plus étroite. Il me sembla que si nous pouvions gravir ce monticule, déjà suffisamment élevé pour être à l'abri de l'invasion des eaux, nous y trouverions un abri temporaire. J'y courus aussitôt, portant presque Anneke dans mes bras, avec d'autant plus d'empressement que des bruits effrayants venaient à nous, partant de la barrière qui jusqu'à présent avait protégé la tête de l'île.

Arrivés au monticule, nous pûmes gravir les premiers glaçons qui formaient comme autant de rudes échelons, quoique ce ne fût qu'avec de grands efforts; mais bientôt les aspérités devinrent telles qu'il me fallut monter le premier, et tirer Anneke après moi. Je continuai, tant que mes forces purent résister; mais enfin la fatigue l'emporta, et nous dûmes nous asseoir sur le bord d'un glaçon, afin de reprendre haleine. Pendant que j'étais là, de nouveaux sons partant de la rivière vinrent frapper mes oreilles; je me penchai en avant, et je vis que les eaux avaient forcé la barrière, et qu'elles arrivaient sur nous avec l'impétuosité d'un torrent.

CHAPITRE XVII.

> Mon cœur bondit de joie quand je vois un arc-en-ciel dans le firmament ; il en était ainsi quand j'étais petit enfant ; il en sera de même quand je serai vieillard, ou j'aimerais mieux mourir ! L'enfant est le père de l'homme fait, et je voudrais que mes jours s'enchaînassent l'un à l'autre, purs et limpides, comme à leur aurore.
> WORDSWORTH.

Si nous étions restés cinq minutes de plus sur le lit principal de la rivière, c'en était fait de nous. Pendant qu'assis nous regardions la force effrayante du courant autant que le permettait la faible lueur de cette sombre nuit, je vis le sleigh de Guert Ten Eyck passer en tourbillonnant devant nous; celui d'Herman Mordaunt suivit, les pauvres bêtes s'épuisant en efforts inutiles pour secouer leur harnais et recouvrer leur liberté, afin de pouvoir se sauver à la nage; haletantes, elles étaient presque ensevelies dans le courant, où les yeux d'Anneke ne pouvaient les découvrir, quoiqu'elle entendît leur respiration pénible; elle n'avait pas reconnu davantage le sleigh de son père. Un instant après, un de ces cris perçants, que le cheval à l'agonie fait entendre souvent, retentit douloureusement jusqu'à moi. Je n'en parlai pas à la pauvre fille, sachant bien que son amour pour son père était le grand mobile qui l'excitait à des efforts surnaturels, et ne voulant pas réveiller des alarmes qui, pour le moment, étaient assoupies.

Deux ou trois minutes de repos étaient tout ce que les circonstances nous permettaient de prendre. Il était évident qu'alors tout était en mouvement sur la rivière, le monticule de glace sur lequel nous étions assis, aussi bien que les glaçons détachés qui, entraînés par un mouvement plus rapide, passaient continuellement près de nous. Nous descendions lentement, parce que la masse qui nous portait était retardée soit par les bancs de sable semés sur la rive occidentale de la rivière, soit par le frottement contre les plaines de glace latérales. Cependant ce qui était incontestable, c'est que nous ne restions pas en place ; et je compris la nécessité d'atteindre le plus tôt possible l'extrémité occidentale de notre île flottante, afin de profiter de la première circonstance favorable qui pourrait se présenter.

Chère Anneke! combien sa conduite fut admirable pendant tout le cours de cette nuit terrible ! Depuis le moment où elle avait repris complétement ses sens, lorsque je l'avais trouvée en prière au fond du traîneau, jusqu'à l'instant actuel, elle avait secondé mes efforts avec une patience et une résignation parfaites. Toujours prête à faire ce que je lui disais, pleine de confiance et de courage, elle ne s'était pas abandonnée un seul instant à ces terreurs exagérées si naturelles à son sexe, et qui n'auraient été que trop excusables dans une pareille situation. En gravissant cette échelle de glace, ce qui n'était nullement une entreprise facile, nous avions agi parfaitement de concert, et les efforts que j'étais obligé de faire m'étaient adoucis par l'empressement qu'elle mettait à me seconder et à suivre mes moindres conseils.

— Dieu ne nous a pas abandonnés, lui dis-je en voyant que ses forces semblaient être revenues, et nous pouvons encore espérer de nous sauver. Je me figure la joie dont le cœur de votre père sera inondé en revoyant sa fille saine et sauve, et en la serrant de nouveau dans ses bras.

— Cet excellent père ! quelles angoisses il doit éprouver en ce moment à mon sujet! Allons, Corny, partons vite, et cherchons à le rejoindre, s'il est possible.

En disant ces mots, la chère enfant se leva, et ajusta ses vêtements de manière à ce qu'ils ne pussent gêner en rien ses mouvements, comme une personne qui se prépare à accomplir une tâche sérieuse, et qui veut y mettre toute son énergie. Elle avait abandonné depuis longtemps son manchon ; car la température était douce pour la saison, et nous n'aurions pas eu à souffrir du froid, quand même nos efforts auraient été moins énergiques.

Anneke déclara qu'elle était prête à se remettre en chemin, et je commençai l'opération difficile et délicate de l'aider à traverser une île composée de fragments de glace, afin d'en atteindre l'extrémité occidentale. Nous étions élevés au moins à trente pieds en l'air, et une chute dans l'une des nombreuses cavités entre lesquelles il nous fallait passer, n'aurait pu manquer de nous être fatale. En même temps la surface de la glace était si glissante qu'il n'était pas facile de tenir pied, d'autant plus que les glaçons superposés offraient des pentes plus ou moins rapides. Heureusement je portais des *moccasins* de peau de daim par-dessus mes bottes; et Anneke avait aussi des socques de bois; autrement nous n'aurions jamais pu nous en tirer. Avec ce secours, et en employant les plus grandes précautions, nous étions parvenus à passer de l'autre côté, lorsque la masse flottante, saisie par un tourbillon qui se trouvait à l'endroit de la rivière où elle était arrivée, tourna lentement sur elle-même, et nous replaça à l'extrémité opposée de l'île d'où nous venions de partir. A cette nouvelle contrariété, Anneke ne laissa pas échapper un murmure; mais avec une douceur et une résignation vraiment évangéliques, elle dit qu'elle était prête à tenter un nouvel effort. Mais je ne voulus pas y consentir; car le tourbillon nous faisait sentir encore son dangereux voisinage; et je pensai qu'avant tout il fallait nous soustraire à sa funeste influence, pour ne pas épuiser inutilement nos forces. Au lieu donc de gravir une seconde fois la montagne de glace, je dis à ma chère compagne qu'il valait mieux descendre sur un glaçon qui était posé à plat sur la rivière, et qui s'étendait assez loin pour que, si une nouvelle impulsion nous était donnée dans la direction du rivage, nous dussions nous en trouver assez rapprochés. La descente fut difficile; il me fallut plus d'une fois recevoir Anneke dans mes bras, mais enfin nous réussîmes, et je pus déposer mon précieux fardeau sur le plus bas et le plus uni des glaçons qui composaient notre montagne.

Ce changement de position avait quelques avantages. Nous nous trouvions abrités contre le vent, qui, sans être très-vif ni très-froid, était toujours un vent du mois de mars. Anneke aussi n'avait plus à craindre de tomber à chaque pas; elle se trouvait sur une surface unie où elle pouvait marcher sans peine, et entretenir par l'exercice la circulation du sang. Enfin nous nous trouvions ainsi dans la meilleure situation pour profiter du moment favorable, si notre île mouvante se rapprochait du bord.

Il n'y avait plus de doute possible sur l'état de la rivière. La débâcle était générale. Le printemps en une seule nuit avait établi son empire; l'immense croûte de glace s'était amollie partout, et la masse compacte qui s'était détachée de la partie supérieure de la rivière avait acquis une force irrésistible qui s'accroissait encore par les obstacles. Elle avait pris enfin tout son élan, et les eaux se précipitaient au centre de la rivière avec une impétuosité qui entraînait comme des roseaux toutes les barrières amoncelées qu'on eût dit infranchissables.

Heureusement notre montagne de glace se trouvait un peu sur le côté, en dehors de cette course effrénée des eaux. J'ai pensé depuis qu'elle touchait le fond, ce qui lui imprimait un mouvement de rotation, en même temps que sa marche s'en trouvait retardée. Quoi qu'il en soit, nous étions toujours dans une espèce de baie, et j'eus la satisfaction de remarquer que notre petit glaçon tournait du côté de la rive occidentale. C'était le moment d'agir avec décision, et je dis à Anneke de se tenir prête. Une masse de glace, plus compacte que celle qui nous portait, mais aussi unie, avait été poussée vers le bord, et il y avait tout espoir que notre glaçon, en continuant à tourner sur lui-même, finirait par le toucher. Je savais que si la glace s'était brisée, ce n'était pas faute de solidité, mais par suite de la pression énorme exercée par la masse qui s'était détachée de la partie supérieure, et à cause aussi de la force du courant; nous ne courions donc pas grand risque à nous aventurer sur la limite extrême d'un glaçon quelconque. Placés à l'extrémité du fragment qui nous portait, nous attendîmes avec une vive anxiété le moment où les deux glaçons se trouveraient en contact l'un avec l'autre.

Dans de pareils moments, le plus léger désappointement équivaut à la ruine totale de nos espérances. Plusieurs fois il nous sembla que notre île allait toucher le glaçon qui tenait au rivage, et chaque fois elle inclinait de côté, laissant un espace intermédiaire de six à huit pieds. Cet espace, seul j'aurais pu le franchir aisément; mais pour Anneke c'était une barrière insurmontable.

La chère enfant le comprit, et son noble caractère ne se démentit pas. Elle prit ma main, la serra vivement, et me dit d'un ton doucement résigné :

— Vous le voyez, Corny ; je n'ai aucun moyen d'éviter mon sort ; mais vous pouvez, vous, atteindre le rivage. Allez, et laissez-moi entre les mains de la Providence. Je n'oublierai jamais ce que vous avez fait pour moi ; mais il est inutile que nous périssions ensemble.

Je n'ai jamais douté qu'Anneke ne fût sincère, et que ce n'eût été une consolation pour elle de me voir essayer au moins de sauver mes jours. L'accent pénétré avec lequel elle parlait ; le peu d'espoir qu'elle conservait pour elle-même ; le mouvement de notre île qui, dans ce moment même, semblait s'éloigner du rivage ; tout cela me mit tellement hors de moi que j'en conçus un projet aussi hardi que désespéré. Je tremble, même aujourd'hui après un si grand laps de temps, rien qu'en y pensant. Un petit glaçon flottait entre nous et la masse compacte qui tenait à la terre ; il avait pu se glisser dans l'intervalle, grâce à sa petitesse, et il touchait, tantôt d'un côté, tantôt de l'autre. Je rassemblai toute mon énergie ; et soulevant Anneke dans mes bras, j'épiai un moment favorable, et je m'élançai. J'avais un saut à faire, avec mon précieux fardeau, pour gagner ce pont flottant. D'un bond, je m'y trouvai transporté. Touchant à peine du pied ce fragile support qui fléchissait déjà sous notre double poids, je le traversai en deux ou trois enjambées, et je réunis toutes mes forces dans un dernier et violent effort. Je réussis, et je retombai sur le glaçon compacte, le cœur rempli de gratitude envers Dieu. La résistance que mes pieds éprouvèrent me convainquit que je touchais une surface solide, et l'instant d'après nous étions à terre. En pareil cas, le premier mouvement est de regarder derrière soi pour examiner le danger auquel on vient d'échapper miraculeusement ; c'est ce que je fis, et je vis que notre pont fragile avait déjà été entraîné par le courant, et que la montagne de glace qui avait été notre premier moyen de salut, suivait lentement, par suite de quelque nouvelle impulsion qu'elle venait sans doute de recevoir. Mais enfin nous étions sauvés, et je remerciai Dieu avec ferveur de nous avoir tirés d'un si grand péril.

Je dus attendre Anneke, qui était tombée à genoux, et qui y resta quelques minutes, puis je l'aidai à gravir la pente escarpée qui bordait l'Hudson de ce côté ; arrivés en haut, après avoir dû nous arrêter une ou deux fois pour reprendre haleine, nous pûmes seulement alors apprécier le caractère général de la scène dans laquelle nous avions failli jouer un rôle si lugubre. Malgré l'obscurité, nous pouvions découvrir de ce point élevé une assez grande portion de la rivière : l'Hudson offrait l'image du chaos en se précipitant entre ses rives ; c'était comme une forêt de glaçons, les uns passant solitaires, les autres entassés, accumulés à une hauteur prodigieuse. Mais une masse sombre et colossale s'avançait de loin sur le canal même où Anneke et moi nous nous trouvions il n'y avait pas encore une heure, et elle descendait le courant avec une effrayante rapidité ; c'était une maison, qui sans être d'une grande dimension, était pourtant assez vaste pour produire un effet singulier sur la rivière ; puis bientôt un pont suivit ; et ensuite un sloop qui avait été violemment arraché du quai d'Albany, vint figurer à son tour dans la foule immense de débris rassemblés sur cette grande artère de la colonie.

Mais il était tard ; il fallait songer à Anneke, et lui chercher un abri ; elle commençait à manifester son inquiétude pour son père et pour ses autres amis. Continuant à la soutenir sur mon bras, je cherchai à gagner la grande route que je savais être parallèle à la rivière ; je réussis à l'atteindre dans l'espace de dix minutes, et je me dirigeai alors vers Albany. Nous n'étions pas loin que j'entendis des voix d'hommes qui venaient de notre côté. Qu'on juge de ma joie en reconnaissant dans le nombre celle de Dirk Follock ! j'appelai de toutes mes forces, et en réponse j'entendis pousser un grand cri qui lui était échappé involontairement, comme je l'appris bientôt, en apercevant Anneke. Dirck était encore vivement agité quand il nous rejoignit ; jamais je ne l'avais vu livré à une émotion pareille, et je fus obligé d'attendre quelque temps avant de lui adresser la parole.

— Eh bien, tous vos compagnons sont en sûreté, n'est-ce pas ? lui demandai-je avec un peu d'hésitation ; car j'avais regardé comme perdus ceux qui se trouvaient dans le sleigh d'Herman Mordaunt.

— Oui, grâce à Dieu, nous n'avons d'autre perte à déplorer que celle du sleigh et des chevaux. Mais où sont Guert Ten Eyck et miss Wallace?

— Ils sont sur l'autre bord ; nous nous sommes séparés, et ils ont pris cette direction pendant que nous venions ici. — Je parlais ainsi pour calmer les inquiétudes d'Anneke, car j'étais loin d'être rassuré sur leur sort. — Mais racontez-nous comment vous-même vous avez pu vous sauver.

Dirk, tout en marchant, nous apprit ce qui s'était passé. Dans ses premiers efforts pour gagner la rive occidentale, Herman Mordaunt avait été arrêté par l'obstacle que Guert n'avait que trop bien prévu, et il s'était dirigé vers le sud, espérant, en s'éloignant de la digue qui s'était formée plus haut, trouver un point où il pourrait prendre terre. Après des tentatives réitérées, toutes sans succès, Herman ne vit d'autre ressource que de passer sur des glaçons flottants qui se trouvaient entraînés par le courant avec une vitesse de quatre à cinq milles à l'heure. Dirk avait été laissé pour garder les chevaux pendant qu'Herman tentait l'entreprise avec mistress Bogart; mais les voyant en grand danger, il avait tout quitté pour voler à leur secours, et ils étaient tombés tous les trois dans l'eau qui, heureusement, n'était pas très-profonde à cet endroit. Les chevaux bais, abandonnés à eux-mêmes, sentant que la glace craquait et fléchissait sous leurs pas, s'étaient effrayés et avaient pris le mors aux dents. Mistress Bogart avait été portée à terre par ses compagnons, qui avaient réussi à gagner une ferme, à environ un quart de mille de l'endroit où nous avions rencontré Dirk. On avait fait bassiner un lit; mistress Bogart s'était couchée; et les deux messieurs avaient changé de vêtement, les bonnes gens qui habitaient la ferme ayant mis à leur disposition tout ce qu'ils avaient; aussitôt après, Dirk s'était mis à notre recherche.

D'après les informations que je pris, je reconnus que le point de la rivière où j'avais abordé avec Anneke était au moins à trois milles au-dessous de l'île où nous avions cherché notre premier asile. Nous avions donc parcouru presque toute cette distance sur la montagne de glace où nous étions restés si peu de temps; marque certaine de la rapidité du courant. Personne n'avait de nouvelles de Guert ni de Mary; mais je répétai à ma chère compagne qu'ils ne pouvaient manquer d'être en sûreté sur l'autre rive; j'étais loin d'en être certain; mais à quoi bon aller au-devant des malheurs?

En nous voyant arriver à la ferme, Herman Mordaunt éprouva des transports de joie qu'il est plus facile de se figurer que de décrire. Il pressa sa fille sur son cœur, et elle sanglotait comme un enfant Je ne fus pas oublié dans cette scène touchante.

— Je n'ai pas besoin d'explication, noble jeune homme; — il faut bien qu'on me pardonne de donner de semblables détails, puisque je me suis engagé à écrire fidèlement mon histoire, ce qui m'est contraire comme ce qui m'est avantageux; — je n'ai pas besoin d'explication, dit Herman en me serrant la main; je suis certain d'avance qu'après Dieu c'est à vous que je dois, pour la seconde fois, la vie de ma fille. Plût au ciel que... mais n'importe, — il est trop tard maintenant, — quelque autre moyen pourra s'offrir; — excusez, Littlepage, je sais à peine ce que je dis, mais croyez que, si je ne puis trouver d'expressions pour vous témoigner ma reconnaissance, le service que vous m'avez rendu n'en restera pas moins éternellement gravé là.

Et le père attendri posa la main sur son cœur. Le lecteur trouvera sans doute étonnant que ces paroles décousues, mais assez significatives néanmoins, n'aient fait d'autre impression sur moi dans le moment que de me rappeler que j'avais, en effet, eu le bonheur de rendre le plus grand des services à miss Mordaunt et à son père; mais j'eus occasion de m'en souvenir plus tard.

Il est inutile de parler longuement de notre séjour à la ferme. Ces braves gens firent tout ce qu'ils purent pour venir à notre aide, et, une demi-heure après notre arrivée, nous étions tous couchés dans des lits bien chauds.

Le lendemain matin un chariot fut disposé pour nous conduire à la ville, et nous quittâmes nos hôtes, à qui il nous fut impossible de faire rien accepter. J'ai entendu dire que l'Américain était mercenaire; la chose est possible; mais il n'existe peut-être pas dans toute l'étendue des colonies un homme qui acceptât de l'argent pour un service de ce genre. Nous mîmes deux heures pour arriver à Albany, et il pouvait être dix heures quand nous y fîmes notre entrée dans un équipage bien différent de celui dans lequel nous l'avions quitté la veille. De plusieurs points de la route, nous avions dominé la rivière, et nous avions eu l'occasion de remarquer les progrès de l'inondation. Il ne restait presque plus de glace. Çà et là quelques fragments étaient encore adhérents au bord ou flottaient à la surface; mais, en général, le torrent avait tout entraîné. Je cherchai surtout à découvrir l'île sur laquelle nous avions cherché un refuge. Elle était complétement submergée, mais le contour en était dessiné par les roseaux qui la bordaient. La plupart des arbres placés à la limite extrême avaient été déracinés, et il n'en serait pas resté un seul si la barrière, qui s'était formée à l'entrée, n'avait pas cédé presque au premier choc. Toutes les îles avaient souffert les mêmes ravages, et l'on voyait flotter de toutes parts des branches et des troncs d'arbres violemment arrachés.

Nous trouvâmes toute la partie basse d'Albany également submergée. Des bateaux sillonnaient les rues, les habitants de ce quartier n'ayant plus d'autre moyen de communication les uns avec les autres. Personne ne fut noyé, car chez nous, en pareil cas, on reste tranquillement dans sa chambre, et l'on attend à sa fenêtre pour voir passer l'ennemi. Nous lisons souvent que, par suite d'accidents semblables, des centaines de personnes ont péri dans l'Ancien-Monde; mais dans le nouveau, la vie de l'homme est trop précieuse pour être exposée sans nécessité; aussi faisons-nous quelques efforts pour la conserver.

En passant dans la rue où demeurait Herman Mordaunt, nous nous entendîmes appeler à grands cris, et nous vîmes Guert Ten Eyck qui agitait son bonnet en l'air, pendant que sa belle figure était radieuse. L'instant d'après il était auprès de nous.

—Monsieur Herman Mordaunt, s'écria-t-il en lui secouant cordialement la main, je crois vous voir sortir du tombeau, vous et mon excellente voisine mistress Bogart, et M. Follock que voici. En vérité, je vous croyais tous morts, et je ne conçois pas encore comment vous avez pu vous tirer d'affaire; car c'est bien certainement sous la rive occidentale que la débâcle a dû commencer. Corny et miss Anneke, vous voilà donc aussi! Miss Wallace tremble à chaque instant d'apprendre quelque mauvaise nouvelle; mais je cours la rassurer. Il n'y a pas cinq minutes que je l'ai quittée, tressaillant à chaque pas qu'elle entendait, persuadée toujours que c'était quelque messager de malheur.

A peine Guert avait-il achevé ces mots, qu'il s'était élancé dans la maison, et l'instant d'après Anneke et Mary Wallace se précipitaient dans les bras l'une de l'autre. Mistress Bogart fut reconduite à son hôtel, et ainsi se termina cette mémorable expédition.

Guert avait couru moins de dangers que je ne l'avais cru; aussi son histoire ne fut-elle pas longue à raconter. Il paraît qu'au moment où il avait atteint avec miss Wallace le bord de la dernière île du côté de la terre, un gros glaçon était entré dans ce bras de la rivière, ou plutôt y avait été poussé de force par la pression des masses énormes détachées d'en haut, de sorte qu'il s'y trouvait comme captif, quoique, resserré entre les deux bords, il perdît par le frottement quelques fragments qui se brisaient en poussière. La présence d'esprit et la résolution de Guert ne l'abandonnèrent pas alors. Sans perdre un instant, il conduisit Mary sur ce glaçon, et traversa ainsi le bras étroit qui le séparait seul de la terre. L'eau commençait bien à se répandre sur la surface du glaçon; mais ce n'était point un obstacle sérieux pour des personnes aussi agiles. Une fois en sûreté, nos amis restèrent pour voir s'ils ne pourraient pas nous engager à prendre le même chemin; et le cri que nous avions entendu avait bien été poussé par Guert, qui était revenu jusqu'à l'île dans l'espoir de nous rejoindre et de nous diriger. Ce ne fut pas Guert qui me donna ces détails; mais j'appris plus tard de Mary Wallace que ce n'était qu'avec beaucoup de peines et en courant de grands dangers qu'il avait pu retourner auprès d'elle, après s'être épuisé en efforts impuissants pour sauver ses compagnons. Jugeant inutile de rester plus longtemps sur le bord de la rivière, il se dirigea alors avec Mary Wallace vers Albany. A minuit ils étaient en face de la ville, mais de l'autre côté de l'eau; ils venaient de faire à pied au moins six milles, remplis d'inquiétude sur le sort de ceux qu'ils laissaient derrière eux. Guert n'était jamais indécis, et il se dit qu'il valait mieux aller en avant que de chercher à réveiller les habitants de quelque maison. La rivière était alors dégagée de sa couche de glace, quoique le courant fût très-rapide.

Mais Guert était un excellent rameur; et trouvant un bateau, il engagea Mary Wallace à y descendre, et comme il connaissait parfaitement tous les courants, il réussit à la débarquer à dix pieds de l'endroit où Guert et moi nous étions descendus si brusquement de traîneau très-peu de jours auparavant. De là à la maison d'Herman Mordaunt, il n'y avait qu'un pas; et miss Wallace fut la seule qui reposa cette nuit-là dans son lit, si toutefois elle put reposer.

Telle fut la fin de cette aventure, que j'ai pu à bon droit appeler mémorable. Jack et Moïse revinrent sains et saufs; sans doute ils avaient gagné le bord à la nage. On les trouva sur la grand'route, à peu de distance de la ville, et ils furent ramenés à leur maître le jour même. Tous ceux qui aimaient les chevaux, — et quel est le Hollandais qui ne les aime pas? — connaissaient Jack et Moïse, de sorte qu'il ne fut pas difficile de savoir à qui ils appartenaient. Ce qu'il y a de remarquable, c'est que les sleighs furent retrouvés, quoiqu'à de longs intervalles, et dans des circonstances très-différentes. Celui de Guert, avec toutes ses peaux, descendit toute la rivière sur la glace, traversa New-York sans doute pendant la nuit, et alla ainsi jusqu'à la mer où il fut jeté sur la côte par les vents et par la marée, puis tiré à terre, emmagasiné, annoncé dans les journaux, et enfin réclamé par Guert, qui le reçut par l'un des premiers sloops qui remontèrent l'Hudson après la débâcle. L'année 1758 se distingua par une activité extraordinaire à cause des mouvements de l'armée, et l'on ne perdit pas de temps inutilement.

L'histoire du sleigh d'Herman Mordaunt était tout autre. Les pauvres chevaux bais s'étaient noyés peu de temps après que nous les avions vus entraînés par le torrent. La vie ne les eut pas plus tôt abandonné que naturellement ils allèrent au fond de la rivière, entraînant avec eux le sleigh auquel ils étaient attachés. Quelques jours après ils reparurent à la surface, toujours avec le traîneau, qui fut recueilli par les matelots d'un bâtiment qui venait à Albany.

Nos aventures firent beaucoup de bruit dans le monde; et j'eus lieu de croire que ma conduite était généralement approuvée. Bulstrode fut un des premiers à venir me voir.

— En vérité, mon cher Corny, me dit-il après les compliments d'usage, vous semblez prédestiné à me rendre toujours les plus signalés services, et je ne sais plus, d'honneur, comment vous remercier. Hier, c'était un loin; aujourd'hui, c'est cette affaire de la rivière. Savez-vous bien que si M. Mordaunt n'y met ordre, avant la fin de l'été ce Guert aura noyé toute la famille, ou aura trouvé quelque autre moyen de lui casser le cou.

— Cet accident est du nombre de ceux qui auraient pu arriver à l'homme le plus âgé et le plus prudent. La surface de la rivière semblait aussi solide que le pavé de la rue, au moment où nous sommes partis; et il ne s'en est fallu que d'une heure que nous soyons revenus sains et saufs.

— Oui, mais cette heure-là a failli faire couler bien des larmes dans la famille la plus charmante de la colonie; et c'est vous qui avez conjuré le plus grand des malheurs. Pourquoi donc, Littlepage, n'entrez-vous pas dans l'armée? Joignez-vous à nous comme volontaire quand nous partirons, et j'écrirai à sir Harry de vous avoir un brevet d'officier. Dès qu'il saura que c'est à votre sang-froid et à votre courage que nous devons la vie de miss Mordaunt, il remuera ciel et terre pour vous témoigner sa reconnaissance. Du moment que ce bon père s'est décidé à accepter pour bru miss Mordaunt, il la regarde comme son enfant.

— Et Anneke — miss Mordaunt, monsieur Bulstrode, regarde-t-elle aussi sir Harry comme son père?

— Mais il faudra bien que cela vienne par degrés, puisque c'est naturel, n'est-ce pas? Seulement les femmes sont plus lentes que nous à recevoir des impressions si totalement nouvelles; et je suis sûr qu'Anneke se dit qu'elle a bien assez d'un père pour le moment, quoiqu'elle me charge, je vous assure, de choses les plus aimables pour sir Harry, quand elle est en verve. Mais d'où vient cet air grave, mon bon Corny?

— Monsieur Bulstrode, je dois imiter votre franchise. Vous m'avez dit que vous recherchiez la main de miss Mordaunt, je dois vous avouer à mon tour que je suis votre rival.

Mon compagnon entendit cette déclaration avec un calme parfait, et le sourire sur les lèvres.

— Ainsi, vous désirez devenir vous-même le mari d'Anneke

Mordaunt, mon cher Corny, n'est-ce pas? me dit-il si tranquillement que je ne pouvais concevoir de quelle pâte il était fait.

— Oui, major Bulstrode, c'est le premier et le plus cher désir de mon cœur.

— Par suite de votre système de réciprocité, vous ne vous offenserez pas si je vous adresse une ou deux questions?

— En aucune manière; votre franchise servira de base à ma conduite.

— Avez-vous jamais parlé à miss Mordaunt de ce désir de votre cœur?

— Oui, monsieur, et dans les termes les plus clairs et les plus formels, de manière à rendre toute méprise impossible.

— Sans doute, la nuit dernière, sur cette glace infernale, pendant qu'elle pensait que ses jours étaient entre vos mains?

— Pas un mot n'a été dit à ce sujet la nuit dernière, car d'autres pensées nous absorbaient.

— C'est qu'il n'eût pas été très-généreux de profiter des alarmes d'une jeune fille...

— Major Bulstrode, je ne saurais souffrir...

— Arrêtez, mon cher Corny, dit le major en mettant un doigt sur ses lèvres de l'air le plus pacifique et le plus amical; il ne faut pas qu'il y ait de malentendu entre nous. Les hommes ne sont jamais de plus grands sots que lorsque, sans avoir la moindre envie de se faire la plus légère égratignure, ils prodiguent les grands mots à propos d'honneur, là où le plus souvent l'honneur n'a rien à faire. Je ne vous chercherai point querelle, et s'il m'échappe quelques paroles légèrement inconséquentes, car j'espère bien ne pas commettre de plus gros crime, je vous en demande pardon d'avance.

— C'est assez, monsieur Bulstrode; soyez sûr que je n'aime pas non plus à me quereller pour une ombre, et que je déteste tout autant que vous ces faux braves qui sont toujours prêts à faire blanc de leur épée, et qui reculeraient les premiers, si on les prenait au mot.

— Vous avez raison, Littlepage; ceux qui font le plus de bruit ne sont jamais ceux qui font le plus de besogne. Comme vous dites, n'en parlons plus. Nous nous comprenons parfaitement. Pourrais-je vous faire encore une question?

— Tant que vous voudrez, Bulstrode, pourvu que je sois libre de répondre ou de me taire, suivant l'occasion.

— Eh bien, donc, me permettrez-vous de vous demander si M. le major Littlepage vous a autorisé à assigner un douaire convenable?

— En aucune manière, et je vous dirai même que ce n'est pas l'usage dans nos colonies; il est rare qu'il y ait d'autres stipulations que celle que la loi fait en faveur de la dot de la femme. Quelquefois le père insère quelque clause en faveur de la troisième génération. Il est probable que sir Herman Mordaunt assurera sa fortune à sa fille et à ses descendants, quel que soit celui qu'elle épouse.

— Oui, c'est une idée toute américaine; mais je doute qu'Herman Mordaunt, qui se rappelle son origine, agisse ainsi. Dans tous les cas, Corny, il paraît que nous sommes rivaux; mais ce n'est pas une raison pour ne pas rester amis. Nous nous entendons à merveille, quoique, peut-être, je dusse vous dire tout.

— C'est un service que vous me rendriez, monsieur Bulstrode, et dont je vous serais reconnaissant. Ne craignez point de moi quelque faiblesse; je saurai supporter mon sort avec courage. Quoi qu'il puisse m'en coûter, si Anneke en préfère un autre, son bonheur me sera plus cher que le mien.

— Oui, mon garçon, voilà ce que nous disons tous à vingt et un ans, ce qui est à peu près votre âge, n'est-il pas vrai? A vingt-deux ans, nous commençons à trouver que notre bonheur mérite bien d'être mis sur la même ligne, et à vingt-trois, nous finissons même par lui donner la préférence. Néanmoins, si je suis égoïste, je suis juste aussi; je n'ai aucune raison de croire qu'Anneke Mordaunt me préfère, bien que mon *peut-être* ne soit pourtant pas non plus tout à fait dénué de sens.

—Pourrais-je vous demander alors quel sens vous y attachez?

— Il se rapporte au père, et vous saurez, mon bon ami, que les pères sont quelque chose dans les arrangements de mariage entre gens de notre condition. Si sir Harry ne m'avait point donné son consentement, où en serais-je? Je n'aurais pu assurer le plus léger douaire, en dépit de la substitution. Voyez-vous, Corny, on a beau dire, le pouvoir existant a toujours une grande importance, attendu que, tous tant que nous sommes, nous pensons beaucoup plus au présent qu'à l'avenir. C'est pour cela qu'il en est si peu parmi nous qui aillent au ciel. Pour Herman Mordaunt, je dois vous prévenir en conscience qu'il est pour moi, envers et contre tous; mes propositions lui conviennent, ma famille lui convient aussi; mon rang dans l'armée, ma position dans le monde lui plaisent également; enfin je ne suis pas sans quelque espérance que ma personne ne lui déplait pas.

Je ne fis pas de réponse directe, et la conversation changea bientôt. Cependant cette déclaration de Bulstrode me fit songer à ce qu'Herman Mordaunt m'avait dit en me remerciant d'avoir sauvé les jours de sa fille. J'y réfléchis alors, et j'y réfléchis ensuite pendant des mois entiers; on verra bientôt quelles en furent les conséquences pour mon bonheur.

CHAPITRE XVIII.

> Mon bon monsieur, pourquoi tressaillir ainsi, et paraitre craindre des choses qui se présentent si bien! Au nom de la vérité, êtes-vous un être fantastique, ou êtes-vous véritablement ce que vous paraissez être?
>
> BANQUO.

Je l'ai déjà dit, l'aventure de la rivière fit assez de sensation dans la ville d'Albany; Guert et moi, nous fûmes regardés comme de petits héros, et j'acquis une sorte de célébrité populaire; mais Guert surtout me semblait destiné à en recueillir les fruits. Certaines personnes, mûres et respectables, qui ne manquaient jamais de froncer le sourcil dès qu'on venait à prononcer son nom, se surprenaient maintenant à sourire; et deux ou trois des plus rigides moraliseurs d'Albany avaient été jusqu'à dire qu'après tout il y avait du bon dans ce Guert Ten Eyck. Il n'est pas besoin d'apprendre au lecteur que dans une ville aussi isolée, aussi excentrique qu'Albany, un moraliseur renforcé est obligé de se soumettre à un code des plus sévères. La morale, telle qu'on l'entend dans le monde, est partout une chose de convention. N'y a-t-il pas une morale pour la ville, une autre pour la campagne? En Amérique, elle se divise, par exemple, en trois grandes espèces bien distinctes; d'abord la morale de la Nouvelle-Angleterre, toute puritaine; celle des colonies du centre, toute libérale; celle des colonies du Sud, toute tolérante. Et que de distinctions encore, que de subdivisions que je ne m'arrêterai pas à relever dans ces différentes classes! Ainsi, Guert et moi, nous avions une morale d'un genre différent : la sienne étant du genre hollandais, la mienne plus spécialement du genre anglais. Le trait caractéristique de l'école hollandaise, c'était le penchant à donner dans les excès, dès qu'il s'agissait de plaisirs. Le vieux colonel Follock était un exemple à citer en ce genre; et son fils Dirck, malgré sa jeunesse et son extrême défiance de lui-même, ne faisait pas entièrement exception à la règle.

Certes, il n'y avait pas dans la colonie d'homme plus universellement respecté que le colonel; il était allié aux meilleures familles; il jouissait d'une jolie fortune; il était bon mari, bon père, ami dévoué, voisin obligeant, sujet loyal, paroissien des plus zélés; enfin c'était un parfait honnête homme. Eh bien! le colonel avait ses moments de faiblesse : il fallait qu'à certaines époques il fît ce qu'il appelait ses fredaines, et le ministre était obligé de fermer les yeux. M. Worden le surnommait souvent le colonel farceur. Ses fredaines pouvaient se diviser en deux classes : les ordinaires et les extraordinaires. Les premières avaient lieu deux ou trois fois par an; c'était quand il venait à Satanstoé, ou que mon père lui rendait sa visite à Rockrockarock, nom de sa propriété dans le Rockland. Dans ces occasions, il se faisait une consommation considérable de tabac, de bière, de cidre, de vin, de citrons, de sucre, et de tous les autres ingrédients dont se composent le punch et les autres boissons semblables; mais ces petites débauches ne se prolongeaient pas outre mesure. On riait beaucoup; c'était à qui raconterait le plus d'anecdotes, le plus d'histoires drolatiques; mais il ne se commettait point positivement d'excès. Il est vrai que mon père, mon grand-père, le révérend M. Worden et le colonel Follock avaient coutume de regagner leurs lits en trébuchant un peu, ce qui provenait de l'odeur du tabac, comme ne manquait jamais de l'affirmer M. Worden; mais du reste tout se passait dans l'ordre et avec décence. Le ministre, par exemple, avait toujours soin de lever la séance le vendredi, et il ne reparaissait que le lundi soir, ce qui lui donnait vingt-quatre heures pour se calmer avant de monter en chaire. Je dois dire, à son honneur, qu'il était très-exact et très-méthodique dans l'accomplissement de tous ses devoirs, et je l'ai vu, quand il arrivait tard à table, et qu'il découvrait que mon père avait omis de dire le *Benedicite*, faire déposer à chacun son couteau et sa fourchette pour réparer l'omission. Je le répète, M. Worden était exemplaire sous ce rapport, et c'était grâce à son exemple et à ses instructions que l'habitude de dire une prière avant le repas s'était introduite dans plusieurs familles du West-Chester.

Je n'avais pas vécu quinze jours avec Guert Ten Eyck que je m'aperçus qu'il avait le même faible que le colonel. Il y avait un vieil huguenot français, ou plutôt le descendant d'un huguenot, qui demeurait près de Satanstoé, et qui avait conservé quelque chose du langage de son père. Ainsi, par imitation des grands et des petits levers du roi de France, il appelait les fredaines du colonel ses grands et ses petits couchers. Les petits couchers étaient ceux où il pouvait regagner son lit, tandis qu'aux autres il fallait toujours un peu d'aide. Mon père n'assistait jamais aux grands couchers; dans ces occasions, le colonel ne quittait point le Rockland, et il n'avait pour compagnons que des hommes d'extraction purement hollandaise; aucun profane n'était admis. J'ai entendu dire que ces orgies duraient quelquefois une semaine entière, et qu'alors le colonel et ses amis étaient heureux comme des milords. Mais ces grands couchers n'avaient lieu que rarement; ils revenaient, à peu près comme les années bissextiles, pour régler le temps et rétablir l'équilibre du calendrier.

Pour mon nouvel ami Guert, il n'avait fait aucune manifestation de ce genre pendant mon séjour à Albany ; il eût été difficile de concilier les grands couchers avec son attachement pour Mary Wallace; mais je découvris, par des allusions indirectes et quelques mots couverts, qu'il avait été plus d'une fois acteur dans des scènes de ce genre, et que, s'il ne recommençait pas, ce n'était pas l'envie qui lui manquait. Mary Wallace connaissait ce penchant, qui lui inspirait une antipathie profonde, et c'était le seul motif, j'en suis convaincu, qui la fit hésiter à accepter l'offre hebdomadaire que Guert lui faisait régulièrement de sa main. L'affection qu'elle éprouvait pour lui était trop évidente à mes yeux pour que je doutasse qu'il ne finît par réussir; quelle est la femme qui refuse longtemps de se rendre, quand l'image de celui qui livre l'assaut a déjà pris possession de la citadelle de son cœur? Anneke elle-même lui faisait un accueil plus gracieux depuis le dévouement qu'il avait montré, et il me semblait que les choses allaient au mieux pour mon ami, tandis que moi je restais toujours au même point; telle était du moins ma manière de voir au moment même où Guert, à ce qu'il paraît, commençait à s'abandonner au désespoir.

C'était à la fin d'avril, un mois environ après notre périlleuse excursion sur la glace; Guert entra chez moi par une belle matinée du printemps, la figure complétement bouleversée. J'aurais dû commencer par dire que pendant tout ce mois, je n'avais pas osé parler d'amour à Anneke; mes attentions et mes visites ne s'étaient point ralenties, mais ma langue avait été muette; il me semblait qu'il serait mal à moi, après les services que j'avais rendus si récemment, de revenir sur-le-champ à la charge. Je poussais même le romanesque jusqu'à m'imaginer que ce ne serait point employer contre Bulstrode des armes courtoises que de chercher à exploiter la reconnaissance dans l'intérêt de mon amour; c'étaient bien là les idées et les sentiments d'un tout jeune homme, je le confesse; mais il me semble néanmoins que je n'ai pas à en rougir. En tout cas, ces idées étaient les miennes; j'agissais en conséquence, et je sentais que mon cœur s'attachait de plus en plus, sans que j'eusse le courage de plaider seulement sa cause.

Guert était à peu près dans le même cas que moi, à cette différence néanmoins qu'il ne se faisait pas faute de parler, lui, et que chaque lundi matin, il ne manquait jamais de réitérer son offre. S'il insistait pour avoir une réponse, c'était un « non » qu'il entendait; mais s'il donnait le temps de la réflexion, alors on lui laissait quelque lueur d'espérance. Le *non* même était généralement tempéré par un certain air de doute et d'hésitation, par un sourire affectueux, ou par quelques larmes involontaires.

— Corny, me dit mon ami en jetant son chapeau sur une chaise d'un air tout à fait tragique; je dis son chapeau cette fois, car le printemps étant venu, nous avions tous quitté nos bonnets de fourrure; — Corny, je viens encore d'être refusé: « non, non, toujours non! » Ce mot est devenu si commun sur les lèvres de Mary Wallace, que je crains maintenant qu'elles ne sachent jamais en prononcer d'autre. Croiriez-vous, Corny, que j'ai une grande envie de consulter la mère Dorothée!

— Dorothée? Ce n'est point sans doute de la cuisinière de M. le maire que vous voulez parler?

— Non, *la mère* Dorothée! on dit que c'est la meilleure diseuse de bonne aventure qui ait jamais demeuré à Albany. Mais peut-être ne croyez-vous pas aux diseuses de bonne aventure? je sais qu'il y a des gens qui n'y croient pas.

— Je ne puis dire que j'aie une opinion bien arrêtée à leur égard, n'ayant jamais eu occasion d'en voir.

— Comment? est-ce qu'il n'y a ni devin ni devineresse d'aucun genre à New-York?

— Je crois bien qu'il en existe; mais je n'ai jamais eu l'occasion d'en voir ni d'en entendre. Si vous allez voir la mère Dorothée, j'avoue que je vous accompagnerai volontiers.

Guert fut ravi de m'entendre parler ainsi, et il saisit au bond ma proposition; il convint qu'il n'aurait pas aimé à s'aventurer seul dans le repaire de la vieille sorcière; tandis qu'avec moi, il s'y rendrait sur-le-champ.

— Je suis peut-être le seul de mon âge à Albany, ajouta-t-il, qui n'ait pas encore consulté une seule fois la mère Dorothée. Je ne sais d'où cela vient, mais je n'ai jamais aimé à tenter la fortune en allant la questionner. On ne sait pas ce que ces êtres-là peuvent vous prédire; et si ce sont des malheurs, voilà qu'on est à se tourmenter par avance. Je n'ai pas besoin de courir après les ennuis ; c'est déjà bien assez de voir que Mary Wallace ne peut pas se décider à me dire un tout petit « oui ».

— Eh bien ! vous renoncez donc à y aller maintenant ?

— En aucune manière, Corny ; dût-elle m'apprendre des choses de nature à me faire couper la gorge, je ne reculerai pas ; il faut en finir ; mais il ne faut pas nous présenter comme nous sommes. Tout le monde se déguise, afin d'avoir occasion d'apprécier si elle est en veine ou non, par la manière dont elle parle en premier lieu de notre position dans le monde, ou de nos habitudes sociales. Si elle se trompe sous ce rapport, je n'attache plus la moindre importance à tout ce qu'elle pourra dire. Ainsi donc, à l'œuvre, Corny, changez vite d'habits ; empruntez quelques vêtements aux gens de l'hôtel, et venez me trouver, dès que vous voudrez. Je serai prêt ; car ce n'est pas la première fois que je prendrai un déguisement. Que de parties fines j'ai faites ainsi, où vous ne m'auriez pas reconnu, fou que j'étais, après comme avant !

Les choses se passèrent comme il le désirait. Grâce à un garçon d'hôtel, je fus bientôt équipé de pied en cap à ma grande satisfaction, si bien en effet, qu'en sortant de la maison, je passai devant Dirck, mon ami d'enfance, qui ne me reconnut pas. Guert eut le même bonheur ; car, lorsqu'il vint m'ouvrir, je lui demandai à lui-même si son maître était chez lui ; le rire qu'il ne put contenir, et sa mâle prestance, me mirent bientôt au fait, et nous partîmes gais et dispos, oubliant les inquiétudes que nous causait l'avenir, pour ne songer qu'au plaisir de passer dans la rue devant nos amis sans qu'ils nous reconnussent.

Guert avait mis beaucoup plus d'art et de science dans son déguisement que moi dans le mien. Nous étions mis comme de simples ouvriers. Guert portait une espèce de surtout grossier qu'il endossait l'été pour aller à la pêche ; mais moi j'avais laissé voir mon linge, et tous les accessoires de ma toilette de tous les jours. Mon ami, chemin faisant, me signala quelques-unes de ces imperfections, auxquelles je remédiai de mon mieux. Justement j'aperçus M. Worden, et je résolus de l'arrêter et de lui parler en déguisant ma voix, afin de juger si je pouvais le tromper.

— Bonjour, révérend, lui dis-je en le saluant gauchement; c'est donc vous qui mariez les gens pour rien?

— Pour rien, ou pour quelque chose, ce que même je préfère en vérité. Mais au nom du ciel, Corny, pourquoi cette mascarade?

Il fallut mettre M. Worden dans la confidence, et il n'eut pas plus tôt appris ce dont il s'agissait qu'il témoigna le désir d'être de la partie. Il n'y avait pas moyen de refuser, et nous rentrâmes à l'hôtel, pour lui donner le temps de prendre un déguisement convenable. Comme le révérend portait toujours strictement le costume de son état, il lui fut très-facile de se rendre méconnaissable.

— Si je vais avec vous dans cette folle équipée, Corny, me dit-il, dès que nous nous fûmes remis en marche, c'est pour tenir la parole que j'ai donnée à votre excellente mère, de ne jamais vous laisser vous fourvoyer dans quelque compagnie équivoque, sans être là pour exercer sur vous une vigilance toute paternelle. Or, rien de plus équivoque, que je sache, que la compagnie d'une diseuse de bonne aventure; je regarde donc comme mon devoir de vous accompagner.

Je ne sais si M. Worden réussit à s'abuser lui-même; mais le fait est qu'il ne m'abusa point. Le révérend aimait à rire, et c'était pour lui une véritable jouissance de pouvoir se mettre d'une partie du genre de celle que nous allions faire.

A en juger d'après la situation de sa maison, et d'après l'apparence des choses, tant à l'intérieur qu'à l'extérieur, le métier de la mère Dorothée n'était pas des plus lucratifs. La malpropreté et la pauvreté étaient deux choses qui n'étaient pas communes à Albany, et je n'irai pas jusqu'à dire qu'elles se trouvassent réunies chez la vieille sorcière; mais du moins on ne rencontrait pas chez elle les extrêmes opposés, et rien n'était moins élégant ni moins recherché que sa demeure.

Nous fûmes introduits par une jeune femme qui nous fit entendre que la mère Dorothée avait déjà une ou deux pratiques, mais qui nous invita à nous asseoir dans une espèce d'antichambre, en nous disant que notre tour ne tarderait pas à venir. Nous nous assîmes en effet, écoutant, par une porte légèrement entrebâillée, avec une certaine curiosité, ce qui se passait dans l'intérieur. J'étais placé par hasard de manière à voir les jambes de l'une des pratiques de la devineresse, et j'avais aperçu des bas chinés qui me semblaient de ma connaissance, quand j'entendis un accent tout à fait caractéristique qui leva tous mes doutes. Il n'y avait pas à s'y méprendre; c'était bien celui de Jason. Il parlait avec une chaleur de conviction qui lui faisait élever la voix, tandis que son interlocutrice parlait tout bas et entre ses dents. Néanmoins nous ne perdîmes pas un mot de la conversation suivante:

— Eh bien, mère Dorothée, dit Jason d'un ton de confiance, je vous ai bien payée, n'est-ce pas? et je voudrais savoir s'il y a quelque chose à faire dans cette colonie pour un pauvre homme qui ne manque ni d'amis, ni, je puis ajouter, de mérite?

— C'est de vous qu'il s'agit, marmotta la vieille femme de l'air d'une personne qui vient de faire une découverte. Oui, je vois par les cartes que votre question s'applique à vous-même. Vous êtes ce jeune homme qui ne manque pas d'amis, et vous avez du mérite. Les cartes m'apprennent cela.

— Il est vraiment étrange, Dirck, que cette femme qui ne m'a jamais vu, me connaisse ainsi superlativement, jusqu'au fin fond de l'âme. — Mais croyez-vous, ma bonne, que je ferai bien de suivre l'affaire qui m'occupe dans ce moment, ou que je doive l'abandonner?

— N'abandonnez rien, répondit la sibylle avec le ton d'un oracle, tout en mêlant les cartes; n'abandonnez rien, et gardez tout ce que vous pourrez. C'est le moyen de prospérer dans ce monde.

— Par saint Inigo, Dirck, le conseil me va tout à fait, et je crois que je le suivrai. — Mais parlons maintenant de la terre et de l'emplacement du moulin; ou, plutôt, qu'est-ce que je dis là! de ce qui me trotte dans la tête?

— Vous songez à acheter... oui, les cartes parlent d'une acquisition.

— Vu que je n'ai rien à vendre, je ne puis guère songer qu'à acheter, ma bonne vieille.

— Je ne me trompais pas. Voilà un valet de trèfle qui est positif. Vous songez à acheter une terre. Attendez, je vois de l'eau qui coule. — Voilà un endroit favorable pour établir un moulin.

— Pour le coup, voilà qui est superlatif! qui l'aurait jamais cru, Dirck!

— Ce n'est pas un moulin qu'il s'agit d'acquérir; il n'y a pas de moulin construit, mais seulement la place d'un moulin.—Un six, un roi, un trois et un as, rien n'est plus clair. Et vous voulez payer cette terre le moins cher possible, beaucoup moins qu'elle ne vaut.

— Je n'en reviens pas! s'écria Jason. Je ne dirai plus jamais de mal des sorcières. — Dirck, pas un mot de tout ceci, je vous en conjure; c'est une confidence, vous entendez bien. — Maintenant je ne vous demanderai plus qu'un mot sur la fin que je ferai, bonne mère, et je vous laisserai tranquille. Ce que vous m'avez dit au sujet de ma fortune et de mes petites épargnes doit être vrai; car je sens que tout mon cœur est là; mais je voudrais savoir, après avoir savouré tout le bonheur que vous m'avez promis, quelle fin je ferai?

— Une fin excellente, pleine de grâces et d'espérance, et de foi chrétienne. Je vois ici quelque chose qui ressemble à un surplis de prêtre — des manches blanches — un livre sous le bras.

— Ce n'est pas moi, chère mère, je ne suis pas pour toutes ces simagrées, moi.

— Oh! je vois ce que c'est, vous n'aimez pas les ministres de l'Église d'Angleterre, et vous leur jetteriez de la boue au visage. — Oui, oui, vous voici, vous, — doyen presbytérien, en état de diriger au besoin une assemblée secrète.

— Allons, Dirck, je suis satisfait, partons : voilà assez longtemps que nous retenons la mère Dorothée, et j'ai entendu entrer quelques personnes. Merci, chère mère, merci de tout mon cœur. Je crois après tout que ces cartes-là en savent plus long qu'on n'est tenté de le croire.

Jason se leva et sortit de la maison, sans même daigner nous regarder; et, par conséquent, sans nous reconnaître. Mais Dirck resta en arrière; il n'était pas content de ce qui lui avait été dit précédemment.

— Pensez-vous réellement que je ne me marierai jamais, mère Dorothée? dit-il d'une voix qui annonçait assez l'importance qu'il attachait à la réponse. Je voudrais le savoir positivement avant de m'en aller.

— Jeune homme! répondit la sorcière du ton le plus solennel, ce qui a été dit a été dit. Je ne fais point l'avenir, je ne puis que le révéler. Vous m'avez entendue : vous avez du sang hollandais dans les veines ; mais vous habitez une colonie anglaise. Votre roi est son roi à elle ; elle est votre reine et vous n'êtes pas son maître. Si vous pouvez trouver une femme d'origine anglaise qui ait un cœur hollandais, et qui n'ait pas d'amants en Angleterre, poussez votre pointe et vous réussirez ; mais autrement, restez comme vous êtes jusqu'à la fin des temps. Telles sont mes paroles et telles mes pensées. Je n'en puis dire davantage.

J'entendis le pauvre garçon soupirer. Il pensait à Anneke et il traversa l'antichambre sans lever une fois les yeux de dessus le plancher. Il partit aussi découragé que Jason était parti triomphant ; l'un ne voyant dans l'avenir que des images de grandeur et de fortune, et l'autre voyant au contraire s'évanouir l'un après l'autre tous ses rêves de jeune homme. Peut-être le lecteur sera-t-il tenté de sourire quand je parle des rêves de Dirck, lui que j'ai peint jusqu'ici comme si simple, si défiant, si flegmatique ; mais il était doué en même temps d'une sensibilité profonde. J'ai toujours supposé que cette entrevue avec la mère Dorothée avait eu une influence durable sur sa destinée ; et je ne suis pas bien sûr que celle d'autres personnes que je pourrais nommer n'en ait pas aussi ressenti les effets.

Notre tour était venu, et nous fûmes appelés devant la prêtresse. Il est inutile de décrire l'appartement où elle se trouvait. Il n'avait de remarquable qu'un corbeau qui sautillait sur le plancher, et qui semblait vivre dans la plus grande familiarité avec sa maîtresse. Dorothée pouvait avoir soixante ans ; elle était maigre, ridée, avait une vraie figure de sorcière, et sa toilette semblait combinée de manière à ajouter encore à l'effet de sa physionomie naturelle. Son bonnet était de mousseline noire, quoique sa robe fût grise. Ses yeux étaient de la couleur de sa robe ; ils étaient enfoncés, pénétrants, toujours en mouvement. En un mot elle avait sous tous les rapports le physique de son rôle.

En entrant, après avoir salué la sorcière, chacun de nous déposa sur la table un écu de France. Cette monnaie était devenue commune parmi nous depuis que les troupes françaises avaient pénétré dans notre colonie, et l'on allait même jusqu'à dire qu'à l'aide de ce talisman, ils se procuraient des denrées chez quelques-uns des nôtres. Quoi qu'il en fût, comme nous avions payé le prix le plus élevé qui eût jamais été donné pour lire dans le grand livre de l'avenir, nous nous regardions comme ayant des droits particuliers à ce qu'on nous en déroulât toutes les pages.

— Désirez-vous me voir ensemble, ou bien l'un après l'autre? demanda Dorothée de sa voix creuse et sépulcrale, qui devait son timbre singulier à l'art au moins autant qu'à la nature.

Il fut convenu qu'elle commencerait par M. Worden, mais que nous pourrions rester dans la pièce. Pendant que nous réglions ce point entre nous, les yeux de Dorothée ne s'endormaient point, mais je remarquai qu'ils allaient continuellement de l'un à l'autre, comme si elle cherchait à recueillir des renseignements. Il est des personnes qui ne croient nullement à l'art qu'elle professait, et qui n'y voient que déception et qu'imposture; ainsi on prétendait que cette femme payait des noirs de la ville pour venir lui apporter les nouvelles, et que quand elle disait vrai, par hasard, c'était par suite des informations préalables qu'elle avait reçues. Je n'affirmerai point que cet art aille aussi loin que beaucoup de gens se l'imaginent; mais il me semble aussi qu'il y a bien de la présomption à contester qu'il puisse y avoir quelque chose de vrai là-dessous. Je ne voudrais point passer pour crédule; mais en même temps il me paraîtrait mal de refuser son témoignage à des faits dont la vérité nous est démontrée [1].

Dorothée commença par mêler un jeu de cartes horriblement sale, qui avait dû servir, suivant toute apparence, plus de cinq cents fois au même usage. Elle pria ensuite M. Worden de couper; puis elle examina les cartes longuement et avec de profondes

---

[1]. Il est évident que M. Cornelius Littlepage croyait jusqu'à un certain point à la magie blanche. Rien au surplus n'était plus commun il y a un siècle. Je me rappelle parfaitement que les Albaniens avaient un devin célèbre qu'on allait consulter régulièrement, dès qu'il y avait quelque cuiller perdue, ou quelque vol domestique. Les Hollandais, de même que les Allemands, étaient assez portés à ce genre de superstition, dont les Anglais du siècle dernier étaient loin d'être exempts. Les Français eux-mêmes n'ont-ils pas eu de nos jours leur demoiselle Lenormant? Mais aujourd'hui, la somnambule prend la place de la diseuse de bonne aventure.

réflexions. Pendant ce temps pas un mot ne fut prononcé, seulement nous tressaillîmes en l'entendant siffler tout bas, ce qui fit venir le corbeau sur son épaule.

— Eh bien! la mère, s'écria M. Worden avec un peu d'impatience, car tous ces préliminaires ne lui semblaient que momerie, — je brûle d'apprendre ce qui m'est arrivé, afin d'écouter ensuite avec une foi plus grande ce qui m'arrivera. Parlez-moi un peu du grain que j'ai mis en terre l'automne dernier. — Voyons, combien ai-je semé de boisseaux, et sur combien d'acres? La terre était-elle neuve ou vieille?

— Oui, oui, vous avez semé! répondit la vieille; mais votre semence est tombée au milieu de l'ivraie, sur de durs cailloux, et vous ne récolterez pas une seule âme de tout cela. Semez, semez à pleines mains; votre récolte n'en sera pas moins mince.

Le révérend M. Worden toussa fortement, se croisa les bras comme pour se donner plus d'assurance; mais, malgré tous ses efforts, il était évident qu'il n'était rien moins qu'à son aise.

— Comment va mon bétail? enverrai-je beaucoup de moutons au marché cette saison?

— Un loup sous la peau d'une brebis! murmura Dorothée. Non, non, vous aimez les soupers chauds, les canards, les sermons aux cuisinières, plus que de récolter dans la vigne du Seigneur.

— Vous êtes folle, femme! s'écria le ministre au comble de l'agitation; l'argent que je vous ai donné est de bon aloi, et vous me contez je ne sais quelles balivernes. Voyons, que voyez-vous dans ce valet de carreau que vous regardez avec tant d'attention?

— Oh! oh! un révérend qui fait des gambades — les gambades du révérend! cria la sorcière d'une voix perçante. Voyez! il court comme s'il s'agissait de sa vie; mais Belzebuth saura bien l'atteindre!

Il y eut pour le coup une pause qui dura longtemps, car le révérend M. Worden, ayant pris son chapeau, s'élança hors de la salle, et s'enfuit à toutes jambes, comme si la course à laquelle on avait fait allusion commençait déjà. Guert secoua la tête et sa figure s'allongea; mais voyant que la vieille femme avait repris son calme ordinaire, et qu'elle était occupée à mêler de nouveau les cartes pour lui, il s'avança pour connaître sa destinée. Je vis le regard de Dorothée s'attacher fixement sur lui, lorsqu'il vint prendre place près de la table, et les coins de sa bouche se crispèrent en un sourire significatif. Je n'ai jamais pu savoir exactement ce que ce sourire signifiait.

—Sans doute, comme tous les autres, vous voulez savoir quelque chose du passé, afin d'avoir plus de foi à ce que vous entendrez dire de l'avenir?

— A dire vrai, la mère, répondit Guert en passant les doigts à travers les boucles de ses beaux cheveux, et en parlant avec quelque précipitation, ce n'est pas que je me soucie beaucoup du passé. Ce qui est fait est fait, et tout est dit. Il y a des choses qu'un jeune homme aime tout autant à ne pas entendre répéter, surtout lorsqu'il cherche sérieusement à faire mieux. Nous sommes tous jeunes une fois dans notre vie, et ce n'est qu'après l'avoir été que nous devenons vieux.

— Oui, oui, je vois ce que c'est! marmotta Dorothée; des dindons, des dindons! des canards, des canards! couak, couak, couak! cuick, cuick, cuick. Et alors la vieille se mit à imiter si parfaitement les cris de canards, d'oies, de poules, de dindons, et de tous les oiseaux du monde, que de l'antichambre on aurait pu se croire à côté d'une véritable basse-cour. Je restai moi-même tout interdit, tant l'imitation était admirable. Pour Guert, il suait à grosses gouttes, et il fut obligé de s'essuyer le front.

—C'est assez, c'est assez, la mère! s'écria-t-il; je vois que vous savez tout, et il ne sert à rien de se déguiser avec vous. Eh bien! à présent, dites-moi si je serai marié un jour, oui ou non! aussi bien est-ce pour cela que je suis venu, et j'aime mieux en avoir tout de suite le cœur net.

—Le monde renferme beaucoup de femmes, et les jolies figures ne manquent pas à Albany, murmura de nouveau la vieille en examinant ses cartes avec une grande attention. Un jeune homme comme vous peut même se marier deux fois.

— Non, c'est impossible; si je n'épouse pas une certaine dame, je ne me marierai point du tout.

— Oui, oui, je vois ce que c'est! vous êtes amoureux, jeune homme.

— Entendez-vous, Corny? C'est prodigieux tout ce que ces créatures-là savent.—J'admets pour vrai ce que vous dites; mais faites-moi le portrait de la dame que j'aime.

Guert n'avait pas fait attention que se servir du mot dame, c'était trahir son incognito ; puisqu'un homme qui eût été vraiment de la condition que son accoutrement annonçait ne se serait pas servi d'une expression semblable en parlant de sa maîtresse. Mais il m'était impossible de le mettre sur ses gardes ; car alors mon compagnon était trop préoccupé pour entendre la raison.

— La dame que vous aimez, répondit la sorcière avec assurance et du ton d'une femme qui est sûre de ce qu'elle dit, est très-jolie, pour commencer.

— C'est vrai comme la lumière du soleil, la mère.

— Ensuite elle est vertueuse, aimable, sage, bonne et spirituelle.

— Ce sont des paroles d'Évangile ! — En vérité, Corny, voilà qui passe toute croyance.

— Puis, elle est jeune. Oui, elle est jeune, belle et bonne, trois choses qui font qu'elle est très courtisée.

— Pourquoi est-elle si longtemps à réfléchir avant de se prononcer, ma bonne? dites-moi cela, de grâce. Consentira-t-elle jamais à me donner sa main ?

— Je vois, je vois ! Tout cela est ici sur les cartes. La dame ne peut se décider.

— Vous entendez, Corny! venez donc me dire à présent que ce sont des balivernes. — Mais *pourquoi* ne peut-elle se décider ? C'est le pourquoi que je voudrais savoir. Un homme peut se lasser de demander la main même d'un ange, sans jamais recevoir de réponse. Au nom du ciel, dites-moi la cause de son indécision ?

— Il n'est pas facile de lire dans l'esprit d'une femme. Il en est qui sont pressées, d'autres qui ne le sont pas. Il me paraît que vous voulez recevoir une réponse avant que la dame soit prête à en faire une. Les hommes doivent savoir attendre.

— Mais c'est qu'en vérité on la dirait instruite de tout, Corny! j'avais bien entendu parler de l'art de cette femme; mais il dépasse tout ce que je pouvais croire! — Bonne mère, pourriez-vous me dire comment je dois m'y prendre pour obtenir le consentement de la femme que j'aime?

— Il faut le demander une fois, deux fois, trois fois.

— Par saint Nicolas, je ne fais pas autre chose; et s'il ne fallait que demander, elle serait ma femme depuis plus d'un mois. — Qu'en pensez-vous, Corny? Non, je ne ferai pas cette question, il ne serait pas bien de chercher à pénétrer les secrets du cœur d'une femme par des moyens semblables.

— L'écu a été déposé, la vérité doit être dite. La dame que vous aimez vous aime et ne vous aime pas; elle veut de vous, et elle n'en veut pas; elle pense *oui*, et elle dit *non*.

Pour le coup Guert trembla de tous ses membres.

— Corny, il ne saurait y avoir grand mal à demander si l'aventure de la rivière m'a été favorable ou nuisible. Oui, je puis le lui demander, n'est-ce pas? — Eh bien! voyons la mère! suis-je mieux ou plus mal dans mes affaires par suite d'une certaine chose qui est arrivée il y a un mois vers l'époque de la débâcle, lors de la grande inondation?

— Guert Ten Eyck, pourquoi me mettre ainsi à l'épreuve? demanda solennellement la sibylle. J'ai connu ton père et j'ai connu ta mère. J'ai connu tes ancêtres en Hollande, et leurs enfants en Amérique. Je vous ai connus tous de génération en génération, et tu es le premier de ta race que j'aie vu si mal habillé. Crois-tu donc, enfant, que la vue de la vieille Dorothée s'affaiblit, et qu'elle ne soit plus en état de reconnaître sa propre nation? Je t'ai vu sur la rivière — ah! ah! ah! c'était un drôle de spectacle — et Jack et Moïse! comme ils reniflaient et comme ils galopaient! crac! crac! la glace crève, l'eau arrive de toutes parts, gare! gare! prends garde de recevoir ce pont sur la tête! — Allons, prends soin, toi, de cet oiseau, et toi, de celui-là; et avec le temps le gibier reviendra au chasseur. Réponds à une seule question, Guert Ten Eyck, mais réponds franchement : ne connaîtrais-tu pas un jeune homme qui se dispose à partir pour les bois?

— Oui, la mère. Ce jeune homme, qui est mon ami, doit partir sous peu de jours, dès que le temps sera sûr.

— Bon! pars avec lui — l'absence fait qu'une jeune femme a le temps de se reconnaître, tandis qu'on ne gagne rien à demander. Pars avec lui, te dis-je; et si tu entends tirer des coups de fusil, va de ce côté; la crainte fait quelquefois parler une jeune femme. Tu as ma réponse, et je n'en dirai pas davantage. — Venez ici, jeune possesseur d'une foule de pièces d'or espagnoles, et touchez cette carte.

Je fis ce qui m'était ordonné. La vieille sorcière se mit à marmotter entre ses dents et à parcourir toutes les cartes avec une rapidité extrême. Les rois, les as, les valets, furent examinés l'un après l'autre; mais quand elle arriva à la dame de cœur, elle la prit dans sa main, et me la présenta d'un air triomphant!

— Voici votre dame. C'est la reine d'une multitude de cœurs. L'Hudson a fait pour vous ce qu'il a déjà fait pour plus d'un pauvre diable. Oui, oui, la rivière vous a fait du bien. Mais on peut se noyer dans les larmes aussi bien que dans l'eau. Méfiez-vous des baronnets.

La mère Dorothée s'arrêta tout court, et il ne fut plus possible de lui arracher une parole, malgré les mille questions que nous pûmes lui adresser. On nous fit signe de nous retirer, et quand elle vit que nous hésitions, elle posa sur la table un écu pour chacun de nous d'un air de dignité, se retira dans un coin, et se mit à piétiner pour témoigner son impatience. Après une manifestation aussi peu équivoque, il ne nous restait plus qu'à partir; c'est ce que nous fîmes, bien entendu sans reprendre notre argent.

CHAPITRE XIX.

> La vertu, quel bien fragile ! l'amitié, quel présent rare ! l'amour, comme il vend quelques parcelles de bonheur pour des années de désespoir ! comme tout cela passe vite ! et nous survivons à ce grand naufrage, dépouillés de tout ce que nous pouvions dire à nous.
>
> SHELLEY.

La visite à la sorcière fit une profonde impression sur Guert Ten Eyck, et cette impression fut durable; elle exerça même une influence remarquable sur sa conduite. Pour moi, je ne dirai pas que je restai complétement insensible à ce qui s'était passé, mais j'en fus affecté bien moins que mon ami. Le révérend M. Worden ne parla de cet incident qu'avec un grand dédain. Il déclara qu'il n'avait jamais vu de mystification semblable. La vieille sorcière nous avait déjà vus, il n'en doutait pas, de sorte qu'il lui avait été facile de nous reconnaître. C'était ainsi qu'en ramassant dans les rues d'Albany tous les sales propos qui y traînaient, elle avait pu répéter les sottes plaisanteries dont il avait été l'objet.

— Les gambades du révérend ! ajouta-t-il; il y a bien là de quoi se moquer vraiment ! Comme s'il n'y avait point lieu de courir, quand il s'agit de sauver sa vie ! Vous avez vu, Corny, si l'on pouvait se fier à la rivière, quand la débâcle arrive, et c'est un miracle que j'aie échappé. Voyez-vous, mon garçon, ma retraite me fait autant d'honneur que celle des Dix Mille en a fait à Xénophon. Il est vrai que je n'avais pas trente-quatre mille six cent cinquante stades à franchir; mais c'est à la qualité et non à la quantité que se mesurent des actions pareilles. L'impromptu en fait aussi le mérite, et si elles ont lieu sur une petite échelle, l'honneur n'en est pas moins grand... Vous êtes tout ébahi de tout ce qu'elle a débité à Guert; parbleu, la fine mouche le connaissait à merveille; et qui est-ce qui ne le connaît pas à Albany, lorsqu'il n'y a point de partie de plaisir, de complot malicieux ou d'orgie dont il ne soit ? Et Jack et Moïse ? pensez-vous que ce soit l'inspiration de l'esprit malin, ou même de toute une légion de démons, qui ait pu suggérer à cette folle d'appeler un cheval Moïse? Jack, passe encore; mais Moïse! Aller s'imaginer qu'un cheval porte le nom du grand législateur des Hébreux! Pourquoi ne pas supposer tout aussi bien qu'il s'appelle Confucius?

— Je suppose que l'inspiration, pour me servir de votre expression, monsieur, révèle à une habile devineresse les choses telles qu'elles sont; et qu'alors elle appelle les chevaux de leur nom véritable, quel qu'il soit.

— Oui, une belle inspirée vraiment, que cette vieille édentée! Une impudente, une effrontée coquine, voilà tout! Ne venez pas me parler, Corny, de tous vos diseurs de bonne aventure. — Ce sont des imposteurs fieffés. — Les gambades du révérend, en vérité!

Telle était l'opinion du révérend M. Worden relativement aux révélations de la mère Dorothée. Il nous fit promettre de ne rien dire de ce qui le concernait, et nous en prîmes volontiers l'engagement. Mais entre nous, Guert, Dirck, Jason et moi, nous ramenions toujours la conversation sur les circonstances de notre visite, et nous l'envisagions tous sous un autre point de vue que notre mentor. Jason était enchanté des prédictions qui lui avaient été faites; et comment n'aurait-il pas été content? On lui avait annoncé la fortune, et c'est une visite qu'on est toujours flatté de recevoir, quel que soit l'introducteur. Dirck avait pris aussi la chose au sérieux. A peine avait-il vingt ans, et il parlait déjà de mourir garçon; toutes mes plaisanteries ne pouvaient le dérider ni l'amener à changer de résolution. Guert, ainsi que je l'ai déjà dit, était plus affecté encore; et n'étant pas obligé à la discrétion pour son propre compte, il parla de sa visite à la sorcière un matin que nous étions réunis chez Herman Mordaunt. Bulstrode était présent; et nous causions avec cette liberté que la fréquence de nos relations avait établie entre nous.

— Est-ce qu'en Angleterre on connaît les diseurs de bonne aventure, monsieur Bulstrode? demanda brusquement Guert, les yeux fixés sur Mary Wallace; car c'était à elle qu'il songeait en adressant cette question.

— Qu'est-ce qu'on ne connaît pas dans la vieille Angleterre, en fait de sottises, comme aussi en fait de bonnes choses? Oui, sans doute, Londres a aussi ses sorciers.

Il en est jusqu'à deux que je pourrais nommer;

et je crois même qu'il est devenu à la mode de les consulter depuis que la cour a pris une allure si germanique.

— Oui, reprit Guert avec candeur, je le croirais aisément; car on dit que les meilleurs devins viennent de l'Allemagne ou des Pays-Bas. On prétend aussi qu'il y a eu des sorcières dans la Nouvelle-Angleterre, mais personne ici ne croit beaucoup à leur existence. C'est encore là une des inventions de ces fanfarons de Yankees.

Je remarquai que Mary Wallace rougit profondément, et qu'en coupant un bout de fil avec ses dents, elle profita de l'occasion pour détourner le visage, de manière à ce que Bulstrode notamment ne pût la voir.

— Tout cela revient à dire, s'écria le major, que notre ami Guert a été rendre visite à la mère Dorothée, femme très-connue, qui demeure sur la hauteur, et qui jouit d'une certaine réputation en ce genre parmi ces bons Albaniens. Quelques-uns de nos officiers ont été voir la vieille sorcière.

— Oui, monsieur Bulstrode, répondit Guert sans hésiter, avec une gravité qui prouvait qu'il ne plaisantait pas, j'ai été voir la mère Dorothée pour la première fois de ma vie, et Còrny Littlepage, que voici, m'accompagnait. Quoique depuis longtemps je la connusse de réputation, jamais, jusqu'à ce moment, je n'avais eu la curiosité d'aller chez elle. Oui, nous y avons été, et je dois dire que j'ai été étrangement surpris de l'étendue du savoir de cette personne extraordinaire.

— Vous a-t-elle dit de chercher la cuiller perdue dans le pot aux confitures, monsieur Ten Eyck? demanda Anneke d'un air malin qui me fit monter le rouge à la figure. On dit que c'est là que les devineresses renvoient toutes les ménagères peu soigneuses, et que la recommandation réussit presque toujours.

— Allons, miss Anneke, je vois que vous n'avez pas la foi, répondit Guert avec un peu d'impatience; et sans la foi on ne peut rien croire. Néanmoins j'ai tant de confiance en Dorothée que je suis bien décidé, coûte que coûte, à suivre en tout point ses avis.

Mary Wallace leva ses grands yeux bleus mélancoliques sur la figure du jeune homme, et il s'y peignait un intérêt profond, plutôt qu'une simple curiosité ; intérêt que son instinct de femme et sa réserve naturelle ne purent parvenir à cacher. Cependant elle ne dit rien, et laissa aux autres le soin d'entretenir la conversation.

— Ah ça! vous allez tout nous raconter, Ten Eyck, s'écria le major ; il n'y a rien qui ait plus de succès dans une société qu'une bonne histoire de sorcellerie, ou que quelque conte si merveilleux qu'il faut commencer par donner une entorse au bon sens avant d'y croire.

— Excusez-moi, monsieur Bulstrode ; il y a des particularités que je ne saurais répéter ; mais Corny Littlepage est là pour vous attester que cela tient vraiment du prodige. En tout cas, je vais bientôt partir pour les bois, et comme Littlepage et Dirck Follock sont d'excellents compagnons de voyage, je compte me joindre à eux. Il se passera encore bien du temps avant que l'armée soit prête à se mettre en marche, et nous serons en mesure de vous rejoindre devant Ticonderoga, si toutefois vous parvenez à aller aussi loin.

— Dites plutôt devant Montréal ; car j'espère bien que notre nouveau commandant en chef ne nous laissera pas sécher sur pied comme le dernier. Ferai-je placer une sentinelle pendant votre absence à la porte de Dorothée, mon cher Guert?

Cette question provoqua un sourire général, et Guert rit comme les autres, car il était le meilleur enfant du monde. J'ai dit général, et j'ai eu tort ; car j'aurais dû excepter Mary Wallace, qui resta sérieuse et pensive toute cette matinée.

— Alors nous serons voisins, dit tranquillement Herman Mordaunt, si toutefois vous comptez accompagner Dirck et Corny jusqu'aux terres dont la concession a été accordée récemment à MM. Littlepage et Van Valkenburgh. J'ai aussi de ce côté une propriété, qui est exploitée depuis dix ans ; ma fille et miss Wallace doivent m'y accompagner dès que le temps sera complétement beau; et je puis vous assurer que notre armée sera bien assez forte pour nous protéger contre les Français et les Indiens.

Ai-je besoin de dire avec quel ravissement Guert et moi nous apprîmes cette bonne nouvelle? Mais elle produisit sur Bulstrode un effet diamétralement contraire. Il ne parut pas surpris de ce projet de voyage; mais quelques expressions qui lui échappèrent semblèrent témoigner qu'il ne soupçonnait pas que les deux domaines, celui d'Herman Mordaunt et le nôtre, fussent si rapprochés l'un de l'autre. Ce fut même par les questions qu'il adressa que je fus mis au courant de tous les détails de cette affaire. Il paraît que le voyage d'Herman à Albany avait pour but de prendre quelques dispositions pour cette propriété sur laquelle il avait fait construire plusieurs moulins, et opéré d'autres améliorations, indispensables dans un nouvel établissement, et qui, par suite des progrès et des événements de la guerre, se trouvait plus rapprochée de l'ennemi qu'il n'eût été à désirer. Même dans la position occupée par les Français, à Ticonderoga, ses moulins, en particulier, pouvaient paraître courir quelques dangers, quoique la distance fût au moins de quarante milles; car des détachements de sauvages, conduits par des blancs, franchissaient souvent cette distance à travers les forêts, pour détruire un établissement et pour commettre des déprédations. Mais l'ennemi avait traversé le lac George l'été précédent, et s'était emparé du fort William Henry, situé à l'extrémité méridionale de ce lac. Il est vrai que là s'était arrêtée l'invasion; que l'ennemi avait même abandonné son audacieuse conquête, et qu'il s'était replié sur Ty et Crown-Point, deux des positions militaires les plus fortes des colonies anglaises. Cependant Ravensnest (le Nid des Corbeaux), c'était le nom du domaine d'Herman Mordaunt, n'était pas assez éloigné pour être à l'abri de toute sortie; et, en venant établir sa résidence à Albany, le but avoué d'Herman était d'être près du théâtre des événements, et de pouvoir en observer la marche. S'il avait quelque mission politique, c'était un profond mystère. Il était survenu un nouvel incident qui avait pu décider aussi le propriétaire de cette concession à la visiter. Les quinze ou vingt familles qu'il était parvenu à y établir à grands frais avaient pris l'alarme à l'annonce d'une campagne qui allait s'ouvrir tout près d'elles, et elles avaient manifesté l'intention d'abandonner leurs huttes et leurs défrichements, seul moyen, à leurs yeux, de prévenir leur ruine complète. Déjà deux ou trois d'entre elles s'étaient retirées dans la direction des concessions du Hampshire, d'où elles étaient venues primitivement; elles avaient profité pour cela de la prolongation des neiges, et l'on craignait que d'autres ne suivissent leur exemple.

Herman Mordaunt ne voyait pas l'urgence d'abandonner la conquête qu'il avait eu tant de peine à faire sur le désert. La fatigue d'un double déplacement découragerait ses colons, qui prendraient d'autres habitudes et se fixeraient ailleurs. C'était donc à lui de ne pas renoncer à son ouvrage, et de venir par sa présence leur donner un peu de courage et de confiance. Sa fille et sa pupille, car Herman était le tuteur de Mary Wallace, avaient témoigné un si vif désir de l'accompagner, que, ne voyant aucune apparence de danger, il s'était rendu à leurs instances. La nouvelle seule de son arrivée avait suffi pour calmer les craintes des colons, et pour les retenir à leur poste.

J'ajouterai ici, ce que je ne sus que plus tard et successivement, que Bulstrode avait appris ce projet de la bouche même d'Herman Mordaunt, qui le regardait presque comme son gendre; et il avait fait ses dispositions. Dès qu'il fut question du départ des troupes, et que divers détachements furent désignés pour aller occuper les points regardés comme les plus importants, il eut soin de se faire donner le commandement de celui qui devait aller le plus près de Ravensnest. Il y trouvait le double avantage de pouvoir visiter la famille Mordaunt à l'occasion, et de se poser en même temps jusqu'à un certain point en protecteur. Dirck et moi, nous n'avions pas fait mystère de notre voyage ni du but que nous nous proposions ; mais nous ignorions qu'Herman Mordaunt eût une propriété si voisine de la nôtre. Cette nouvelle ne nous causa donc pas moins de surprise qu'à Bulstrode.

Ce ne fut, je le répète, qu'à la longue que j'appris ces divers renseignements. Cependant les principaux points furent éclaircis dans la conversation qui eut lieu à l'occasion de la visite de Guert à la diseuse de bonne aventure. Elle dura une heure, et chacun expliqua ce qu'il comptait faire pendant l'été.

Bulstrode venait d'acheter un cheval, et il sortit avec Dirck et Guert pour le leur montrer, de sorte que je restai seul avec les deux amies. A peine la porte s'était-elle refermée sur eux, que je vis un sourire mal contenu errer sur les lèvres d'Anneke, tandis que Mary Wallace était toujours, sinon triste, du moins sérieuse.

— Lors de la fameuse visite chez madame la sorcière, monsieur Littlepage, il me semble que vous étiez aussi de la partie, dit Anneke, qui semblait se consulter depuis quelque temps sur la convenance de revenir sur ce sujet. Je savais qu'il existait une personne de ce genre à Albany, et que nos diligentes ménagères allaient quelquefois la consulter ; mais j'ignorais que des hommes, et des hommes bien élevés, lui rendissent cet honneur.

— Je ne vois pas ce que le sexe ou l'instruction peuvent y faire, son influence et son autorité n'en sont pas moins les mêmes. On me dit que beaucoup de jeunes officiers de l'armée vont aussi la voir pendant qu'ils sont ici.

— J'aimerais savoir si M. Bulstrode est du nombre. Il est jeune, quoique déjà avancé en grade. Un major peut être curieux tout aussi bien qu'un enseigne, tout aussi bien qu'une jeune fille qui aurait égaré la petite cuiller favorite de sa grand'mère. — N'est-ce pas, Mary?

Mary poussa un léger soupir ; elle leva même les yeux de dessus son ouvrage, mais elle ne répondit rien.

— Vous nous traitez sévèrement, Anneke ; — car maintenant j'étais presque regardé comme un enfant de la maison et l'on m'en permettait la douce familiarité. — Croyez-vous que M. Mordaunt n'en eût pas fait autant à mon âge?

— Allons, Corny, pas de récrimination ; cela n'en rendra pas votre conduite plus sage. Mais, du moins, j'espère que les grandes révélations qui vous ont été faites ne resteront pas secrètes, et que vous en ferez part à vos amis?

— Dorothée a été très-peu communicative avec moi ; c'est avec Guert qu'elle a été très-expansive. Il est certain qu'elle lui a dit sur le passé des choses inconcevables. On eût dit qu'elle le connaissait à merveille.

— Est-il probable, monsieur Littlepage, qu'il y ait quelqu'un à Albany qui ne connaisse pas M. Guert et ses aventures? Le pauvre garçon se fait lui-même connaître partout où il va.

— Et presque toujours à son avantage, me hâtai-je d'ajouter. — A cette remarque que je faisais de bonne foi, la physionomie de Mary Wallace s'éclaircit, et même un faible sourire se dessina sur ses lèvres. — Tout cela est vrai, j'en conviens; et pourtant il y a quelque chose d'étrange et de surnaturel dans la manière de s'exprimer de cette femme et dans tout ce qu'elle dit.

— Et toutes ces belles choses, vous paraissez décidé à les garder pour vous seul! dit Anneke du ton dont on ferait une question.

— Il serait mal de trahir les secrets d'un ami. Interrogez Guert; c'est la franchise même : il n'hésitera pas à tout vous dire. Vous savez s'il s'ouvre aisément à ses amis.

— Et Corny Littlepage ne pourrait-il pas s'entr'ouvrir au moins!

— Je n'ai rien à cacher, — et à vous moins qu'à personne, Anneke. La devineresse m'a dit que la reine de mon cœur était la reine d'un trop grand nombre de cœurs; que la rivière ne m'avait pas fait de mal; enfin que je devais me méfier particulièrement des baronnets.

En répétant ces paroles de la mère Dorothée, j'épiais la contenance d'Anneke; mais je ne pus y observer aucun changement. Elle ne manifesta ni bonne ni mauvaise humeur; elle ne me regarda même pas, ce qui eût été appeler sur elle l'attention; seulement il me sembla que son teint se colorait un peu. Pour Mary Wallace, elle bannit cette fois toute contrainte, et elle me regarda en souriant.

— Vous croyez tout ce que la sorcière vous a dit, Corny? dit Anneke après une courte pause.

— Mais, avant même de l'avoir vue, je croyais que la reine de mon cœur était la reine de bien des cœurs; que la rivière ne m'avait pas fait de mal, quoique je ne voie pas trop quel bien elle a pu me faire, et que j'avais à me méfier des baronnets. Mon opinion n'a donc point varié.

Anneke détourna la conversation, et se mit à parler du temps. La saison était précoce, et les grands mouvements de troupes ne pouvaient tarder à commencer. Plusieurs régiments étaient arrivés aux colonies, et l'on y comptait des officiers de distinction. Au nombre de ceux qui venaient de traverser ainsi l'Atlantique pour la première fois, se trouvait lord Howe, jeune militaire qui arrivait précédé d'une grande réputation, et sur lequel on fondait de belles espérances pour la campagne qui allait s'ouvrir. Pendant notre causerie, Herman Mordaunt, qui s'était absenté un moment, rentra, et il m'emmena avec lui pour me faire voir les dispositions qu'il prenait pour le voyage. Il reprit avec moi la conversation où elle en était lorsqu'il était revenu.

— Nouveaux lords, lois nouvelles; c'est un vieil axiome, Corny, et il paraît que ce M. Pitt, qui est l'âme de la chambre des communes, veut qu'il se vérifie dans toute l'étendue de l'empire britannique. La vie circule enfin dans toutes les artères des colonies, et la période d'assoupissement va cesser avec le commandement de lord Loudon. Le général Abercrombie, vieux militaire dont on attend beaucoup, est maintenant à la tête des troupes royales, et tout fait présager une campagne active et brillante. Il faut que les revers de ces dernières années soient effacés, et que le nom anglais redevienne redoutable sur ce continent. Lord Howe dont parlait Anneke est un jeune officier de mérite; on dit que le sang de la maison de Hanovre coule dans ses veines; sa mère n'étant rien moins que la demi-sœur de la main gauche du roi actuel.

Herman Mordaunt parla alors plus en détail de ses projets pour l'été. Il était heureux d'apprendre, me dit-il, que Dirck et moi nous allions être ce qu'il appelait ses voisins, — quoiqu'il résultât de renseignements plus précis que les deux domaines étaient à plus de quatorze milles de distance, et séparés par une grande forêt vierge. Enfin nous serions voisins, dans ce sens qu'il n'y aurait pas d'autres habitants entre nous; et si les visites devaient être rares, elles seraient longues du moins. Après tout, les voisins porte à porte ne sont pas toujours ceux qui se connaissent le mieux. C'était encore là une de ces idées connecticutiennes de Jason Newcome. Il s'imaginait qu'il connaissait toutes les personnes comme il faut du West Chester, parce qu'il avait habité le comté un an ou deux; et par le fait il n'avait jamais parlé au plus grand nombre. Mais, suivant lui, il suffisait de voir quelqu'un sortir de sa maison, passer dans la rue ou entrer à l'église, pour le connaître; et de cette manière on conçoit que le cercle de ses connaissances devait s'élargir à l'infini.

Herman Mordaunt avait pris des arrangements très-judicieux pour son voyage. Il avait fait construire une voiture couverte, où il y aurait place non-seulement pour lui et pour ses deux compagnes, mais même pour une partie des objets dont ils pouvaient avoir besoin pendant leur résidence dans les forêts. Un autre chariot, vaste et solidement construit, devait contenir les vivres et le reste des bagages. Ce fut un grand plaisir pour lui de me montrer tout cela, et de me parler du bonheur qu'il aurait à être accompagné de sa fille. J'ai toujours pensé qu'Anneke n'avait écouté que son affection pour son père en prenant cette résolution, tandis que son père espérait sans doute secrètement que Bulstrode trouverait des occasions plus faciles de faire sa cour et de se faire définitivement agréer. J'approuvai les dispositions qui avaient été prises; je me permis d'indiquer une ou deux modifications dans l'intérêt d'Anneke et de Mary, et nous nous séparâmes.

Un ou deux jours après, le régiment de Bulstrode se mit en marche pour le Nord. Les troupes partirent une demi-heure après le lever du soleil, précédées et suivies de nombreux caissons portant les bagages. Cependant on n'emportait pas de tentes; on allait dans une région où il ne faut pas plus de temps pour construire des huttes, qu'il n'en faudrait pour dresser des tentes; et en douze jours de marche le détachement avait rejoint le poste qu'il devait occuper, destiné qu'il était à appuyer deux ou trois autres corps, placés encore plus en avant, afin d'assurer la liberté des communications.

Bulstrode ne partit pas en même temps que son régiment. Le matin même du départ des troupes, j'avais été invité à déjeuner chez Herman Mordaunt avec Guert et Dirck, et, en arrivant, je vis le domestique du major qui promenait le cheval de son maître devant la porte ; c'était la preuve que Bulstrode était de la partie. En effet, nous le trouvâmes dans le salon, en grand uniforme, s'apprêtant à commencer son voyage à travers les forêts de l'Amérique ; il me parut préoccupé, comme si l'approche de son départ l'attristait ; mais toute ma surveillance jalouse ne put découvrir la moindre trace d'un sentiment correspondant de la part d'Anneke ; si elle n'avait pas toute sa gaieté habituelle, elle était loin d'être triste.

— C'est un grand regret pour moi de m'éloigner, mesdemoiselles, dit le major à la fin du déjeuner ; car ce pays est devenu pour moi plus qu'une patrie depuis que vous me l'avez rendu cher.

Ces mots furent prononcés avec plus de sensibilité que je n'en avais jamais vu montrer à Bulstrode, et même que je ne lui en aurais supposé. Anneke rougit un peu ; mais la jolie main qui était occupée à verser le thé dans les tasses ne trembla pas un seul instant.

— Nous nous reverrons bientôt, Henry, répondit Herman Mordaunt d'un ton d'affection toute particulière ; car nous partirons une semaine après vous. Nous serons voisins, et bons voisins, j'espère ; et n'oubliez pas que si la montagne ne vient pas à Mahomet, il faut que Mahomet vienne à la montagne.

— Ce qui veut dire, monsieur Bulstrode, dit Mary Wallace avec un de ces doux sourires qui avaient toute la candeur et toute la spontanéité de l'enfance, que vous êtes Mahomet et que nous sommes la montagne. Il n'est pas très-commode, pour nous autres femmes, de franchir des déserts, et il ne serait pas très-convenable qu'elles fissent des visites dans un camp.

— Il paraît que ce ne sera pas un camp, répondit le major, mais de belles et bonnes baraques, construites pour nous par le bataillon que nous allons remplacer. J'ai quelque espoir qu'elles seront de nature à pouvoir offrir même à des dames un abri au besoin ; d'ailleurs il ne peut être question de Mahomet ni de montagne entre d'anciens et intimes amis.

La conversation roula alors de nouveau sur nos projets à tous, et l'on se promit de se visiter souvent. Herman Mordaunt considérait évidemment Bulstrode comme étant de sa famille, ce qui pouvait s'expliquer aux yeux du monde par les liens de parenté éloignée qui les unissaient, mais ce qui, pour moi, prenait son origine dans une tout autre cause. Quand Bulstrode se leva pour se retirer, j'aurais voulu être bien loin pour ne pas être témoin de cette scène d'adieux; mais d'un autre côté le désir d'observer l'effet qu'elle pouvait produire sur Anneke m'aurait sans doute cloué à ma place, quand même les convenances ne se seraient pas opposées à mon départ.

Bulstrode était plus affecté que je ne l'aurais cru possible: il prit une des mains d'Herman Mordaunt dans les siennes, et la tint quelque temps fortement serrée avant de pouvoir parler.

— Dieu seul sait ce qui arrivera cet été, et si nous nous reverrons jamais, dit-il enfin; mais quelque chose qui arrive, le passé, ce passé si doux m'est à jamais acquis. Si vous n'entendez plus parler de moi, mon bon parent, du moins ma correspondance avec ma famille que, dans ce cas, j'ai recommandé de vous envoyer, vous montrera à quel point j'ai été touché et reconnaissant de toutes vos bontés pour moi; ces lettres ont été écrites à mesure même que j'en ressentais les effets, et elles vous peindront mieux mes sentiments que tout ce que je pourrais vous dire.

— Allons, allons, mon cher Henry, chassons ces tristes idées, interrompit Herman Mordaunt en essuyant une larme; c'est traiter trop sérieusement une séparation qui sera de courte durée.

— Hélas! mon cher monsieur, un militaire qui se trouve à portée de fusil de ses ennemis ne peut jamais envisager avec confiance une séparation, même la plus courte. Cette campagne sera décisive pour moi, ajouta Bulstrode en jetant un coup d'œil sur Anneke; il faut que je revienne vainqueur dans un sens, ou puissé-je ne jamais revenir! Adieu, Herman Mordaunt, comme vos compatriotes vous appellent; soyez heureux, et croyez que rien n'effacera jamais de mon cœur le souvenir de votre amitié.

Ces paroles furent prononcées avec âme et du ton le plus convenable. Bulstrode hésita un moment, regarda successivement les jeunes filles d'un air de doute, puis s'approcha de Mary Wallace.

— Adieu, bonne Mary, dit-il en prenant la main qui lui était offerte et en la baisant avec une émotion qui autorisait cette liberté, et qui attestait que ce n'était qu'un acte d'amitié et de respect ; je crois que les Catons et les Scrubs trouvent en vous un critique sévère ; mais je vous pardonne tous vos traits malins en raison de votre indulgence et de votre bonté habituelles. Vous avez bien des amis sans doute, mais ce dont je puis répondre, c'est qu'il n'en est aucun qui ait une admiration plus profonde pour vos vertus.

Ce petit compliment fut débité avec autant de naturel que de grâce, et Mary Wallace ôta le mouchoir qu'elle avait porté à ses yeux pour lui faire ses adieux avec la même cordialité. Les étrangers disent que les Américaines manquent de sensibilité, ou que, si elles en ont, elle est cachée sous un masque de froideur qui en détruit tout le charme ; qu'elles sont folâtres et familières comme des enfants quand elles devraient être réservées ; et que, au contraire, elles sont de glace dans les occasions où il y aurait lieu de montrer un peu d'expansion et de chaleur. Ce qui est vrai, c'est que la jeune Américaine n'est point comédienne, qu'elle ne sait pas affecter des sentiments qui ne sont pas dans son cœur ; mais que ses affections, pour n'être pas articifielles, n'en sont ni moins vives ni moins profondes.

Mary Wallace ne chercha point à cacher une émotion qui était toute naturelle ; bonne et sensible comme elle l'était, elle ne pouvait se séparer avec indifférence d'un homme qu'elle connaissait intimement depuis deux ans, surtout lorsqu'il semblait craindre que cette séparation ne pût être éternelle. Elle lui serra vivement la main, lui souhaita le plus heureux voyage, le remercia de la bonne opinion qu'il avait d'elle, et lui témoigna l'espoir que l'été ne se passerait pas sans qu'ils se trouvassent tous de nouveau réunis.

Le tour d'Anneke vint alors ; elle avait son mouchoir sur les yeux, et, quand elle le retira, ses joues étaient pâles et humides ; le sourire qui parut ensuite sur ses lèvres était la douceur même et, je l'avouerai, il me fit mal. A ma grande surprise, Bulstrode ne dit rien ; il prit la main d'Anneke, la serra sur son cœur, la baisa, y déposa un billet, puis s'éloigna en s'inclinant. J'eus honte d'épier la physionomie d'Anneke dans un pareil moment, et je me détournai pour que la crainte d'être observée n'ajoutât pas à l'embarras et au malaise qu'elle éprouvait évidemment. J'en vis assez néanmoins pour retomber dans toutes mes incertitudes ; certes, elle était encore plus émue et plus agitée que Mary Wallace, mais elle était toujours plus démonstrative que son amie ; ce que je prenais pour l'effet de la tendresse pouvait n'être qu'un simple témoignage d'amitié ; et puis Bulstrode était un parent après tout.

Les hommes accompagnèrent Bulstrode pour le voir monter à cheval : il nous serra cordialement la main, et il nous dit après être monté en selle : — Cet été-ci sera plus chaud que les derniers : les lettres que je reçois d'Angleterre annoncent qu'il se trouve enfin un homme de talent à la tête des affaires, et que l'empire britannique se ressentira, jusque dans ses extrémités les plus lointaines, de l'impulsion qu'il va lui donner. Vous trois, mes jeunes amis, j'espère que vous viendrez vous enrôler comme volontaires dès que vous apprendrez que nous marchons en avant. Que ne pourrait-on pas entreprendre avec un millier d'hommes comme vous ! car cette aventure sur la rivière a appris à vous connaître.—Dieu vous protége, Corny ! ajouta-t-il en se penchant sur sa selle pour me donner une dernière poignée de main ; il faut que nous restions amis, coûte que coûte.

Il n'y avait pas moyen de résister à tant de franchise et de cordialité ; je lui serrai vivement la main, et Bulstrode s'éloigna lentement, comme avec une sorte de répugnance. Néanmoins j'avais plus que jamais sujet de regretter que l'aimable major fût venu en Amérique ; et je crus que, pour le moment, le parti le plus sage était de ne point presser Anneke de se prononcer, de peur de m'attirer une réponse défavorable.

CHAPITRE XX.

> Voyons, quel est le texte que vous allez prendre ?
> qu'il soit traité avec vigueur.
>   BURNS.

Dix jours après le départ du régiment, Herman et sa famille, mes amis et moi, nous nous mîmes en voyage. Dans cet intervalle, de grands mouvements de troupes avaient eu lieu : plusieurs régiments de l'armée royale avaient remonté l'Hudson, la plupart des sloops de la rivière ayant été mis en réquisition pour les transporter. Deux ou trois corps arrivaient des colonies de l'est ; de nombreux détachements des milices des provinces étaient attendus ; Albany semblait être le centre où toutes les forces venaient aboutir.

Au nombre des officiers de distinction qui accompagnaient les troupes, se trouvait lord Howe, le seigneur dont il avait été question chez Herman Mordaunt ; il avait le grade provisoire de brigadier [1], et semblait être l'âme de l'armée. Jouissant d'une grande considération personnelle, il avait en même temps, à cause de son expérience et de ses services, toute la confiance des troupes. L'armée comptait un grand nombre de jeunes gens de bonne famille, et il y avait assez de fils cadets pour que le titre d'honorable fût presque aussi commun à Albany qu'à Boston. La plupart des familles de distinction des colonies avaient aussi des fils au service ; s'ils étaient des colonies du centre ou du sud, ils obtenaient généralement des brevets d'officiers dans l'armée régulière, tandis que les milices de l'est étaient commandées, comme c'était l'usage dans cette partie du pays, par des hommes sortis

---

[1]. Le lecteur pourrait ignorer que le grade de brigadier en Angleterre ne se trouve pas, comme chez nous, sur l'échelle régulière de promotion. Dans l'armée anglaise, les grades sont échelonnés ainsi : colonel, major-général, lieutenant-général, général, maréchal. Le grade de brigadier n'est en quelque sorte qu'un grade de fantaisie, comme celui de commodore dans la marine, pour permettre au gouvernement d'employer des colonels habiles quand les circonstances le demandent.

de la classe des gros fermiers, la naissance ou la fortune établissant peu de distinctions dans cette province, par suite des habitudes d'égalité qui y étaient répandues.

Cependant on disait que l'obéissance n'était pas moins marquée parmi les milices du Massachusetts et du Connecticut que chez celles qui venaient des provinces du sud plus éloignées, l'autorité étant respectée comme le représentant de la loi. C'étaient aussi de belles troupes, meilleures, je dois l'avouer, que les régiments de notre propre colonie ; elles semblaient mieux composées, quoique, pourtant, la plupart des officiers ne brillassent ni par l'éducation ni par les manières. En tout cas, officiers et soldats allaient bien ensemble, et ils se battaient comme des lions lorsqu'ils étaient bien dirigés, ce qui n'était pas arrivé toujours ; sous le rapport de la force physique, c'était le plus beau corps de l'armée, sans en excepter les troupes régulières.

J'avais vu lord Howe deux ou trois fois, notamment chez madame Schuyler, la dame dont j'ai déjà eu occasion de parler, et à qui j'avais remis la lettre d'introduction que ma mère m'avait donnée pour elle. Les Mordaunt allaient continuellement dans la maison, et ils m'emmenaient souvent avec eux. Quant à lord Howe, on pouvait dire qu'il était presque à demeure chez l'excellente madame Schuyler, dans les salons de laquelle se réunissait tout ce qu'il y avait de mieux à Albany.

Notre troupe était nombreuse, et elle aurait pu passer pour un petit corps d'armée qui s'était détaché pour prendre les devants, ce qui se voyait au surplus tous les jours. Herman Mordaunt n'avait différé son départ que pour laisser le pays se remplir de ces détachements, ce qui ajouterait à notre sécurité. En effet, une fois partis, nous n'allâmes, pour ainsi dire, que de poste en poste et d'étape en étape. Pour que le lecteur comprenne mieux nos opérations, il ne sera pas inutile de faire ici l'énumération de nos forces et d'exposer l'ordre et la marche de notre expédition.

Herman Mordaunt avait emmené avec lui deux négresses, l'une comme cuisinière, l'autre comme femme de chambre, et deux nègres, un palefrenier et un domestique. Il avait en outre trois blancs engagés comme ouvriers, soit pour conduire les voitures, soit pour frayer un chemin en abattant des arbres, ou pour jeter des ponts sur les rivières ; enfin pour faire tous les ouvrages que les circonstances pourraient demander. Sa troupe se composait donc en tout de dix personnes, dont quatre femmes ; la nôtre se composait de trois maîtres, de Jaap, mon fidèle nègre, de M. Traverse, l'arpenteur, de deux ouvriers sous ses ordres, de deux pionniers armés de haches, et d'un autre nègre, nommé Peter, domestique de confiance de Guert Ten Eyck, en tout dix hommes, dont deux de couleur. Nous nous trouvions donc, en unissant nos forces, au nombre de vingt ; tous les hommes, blancs et noirs, avaient chacun une carabine, et les maîtres portaient en outre une paire de pistolets passés dans un ceinturon que cachaient les basques de leurs habits ; de cette manière nous étions armés sans le paraître, précaution qui n'est pas inutile dans les bois.

Il est à peine nécessaire de dire que notre toilette avait subi une transformation complète. Aux chapeaux avaient succédé des bonnets assez semblables à ceux que nous avions portés l'hiver, sauf la fourrure qui avait été supprimée. Les dames portaient de légers chapeaux de castor, avec des voiles verts. Anneke et Mary avaient des amazones de drap qui dessinaient admirablement la finesse de leur taille. Ces robes étaient assez courtes pour leur permettre de marcher, s'il était nécessaire de faire quelque chemin à pied. Une plume ou deux étaient attachées à chaque chapeau ; seul tribut payé au penchant naturel de leur sexe à plaire aux hommes.

Quant à nous, nous étions couverts de peau de daim des pieds à la tête : nos culottes, nos guêtres, nos moccasins étaient de peau de daim. Seulement nos moccasins avaient des semelles ordinaires, quoique Guert en eût emporté une ou deux paires de fabrique purement indienne. Nous avions des habits de drap commun ; mais nous avions tous emporté des blouses, que nous devions mettre dès que nous entrerions dans les bois. Elles étaient vertes et ornées de franges, et l'on pensait que leur couleur se confondant avec celle du feuillage, empêcherait de les distinguer à une certaine distance. Elles étaient en grande faveur auprès des différents corps appelés à traverser les forêts, et c'était l'uniforme ordinaire de tous les chasseurs, chasseurs d'hommes, comme chasseurs de bêtes sauvages.

M. Worden et Jason ne partirent pas avec nous, et la question du costume en fut en grande partie la cause. Le bon ministre tenait aux apparences, et il aurait porté la robe et le surplis, eût-il été en mission chez les Indiens ; ce qui au surplus était alors le but avoué de son voyage. Même aux combats de coqs où je l'avais vu assister, il portait toujours le costume ecclésiastique. C'était chez lui une opinion bien arrêtée que l'habit faisait en grande partie le prêtre, et je doute fort qu'il eût jamais consenti à réciter les prières sans surplis, ou à prêcher sans robe, quelque avide qu'on eût pu être de la nourriture spirituelle. Je me rappelle très-bien avoir entendu dire à mon père qu'un dimanche le ministre, qui était en voyage, avait refusé d'officier, plutôt que de paraître à l'église sans les insignes qui indiquaient le caractère sacré dont il était revêtu.

— On fait plus de mal que de bien à la religion, monsieur Littlepage, lui dit M. Worden dans cette occasion, en négligeant les formes extérieures ; c'est rabaisser le culte aux yeux du peuple. Ce qu'il faut avant tout, c'est apprendre aux hommes à respecter les choses saintes, mon cher monsieur ; et un prêtre en robe et en surplis commande bien plus le respect que celui qui se priverait de ces puissants auxiliaires. Je regarde donc comme un devoir rigoureux de maintenir en toute occasion la dignité de mon état.

C'était pour être fidèle à ces principes que le révérend avait conservé son costume ecclésiastique complet : chapeau à larges bords, habit et culottes noires et rabat, pour se mettre en voyage, même quand ce voyage avait pour but d'aller à la quête des âmes des Peaux Rouges au milieu des déserts de l'Amérique du Nord. Je ne prétends pas le blâmer ; certes, les raisons qu'il donnait étaient d'un très-grand poids, et l'on ne peut que les approuver ; seulement il faut convenir qu'il en résultait pour le pauvre ministre de très-grands embarras.

Quant à Jason, son motif pour voyager dans sa plus belle toilette sentait bien son Danbury. Jamais personne ne voyageait autrement dans le coin qu'il habitait ; et pour lui, il trouvait que c'eût été traiter des étrangers avec peu d'égards que de paraître au milieu d'eux sous de vieux habits. Il y avait une autre raison plus réelle, qu'il n'avouait pas ; c'était l'économie. La présence des troupes avait fait hausser tellement le prix de toutes les denrées que Jason n'hésitait pas à déclarer, dans son langage quelque peu familier, qu'Albany était de toutes les villes qu'il avait vues celle où « il faisait le plus cher à vivre. » Il y avait bien quelque vérité dans cette allégation ; car, lorsque les planches d'une boutique s'étaient vidées, il y avait une distance de cent soixante milles à franchir pour faire venir de New-York de quoi les regarnir. Avec beaucoup de diligence, c'eût été l'affaire d'un grand mois pour le moins ; mais les Hollandais étaient non-seulement très-lents, mais très-méthodiques dans leurs opérations ; et le marchand qui avait épuisé son fonds de boutique en avril ne songeait à le renouveler qu'au retour régulier de la saison.

Voilà les différents motifs pour lesquels le révérend M. Worden et M. Jason Newcome étaient partis d'Albany vingt-quatre heures avant nous, avec l'intention de nous rejoindre à un endroit où la route entrait dans les bois, et où l'on pensait que le chapeau ecclésiastique et le bonnet de peau pourraient voyager ensemble dans une harmonie parfaite. Il y avait encore pour la séparation une raison que je n'ai pas dite ; c'est que toute ma petite troupe à moi voyageait à pied ; trois ou quatre chevaux de somme portaient nos bagages. Or, M. Worden avait obtenu une place dans une voiture de transport du gouvernement, et Jason avait trouvé moyen s'y faufiler, je n'ai jamais pu savoir comment. Il faut rendre à M. Newcome cette justice, qu'il avait un talent extraordinaire pour obtenir des faveurs de toute sorte ; et jamais il n'avait laissé échapper une occasion favorable faute de sollicitations. Sous ce rapport le caractère de Jason fut toujours une énigme pour moi. Il n'avait aucune espèce de notion des droits qu'un individu quelconque peut tenir de son rang, de sa naissance, de son éducation, de sa position dans le monde. La propriété était la seule chose pour laquelle il eût un respect profond, parce qu'elle représentait la fortune ; mais il ne se fût pas fait le moindre scrupule de s'installer dans la maison même du gouverneur, et de prendre possession de tous ses biens, pourvu qu'il eût eu la possibilité de s'y maintenir. En un mot, les idées de convenance et de justice lui étaient à peu près étrangères ; et la vie n'était guère autre chose à ses yeux qu'une sorte de jeu des quatre-coins où chacun s'empressait de se glisser à la place que son voisin avait laissée vide par inadvertance, et s'y maintenait tant qu'il le pouvait. J'ai parlé avec quelque détail de ce faible de Jason, parce que si cette histoire est transmise, comme je l'espère et comme c'est mon intention, à mes descendants, ils pourront voir se réaliser la prédiction de leur aïeul : que cette disposition à regarder toute la famille humaine comme autant de locataires en commun du domaine laissé par Adam, doit amener infailliblement des résultats inouïs. Mais laissons le révérend M. Worden et M. Newcome voyager aux frais du gouvernement, et nous-mêmes ne restons pas en route.

Comme je viens de le dire, nous marchions tous à pied, à l'exception des deux hommes qui conduisaient les chariots d'Herman Mordaunt. Chacun de nous portait, outre sa carabine et ses munitions, un havresac; et l'on conçoit que nos étapes n'étaient pas longues. Le premier jour, la halte se fit chez madame Schuyler, qui nous avait invités tous à dîner. Lord Howe se trouvait au nombre des convives, et il donna de grands éloges au courage que montraient Anneke et Mary Wallace en entreprenant un pareil voyage en un pareil moment.

— Au surplus, mesdames, vous n'avez rien à craindre, ajouta-t-il d'un ton plus sérieux, après quelques plaisanteries à ce sujet; car nous aurons soin d'échelonner de forts détachements entre vous et les Français. Les événements de l'été dernier, la catastrophe du pauvre Munro si honteusement abandonné à son sort, nous font sentir toute l'importance de forcer l'ennemi à ne point s'avancer au delà de l'extrémité nord du lac George ; on n'a déjà livré que trop de combats de ce côté-ci du lac, pour l'honneur des armes britanniques. Nous nous portons garants de votre sûreté.

Anneke le remercia de cette assurance, et la conversation prit un autre cours. Un jeune homme, du nom de Schuyler, et parent de la maîtresse de la maison, était présent, et je fus frappé de son air et de ses manières. Sa tante l'appelait Philippe, et, comme il était à peu près de mon âge, nous causâmes ensemble. Il me dit qu'il était attaché au commissariat sous les ordres du général Bradstreet, et qu'il se mettrait en marche avec l'armée, dès que l'organisation serait terminée. Il m'expliqua ensuite avec autant de simplicité que de clarté le plan de la campagne qui allait s'ouvrir.

— Nous avons donc l'espoir de vous voir des nôtres, vous et vos amis, ajouta-t-il pendant que nous nous promenions sur la pelouse en attendant le dîner; car, à vous parler à cœur ouvert, monsieur Littlepage, je n'aime pas trop que nous soyons obligés d'avoir tant de troupes de l'est parmi nous, pour purger cette colonie de ses ennemis. Il y a si peu de sentiments communs entre nous et les Yankees, que je voudrais de tout mon cœur que nous fussions assez forts pour faire reculer les Français à nous tout seuls.

— Il me semble, répondis-je, que nous avons du moins cela de commun que nous avons le même souverain, et que nous avons prêté le même serment de fidélité.

— Il est vrai, et pourtant je crois que vous avez assez de sang hollandais dans les veines pour me comprendre. Par la nature de mes fonctions, je suis souvent obligé de me transporter auprès de divers régiments; et j'avoue qu'un seul régiment de la Nouvelle-Angleterre me donne plus de peine que toute une brigade des autres troupes. Ce sont des généraux, des colonels, des majors à n'en plus finir; on en fournirait toute l'armée du duc de Marlborough!

— Il est certain que ce ne sont pas les grades qui manquent parmi eux, et qu'ils en sont très-fiers.

— Ne m'en parlez pas, répondit le jeune Schuyler en souriant. Vous entendrez les mots de général et de colonel prononcés plus souvent dans un seul de leurs cantonnements, en un jour, que vous ne l'entendriez au quartier général en un mois. Après cela, ils ont du bon sans doute; mais, je ne sais d'où cela provient, nous ne nous aimons pas.

Vingt ans plus tard j'eus occasion de me rappeler cette remarque, ainsi que le nom de celui qui l'avait faite.

J'eus aussi un moment d'entretien particulier avec lord Howe, qui me fit compliment de ce qui s'était passé sur la rivière. Il tenait évidemment les détails de cette affaire de la bouche d'une personne qui était de mes amis, et il y fit allusion dans des termes qui ne pouvaient que m'être très-agréables. Cette courte conversation ne mérite pas d'être répétée ; mais ce fut le commencement de relations qui se rattachèrent ensuite à des événements de quelque intérêt.

Une heure environ après le dîner, notre caravane prit congé de madame Schuyler, et se remit en voyage. Nous ne devions faire encore qu'une petite journée, quoique les routes fussent assez bonnes. Au surplus ce n'était pas ce qui devait nous inquiéter longtemps, puisqu'à une trentaine de milles au nord d'Albany, dans la direction que nous suivions, il n'y a plus trace de chemins, à l'exception de la route militaire, qui conduisait droit au lac Champlain.

Dès que nous fûmes arrivés à l'endroit où il nous fallait quitter la grande route du nord, Herman Mordaunt dut faire descendre les deux amis de chariot et les engager à monter à cheval. Ceux de nos bagages dont nous ne pouvions nous passer furent mis sur nos chevaux de bât, et, après une demi-journée perdue dans ces arrangements, nous nous remîmes en marche. Les chariots devaient suivre à petites journées ; mais les chemins étaient tellement rudes et difficiles que les dames n'auraient jamais pu en supporter les secousses. Notre cavalcade, flanquée d'une troupe de piétons, offrait un aspect respectable le long des aspérités de la route, qui bientôt ne fut qu'une simple ligne coupée à travers la forêt, ligne sur laquelle on voyait bien parfois quelques traces de roues, mais sans qu'on eût fait le moindre effort pour aplanir la surface du terrain. C'était là que MM. Worden et Jason devaient nous attendre ; et, en effet, nous y trouvâmes leurs bagages. Ils avaient été en avant, en nous faisant dire que nous les trouverions un peu plus loin.

Guert et moi nous marchions devant, comme en éclaireurs. Jeunes et robustes, il ne nous était pas difficile de devancer les autres ; et sachant que la maison où nous devions passer la nuit était à quelques milles de distance, nous hâtâmes le pas pour prendre les dispositions nécessaires pour la réception de nos dames. Cette maison, construite en bûches,—cela va sans dire,—s'élevait seule au milieu de cette solitude, quoique la terre fût défrichée à l'entour dans un espace de vingt à trente acres; et la journée était trop avancée pour qu'on pût songer à passer outre; car de là à la première habitation, qui se trouvait sur le domaine d'Herman Mordaunt, il y avait une distance de dix-huit milles, et il ne fallait pas moins d'un jour entier pour la franchir.

Nous pouvions avoir un mille d'avance sur nos compagnons, quand nous arrivâmes à une sorte de clairière abandonnée, que nous prîmes d'abord pour notre gîte; un certain nombre d'arbres avaient été abattus, et la lumière du jour perçait l'obscurité de la forêt; mais déjà une nouvelle pousse commençait à paraître, et le sol se couvrait de broussailles. En y entrant, nous entendîmes parler à peu de distance, et nous nous arrêtâmes; car la voix humaine, dans de pareilles solitudes, est bien faite pour engager le voyageur à se mettre sur ses gardes et à préparer ses armes. Ce fut ce que nous fîmes; après quoi nous écoutâmes avec précaution.

— Dame! s'écriait quelqu'un en anglais.

— Bataille! répondait une sorte de second-dessus que je ne pouvais méconnaître.

— Huit!

— Dix! j'ai gagné.

— Dame, huit, dix, bataille[1]! me dit Guert à l'oreille; voilà des gaillards qui sont à jouer aux cartes; poussons une reconnaissance de ce côté.

Je le suivis, et, écartant quelques broussailles, nous nous trouvâmes face à face avec le révérend M. Worden et Jason Newcome, qui jouaient à la bataille sur un tronc d'arbre en guise de table. Pris en flagrant délit, Jason essaya de cacher dans la paume de sa main les cartes qui lui restaient. Ce mouvement machinal n'était que le résultat naturel de son éducation puritaine, qui, lui faisant envisager toute espèce de jeu de cartes comme un péché, le forçait à l'hypocrisie, cet hommage que le vice rend à la vertu. La conduite du révérend M. Worden fut toute diffé-

---

1. Nous nous sommes permis de substituer le jeu de la bataille à celui de *all fours*, jeu anglais, dont les termes eussent été peu compris de nos lecteurs.

rente : habitué à ne point voir le mal là où il n'était pas, il ne laissa pas échapper le moindre signe de confusion ou d'alarme.

— J'espère, Corny, mon cher enfant, s'écria-t-il en nous voyant, que vous n'avez pas oublié d'emporter quelques jeux de cartes; je vois que ce sera une grande ressource dans ce pays de bois. Les cartes de Jason ont fait un si long service que vraiment il n'y a plus moyen d'y toucher; tenez, voyez plutôt! — Eh bien, où sont-elles donc, maître Newcome? elles étaient là il n'y a qu'un instant.

Jason confus, et rougissant jusqu'aux oreilles, ce qui ne lui était pas habituel, ouvrit lentement la main, et le maître d'école fut atteint et convaincu d'avoir touché à ces inventions diaboliques de l'esprit malin.

— Si M. Newcome eût été surpris jouant aux épingles, il ne serait pas si embarrassé, me dit Guert à l'oreille; mais ce jeu de la bataille lui tient au cœur. Voyons, il faut venir au secours du pauvre pécheur. — Consolez-vous, monsieur Worden, je ne voyage jamais sans cartes, et dans un moment je pourrai vous en donner qui, sans être tout à fait neuves, n'ont pourtant pas encore entièrement changé de couleur.

— Merci pour le moment, monsieur. J'aime à faire ma partie de whist ou de piquet; mais j'avoue que j'en ai assez de la bataille; comme M. Newcome ne sait pas d'autre jeu, nous n'avions que ce moyen de tuer le temps, et il a bien fallu l'employer en vous attendant. J'apprends avec plaisir que vous n'avez pas oublié d'emporter quelques jeux de cartes, car nous pourrons faire une partie complète dès que nous serons réunis.

— Et, qui plus est, une partie très-agréable, monsieur Worden. Savez-vous que miss Wallace joue le whist très-joliment? C'est un talent que j'apprécie beaucoup dans une femme, et je voudrais qu'il entrât dans l'éducation, puisque c'est un moyen de se rendre utile, et qu'on ne médit de personne pendant ce temps-là.

— Quant à moi, s'écria M. Worden, je n'épouserais jamais une femme qui ne sût pas le whist, le piquet, et deux ou trois autres jeux. Mais partons, car il se fait tard.

Le reste du voyage se fit sans encombre; avant la nuit, nous avions atteint le gîte qui devait nous recevoir. Le désert faisait déjà sentir son influence, car la maison n'avait que deux chambres ; l'une fut réservée aux femmes, tandis que nous autres hommes nous nous partagions la grange. Anneke et Mary Wallace prirent leur parti de la meilleure grâce du monde. Notre dîner, ou plutôt notre souper, se composa de pigeons grillés, gras et succulents : c'était la saison des pigeons, les bois en étaient remplis ; et l'on nous dit que nous pourrions nous en régaler tant que nous voudrions.

Le lendemain, vers midi, nous atteignîmes la première clairière du domaine de Ravensnest ; la contrée que nous parcourions n'offrait pas de grands accidents de terrain ; mais ses forêts à perte de vue lui donnaient un cachet particulier de grandeur. Nous passions alors sous une voûte élevée de jeunes branches qui commençaient à se couvrir de leur premier feuillage d'un vert tendre, et à gauche et à droite se dressaient des colonnes élancées de soixante, quatre-vingts, et quelquefois même cent pieds d'élévation ; les pins en particulier étaient véritablement majestueux, la plupart s'élevant à cent cinquante pieds, et quelques-uns à près de deux cents pieds de hauteur. Comme les arbres s'élancent vers la lumière dans les forêts, cela ne doit pas surprendre ceux qui sont habitués à voir la végétation circuler et se répandre depuis les sommets touffus jusqu'aux branches basses qui touchent presque la terre, ainsi qu'on le voit dans les plaines découvertes, ou au milieu des pelouses dans des régions plus anciennes. Dans les forêts vierges de l'Amérique, il y a très-peu de branchages le long des troncs d'arbres, et notre œil pouvait plonger à des distances considérables sous ces longs portiques verts, dont les colonnes seules, à force d'être serrées les unes contre les autres, finissaient par arrêter la vue.

Les clairières de Ravensnest n'avaient rien de bien attrayant ; c'était alors une opération lente et pénible, en même temps que très-coûteuse, que de défricher des terres, et de former un établissement. Herman Mordaunt me raconta, chemin faisant, ce qu'il lui avait fallu d'efforts et de sacrifices de tout genre pour décider une douzaine de familles à venir se fixer dans son domaine, et pour les y retenir ; d'abord il dut faire des baux réversibles sur trois têtes, ou bien de trente à quarante ans, moyennant un rendage purement illusoire, rendage dont le paiement ne devait commencer qu'au bout de six à huit ans. C'était lui, au contraire, qui était obligé de venir continuellement au secours des colons, et de leur fournir toutes sortes de facilités ; ainsi son agent tenait une petite boutique où étaient rassemblés les divers objets qui pouvaient leur être nécessaires, et il les leur vendait presque au prix coûtant, recevant en paiement les produits de leurs champs à demi cultivés, produits qu'il ne pouvait lui-même échanger contre de l'argent qu'après les avoir transportés à Albany, ce qui demandait un temps considérable. En un mot, les commencements d'un établissement de ce genre étaient très-difficiles ; et, pour que la tentative fût suivie de succès, il fallait que le propriétaire eût tout à la fois des capitaux et de la patience.

Tout homme tant soit peu versé en économie politique peut facilement en trouver la raison ; les habitants étaient rares, et la terre surabondante ; de sorte que ce n'étaient pas les fermiers qui cherchaient un propriétaire, mais bien les propriétaires qui cherchaient des fermiers ; aussi ceux-ci faisaient-ils leurs conditions, qu'on était obligé d'accepter.

— Vous voyez, ajouta Herman Mordaunt quand il m'eut donné ces premières explications, que ce n'est ni à moi ni même probablement à ma fille que mes vingt mille acres de terre profiteront beaucoup. Dans un siècle peut-être nos descendants recueilleront le fruit de toutes les peines que je me donne ; mais ce ne sera jamais de mon vivant que me seront payés les intérêts ni même le capital des sommes que j'aurai dû avancer en routes, en ponts, en moulins, en communications de tout genre. Les faibles rentes que commenceront à payer dans un ou deux ans un très-petit nombre de colons suffiront à peine d'ici à longtemps pour couvrir les dépenses courantes et les frais de l'établissement, sans parler des redevances à payer à la couronne.

— Voilà qui n'est pas très-encourageant pour un débutant dans la carrière, répondis-je ; et, après ce que je viens d'entendre, j'avoue que j'ai peine à concevoir comment on fait tant de démarches et on donne tant d'argent pour obtenir des concessions de terres incultes.

— Tout homme qui est à son aise, Corny, se sent porté à travailler pour ses descendants; ce domaine, pour peu qu'il ne soit pas démembré, peut faire un jour la fortune d'un de mes petits-fils. Un demi-siècle amènera de grands changements dans la colonie, et qui sait si alors un enfant d'Anneke ne bénira pas son grand-père d'avoir aventuré quelques milliers de dollars dont il pouvait se passer à la rigueur, dans l'espoir que ce qui n'était entre ses mains qu'un capital deviendrait un revenu pour son petit-fils?

— Notre postérité du moins nous devra quelque reconnaissance, monsieur Mordaunt; car je commence à comprendre que Mooseridge ne fera ni ma fortune ni celle de Dirck.

— Vous ne vous trompez pas. Santanstoé vous rapportera plus que la concession considérable de terres qui vous a été faite dans cette contrée.

— Ne craignez-vous plus, monsieur, que la guerre, ou la crainte des ravages des Indiens, ne fasse partir vos colons?

— Je l'ai craint longtemps; mais pour le moment ce danger n'existe plus. Si la guerre a ses inconvénients, elle a aussi ses avantages. Les soldats ressemblent aux sauterelles, en ce sens qu'ils consomment tout ce qu'ils trouvent. Les commissaires sont venus ici, et ils ont acheté sans marchander tout ce que mes fermiers ont pu leur vendre, grains, pommes de terre, beurre, fromage, en un mot, toutes les provisions qui ne leur étaient pas indispensables. Le roi paie en or, et la vue de ce précieux métal empêcherait même un Yankee de s'éloigner.

Nous étions alors en vue de l'emplacement qu'Herman Mordaunt avait baptisé du nom de Ravensnest, Nid de Corbeaux, nom qui depuis a été donné au domaine tout entier. C'était un bâtiment en bois placé sur le bord d'un rocher peu élevé où un corbeau avait fait originairement son nid. Placé de manière à être à l'abri d'un coup de main, il avait servi pendant quelque temps de point de ralliement aux familles dispersées sur l'établissement, lorsqu'on venait à craindre quelque invasion indienne. Au commencement de la guerre actuelle, Herman Mordaunt avait cru devoir faire construire de nouvelles fortifications, qui, tout insuffisantes qu'elles eussent pu paraître à un Vauban, n'étaient pourtant pas sans mérite ni sans utilité en cas de surprise.

La maison formait trois côtés d'un parallélogramme. La cour, qui était au centre, était défendue par une forte palissade qui la mettait à l'abri des balles. Toutes les fenêtres donnaient sur la cour, et la seule porte extérieure qu'il y eût était fortement palissadée. Je vis avec plaisir, par l'étendue de cette construction grossière, qui avait cent pieds de long sur cinquante de profondeur, qu'Anneke et Mary Wallace auraient du moins de la place pour se loger. En effet, l'agent d'Herman Mordaunt avait disposé pour la famille quatre ou cinq appartements aussi commodes qu'on pouvait s'attendre à les trouver dans une position semblable. Les meubles étaient simples, grossiers même, si l'on veut; mais enfin on se sentait à l'abri du froid et de tout danger, et c'était quelque chose.

CHAPITRE XXI.

> Longtemps mon imagination frappée verra le chef
> à la figure peinte, et sa lance effilée; longtemps ma
> raison elle-même s'inclinera devant les ombres et
> les illusions qui se sont dressées devant elle.
>
> FRENEAU.

JE ne m'arrêterai pas à décrire la manière dont Herman Mordaunt et ses compagnons s'établirent à Ravensnest. Ce fut l'affaire de deux ou trois jours, et alors je songeai à me mettre avec Dirck à la recherche des terres de Mooseridge. M. Worden et Jason ne se montrèrent pas disposés à aller plus loin. Cet emplacement que Jason cherchait pour un moulin faisait partie, à ce que j'appris seulement alors, de la propriété d'Herman Mordaunt, et déjà une négociation était ouverte depuis quelque temps à ce sujet entre le propriétaire et l'amateur. Quant au révérend, il déclara qu'il voyait un champ suffisant à ses travaux apostoliques là où il était, tandis qu'il semblait douter qu'il se trouvât un champ quelconque là où nous allions.

En quittant Ravensnest, notre petite troupe se composait de Dirck et de moi, de Guert, de M. Traverse, l'arpenteur, de trois ouvriers, de Jaap, de Peter, le domestique de Guert, et d'un chasseur, ce qui faisait un total de dix hommes vigoureux et bien armés. Cependant on nous conseilla d'emmener en outre avec nous deux Indiens, qui nous serviraient à la fois comme chasseurs et comme coureurs ou messagers. Une de ces Peaux Rouges s'appelait le Sauteur, dans le langage de l'établissement où nous l'avions pris ; et l'autre Sans-Traces, sobriquet qui lui avait été donné parce que dans ses marches et dans ses voyages il ne laissait après lui aucune trace de son passage. Cet Indien pouvait avoir vingt-six ans ; il passait pour Mohawk, parce qu'il demeurait avec cette tribu ; mais j'appris postérieurement qu'il était Onondago de naissance. Son véritable nom était Susquesus, ou le Crochu, — nom qui pouvait recevoir une interprétation plus ou moins favorable, selon qu'il s'appliquait au moral ou au physique.

— Prenez cet homme, monsieur Littlepage, me dit l'agent d'Herman Mordaunt, que j'avais consulté pour mes derniers arrangements. Il vous sera aussi utile dans les bois que votre boussole, sans compter qu'il est assez bon chasseur. Il est parti l'hiver dernier, comme coureur, lorsqu'il venait de tomber de la neige en quantité ; et l'on essaya de le suivre à la piste, une demi-heure après qu'il avait quitté les défrichements. Ce fut peine inutile. Il n'avait pas fait un mille dans les bois que ses traces étaient perdues aussi complétement que s'il eût voyagé au milieu des airs.

Comme Susquesus avait une réputation de sobriété, qui du reste lui était commune avec tous les Onondagos, il fut engagé, bien qu'un seul Indien eût pu nous suffire. Mais le Sauteur avait été retenu le premier ; et il eût été dangereux, dans notre position, d'offenser un homme rouge, en le mettant à l'écart pour en prendre une autre, quelque indemnité même que nous eussions pu lui offrir. D'après le conseil de M. Traverse, nous les primes tous les deux. Le nom indien ou mohawk du Sauteur était Quis-

quis, nom qui, je suppose, n'exprimait rien de très-honorable ni de très-illustre.

Quand le moment des adieux fut arrivé, mes deux compagnons de voyage montrèrent plus d'émotion que je ne leur en avais encore vu manifester. Guert m'avait dit sous le secret qu'il allait se risquer à faire une nouvelle tentative auprès de Mary Wallace. Les yeux humides et les joues enflammées de Mary semblaient annoncer qu'il n'y avait pas manqué. Cependant ce n'était pas une preuve décisive: car il y avait aussi des larmes dans les yeux d'Anneke. Ce fut un échange de souhaits empressés, et de promesses mutuelles de nous donner de nos nouvelles deux fois par semaine, par le moyen de nos coureurs. La distance pouvait varier de quinze à trente milles; et l'un des Indiens la franchirait aisément en un jour dans cette saison de l'année.

Après tout, la séparation devait être courte, car nous avions promis de venir dîner avec Herman Mordaunt le jour où il célébrerait le cinquantième anniversaire de sa naissance; et ce jour arrivait dans trois semaines de là. Cette perspective rendit le départ moins douloureux, et une demi-heure après le déjeuner, nous nous mîmes en route, légers et dispos, sinon complètement heureux. Herman Mordaunt nous accompagna l'espace de trois milles. Arrivé à l'extrémité de son domaine et sur la lisière de la forêt vierge, il prit congé de nous, et nous poursuivîmes notre chemin pendant plusieurs heures avec une diligence extrême, ayant notre boussole pour guide, jusqu'au moment où nous arrivâmes sur le bord d'une petite rivière qu'on supposait couler à trois ou quatre milles des limites des terres que nous cherchions. Je dis qu'on supposait; car il y avait alors, et il y a, je crois, encore aujourd'hui, beaucoup d'incertitude sur les délimitations des différents domaines situés dans les bois. L'arpenteur fit faire une halte sur le bord de cette rivière, qui était moins large que profonde, et l'on se mit en devoir de dîner. Des hommes qui ont marché aussi vite et aussi longtemps que nous venions de le faire, ne s'amusent guère à faire des cérémonies; et pendant vingt minutes chacun ne s'occupa que d'apaiser sa faim. Le repas terminé, M. Traverse appela les deux Indiens près de l'arbre tombé sur lequel nous nous étions assis, et la première occasion se présenta de mettre à l'épreuve l'intelligence de nos coureurs. Le principal employé de l'arpenteur fut admis à la délibération, qui commença de cette manière :

— Regardez bien! dit M. Traverse en posant le doigt sur une carte qu'il avait étalée devant lui; voici la rivière sur les bords de laquelle nous nous trouvons dans ce moment, voici bien le coude qu'elle fait en cet endroit. Il s'agit maintenant de découvrir la butte que voilà, sur laquelle le daim a été tué, et qui fait partie de la concession. Cet extrait du titre de propriété indique comme signe de reconnaissance un vieux chêne noirci dont la cime a été brisée par le vent, et qui se trouve au milieu d'un triangle formé par trois châtaigniers. Ce chêne porte en outre les indications d'usage.—Vous m'avez dit, je crois, Davis, que vous n'étiez jamais venu de ce côté?

— Jamais, monsieur, répondit Davis; jamais je n'ai eu occasion de m'enfoncer si avant dans l'est. Mais un vieux chêne, placé au milieu de trois châtaigniers, avec les autres signes que vous venez d'indiquer, ne saurait être bien difficile à trouver pour quelqu'un qui aurait la moindre connaissance du pays. Interrogez les Indiens : ils doivent mieux que personne connaître cet arbre, s'ils ont déjà passé par ici.

Connaitre un arbre! Depuis le moment où nous avions pénétré dans la forêt, des arbres étaient rangés par milliers autour de nous. Ils semblaient sortir de terre, à mesure que nous avancions, comme les horizons se succèdent indéfiniment sur l'océan, et cet homme s'imaginait qu'il suffisait d'avoir traversé quelquefois ces sombres labyrinthes où il ne se trouvait pas un seul vestige de civilisation, pour pouvoir distinguer un arbre particulier au milieu de cette multitude innombrable de pins, de chênes et de hêtres! Néanmoins, M. Traverse ne parut pas regarder le conseil de Davis comme si complétement extravagant; car, se tournant du côté des Indiens, il leur adressa la parole :

— Voyons, le Sauteur! demanda-t-il; connaissez-vous quelque arbre semblable à celui dont j'ai fait la description?

— Non, fut toute la réponse qu'il reçut.

—Je crains bien alors que Sans-Traces ne soit pas plus savant; car vous êtes Mohawk, vous, et l'on dit qu'au fond il est Onondago. — Eh bien! Sans-Traces, pouvez-vous nous aider à trouver l'arbre?

Depuis que les Indiens s'étaient approchés, mon regard ne quittait pas Susquesus. Il était là debout, droit comme un pin, leste et agile de sa personne, n'ayant pour tout vêtement que sa culotte de toile, ses moccasins, et une chemise de calicot bleu, serrée autour de ses reins par une ceinture écarlate, dans laquelle était passée la poignée de son tomahawk, et à laquelle étaient attachées sa bourse de cuir et sa corne à poudre, tandis que sa carabine était posée contre son corps, la crosse en bas. Sans-Traces était singulièrement beau pour un Indien. Il n'avait presque aucun des défauts physiques de ceux de sa race, tandis que toutes leurs nobles et mâles qualités se retrouvaient à un degré éminent dans sa personne. Son nez était presque aquilin; son œil, d'un noir de jais, était perçant et toujours aux aguets; ses membres étaient ceux d'Apollon; son front et sa prestance avaient toute la dignité impassible d'un guerrier, tempérée par une certaine grace naturelle. La seule chose à laquelle on pût trouver à redire, c'était sa démarche. Comme tous les Indiens, il marchait les pieds en dedans et les genoux pliés; mais, en revanche, ses mouvements étaient légers, souples, élastiques. En un mot, c'était le beau idéal d'un coureur.

Tant que l'arpenteur parla, les yeux de Susquesus semblaient se perdre dans l'espace; et j'aurais défié l'observateur le plus attentif de découvrir dans la contenance de ce stoïcien de la forêt rien qui annonçât qu'il prenait la moindre part à ce qui se passait. Ce n'était pas à lui de parler lorsqu'un guerrier, un coureur plus ancien que lui, était présent; et il attendait que ceux qui pouvaient en savoir plus que lui eussent dit ce qu'ils savaient, avant de prendre la parole. Cependant, se voyant interpellé directement, il bannit toute réserve, s'avança de deux ou trois pas, jeta sur la carte un regard de curiosité, et posa même un doigt sur la rivière, dont il suivit sur le plan les sinuosités avec une sorte d'intérêt enfantin. Susquesus se connaissait peu en cartes, c'était évident; mais le résultat prouva qu'il connaissait du moins très-bien les bois, qui étaient comme son élément naturel.

— Eh bien! que dites-vous de ma carte, Sans-Traces? répéta

l'arpenteur. N'est-elle pas dressée comme vous le voudriez?

— Bonne! répondit l'Onondago avec emphase. Maintenant, montrez votre chêne à Susquesus.

— Le voici. Vous voyez que c'est un arbre dessiné à l'encre, qui n'a plus de cime, et autour duquel ces trois châtaigniers forment une sorte de triangle.

L'Indien examina l'arbre avec quelque intérêt, et un léger sourire éclaira sa belle mais sombre figure. Il était évidemment content de voir que le plan était exact, et il n'en avait que meilleure opinion des arpenteurs de la colonie.

— Bonne! répéta-t-il de sa voix basse et gutturale, et si douce en même temps qu'on eût pu la prendre pour une voix de femme; — très-bonne! Les Visages Pâles savent tout. Maintenant, que mon frère trouve l'arbre.

— C'est plus facile à dire qu'à faire, Susquesus, répondit Traverse en riant. Autre chose est d'esquisser un arbre sur une carte, ou de le découvrir au milieu de mille autres dans la forêt.

— Il a bien fallu que le Visage Pâle le vît une fois pour le peindre. Où est le peintre?

— Oui, l'arpenteur l'a vu une fois; il y a même fait des marques; mais il faut le retrouver à présent. Pourriez-vous me dire où il est? M. Littlepage donnera un écu de France à qui le lui indiquera. Une fois au pied du chêne, je suis sûr de me reconnaître.

— L'arbre qui est peint là, dit Susquesus en me montrant la carte avec un certain air de mépris, le Visage Pâle ne peut le trouver dans le bois. L'arbre vivant est là-bas : l'Indien le connaît.

Susquesus étendit le doigt avec beaucoup de dignité dans la direction du nord-est, puis il resta immobile comme une statue, comme s'il attendait qu'on vérifiât l'exactitude de son indication.

— Pouvez-vous nous conduire au pied de l'arbre? demanda vivement Traverse. Faites-le, et l'argent est à vous.

Susquesus fit un geste expressif d'assentiment; puis il se mit à rassembler les faibles restes de son dîner, précaution que nous eûmes soin de prendre comme lui; car, dans quelques heures, il pouvait nous être agréable d'avoir de quoi souper. Quand tout fut prêt, et que les havresacs furent sur nos épaules, non pas sur celles des Indiens, qui condescendent rarement à porter des fardeaux, occupation bonne pour les femmes, Sans-Traces prit les devants dans la direction qu'il avait indiquée.

L'Onondago méritait bien son nom, à ce qu'il me parut, à la manière dont il se glissait, plutôt qu'il ne marchait, à travers cette sombre forêt, sans marques, sans chemins, sans signes d'aucune espèce que d'autres du moins pussent remarquer. Il nous fallait tous nos efforts pour le suivre. Il ne regardait ni à droite ni à gauche; mais il allait droit en avant guidé par son instinct, comme le fin limier qui suit la piste invisible du gibier qu'il poursuit. Cette marche précipitée dura dix minutes, après lesquelles Traverse commanda une nouvelle halte, et nous nous réunîmes en conseil.

— A quelle distance d'ici pensez-vous que doive être l'arbre, Onondago? demanda l'arpenteur dès que toute la troupe se fut rangée en cercle; j'ai mes raisons pour le demander.

— A ce nombre de minutes, répondit l'Indien en levant les quatre doigts et le pouce de sa main droite; le chêne à la cime brisée, avec les marques du Visage Pâle, est là.

La précision des indications de Susquesus, la confiance qu'il manifestait, me surprenaient beaucoup; car je ne pouvais concevoir qu'un être humain pût être positivement sûr de son fait, dans les circonstances où nous nous trouvions placés. Il l'était pourtant, et l'événement le prouva bientôt. Cependant Traverse s'occupa des dispositions qui lui restaient à prendre.

—Puisque l'arbre est si près, dit-il — car l'arpenteur ne mettait pas un seul instant en doute l'exactitude des renseignements fournis par l'Indien, — la ligne tracée ne saurait être bien loin. Elle s'étend du nord au sud de ce côté, et nous devons la traverser bientôt.— Allons, vous autres, dit-il à ses hommes, dispersez-vous et cherchez les arbres noircis; car, une fois sur les limites de la concession, je réponds de trouver toutes les indications qui sont mentionnées sur la carte.

Les agents de l'arpenteur obéirent aussitôt, et ils s'échelonnèrent à droite et à gauche, de manière à pouvoir explorer une plus grande étendue de la forêt. Quand ils furent prêts, on fit signe à l'Indien de se remettre en marche. Il reprit sa course et nous suivîmes.

Guert était le plus agile de nous tous; aussi se maintenait-il le plus près de l'Onondago, et un cri parti de sa voix pleine et sonore nous annonça bientôt le succès complet de l'expédition. Nous ne tardâmes pas à les rejoindre, et nous étions arrivés au terme de notre voyage. Susquesus était là, appuyé tranquillement contre le tronc du chêne brisé, sans que la plus légère expression de triomphe se fît remarquer ou dans ses manières ou sur sa figure. Ce qu'il avait fait, il l'avait fait naturellement, sans effort ni hésitation. Pour lui, la forêt avait ses signes, ses marques, ses indications muettes, comme l'habitant d'une grande capitale sait se reconnaître au milieu du labyrinthe inextricable de ses rues.

Traverse commença par examiner la cime de l'arbre, qu'il trouva cassée à l'endroit indiqué. Il chercha ensuite les trois châtaigniers, qui étaient chacun à leur place; après quoi, il s'approcha pour reconnaître les signes plus particuliers que j'appellerai du métier. Ils étaient apparents. De trois côtés, le chêne avait reçu une profonde entaille, et celui qui n'en avait pas était la partie extérieure, placée par conséquent en dehors de la concession. Au moment où cette reconnaissance venait d'avoir lieu, des cris poussés par les arpenteurs au sud de l'endroit où nous étions nous apprirent qu'ils avaient découvert la ligne tracée. Les hommes de leur état ont la vue aussi perçante pour retrouver leurs empreintes particulières que l'habitant de la forêt pour retourner au lieu qu'il n'a visité qu'une seule fois. En suivant la ligne, ils nous rejoignirent bientôt, et ils nous apprirent en outre qu'ils venaient de trouver le squelette du renne qui avait donné son nom à la concession.

Jusque-là tout allait bien; le succès dépassait même de beaucoup nos espérances. Les chasseurs furent envoyés à la recherche d'une source; ils en trouvèrent une à peu de distance, et nous nous disposâmes à y camper pour la nuit. Rien ne pouvait être plus simple que nos arrangements. Des branches d'arbres nous fournirent un toit, des feuilles et des peaux nous formèrent des lits. Toutefois, le lendemain, Traverse trouvant la position favorable, résolut d'y établir son quartier général ; et nous nous mîmes tous à construire une maison en bois, qui pût nous offrir un abri en cas d'orage, et où nous déposerions nos outils, nos munitions, toutes les petites provisions, en un mot, que nous avions apportées sur notre dos. Comme tout le monde travaillait avec ardeur, et qu'il y en avait parmi nous qui maniaient la hache avec une dextérité peu commune, la besogne allait grand train, et en deux jours notre construction fut terminée. Ce qui avait déterminé le choix de l'emplacement, c'était d'abord la source dont l'eau était bonne et abondante ; et ensuite la proximité d'un petit bois couvert de jeunes pins, qui pouvaient avoir de quatorze à quinze pouces de diamètre, pendant qu'ils s'élevaient à une hauteur de près de cent pieds, presque sans branches, et droits comme l'Onondago. Ces arbres furent abattus, coupés par morceaux de vingt à trente pieds, qui étaient amincis à chaque bout, et placés alternativement l'un sur l'autre, de manière à clore une enceinte qui était un peu plus longue que large. Les interstices qui pouvaient se trouver étaient remplis par des morceaux de bois de châtaignier, fortement enfoncés, de manière à ne laisser aucun passage au vent ni à la pluie.

Notre hutte ressemblait à la plupart de celles des établissements nouveaux, quoiqu'elle eût été construite avec un peu moins d'art peut-être, et beaucoup plus de précipitation. Nous n'avions pas de cheminée ; car notre cuisine pouvait se faire en plein air ; et nous n'avions pas mis la dernière main à l'œuvre avec la même attention que nous aurions apportée si nous avions dû y passer l'hiver. Le plancher était grossier ; mais du moins il était assez élevé au-dessus du sol, pour nous préserver de l'humidité : avantage qu'on ne trouve pas toujours dans les bois. Il se composait de bûches grossièrement équarries. A ma grande surprise, Traverse fit faire une porte massive avec des troncs d'arbres taillés avec soin, unis ensemble par des pièces transversales, et tournant sur des gonds en bois. Sur l'observation que je lui fis qu'il aurait pu se dispenser de ce travail, qui occupa deux hommes un jour entier, il me rappela que nous étions placés en avant des autres établissements ; qu'une guerre active avait lieu autour de nous ; et que les agents des Français se remuaient beaucoup pour soulever nos peuplades, tandis que des bandes de maraudeurs parties du Canada venaient souvent dévaster nos frontières. Quand les travaux de sa profession l'amenaient aussi loin, il aimait à avoir une sorte de citadelle où il pût se réfugier à la moindre apparence de danger.

Nous fûmes une semaine à compléter nos arrangements intérieurs; mais, après le premier jour, ni l'arpenteur ni ses aides ne prirent part à nos travaux, autrement qu'en nous aidant de leurs conseils à l'occasion. Traverse commença ses opérations particulières, traçant des lignes pour diviser la concession en un certain nombre de grands lots, dont chacun devait contenir un millier d'acres. Il est juste de dire que toutes les délimitations étaient faites, à cette époque, de la manière la plus libérale. Au lieu de quarante mille acres, on nous en alloua plus de quarante-trois mille, et chaque subdivision y gagnait également. Des arbres, calcinés en partie, de profondes entailles faites à l'écorce, indiquaient la ligne de démarcation, tandis qu'en même temps un plan était dressé où se trouvait la description de chaque lot, afin que le propriétaire pût se faire une idée de la nature du sol, ainsi que de la qualité et de la dimension des arbres qui s'y trouvaient.

Les premiers arpenteurs, sur le rapport desquels la patente ou concession avait été accordée, n'avaient comparativement qu'un travail facile à exécuter. Du moment qu'ils fournissaient un plan assez exact, d'un terrain d'une étendue de quarante mille acres, plus ou moins, sans empiéter sur des concessions antérieures, des erreurs ne pouvaient avoir de bien graves conséquences, attendu que la terre ne manquait point dans la colonie; mais M. Traverse était obligé d'entrer dans des détails plus minutieux; aussi ne mesurait-il guère que quelques centaines d'acres par jour, traçant sur chaque arbre limitrophe les indications d'usage; et il mettait dans son travail autant de méthode que d'exactitude.

Au bout de quelques jours tout était organisé comme il faut, et chacun était employé d'après le genre de service qu'on le croyait le plus propre à rendre. Le tracé de la propriété se poursuivait avec ardeur, pendant que Dirck et moi nous prenions, sous la direction de M. Traverse, des notes sur les diverses qualités des terres. Guert ne faisait guère autre chose que pêcher et chasser, et il nous fournissait des truites, des pigeons, des écureuils, le menu gibier que la saison pouvait offrir, et même quelquefois quelques animaux qui pouvaient presque passer pour,de la venaison. Les chasseurs en titre apportaient leur contingent, et notre table était assez bien garnie, d'autant plus que les truites étaient très-abondantes. Jaap et Peter étaient chargés de tous les détails de la cuisine, quoique le premier eût rempli beaucoup mieux les fonctions de forestier. Les deux Indiens ne firent guère, pendant les premiers quinze jours, qu'aller et venir entre Ravensnest et Mooseridge, portant des messages et servant de guides aux chasseurs qui allèrent une ou deux fois, dans cet intervalle de temps, nous chercher de la farine, des épices et d'autres provisions qui commençaient à nous manquer ; aucune sollicitation ne pouvant décider les Indiens à porter rien qui eût l'apparence d'un fardeau.

Les arpenteurs ne revenaient pas toujours passer la nuit à la hutte. Ils campaient où ils se trouvaient quand leur besogne les appelait trop loin. En choisissant l'emplacement du quartier général, M. Traverse avait consulté surtout la proximité de Ràvensnest. C'était un point assez central du domaine, à ne considérer que la ligne du nord au sud ; mais il était situé presque sur la lisière occidentale de la propriété. Lorsque M. Traverse s'enfonçait dans l'est, il lui eût été impossible de revenir chaque soir ; mais ses absences ne duraient jamais plus de trois jours. Il emportait alors des provisions qu'il renouvelait dès qu'il se rapprochait de nous.

Nous observions tous strictement le dimanche comme jour de repos ; devoir auquel ne manque que trop souvent l'habitant des forêts comme le navigateur sur l'Océan, qui oublie que le créateur est partout prêt à recevoir l'hommage de ses créatures en échange de ses bienfaits sans bornes.

Lorsque le Sauteur ou Sans-Traces revenaient de leurs excursions chez nos voisins, nous attendions avec impatience la lettre dont ils ne manquaient jamais d'être porteurs. Cette lettre était parfois d'Herman Mordaunt lui-même, mais plus souvent elle était d'Anneke ou de Mary Wallace. Elle n'était adressée nommément à aucun de nous, mais elle portait uniformément pour suscription : « Aux Ermites de Mooseridge; » et aucune allusion n'était faite à telle ou telle personne. Sans doute nous aurions préféré une correspondance plus intime, plus personnelle; mais, telle qu'elle était, nous y trouvions trop de plaisir pour songer à nous plaindre. Un soir que nous étions tous réunis pour le souper, — c'était le second samedi depuis notre arrivée, — une lettre d'Herman Mordaunt nous fut remise; elle était apportée par Susquesus, et elle contenait, entre autres, le paragraphe suivant :

« Nous apprenons que les affaires prennent un aspect de plus en plus sérieux en ce qui concerne l'armée. De grandes divisions de nos troupes s'avancent vers le Nord, et l'on dit que les Français reçoivent des renforts considérables. Dans notre position, ne nous trouvant pas sur la route directe des troupes, et à plus de trente milles en arrière des anciens champs de bataille, je serais sans crainte, si le bruit ne courait pas que les bois sont remplis d'Indiens. Je sais très-bien que ce sont de ces bruits qui ne manquent jamais de circuler dans les établissements situés près des frontières, dès que des hostilités s'apprêtent; et qu'on ne doit les admettre qu'avec beaucoup de défiance; mais il semble si naturel que les Français lancent les naturels dont ils disposent sur les flancs de notre armée pour l'inquiéter dans sa marche, que j'avoue que je ne puis me défendre d'une certaine inquiétude. Nous sommes occupés à ajouter à nos moyens de défense, et je vous engage à ne point négliger la même précaution. Les Indiens du Canada sont, dit-on, plus rusés que les nôtres, et ceux-ci même pourraient bien avoir été travaillés en secret. On disait à Albany qu'il y avait beaucoup d'argent français entre les mains des peuplades des Six Nations; et qu'on y voyait des couteaux, des tomahawks, et des couvertures françaises en trop grand nombre pour qu'elles pussent provenir du butin ou du pillage. Un de vos coureurs, celui qu'on appelle Sans-Traces, paraît avoir quitté sa tribu, et ces sortes d'Indiens sont toujours suspects. Leur absence tient parfois à des motifs respectables; mais le plus souvent elle n'annonce rien de bon. Il peut être à propos d'avoir l'œil sur la conduite de cet homme. Après tout, nous sommes entre les mains d'un Dieu tout miséricordieux, et nous avons ressenti les effets de sa protection dans des circonstances plus critiques que celle-ci. »

Cette lettre fut relue plusieurs fois en présence de M. Traverse. Comme nos gens étaient à souper à une certaine distance, et que les Indiens s'étaient aussi retirés, il s'établit entre nous une conversation sérieuse sur les dangers que nous pourrions courir, et sur le plus ou moins de fond que nous devions faire sur l'Onondago.

— Quant au bruit que les bois sont remplis d'Indiens, dit tranquillement l'arpenteur, je suis tout à fait de l'avis d'Herman Mordaunt : on n'aperçoit pas le petit bout d'une couverture, que la renommée n'en fasse bientôt une balle tout entière. Sans doute il y a quelque danger à craindre de la part des sauvages, mais pas autant à beaucoup près que les colons se l'imaginent d'ordinaire. Pour les Français, ils auront besoin de tous leurs Indiens à Ty, je vous en réponds ; car il paraît que le général Abercrombie fait marcher ses troupes contre eux, et qu'ils sont trois contre un.

— Je le sais, répondis-je ; mais n'est-il pas vraisemblable qu'un ennemi habile cherche à le harceler dans sa marche, de la manière qu'on nous signale ?

— Nous sommes à plus de quarante milles à l'est de la route de l'armée ; pourquoi des maraudeurs se tiendraient-ils à une si grande distance de l'ennemi ?

— Même en admettant cette supposition, ils se trouveraient entre nos amis et nous, ce qui n'est pas une perspective très-rassurante. Mais que pensez-vous de l'avis qui nous est donné relativement à l'Onondago ?

— Il pourrait être plus fondé, je l'avoue. C'est mauvais signe ordinairement quand un Indien quitte sa tribu ; et notre coureur est évidemment un Onondago ; je le sais, car le drôle a refusé deux fois du rhum. Du pain, il en prendra toutes les fois qu'on voudra lui en offrir ; mais jamais une goutte de rhum n'a humecté ses lèvres.

— Mauvais signe en effet, répéta Guert d'un ton sentencieux.

L'homme qui refuse de vider un verre en bonne compagnie m'est toujours d'une moralité suspecte. J'ai soin de me méfier de lui.

Pauvre Guert! comme il disait vrai, et quelle influence cette manière de voir exerçait sur son caractère et sur sa conduite! Pour l'Indien, je ne voulais pas porter sur lui un jugement si précipité. Il y avait dans sa contenance quelque chose qui me disposait à la confiance, en même temps que ses manières froides et son air concentré en lui-même, à un degré étonnant même pour une Peau Rouge en compagnie de Visages Pâles, m'inspiraient des doutes involontaires.

— Assurément rien n'est plus facile à un homme, dans sa position, que de nous vendre, s'il en a la volonté, répondis-je après une courte pause. Mais quel intérêt les Français auraient-ils à attaquer des hommes livrés à une occupation aussi paisible que la nôtre? Que leur importe que le plan de Mooseridge soit levé cette année ou l'année prochaine?

— Il est vrai, et je suis convaincu que M. Montcalm s'inquiète peu qu'on le lève même jamais, répondit Traverse, qui était homme de bon sens et qui avait reçu quelque éducation. Seulement vous oubliez, monsieur Littlepage, que des deux côtés on offre des récompenses à qui rapportera des chevelures. Un Huron peut se soucier fort peu de nos lignes, de nos marques, de nos entailles sur les arbres; mais ce dont il ne se soucie nullement, c'est de retourner chez lui les mains vides. Il aime fort à avoir une demi-douzaine de chevelures humaines suspendues à sa ceinture.

Je remarquai que Dirck passait ses doigts à travers les boucles épaisses de ses cheveux, et qu'une expression d'indignation, presque de férocité, se peignait sur sa figure ordinairement si calme. M'en amusant un peu, je me dirigeai vers le tronc d'arbre sur lequel Susquesus était assis, et finissait en silence son repas du soir.

— Quelles nouvelles nous apportez-vous des Habits Rouges, Susquesus? demandai-je du ton le plus indifférent que je pus prendre; sont-ils en campagne en assez grand nombre pour manger les Français?

— Regardez les feuilles, comptez-les, répondit l'Indien.

— Oui, je sais qu'ils sont en force; mais que font les Peaux Rouges? La hache est-elle enterrée chez les Six Nations, pour que vous vous contentiez d'être un coureur, quand il y a des têtes à scalper près de Ticonderoga?

— Susquesus est Onondago, reprit l'homme rouge en appuyant avec emphase sur le nom de sa tribu; aucun sang mohawk ne coule en lui; son peuple ne déterre pas la hache cet été.

— Pourquoi donc, Sans-Traces? Vous êtes alliés des Anglais, et vous nous devez votre aide quand nous en avons besoin.

— Comptez les feuilles, comptez les Anglais! Ils sont trop pour une seule armée, ils n'ont pas besoin d'Onondagos.

— C'est possible, car nous avons en effet des forces considérables; mais comment sont les bois? Ne s'y trouve-t-il point de Peaux Rouges dans des temps de troubles comme ceux-ci?

Susquesus prit un air grave, mais il ne fit point de réponse; cependant il ne chercha pas à échapper au regard pénétrant que j'attachais sur lui, mais il resta immobile à sa place, regardant devant lui. Sachant qu'il est impossible de rien tirer d'un Indien une fois qu'il s'est mis dans la tête de ne point parler, je crus plus sage de changer de discours. Je lui fis quelques questions sur l'état des sources; il y répondit sans hésiter, après quoi je rentrai dans l'habitation.

CHAPITRE XXII.

Ne crains rien, tant que le bois de Birnam ne vienne à Dunsinane.

Macbeth.

JE ne savais trop à quelle opinion m'arrêter sur le compte de Susquesus. Il se pouvait qu'il fût fidèle; mais, quand même il en serait autrement, je ne voyais pas qu'il eût grand moyen de nous nuire. Cependant un nouvel incident vint fortifier mes premiers soupçons. Le Sauteur étant à la chasse, l'Onondago avait été envoyé à Ravensnest, quoique ce ne fût pas son tour ; mais au lieu de revenir le lendemain, comme ils n'y manquaient jamais l'un et l'autre, il se passa une quinzaine sans qu'il reparût. En cherchant à nous expliquer cette disparition subite et inattendue, nous en vînmes à la conclusion que, se voyant soupçonné, il avait déserté, et qu'on ne le reverrait plus.

Pendant son absence, nous rendîmes nous-mêmes une visite à Ravensnest; les deux jeunes personnes étaient ravies de leur séjour dans cette demeure agreste et sauvage; la vue des forêts leur inspirait un intérêt toujours croissant, et elles jouissaient de tout le bonheur que l'innocence et la santé réunies peuvent procurer.

Herman Mordaunt, ayant fortifié sa maison de manière à se mettre à l'abri de toute surprise, revint avec nous à Mooseridge, et passa deux ou trois jours à parcourir notre propriété, à examiner la nature du sol et le parti qu'on pourrait tirer des divers cours d'eau. Pour M. Worden et Jason, le premier avait été rejoindre l'armée, préférant la table bien servie des officiers au régime par trop simple des bois, et Jason avait conclu avec Herman Mordaunt, après de longues et fréquentes discussions, un marché pour l'acquisition du terrain où il voulait faire construire un moulin, marché sur lequel il avait cru devoir consulter dans le temps la mère Dorothée. Comme le lecteur pourrait être curieux de connaître comment ces sortes d'affaires se traitaient dans la colonie en 1758, je vais exposer brièvement les conditions de l'acte qui fut définitivement conclu.

Herman Mordaunt ne cherchait à tirer aucun avantage pour lui-même de Ravensnest; il ne pensait qu'à ses descendants; aussi ne voulait-il pas vendre, il ne faisait qu'affermer à des conditions telles qu'il pût trouver des colons dans un pays où les terres étaient aussi abondantes que les bras étaient rares ; il désirait surtout s'attacher Jason Newcome; aussi, dans le contrat, tout l'avantage fut-il pour le futur meunier.

Le bail était en partie à vie, en partie à rente; la durée totale pouvait être évaluée à trente ans. Les dix premières années, aucune espèce de fermage ne devait être payé; les dix années suivantes, la redevance devait être d'un demi-schelling par acre, —

il y en avait cinq cents; — pour le temps qui resterait à courir, quelle qu'en fût la durée, elle devait être portée à un schelling par acre, plus cent dollars par an pour l'emplacement du moulin. A l'expiration du bail, le propriétaire devait reprendre les bâtiments d'après l'estimation qui en serait faite; le locataire avait le privilége de pouvoir employer pour ses constructions tous les matériaux qu'il trouverait dans la propriété; concession importante, attendu qu'elle contenait beaucoup de pins.

Notre intention à l'égard de Mooseridge était toute différente; nous comptions vendre par parcelles à bas prix, nous réservant de louer ensuite les fermes dont nous n'aurions pu nous défaire immédiatement, ou dont le prix n'aurait pas été payé par l'acquéreur. On pensait que de cette manière nous rentrerions plus vite dans nos déboursés, et que, suivant l'expression à la mode, nous *bâtirions* plus tôt un établissement, car on bâtit tout en Amérique : le spéculateur se bâtit une fortune, l'avocat une réputation, le ministre un troupeau, et le propriétaire un établissement; souvent même, et alors l'expression devient plus juste, il se bâtit une ville

Jason fut le plus heureux des hommes dès qu'il eut dans sa poche son bail signé et paraphé; il pouvait se donner jusqu'à un certain point des airs de propriétaire, puisque, de dix ans, il n'avait rien à payer. Je crois même, Dieu me pardonne, qu'il comptait sur la fortune pour lui fournir quelque moyen de ne payer jamais. Herman Mordaunt, de son côté, ne semblait pas mécontent; il se flattait d'avoir attiré dans son domaine un homme de quelque instruction, qui pourrait répandre un certain degré de civilisation autour de lui.

Au moment où les premiers rayons du soleil pénétraient à travers les fentes de nos murs de bois, et avant qu'aucun de nous trois eût quitté sa couche, j'entendis le pas presque imperceptible d'un Indien. Je sautai à terre, et je me trouvai face à face avec l'Onondago que nous n'avions plus revu.

— Vous ici, Susquesus? m'écriai-je; nous pensions que vous nous aviez abandonnés. Pourquoi revenez-vous?

— Il est temps de partir, répondit l'Indien sans se troubler; l'Anglais et le guerrier du Canada ne tarderont pas à se battre.

— En vérité! Et qu'en savez-vous? Où avez-vous été depuis quinze jours?

— J'ai été, j'ai vu, je sais ce qui est; venez, appelez les jeunes hommes; prenez le sentier de la guerre.

C'était donc là l'explication de l'absence mystérieuse de l'Onondago! Il nous avait entendus manifester l'intention de rejoindre les troupes au dernier moment, et il avait été faire une reconnaissance, afin de nous avertir dès qu'il serait temps de quitter la Butte, comme nous appelions familièrement Mooseridge. Je ne pouvais point voir là de trahison, et c'était plutôt une preuve de l'intérêt qu'il nous portait; tout coureur qu'il était, c'était bien courir un peu loin, et surtout s'écarter considérablement de la route qui lui avait été tracée; mais ce sont de ces irrégularités qu'il faut savoir pardonner à un sauvage; et je l'excusais d'autant plus volontiers que je n'étais pas fâché de l'occasion qui m'était offerte de faire un peu diversion à la vie que nous menions.

Le lecteur croira sans peine que je ne perdis pas un instant pour communiquer à mes compagnons la nouvelle que m'apportait Sans-Traces. Jeunes comme moi, ils la reçurent avec la même ardeur. L'Onondago fut appelé au conseil, et il déclara de nouveau qu'il était temps de se mettre en marche.

— Pas de délais, répéta-t-il quand il fut questionné de nouveau, le temps marche! les canots sont prêts, les fusils chargés, les guerriers comptés, le chef sur le qui vive, le feu du conseil éteint. Le temps marche!

— Allons, Corny, dit Guert en se levant et en secouant ses membres robustes, comme le lion qui se réveille en sursaut, en marche! Nous pouvons coucher ce soir à Ravensnest; demain matin nous nous dirigeons vers la grand'route; dans la journée nous rencontrons le gros de l'armée; et puis encore en avant! J'aurai une occasion de plus de voir Mary Wallace, de lui dire combien je l'aime. Ce sera toujours autant de gagné.

— Il ne faut pas voir la squaw, pas aller au nid! dit l'Indien avec énergie. Le sentier de guerre est de ce côté, — et il étendait la main dans une direction qui pouvait varier d'un quart de cercle de celle de l'établissement d'Herman Mordaunt. C'est mauvais pour un guerrier de voir une squaw quand il déterre la hoche; il y a de quoi le rendre femme. Non; allez de ce côté; là est le sentier de guerre; pas ici; ici est la squaw; là sont les chevelures.

Comme les gestes de l'Onondago n'étaient pas moins expressifs que son langage, nous n'eûmes pas de peine à le comprendre. Cependant Guert continua ses questions tout en s'habillant, et nous découvrîmes bientôt, à travers les phrases courtes et saccadées de l'Indien, qu'Abercrombie était sur le point de s'embarquer avec son armée sur le lac George, et que nous n'avions pas de temps à perdre, en effet, si nous voulions assister au commencement des opérations devant Ticonderoga.

Nous ne fûmes pas plus longs à faire nos préparatifs qu'à prendre une décision. Il ne s'agissait que de remplir son havresac, de le charger sur ses épaules et de prendre ses armes. L'absence de Traverse et de ses hommes nous retarda un moment. Il fallut lui écrire pour lui expliquer la cause de notre départ, et pour lui promettre de revenir, dès que les premières opérations devant Ty seraient terminées. Cette lettre fut confiée à Peter, qui devait rester, tandis que Jaap, sans recevoir d'ordre de qui que ce fût, chargeait ses larges épaules des objets qui étaient indispensables pour notre marche, prenait sa carabine et sa gibecière, et était prêt à nous suivre au premier signal. Il regardait comme son premier devoir d'accompagner son jeune maître partout où il allait, fût-ce au fond des enfers. On n'aurait point trouvé de chien plus fidèle que ne l'était Jaap Satanstoé; car il avait adopté le nom du Col pour son nom patronymique; comme, dans d'autres pays, les nobles prennent le nom de leurs terres.

Quand tout fut prêt, et que nous étions sur le point de nous mettre en marche, il fallut décider si nous irions par Ravensnest, ou par le nouveau chemin qu'indiquait l'Onondago. Il n'y avait pas plus de route tracée d'un côté que de l'autre; mais, d'un côté, nous avions des marques sur les arbres, des sources, d'autres signes pour nous reconnaître; tandis que l'autre direction nous était complétement inconnue. Et puis Anneke et Mary Wallace, l'air animé, le sourire sur les lèvres, comme elles l'avaient toujours depuis quelque temps, dès qu'elles nous voyaient arriver, étaient au bout du premier chemin, et Dirck lui-même se prononça hautement pour Ravensnest. Mais l'Onondago refusa de faire un seul pas dans cette direction. Il resta immobile, la main étendue vers le nord-ouest, avec une obstination qui menaçait de contrarier notre expédition.

— Nous ne connaissons pas ce chemin, Sans-Traces, dit Guert en réponse à cette pantomime expressive, qui était aussi claire que toutes les phrases du monde, et nous préférerions suivre celui qui nous est déjà familier. D'ailleurs, nous voudrions faire nos adieux à ces dames.

— Pas de squaw! rien de bon de ce côté ; — le sentier de la guerre ne conduit pas vers les squaws. Huron et guerrier français sont ici.

— Oui, mais ils sont là également; nous ne serons pas moins vite à leurs trousses en allant à Ravensnest.

— Pas assez vite; le chemin est long, le temps est court. Le chef des Visages Pâles est très-pressé.

— Et, parbleu ! leurs amis ne le sont pas moins, et c'est pour cela que nous voulons partir sans plus attendre. Vous ferez bien de nous suivre, car très-certainement nous ne vous suivrons pas. Allons, messieurs, montrons le chemin à l'Indien, puisqu'il ne veut pas nous donner l'exemple. Nous n'aurons pas fait un ou deux milles, qu'il jugera plus honorable d'aller en avant, et jusque-là je me fais fort de vous conduire.

— Chemin bon pour ceux qui ne veulent pas voir l'ennemi! dit Susquesus avec une certaine ironie.

— Par saint Nicolas, Indien! qu'est-ce que tout cela signifie ? s'écria Guert en se retournant brusquement et en courant sur l'Onondago qui ne jugea pas à propos d'attendre le coup qui le menaçait, mais qui partit d'un pas rapide en se dirigeant, comme il l'avait dit, vers le nord-ouest.

Guert se mit à sa poursuite, sans autre intention, dans le premier moment, que de faire peser son bras redoutable sur l'épaule de l'Indien; mais je m'élançai si rapidement sur ses traces, suivi de Dirck et de Jaap, que nous courions tous à la suite l'un de l'autre, à raison de quatre milles par heure, presque sans nous en apercevoir. Un élan semblable, pris sous une première impulsion, ne peut pas s'arrêter en un instant, et nous n'avions pas encore recouvré notre sang-froid que déjà nous avions perdu de vue l'habitation. A présent que nous nous étions avancés aussi loin, aucun d'entre nous ne parut songer à revenir sur ses pas, et le projet primitif fut abandonné tacitement. Il y avait sans doute quelque imprudence à se mettre ainsi à la discrétion d'un Indien que nous connaissions à peine, et qui nous avait inspiré si récemment de violents soupçons ; nous n'avions pas fait un mille que nous le reconnaissions tous intérieurement, sans que notre fierté naturelle nous permît d'en convenir.

Susquesus n'hésita pas plus sur la direction qu'il devait suivre, en nous guidant alors pendant l'espace de plusieurs lieues à travers la sombre et épaisse forêt, qu'il n'avait hésité la première fois en nous conduisant au pied du chêne à la cime brisée. Dans cette occasion, il se dirigea plus par le soleil que par des signes particuliers qu'il eût pu observer précédemment ; cependant, deux ou trois fois, il nous indiqua des points qu'il semblait reconnaître. Pour nous, nous étions comme le marin qui voudrait trouver un sentier frayé sur l'immensité de l'Océan. Nous avions nos boussoles, il est vrai ; et nous savions qu'en nous dirigeant vers le nord-ouest, nous devions déboucher assez près du lac George ; mais je doute que nous y fussions arrivés en aussi droite ligne par ce moyen qu'avec le secours de l'Indien.

Nous eûmes entre nous une discussion à ce sujet, à la première halte que nous fîmes pour prendre un peu de repos et quelque nourriture. Nous avions marché cinq grandes heures de suite avec une grande rapidité, et presque toujours à vol d'oiseau, ne nous détournant jamais, à moins qu'il ne se présentât quelque obstacle infranchissable ; et nous calculions que nous pouvions avoir fait vingt milles sur les quarante auxquels l'Onondago évaluait la longueur de notre voyage. Nous nous étions armés d'un courage et d'une résolution qui défiaient la fatigue ; cependant je dois avouer qu'en arrivant à la source près de laquelle nous devions dîner, l'Indien était de beaucoup le plus dispos des cinq.

— Il paraît que le nez d'un Indien vaut celui d'un limier, dit Guert, dès que notre première faim fut apaisée ; j'en demeure d'accord. Cependant je crois, Corny, qu'après tout une boussole est un guide plus sûr à travers les bois, que des signes quelconques sur l'écorce des arbres, ou que le cours du soleil.

— Sans doute une boussole ne se tromperait pas ; mais il serait assez fastidieux d'être obligé de s'arrêter toutes les cinq minutes pour la consulter, d'autant plus qu'il faut lui donner le temps de prendre son assiette ; autrement ce serait le pire de tous les guides.

— Toutes les cinq minutes ! dites une fois par heure, ou par demi-heure tout au plus. Je parierais bien aller en aussi droite ligne que le plus habile de tous ces Indiens, en consultant ma boussole rien qu'une fois par demi-heure.

Susquesus était assez près de nous trois pour entendre notre conversation, et il comprenait parfaitement l'anglais, quoiqu'il le parlât à l'indienne, c'est-à-dire par saccades. Je crus surprendre sur son teint basané une certaine expression de mépris à cette jactance de Guert ; mais il ne fit aucune remarque. Notre repas terminé, nous prîmes encore quelques instants de repos ; puis, quand nos montres nous apprirent qu'il était une heure, nous nous levâmes tous à la fois pour nous remettre en marche. Nous étions occupés à renouveler l'amorce de nos carabines, précaution que nous prenions deux fois par jour, pour prévenir l'effet de l'humidité, lorsque l'Onondago se retira doucement derrière Guert, comme s'il attendait le bon loisir de celui-ci.

— Nous sommes tout prêts, Sans-Traces, lui dit l'Albanien ; allons, en avant, puisque c'est vous qui nous conduisez !

— Non, répondit l'Indien. La boussole conduit maintenant. Susquesus n'y voit plus ; il est aveugle comme un jeune chien.

— Ah ! vous me piquez au jeu ! Eh bien, soit. — Maintenant, Corny, vous allez apprendre à connaître la vertu d'une boussole.

Et Guert tira sa boussole de sa poche, la posa sur un tronc d'arbre, afin d'assurer son point de départ, et attendit que l'aiguille vacillante restât complétement immobile. Il fit alors son observation, prit pour point de mire un grand chêne qui pouvait être à cinq cents pas, et, poussant une bruyante acclamation, il reprit sa boussole et partit en avant. Nous le suivîmes, et nous eûmes bientôt atteint l'arbre. Sûr d'avoir pris la bonne direction, Guert dédaigna de renouveler son observation ; et il nous cria d'avancer, en nous disant qu'il se guidait sur un autre arbre. Il y avait une demi-heure que nous marchions ainsi, et je commençais à croire que Guert allait triompher; car il me semblait véritablement que nous suivions une ligne aussi droite que possible. Guert se mit alors à se vanter de son succès, parlant pour l'Indien, qui était à deux pas derrière lui, quoique ce fût à moi qu'il adressât la parole.

— Vous voyez, Corny, que la forêt et moi nous nous connaissons un peu, me dit-il; j'ai été souvent chez les Mohawks, et j'ai parcouru leurs terrains de chasse. Le tout est de bien commencer; le reste va tout seul. Soyez bien sûr des cent premiers pas; et vous en ferez ensuite dix mille sans dévier. C'est comme la vie, mon garçon; quand on commence bien, on est sûr de bien finir. Je me suis trompé de route au point de départ, et vous jugez de tout l'embarras que j'ai eu. Mais j'étais resté orphelin à dix ans, Littlepage; et quand on n'a ni père ni mère, il est terriblement difficile de ne faire aucun écart ni à droite ni à gauche, tant qu'on n'a pas atteint vingt ans. — Eh bien! Onondago, que dites-vous de la boussole à présent?

— Regardez-la; elle vous le dira, répondit Susquesus. Et notre petite troupe s'arrêta pendant que Guert faisait ses dispositions.

— Cette damnée boussole ne sera jamais stable, dit-il en secouant le petit instrument, dans l'espoir d'amener l'aiguille au point où il désirait qu'elle fût. Il faut qu'elle soit dérangée.

— Prenez-en d'autres, voyez les trois, dit l'Indien en montrant trois doigts, suivant son usage toutes les fois qu'il mentionnait un nombre.

Je ne me fis pas prier. Je tirai ma boussole ainsi que Dirck, et les trois furent placées sur un arbre renversé qui se trouvait à proximité; mais ces petits démons, comme Guert les appelait, s'accordèrent le plus sataniquement du monde pour nous démontrer que nous allions droit au sud-est, au lieu d'aller au nord-ouest. La mine du pauvre Guert dans cette occasion me rappela celle qu'il avait faite en se relevant tout couvert de neige, lorsqu'il avait roulé avec moi à bas du traîneau. Il n'y avait point à lutter contre l'évidence : nous étions revenus complétement sur nos pas sans nous en apercevoir. Guert se rendit, et l'Indien reprit les devants, sans laisser percer aucun signe de triomphe ou de mécontentement. La terre aurait tremblé sous ses pas que je ne sais en vérité si le calme de cet Onondago en eût été troublé.

A dater de ce moment, notre marche fut aussi rapide qu'elle l'avait été au moment du départ, et un pigeon n'eût pas dirigé son vol avec plus d'assurance. Susquesus ne se porta pas exactement vers le nord-ouest; il inclina plutôt au nord. Enfin, au moment où le soleil approchait du sommet des montagnes de l'occident, une ouverture se montra devant nous, sous l'arcade des bois, et nous révéla la proximité d'un lac, en nous apprenant que nous étions sur une hauteur, sans que nous pussions préciser à quelle élévation. Nous avions traversé tantôt des collines, tantôt des vallées; nous avions suivi de petites rivières; mais je m'assurai ensuite que l'Hudson ne s'avançait pas assez vers le nord pour contrarier notre marche; ou plutôt, qu'il tournait brusquement à l'ouest, au moment où il aurait pu nous arrêter. Si nous nous étions dirigés également vers l'ouest, nous aurions fait à peu près ce que le colonel Follock avait un jour recommandé en riant à ma mère au sujet du gué de Powles-Hook : nous aurions fait le tour de la rivière.

Il y avait une clairière, un peu sur notre droite; l'Indien se dirigea de ce côté. Cette clairière n'était point l'ouvrage de l'homme, c'était le résultat d'un de ces accidents des forêts qui laissent quelquefois pénétrer le soleil sur les mystères des bois. C'était sur le sommet d'une montagne rocailleuse où il était évident que des Indiens avaient campé souvent; des vestiges de leurs feux prouvaient que le vent seul n'avait pas détruit les quelques arbres rabougris qui avaient dû croître dans les crevasses des rochers. Quoi qu'il en fût, il pouvait y avoir un espace découvert de deux à trois acres, qui était alors aussi nu que s'il n'avait jamais eu pour toute végétation que quelques mûriers et quelques chèvrefeuilles. De l'eau délicieuse coulait du haut d'une pointe plus élevée, qui se détournait vers le nord, formant le sommet d'une chaîne qui se prolongeait dans cette direction. Susquesus s'arrêta pour boire à cette source, et alors il nous avertit que, pour ce jour-là, nous n'irions pas plus loin.

Jusqu'à ce moment, aucun de nous n'avait pris le temps de regarder autour de lui, tant notre course avait été rapide et sérieuse; mais alors chacun jeta son havresac, déposa sa carabine, et, libre de ses mouvements, se mit à considérer un des plus beaux spectacles que nos yeux eussent jamais contemplé.

D'après ce que j'ai lu, d'après ce que j'ai entendu dire, je sais bien qu'en Amérique la nature n'a jamais ce caractère grandiose qui est si frappant au milieu des lacs et des précipices des Alpes, ou le long des côtes presque divines de la Méditerranée; et je n'irai pas jusqu'à prétendre que la vue qui se déroulait alors à mes regards égalât en magnificence quelques-unes de celles qu'on rencontre dans ces régions magiques. Néanmoins, elle avait quelque chose de doux et d'imposant à la fois; et le manteau vert de ses bois interminables lui donnait un cachet d'immensité, qui se trouve rarement dans les contrées soumises depuis longtemps à la domination de l'homme. Quoi qu'il en soit, nous essaierons d'en donner une idée.

Au-dessous de nous, à la distance de près de mille pieds, reposait un lac de l'eau la plus limpide et la plus tranquille, qui avait près de quarante milles d'étendue, mais dont les bords semblaient fuir ou se rapprocher tour à tour, comme pour en détruire la monotonie. Nous étions sur la rive orientale, à un tiers à peu près de son cours du sud au nord. Des îles sans nombre, groupées à nos pieds, offraient, par ce mélange continuel de terre et d'eau, le spectacle le plus varié. Du côté du nord, la nappe d'eau transparente s'étendait au loin, bordée par des rocs escarpés, et passait par une gorge étroite pour s'épandre ensuite dans un lit plus vaste et plus large. Du côté du midi seulement, où les îles étaient rares et parsemées, on pouvait apercevoir quelques vestiges de l'industrie humaine. Partout ailleurs, les gorges, les vallées enfoncées, les longues chaînes de collines, et les cimes nues de granit, ne présentaient à l'œil que les beautés toujours si saisissantes de la nature. Aussi loin que la vue pouvait s'étendre, la terre étalait son tapis de verdure; tel que la végétation la plus vigoureuse, aidée par un soleil bienfaisant, peut le produire sur un sol vierge. On eût dit que la terre n'était autre chose que le firmament renversé, couvert d'un nuage de feuillage.

A l'extrémité méridionale du lac, on voyait dans la forêt une ouverture d'une étendue considérable. Il ne restait de ce côté que peu ou point d'arbres. Nous en étions à quelques milles de distance, ce qui ne nous permettait point de distinguer parfaitement les objets, cependant nous ne pouvions méconnaître des ruines de fortifications assez considérables. Des milliers de taches blanches n'étaient autres que des tentes que nous ne tardâmes pas à distinguer. Les ruines étaient tout ce qui restait du fort William-Henri, et là était campée l'armée d'Abercrombie, la plus nombreuse qui se fût jamais rassemblée en Amérique sous l'étendard anglais. L'histoire nous a révélé depuis que cette armée ne contenait pas moins de seize mille hommes. Des centaines de barques et de grands bateaux, pouvant tenir de quarante à cinquante hommes, sillonnaient le lac, en face du camp; et, malgré l'éloignement, il était facile de reconnaître que tout se préparait pour un mouvement prochain. Sous ce rapport, du moins, l'Indien ne nous avait pas trompés, et il n'avait pas apprécié avec moins de justesse les opérations qui se projetaient, qu'il n'avait montré de sagacité en nous guidant.

Nous devions passer la nuit sur la montagne. Nos couches ne furent pas des plus douces, et nos couvertures étaient légères; cependant je ne me rappelle pas d'avoir dormi d'un plus profond sommeil. La fatigue d'une marche forcée fit pour nous ce que le plus fin duvet ne fait pas toujours pour le voluptueux. Je ne me réveillai pas de toute la nuit; et je ne repris mes sens qu'en sentant un léger coup sur mon épaule. C'était Susquesus. Je me levai, et je vis l'Indien près de moi. Pour la première fois depuis que je le connaissais, je crus voir dans ses yeux une expression assez vive de plaisir. Il n'avait réveillé aucun de mes compagnons, et il me fit signe de le suivre. Je ne saurais dire ce qui m'avait valu cette distinction; cependant je n'hésitai pas à quitter avec lui le campement grossier que nous avions établi pour la nuit.

Un magnifique spectacle m'attendait : le soleil venait de teindre d'or les cimes des montagnes, tandis que le lac, les vallées, les flancs mêmes des collines et le monde entier en dessous, reposaient encore dans l'ombre. C'était comme le réveil des choses créées, qui commencent à secouer le sommeil de la nature. Pendant un moment, je ne pus que contempler le tableau merveilleux formé par ce contraste si frappant entre les sommets dorés des montagnes et leurs flancs ténébreux, entre le réveil du jour et les vestiges de la nuit. Mais l'Onondago était trop absorbé par les sentiments qui l'agitaient pour me laisser longtemps livré à ma contemplation. Il ne parla point, mais ses yeux et ses gestes appelèrent mon attention sur le fort William-Henri, et je vis ce qui causait son émotion extraordinaire. Dès que l'Indien fut bien certain que je l'avais compris, il s'écria avec son accent guttural fortement prononcé :

— Bon !

L'armée d'Abercrombie était en mouvement. La surface du lac était couverte d'une multitude innombrable de bateaux dont les longues lignes noires se dirigeaient vers l'extrémité septentrionale du lac avec la méthode et la précision d'une armée qui s'avance en déployant ses ailes. La dernière brigade d'embarcations venait de quitter le rivage au moment où je vis pour la première fois ce spectacle frappant, de sorte que le tableau tout entier s'offrit tout d'un coup à mes regards. Jamais l'Amérique n'avait rien vu de pareil. Je restai des minutes entières dans une sorte d'extase, et je ne parlai que lorsque les rayons du soleil eurent dissipé l'obscurité douteuse qui pesait encore sur les vallées.

— Que devons-nous faire, Susquesus? demandai-je alors, sentant avec quelle raison l'Indien pouvait réclamer le droit de diriger nos mouvements.

— Déjeuner d'abord, répondit tranquillement l'Onondago; ensuite descendre la montagne.

— Rien de tout cela ne nous mettra au milieu de cette brave armée, ce que nous désirons tant.

— Patience. Pas de presse, maintenant. La presse viendra, quand les Français tireront.

Ces paroles, et surtout la manière dont elles furent prononcées, ne me plurent pas : mais des intérêts trop pressants réclamaient toute mon attention pour que je me livrasse longtemps à de vagues conjectures sur les allusions détournées de l'Onondago. J'appelai Guert et Dirck pour leur faire partager le plaisir dont j'étais transporté. Ce fut alors que je pus apprécier pour la première fois tout ce qu'il y avait de véritablement chevaleresque dans le caractère de Ten Eyck. Il se redressa si fièrement qu'il me parut grandir ; sa figure devint radieuse, et sa physionomie, où se peignait ordinairement une gaieté vive et folâtre, prit une expression de résolution et d'énergie remarquable.

— Voilà un noble spectacle, monsieur Littlepage, dit-il après avoir regardé quelque temps en silence les mouvements rapides mais mesurés de la flottille, — un bien noble spectacle, en vérité, et je m'en veux d'avoir perdu tant de temps dans les bois, lorsque nous devrions être là-bas, tout prêts à offrir nos bras pour aider à chasser les Français de la province.

— Mais nous arrivons encore à temps, mon bon ami, puisque les hostilités ne sont pas commencées.

— Il est vrai, mais il me tarde de rejoindre l'armée, il me tarde d'être dans ses rangs, dussé-je gagner les bateaux à la nage. Il ne serait pas difficile de nager d'une île à l'autre, et il faudra que les troupes passent au milieu d'elles pour entrer dans la partie inférieure du lac. On s'arrêtera bien pour nous prendre à bord.

— Pas nécessaire, dit l'Onondago avec son flegme ordinaire. Déjeunez, ensuite nous irons. Nous avons un canot, c'est assez.

— Un canot ! Par saint Nicolas ! monsieur Susquesus, vous valez votre pesant d'or, et quand vous aurez besoin d'un ami pour vous servir, touchez là, je suis votre homme. Cette idée du canot est lumineuse, et elle montre que c'est à une créature raisonnable que nous nous sommes confiés. Nous pourrons au moins nous présenter devant les troupes, nos carabines en main, comme il convient à de braves volontaires.

Jaap était alors levé, et il regardait de tous ses yeux. Il est à peine nécessaire de décrire l'effet qu'une pareille scène produisit sur un nègre. Il riait aux éclats, puis branlait la tête comme un mandarin chinois, puis il se roulait sur les rochers, se levait, se secouait comme un chien qui sort de l'eau, puis se remettait à rire, et finissait par crier à tue-tête. Comme nous étions accoutumés à ces démonstrations, elles nous arrachèrent à peine un sourire; mais l'Indien n'y faisait aucune attention, ou s'il les remarquait, c'était pour prendre en pitié celui qui n'avait pas assez d'empire sur lui-même pour maîtriser ses émotions.

Dès que notre première curiosité fut assouvie, nous songeâmes au déjeuner. Le repas ne fut pas long ; il n'était pas de nature à retenir les convives plus longtemps qu'il n'était rigoureusement nécessaire pour apaiser la faim. Dès que nous eûmes fini, la petite troupe descendit le revers de la montagne, suivant notre guide, comme d'ordinaire.

L'Onondago nous avait amenés sur ce plateau qu'il connaissait, pour nous faire embrasser d'un coup d'œil tout le panorama; mais il était impossible d'arriver au bord du lac de ce côté, et il nous fallut faire un détour de trois ou quatre milles pour atteindre un ravin à travers lequel nous réussimes à passer, non sans de grands efforts. Arrivés sur le bord, nous y trouvâmes un canot fait d'écorces d'arbres, assez grand pour nous contenir tous les cinq, et nous y prîmes place sans perdre un moment.

Le vent s'était élevé du sud à mesure que le jour avançait, et les mouvements de la flottille étaient devenus beaucoup plus rapides. Au moment où nous venions de franchir le labyrinthe des petites îles pour gagner le canal principal, le bateau qui était en tête de l'armée était à portée de la voix. L'Indien nagea avec vigueur, et agitant la main en signe d'amitié, il vint ranger le bateau. En approchant, je reconnus le vicomte Howe debout sur l'avant, en grand uniforme, comme s'il tenait à être littéralement le premier dans une expédition dont le succès intéressait l'honneur de l'empire britannique tout entier.

CHAPITRE XXIII.

> Mes fils ? mon cœur se brisera de les voir pleurer,
> et que puis-je leur offrir pour consolation, que quel-
> ques vaines espérances, et des sourires forcés ?
> *Sardanapale.*

Lord Howe ne nous reconnut pas dans le premier moment sous nos blouses de chasse; mais il avait trop souvent vu Guert Ten Eyck à Albany pour pouvoir se méprendre au son de sa voix, et l'accueil qu'il nous fit fut aussi cordial que sincère. Nous n'eûmes rien de plus pressé que de demander où était le régiment de Bulstrode, qui nous avait invités d'une manière si aimable à venir prendre place à la table de ses officiers; notre intention était de le rejoindre sans délai.

— Le régiment de Bulstrode est au centre, nous répondit le vicomte, et il ne donnera pas aussi promptement que l'avant-garde. Si c'est la bonne chère que vous recherchez, messieurs, je ne vous retiendrai pas, car il y a là un certain M. Billings qui a, dit-on, un merveilleux talent pour composer avec rien un excellent dîner; mais si vous voulez une occasion de vous distinguer, nous serons certainement la première brigade engagée; et ma table, telle quelle, vous sera toujours ouverte avec plaisir.

Il ne pouvait plus être question pour nous de nous éloigner. Seulement nous fîmes entendre à notre noble commandant que nous n'acceptions son hospitalité que jusqu'au moment où il tiendrait la campagne, après avoir repoussé le détachement que l'ennemi allait sans doute envoyer pour s'opposer à notre débarquement.

Susquesus n'eut pas plus tôt appris notre détermination qu'il regagna lentement le bord, personne ne songeant à inquiéter la marche d'un canot qui venait d'aborder le bateau où se trouvait le commandant de la première brigade.

Le vent fraîchit de plus en plus, et comme la plupart des embarcations avaient quelque toile à déployer, notre marche acquit un nouveau degré de célérité. A neuf heures nous étions entrés dans le lac inférieur, et tout annonçait qu'avant midi nous serions arrivés à notre destination. J'avoue que l'expédition dont nous nous trouvions faire partie, cette situation si nouvelle pour moi, la certitude de trouver dans Montcalm un ennemi aussi expérimenté que brave, tout contribua à me donner des idées sérieuses pendant les premières heures de notre navigation. Dans l'inaction où j'étais, si novice dans le métier des armes, était-il surprenant que je fusse assailli par ces réflexions solennelles qui manquent rarement de s'emparer de l'esprit lorsqu'on voit s'approcher la mort, sinon pour soi, du moins pour plusieurs de ceux qui nous entourent?

Notre brave commandant, qui avait servi en Allemagne sous les ordres de son illustre aïeul, ne s'abandonnait pas à un vain esprit de jactance; mais il avait l'air grave et pensif d'un homme qui sait qu'il tient dans ses mains la vie d'un grand nombre de ses semblables. Ce n'était ni de l'hésitation, ni de l'abattement; c'était un sentiment profond de la responsabilité qui pesait sur lui. Une fois je surpris son regard qui s'était fixé sur moi avec une expression mélancolique; et je suppose que la question qu'il m'adressa bientôt après se rattachait au sujet de ses pensées.

— Que ne souffrirait pas notre bonne et excellente amie, madame Schuyler, si elle savait dans quelle position précise nous nous trouvons en ce moment, monsieur Littlepage? Je suis sûr que cette excellente dame éprouve plus d'inquiétude pour ses amis qu'ils ne sauraient en éprouver eux-mêmes.

— Je crois, milord, qu'en pareil cas nous serions assurés du moins du secours de ses prières.

— Ne m'a-t-elle pas dit, Littlepage, que vous étiez fils unique?

— Oui, milord, et c'est un grand bonheur que ma mère ignore ce qui va se passer.

— J'ai aussi, moi, des parents qui m'aiment; mais ils savent que j'ai embrassé la carrière militaire, et que je dois en courir les risques. Heureux le soldat qui, au moment du danger, peut bannir de son esprit l'idée de ces liens si chers et si doux! Mais nous approchons du rivage; songeons à notre devoir.

Ce fut la dernière conversation que j'eus avec ce brave officier; ce furent les dernières paroles que je l'entendis prononcer. A partir de ce moment toute son âme sembla se concentrer dans l'accomplissement de son devoir pour assurer le succès de nos armes et la défaite de l'ennemi.

Je n'ai pas assez d'expérience pour pouvoir décrire en homme du métier la suite des événements qui se passèrent alors. Quand l'avant-garde arriva sur le bord du lac, où les terres étaient peu élevées, et couvertes en grande partie de bois, on fit avancer quelques bateaux sur lesquels étaient montées un certain nombre de pièces d'artillerie. Les Français avaient réuni sur ce point des forces considérables pour empêcher notre débarquement; mais il paraît qu'ils n'avaient point assez de canons pour opposer une résistance sérieuse; notre mitraille enfila les bois, et l'on ne nous répondit que faiblement. Il est vrai que nous avions dirigé notre attaque sur un point autre que celui où nous étions attendus. Au signal donné, l'avant-garde s'élança sur le rivage, conduite par notre digne commandant, et elle parvint à s'y maintenir sans avoir éprouvé de pertes sérieuses. Guert, Dirck, Jaap et moi nous nous tenions les plus près possible du vicomte, qui donna aussitôt l'ordre de se porter en avant à la poursuite de l'ennemi qui battait en retraite. L'escarmouche ne fut pas bien vive, et nous gagnâmes du terrain à mesure que les Français se repliaient sur Ticonderoga. J'aperçus dans l'éloignement une nuée d'Indiens devant nous, et j'avoue que je craignis une embuscade; car les artifices et les stratagèmes de ces habitants des bois ne pouvaient être inconnus d'une personne née et élevée comme moi dans la colonie; la tradition seule eût suffi pour me les rendre familiers. Nous avions débarqué dans une crique qui était plutôt sur le bord occidental du lac qu'à son extrémité proprement dite; et dès que la place fut balayée, le général Abercrombie débarqua la plus grande partie de ses troupes, et les forma en colonnes : deux au milieu, composées de six régiments réguliers, pouvant compter plus de six mille hommes; une de chaque côté, où se trouvaient en tout cinq mille hommes des milices des provinces. Quatre mille hommes de ces mêmes milices restaient pour garder les embarcations, qui étaient alors au nombre de plus de mille. Cependant tous les bateaux n'avaient pas encore atteint le lieu du débarquement ; ceux qui portaient les munitions étaient à quelque distance en arrière.

Notre petite troupe faisait partie de la colonne de droite du centre, à la tête de laquelle marchait notre brave commandant. L'ennemi avait placé un seul bataillon dans un camp en bois près du lieu ordinaire de débarquement ; mais voyant les forces qui allaient l'attaquer, l'officier qui le commandait mit le feu au camp et se retira en bon ordre. On échangea à peine quelques coups de fusil, et nous nous portâmes en avant avec confiance. Cependant le manque de guides, l'épaisseur des bois, les difficultés du terrain, mirent bientôt quelque confusion dans notre marche. Les colonnes se mêlèrent les unes aux autres, et personne ne savait comment s'y prendre pour réparer promptement le mal. L'absence de guides était, je le répète, notre grand malheur ; mais il était trop tard pour y remédier.

Notre colonne n'en avança pas moins, toujours guidée par son brave chef qui marchait à la tête du premier peloton. Nous autres volontaires, nous marchions en éclaireurs un peu sur le flanc de la colonne, et je crois pouvoir dire sans jactance que nous étions toujours à la hauteur des premiers rangs. Dans cet état de choses, des uniformes français se montrèrent devant nous. C'était un détachement assez considérable qui, comme nous, errait un peu à l'aventure, ne sachant quel chemin il devait prendre pour gagner le plus vite possible ses retranchements. Il ne pouvait passer devant notre colonne sans qu'il en résultât une collision. Qui commença le feu, de nous ou des Français, je ne saurais le dire. Le feu fut réciproque sans être très-nourri. Nous avions tiré tous quatre en même temps et nous nous arrêtâmes sous un taillis épais pour recharger nos armes. Je relevais à peine ma carabine qu'un certain désordre se manifesta en tête de la colonne, et je vis passer le corps d'un officier qu'on portait à l'arrière-garde. C'était celui de lord Howe ! il était tombé à la première décharge sérieuse qui eût eu lieu dans cette campagne. La mort de leur chef, tué sous leurs yeux, parut éveiller toute l'énergie des soldats. Ils se ruèrent sur les Français comme autant de tigres acharnés, en tuèrent, en blessèrent un grand nombre, en firent d'autres prisonniers, et dispersèrent le reste comme de la paille.

Je n'ai jamais vu d'homme plus animé que le fut Guert Ten Eyck dans cette petite affaire; la mort de lord Howe, dont il avait fait la connaissance intime à Albany, semblait l'avoir métamorphosé complétement; ce n'était plus cet homme si gai et si affable en même temps qui nous avait tant amusés, c'était un tigre altéré de sang. Il se mit à la tête de notre petite troupe, et s'élança à la poursuite des Français jusqu'à la vue même de leurs retranchements. Il fallut bien alors s'arrêter et songer à revenir sur nos pas; mais même alors Guert conserva le même air de défi, et il semblait braver ses ennemis. Une troupe d'Indiens nous serra de près dans cette retraite, et nous aurions couru grand risque d'être tous scalpés, sans la force herculéenne et la résolution de Jaap. Il arriva que, comme nous nous retirions d'arbre en arbre, nos quatre carabines se trouvèrent déchargées en même temps, circonstance dont les Indiens profitèrent pour se précipiter sur nous. Jaap, qui se trouvait en tête, prit son arme à deux mains par le bout, et assomma littéralement l'un après l'autre les trois Indiens qui nous atteignirent les premiers. Cette intrépidité et ce succès nous donnèrent le temps de recharger nos armes, et Dirck, excellent tireur et toujours de sang-froid, étendit raide mort le quatrième Huron en lui envoyant une balle dans le cœur. Guert alors coucha les autres en joue, en disant à Jaap de se retirer; nos deux carabines les tinrent en respect pendant que nous effectuions notre retraite en bon ordre. Les Peaux Rouges avaient été trop maltraités pour nous poursuivre de très-près après la leçon que nous venions de leur donner.

Une autre circonstance contribua à notre salut. Dans les milices des provinces se trouvait un partisan nommé Rogers; cet officier commandait un détachement de tirailleurs sur notre flanc gauche. Il se porta rapidement en avant, et les Indiens virent le moment où ils allaient être cernés s'ils continuaient à nous harceler, et cessèrent leur poursuite. Il était temps, car nous avions encore un mille à faire avant d'arriver à l'endroit qu'Abercrombie avait choisi pour faire arrêter ses colonnes et pour camper pendant la nuit; c'était à deux milles des ouvrages avancés qui défendaient Ticonderoga, et par conséquent assez près de l'extrémité du lac George ; l'armée s'y reforma en bon ordre et s'établit quelque temps dans cette position.

Il était nécessaire d'attendre l'arrivée des munitions, de l'artillerie et des provisions de toute espèce ; le transport n'était pas facile à travers une contrée qui n'était guère qu'une forêt vierge, et il prit deux jours entiers. Ce furent deux jours de tristesse et de deuil ; la mort de lord Howe avait produit sur toute l'armée le même effet qu'une défaite. Il était l'idole des soldats, et les Américains ne lui étaient pas moins attachés que ses compatriotes. Je ne sais quel sentiment pénible s'était emparé de tous les esprits ; on eût dit, à la consternation générale, que chacun de nous avait perdu un frère.

Arrivés au camp, nous cherchâmes le régiment de Bulstrode qui nous reçut cordialement ; son accueil fut plus chaud encore quand il apprit que nous composions le petit détachement qui s'était signalé par son intrépidité sur le flanc de la colonne de droite, et qui s'était avancé plus loin que tous les autres. Notre entrée au régiment eut donc lieu avec quelque éclat, et ce fut à qui nous féliciterait de notre courage.

Néanmoins le deuil n'était pas moins profond dans ce corps que dans tous les autres ; lord Howe y était aimé comme, au reste, il l'était de toute l'armée, et ce ne furent pas des démonstrations de joie qui accueillirent notre arrivée. Bulstrode avait un commandement important pour un officier aussi jeune, et assurément il était fier de sa position ; mais je pouvais voir que son caractère, naturellement gai et ouvert, subissait aussi l'influence de ce qui était arrivé.

— Il peut vous paraître étrange, Corny, me dit-il le soir pendant que nous nous promenions à l'écart, de remarquer autant d'abattement dans l'armée, lorsque notre débarquement s'est effectué heureusement, et que nous avons fait quelques centaines de prisonniers. Voyez-vous, mon ami, il vaudrait mieux pour nous que notre meilleure brigade eût été écharpée que d'avoir perdu l'homme que nous pleurons. Howe était l'âme de l'armée ; il était né soldat, et tous ceux qui l'entouraient se formaient à son exemple. Soit dit entre nous, le commandant en chef ne connaît pas les Américains, il ne saura pas les diriger comme il conviendrait, et puis il n'entend rien à la guerre telle qu'elle se fait sur le continent; de là des tâtonnements, des erreurs qui peuvent amener de graves conséquences. Howe avait sur Abercrombie la même influence que sur le reste de l'armée; on va essayer de suivre l'impulsion qu'il avait donnée, mais ni son bras ni sa tête ne sont plus là pour agir et pour conseiller, et je crains que nous n'ayons que trop sujet de nous en apercevoir.

Si ce langage n'était pas très-encourageant, il ne pouvait me paraître que très-sensé, d'autant plus que ce n'était pas Bulstrode seul qui parlait ainsi, j'entendais répéter les mêmes propos tout autour de moi. Cependant les préparatifs avançaient, et le 8 était le jour où devait se décider le sort de Ticonderoga. Le fort Proper, qui défend la ville, est situé sur une péninsule, et ne peut être attaqué que d'un côté; ce côté était protégé par des ouvrages avancés considérables, et l'on savait que la garnison était nombreuse. Comme les ouvrages avancés consistaient principalement en un parapet en bois, dont on pouvait s'approcher à l'abri de quelques bouquets d'arbres, on résolut de chercher à les prendre d'assaut et à pénétrer à la suite de l'ennemi lorsqu'il se retirerait dans l'enceinte intérieure. Si nous avions attendu notre artillerie et que nous eussions établi des batteries, notre succès aurait été infaillible; mais l'autre projet répondait mieux à l'impatience de toute l'armée, qui brûlait de venger son affront; elle n'eût pu s'accommoder des lenteurs d'un siége régulier; il lui fallait en venir aux mains sur-le-champ.

Le 8 juillet de grand matin les troupes furent passées en revue, et l'on se mit en marche pour livrer l'assaut projeté. Le terrain ne permettait guère de faire usage de chevaux, et Bulstrode marcha à pied à côté de nous. Je ne puis rapporter qu'imparfaitement les opérations de cette journée mémorable, les bois me masquant les mouvements des deux côtés; ce que je sais, c'est que l'élite de notre armée était au premier rang. Le 42e, composé de montagnards écossais, corps qui avait fait grande sensation en Amérique, à cause de la beauté et de l'énergie des hommes qui le formaient, avait été placé à l'endroit où l'on pouvait prévoir que l'affaire serait le plus chaude. Le 55e, autre régiment d'élite, fut placé aussi à la tête d'une colonne. Le seul côté accessible de la péninsule était protégé par un marais de quelque étendue, et là où finissait le marais, commençait le parapet en bois ; c'était ce parapet que ces deux corps étaient désignés pour enlever. Pour compléter leurs moyens de défense, les Français avaient placé une batterie le long du parapet, tandis que nous n'avions pas une seule pièce pour protéger notre approche.

On dit qu'Abercrombie ne consulta aucun des officiers américains qui étaient auprès de lui, avant de décider l'attaque du 8 juillet ; il s'était contenté du rapport de son ingénieur en chef, qui avait déclaré que les fortifications, au point de vue de la science, n'offraient pas d'obstacles sérieux, et l'assaut fut résolu. Sans doute l'ingénieur aurait pu avoir raison si le théâtre de la guerre eût été en Europe ; mais tout était imprévu, tout était désordonné dans la manière de se battre en Amérique, et les règles ordinaires ne pouvaient y trouver leur application. Il était déplorable que l'expérience de 1755 et le sort de Braddock n'eussent pas suffi pour apprendre aux généraux de Sa Majesté la nécessité de la prudence.

Le régiment de Bulstrode suivait immédiatement celui des montagnards, qui était commandé par le colonel Gordon Graham, vieil officier d'une grande expérience et d'un courage éprouvé. Naturellement, je vis le colonel et son régiment, puisqu'ils étaient placés devant moi, mais je ne vis guère autre chose de l'armée, surtout après que la première décharge, en soulevant un nuage de fumée, eut ajouté aux obstacles matériels qui m'empêchaient de suivre les opérations.

Un temps considérable fut employé à se préparer. Enfin quand toutes les dispositions furent prises, les colonnes se mirent en marche. L'ordre était de recevoir le feu de l'ennemi, puis de courir au parapet, de le franchir à la pointe de la baïonnette, s'il était nécessaire, et de ne tirer qu'à bout portant, ou lorsque l'ennemi battrait en retraite. Nous autres volontaires, ainsi que divers détachements de troupes irrégulières qui ne devaient point prendre part à la charge, nous n'étions pas astreints à cette consigne, et nous pouvions faire feu sur ceux des Français qui se montreraient à nous.

Il fallut près d'une heure pour approcher des fortifications, à cause des difficultés du terrain, et de la nécessité de s'arrêter souvent pour maintenir le bon ordre dans les rangs. Enfin arriva le moment décisif où la tête de la colonne allait sortir du bois et s'exposer au feu de l'ennemi. Une courte halte suffit pour les derniers arrangements à prendre ; les cornemuses firent entendre leurs émouvants accords, et nous nous élançâmes dans la plaine en nous excitant l'un l'autre par de bruyantes acclamations. Nous pouvions être alors à six cents pas du parapet.

Le premier coup fut tiré par Jaap, qui s'étant glissé le long du marais avait pris quelque avance, et qui frappa droit au cœur un officier français qui était monté sur le parapet pour faire une reconnaissance, mais les représailles furent terribles. Les montagnards s'avançaient d'un pas lent, grave, soutenu, aux accents belliqueux de leur musique, quand un sillon de flamme traversa la ligne ennemie, et les messagers de mort, ces messagers de fer et de plomb, vinrent en sifflant se précipiter sur nous. Les Écossais furent un moment ébranlés du choc ; mais ils se remirent à l'instant et continuèrent à avancer. Le régiment de Bulstrode ne fut pas épargné ; et le bruit de la mitraille nous avertit qu'on se battait sur toute la ligne. Je ne sais combien de soldats périrent par suite de cette première décharge ; mais la boucherie fut affreuse, et au nombre des victimes était le vieux Graham lui-même. A partir de ce moment, le plan d'attaque primitif ne fut plus suivi, chaque colonne commençant le feu dès qu'elle pouvait se déployer. Tout le monde fit intrépidement son devoir, autant que j'en pouvais juger par les pelotons qui m'entouraient ; c'était à qui arriverait le premier au pied des remparts ; mais, au-devant, l'ennemi avait entassé des arbres, couchés en long, dont les branches coupées en pointe formaient comme une rangée de dards. Il était impossible de franchir cette palissade en bon ordre ; il fallut s'arrêter, et l'on entretient un feu de peloton avec toute la régularité possible. Cependant l'artillerie française continuait à faire d'effrayants ravages ; et plusieurs corps furent obligés de faire un mouvement rétrograde. Le combat dura ainsi pendant quatre heures, nos soldats continuant à tirer sans résultat, tandis que les Français nous mitraillaient impunément à l'abri de leurs remparts. Il eût mieux valu pour nos soldats d'être moins disciplinés et moins soumis aux ordres de leurs officiers ; car ils restaient exposés sans défense aux coups de leurs ennemis, ne pouvant avancer, et ne voulant pas reculer.

Guert était parti avec les autres, et je vis bientôt qu'en le suivant nous ne pouvions tarder à nous trouver au beau milieu de la mêlée. En effet, il nous conduisit jusqu'au pied des arbres qui servaient de chevaux de frise ; et y trouvant une sorte d'abri, nous nous y établîmes en tirailleurs, et nous fîmes notre devoir en conscience. Quand les troupes se replièrent, nous restâmes seuls en quelque sorte, et nous nous maintînmes à notre poste jusqu'au dernier moment. Voyant cependant le feu se ralentir de plus en plus de notre côté, il fallut bien songer à la retraite ; mais tout en se retirant, Guert resta constamment le visage tourné du côté de l'ennemi, toujours occupé à charger sa carabine ou à faire feu en marchant. Nous reculions ainsi lentement d'arbre en arbre ; mais l'attention des ennemis finit par se diriger de notre côté ; et, pendant deux ou trois minutes, les balles sifflèrent à nos oreilles sans interruption.

Jaap n'était pas avec nous dans cette expédition, et je me dirigeai vers le marais pour voir ce qu'il était devenu. La recherche ne fut pas longue, et je le rencontrai qui revenait aussi, amenant avec lui un vigoureux Indien du Canada qu'il avait fait prisonnier. Il faisait porter à son captif trois carabines, trophée d'une triple victoire qu'il avait remportée sur trois Indiens dont deux étaient étendus sans vie dans le marais, et dont le troisième était son prisonnier lui-même. Je ne me charge point d'expliquer ce phénomène, mais ce nègre-là me parut toujours regarder une bataille comme une partie de plaisir.

A peine étions-nous réunis que nous apprîmes l'importante nouvelle que l'ordre de battre en retraite avait été donné sur toute la ligne. Notre brave et belle armée était battue, malgré la supériorité du nombre. Il n'est pas facile de décrire la déplorable scène qui suivit. Le transport des blessés à l'arrière-garde avait eu pour effet immédiat d'éclaircir les rangs. Ces infortunés furent portés par centaines dans les bateaux, tandis que la plupart des morts étaient laissés sur le champ de bataille. Toutes nos espérances étaient si complétement détruites, tous nos projets si radicalement abandonnés, que la nuit même la plupart des embarcations s'éloignèrent, et que les autres suivirent le lendemain au point du jour.

Ainsi se termina la funeste expédition de 1758 contre Ticonderoga, et il fallut renoncer à l'espoir de voir Montreal ou Quebec pour cette fois. Nous avions au moins dix mille hommes sous les armes dans cette journée sanglante, et plus de la moitié prirent une part active à l'action. L'ennemi avait tout au plus cinq mille hommes disséminés dans toutes les fortifications; et encore sur le nombre n'y en eut-il qu'une faible partie qui tira sur nous. La faute fut de vouloir enlever d'assaut un poste qui était presque imprenable, sans avoir d'artillerie pour nous couvrir.

Notre perte, dans cette triste rencontre, fut de 548 tués et de 1356 blessés. Parmi les montagnards, près de la moitié des soldats, et vingt-cinq officiers, c'est-à-dire à peu près tous, furent tués ou blessés. Le 55° fut aussi cruellement écharpé. Dix de ses officiers furent tués; un grand nombre furent couverts de blessures. Le régiment de Bulstrode en fut quitte à meilleur marché, parce qu'il ne se trouvait pas en tête d'une colonne; cependant il souffrit aussi cruellement. Bulstrode avait été grièvement blessé dès le commencement de l'attaque; mais sa blessure n'était pas regardée comme dangereuse. Billings resta mort sur la place, et Harris avait reçu une énorme balafre qui devait devenir dans sa bouche

« L'éternel entretien des siècles à venir. »

La confusion fut terrible après une pareille mêlée et une pareille défaite. Les troupes s'embarquaient pêle-mêle sans distinction de corps; et les bateaux partaient dès qu'ils avaient reçu leur triste cargaison. La perte des bagages fut énorme; je crois seulement qu'on parvint à sauver tous les drapeaux. Comme les milices avaient été le moins exposées, et qu'elles avaient le moins souffert, elles furent chargées de protéger l'embarquement.

Quant à nous quatre, sans compter le prisonnier de Jaap, qu'il ne lâchait pas, nous ne savions trop à quoi nous résoudre. Tous ceux que nous connaissions dans l'armée étaient ou tués ou blessés. Nous ne savions ce qu'était devenu Bulstrode ; nous ne pouvions même retrouver son régiment; et, quand nous aurions réussi dans nos recherches, il n'y restait personne qui eût pris grand intérêt à nous. Dans cette conjoncture, nous tînmes conseil sur le bord du lac, nous demandant si nous devions chercher à entrer dans un des bateaux qui s'éloignaient, ou attendre jusqu'au matin, pour que notre retraite eût quelque chose de plus honorable.

— Voulez-vous m'en croire, Corny? dit Guert Ten Eyck d'un ton positif; moins nous parlerons de cette campagne et de la part que nous y avons prise, et mieux nous ferons. Nous ne sommes pas de vrais soldats, et si nous nous taisons, personne ne saura la rincée que nous trois en particulier nous avons reçue. Mon avis est de sortir de l'armée comme nous y sommes entrés, sans bruit, de faire demi-tour à droite, et de ne jamais nous vanter d'en avoir fait un moment partie. Je n'ai jamais vu qu'on gagnât grand' chose dans l'opinion à avoir été frotté d'importance; et pour que j'aime à raconter une bataille, il ne faut pas qu'elle finisse par une défaite.

— Soyez sûr, Guert, que je suis tout aussi peu disposé que vous à parler de cette affaire; mais il n'est pas si facile que vous paraissez le croire de sortir de cette bagarre. Je doute qu'aucune des embarcations nous reçût à bord. L'Anglais est naturellement compatissant; mais quand il a été étrillé de cette manière, c'est une autre affaire. Il paraît que tous nos amis ont été tués ou blessés.

— Vous voulez vous en aller? dit tout bas une voix d'Indien à mon côté; vous en avez assez, hein!

Je me retournai, et je vis Susquesus debout à deux pas de moi. Notre conférence avait eu lieu nécessairement au milieu d'une foule toujours en mouvement; et l'Onondago s'était glissé près de nous sans être aperçu. D'où venait-il? c'est ce que je ne savais pas alors; et ce que je ne sus jamais.

— Pouvez-vous nous aider à partir, Susquesus? répondis-je. Savez-vous quelque moyen de traverser le lac?

— Prendre un canot, c'est le bon moyen. Le canot va, pendant que l'Anglais court.

— Est-ce que vous avez ici le canot dans lequel nous sommes venus?

L'Indien fit un signe affirmatif, il nous dit de le suivre. Nous ne nous fîmes pas prier; mais j'avoue que lorsque je le vis se diriger vers l'est, en longeant le lac, je crus un moment à quelque trahison. C'était aller à l'ennemi, au lieu de nous en éloigner, et il y avait quelque chose de si mystérieux dans la conduite de cet homme, que je ne pouvais me défendre de quelque inquiétude. Il était là, au milieu de l'armée anglaise en déroute, quoiqu'il eût refusé de nous suivre avant la bataille. Rien n'était plus facile que de profiter de la confusion pour se mêler dans ses rangs, et d'y rester des heures entières sans être découvert, pourvu qu'on eût le courage et l'énergie nécessaires, et ce n'était pas ce qui manquait à l'Onondago, qui sous l'apathie apparente d'une Peau Rouge cachait beaucoup de sang-froid et de pénétration.

Néanmoins le plus prudent encore était de le suivre; et ce fut le parti auquel nous nous arrêtâmes, tout en ayant soin d'avoir le doigt sur le chien de notre carabine, pour être prêts à nous défendre si nous étions conduits dans quelque embuscade. Mais Susquesus n'avait point de mauvaise intention, et l'endroit où il avait placé son canot était une nouvelle preuve de sa sagacité. Nous eûmes un grand mille à faire avant d'arriver à la petite crique, entourée de broussailles, où il l'avait caché. Il me semblait que nous courions un assez grand danger, en nous avançant autant dans cette direction, puisque les Indiens de l'armée ennemie devaient être à rôder sur les flancs de notre armée, pour chercher des têtes à scalper; mais je sus bientôt d'où provenait la confiance de l'Onondago, par cette réponse qu'il fit à Guert :

— Pas de danger, dit-il; l'homme rouge ramasse les chevelures anglaises sur le sentier de guerre. Il y a trop de tués pour qu'il en cherche ailleurs.

Conséquence déplorable de la politique suivie par les deux gouvernements, qui payaient tant par chevelure!

Avant de quitter la crique, une difficulté se présenta. Jaap avait amené avec lui son prisonnier huron; et l'Onondago déclara que le canot ne pouvait porter que cinq personnes, ce qui était évident. Cinq étaient tout ce qu'il pouvait contenir.

— Pas de place pour l'homme rouge, dit-il; cinq, bon; six, mauvais.

— Que ferons-nous de ce drôle, Corny? demanda Guert avec quelque intérêt; Jaap dit que c'est un vigoureux gaillard, et qu'il a eu toutes les peines du monde à le prendre. Pendant cinq minutes, la victoire hésita à se prononcer entre les deux champions; et, à entendre le nègre lui-même, il ne l'emporta que parce que la Peau Rouge s'amusa à vouloir lui faire sauter la cervelle à coups de poings. Vouloir fendre la tête d'un nègre! autant vaudrait essayer de battre en brèche le rocher de Gibraltar. C'est ce qui assura le triomphe de Jaap. Voyons, qu'en ferons-nous?

— Prendre la chevelure, dit l'Onondago d'un ton sentencieux; chevelure excellente, longues boucles de guerre, peinture de guerre, chevelure excellente!

— Bon pour vous, maître Susquesus; mais pour nous autres chrétiens, c'est différent. Je crains bien qu'il ne nous faille laisser aller ce démon incarné, après l'avoir désarmé.

— Désarmé? il l'est déjà; mais il ne tardera pas à trouver un fusil sur le champ de bataille. Au surplus, je pense comme vous, Guert. — Allons, Jaap, relâchez votre prisonnier, afin que nous retournions à Ravensnest le plus tôt possible.

— C'est bien dur, maître Corny! s'écria Jaap, à qui cet ordre ne plaisait nullement.

— Pas de réflexions, monsieur, et déliez-le. — Jaap avait attaché les bras de l'Indien avec une corde, pour le conduire plus aisément.

Le nègre se mit lentement en devoir d'obéir; et déjà mes deux amis et l'Onondago étaient entrés dans le canot, et je m'apprêtais à les suivre, qnand j'entendis derrière moi de grands coups, comme si l'on frappait sur le dos de quelqu'un. Je me retournai, et je vis mon Jaap qui labourait le dos nu de son prisonnier avec l'extrémité de la corde qui le garrottait encore. L'Indien ne bougeait pas, ne poussait pas un cri. Le pin n'est pas plus droit dans la forêt que ne l'était le corps de la Peau Rouge pendant qu'on le flagellait ainsi. Indigné, je repoussai vivement le nègre, je coupai moi-même les liens du prisonnier, et je chassai devant moi mon esclave jusqu'au canot.

CHAPITRE XXIV.

> Pâle se coucha le soleil. Les ombres du soir tombèrent ; le vent de la nuit commença son chant lugubre ; et le même jour vit leurs guerriers étendus morts, leur souverain captif, et leur gloire évanouie !
> MISTRESS HEMANS.

JE n'oublierai jamais notre voyage pendant cette nuit terrible. Susquesus conduisait seul le canot. Nous étions trop fatigués pour lui prêter grande assistance. Jaap lui-même s'étendit tout de son long et dormit plusieurs heures de suite. Je ne crois pas qu'aucun de nous ait pu fermer l'œil dans le premier moment ; les scènes au milieu desquelles nous venions de nous trouver et nous nous trouvions encore, exerçaient une trop vive influence sur notre imagination.

Il pouvait être neuf heures du soir, quand notre canot s'éloigna de ces funestes parages, et suivit le bord oriental du lac. Déjà plus de cinq cents bateaux s'étaient mis en mouvement, la retraite ayant commencé longtemps avant le coucher du soleil. Aucun ordre n'était observé dans ce lugubre cortége. Chaque embarcation partait dès que son chargement était complet. Tous les blessés étaient déjà portés sur les eaux limpides du Saint Lac, comme quelques écrivains ont appelé cette paisible nappe d'eau ; et le bruit qu'on entendait sur le rivage annonçait que leurs compagnons, plus heureux, ne tarderaient pas à les suivre.

Quelle nuit ! Il n'y avait point de lune ; de sombres vapeurs étaient répandues sur la voûte des cieux ; et de tous ces milliers d'étoiles qui auraient dû étinceler dans le firmament pour rendre hommage à leur Créateur, à peine en apercevait-on quelques-unes, pâles et vacillantes. En bas, le long des collines, pas un souffle d'air; parfois seulement on entendait le faible murmure d'un léger filet d'eau qui serpentait sur la hauteur. Le bord que nous suivions ayant moins de sinuosités que le bord opposé, la plupart des embarcations en suivaient les contours sombres et escarpés, pour abréger leur route, et bientôt nous nous trouvâmes près de la ligne des bateaux qui se retiraient. Je dis la ligne, car, bien qu'on n'observât aucun ordre, chacun ne cherchant qu'à arriver par le plus court chemin au point de destination commun, il y avait un si grand nombre d'embarcations en mouvement en même temps, qu'aussi loin que l'œil pouvait pénétrer au milieu de ces ténèbres à peine visibles, il les voyait se succéder sans interruption. Les soldats étaient trop fatigués pour nager avec beaucoup d'énergie, après la journée qu'ils venaient de passer, et nous n'eûmes pas de peine à rejoindre la plupart de ces bateaux pesamment chargés, et à marcher de conserve, quoique en nous tenant plus rapprochés du bord. Cependant deux ou trois bâtiments, plus légers, parvinrent à se glisser encore entre nous et le rivage, où ils étaient cachés par l'ombre de la montagne, à tel point qu'on ne pouvait les distinguer. C'étaient sans doute quelques bâtiments baleiniers; il y en avait plus de cent dans la flottille, qui portaient des officiers supérieurs.

Personne ne parlait. Il semblait qu'aucune voix humaine n'osât s'élever au milieu de cette grande catastrophe. Le bruit des avirons troublait seul d'abord le silence de la nuit; mais à mesure que nous nous rapprochions de la ligne et que nous atteignions les embarcations qui étaient parties les premières, les cris et les gémissements des blessés venaient s'y mêler et en rompre tristement la monotonie. Ces malheureux, au milieu de leurs souffrances, avaient du moins deux motifs de consolation : jamais ils n'auraient pu être transportés d'un champ de bataille d'une manière plus douce; et ils avaient à leur portée les moyens d'étancher la soif dévorante que la perte du sang ne manque jamais de produire.

Après avoir nagé pendant plusieurs heures, Susquesus fut relevé par Jaap; Dirck, Guert et moi nous donnions de temps en temps un coup d'aviron, puis nous nous laissions aller un moment au sommeil, et ce peu de repos répara nos forces. Enfin nous atteignîmes la passe étroite qui sépare le lac supérieur du lac inférieur. C'est là que les îles sont en si grand nombre, et nous ne pouvions éviter de passer près de quelques-uns des bateaux, je dis de quelques-uns, car la ligne était rompue, chacun prenant le passage qui lui semblait le plus commode.

— Ohé! du canot d'écorces, approchez! cria un officier placé dans une des embarcations; je veux savoir qui est là!

— Nous sommes des volontaires qui étions venus nous mettre sous les ordres du major Bulstrode; pourriez-vous nous dire où est cet officier?

— Pauvre Bulstrode! il a reçu son affaire presque en débarquant, et je l'ai vu transporter à l'arrière-garde. Il ne pourra de longtemps ni marcher ni monter à cheval, si toutefois on parvient à lui conserver la jambe. Il a dû partir à bord du premier bateau qui a été détaché, et son intention était, m'a-t-on dit, de se faire porter jusqu'à l'habitation d'un ami, qui demeure à peu de distance, pour échapper aux horreurs d'un hôpital ambulant. Il ne manque pas de chevaux, et il pourrait se faire conduire en litière jusqu'au cap Horn, si la fantaisie lui en prenait. Ce dont je suis bien sûr, c'est que s'il existe un bon gîte en Amérique, Bulstrode saura le dénicher. Pour moi, voilà un bras qui devra sans doute partir dès que nous serons arrivés au fort William-Henry, et une fois que j'en serai débarrassé j'aimerais fort à aller tenir compagnie au major. Que je ne vous arrête pas, messieurs. En voyant un canot d'écorces, j'ai cru de mon devoir de m'assurer si nous n'étions pas suivis par des espions.

Encore une victime de la guerre! Ce malheureux parlait de se faire couper le bras, comme s'il se fût agi de se faire arracher une dent, et cependant je ne doute pas que, dans le fond de son cœur, il n'éprouvât de vives angoisses. Ainsi donc, Bulstrode allait se faire transporter à Ravensnest, car c'était là sans doute ce toit hospitalier sous lequel il voulait se faire traiter, et, en effet, où pourrait-il être entouré de soins plus dévoués? L'avouerai-je? cette idée m'était pénible, et j'aurais voulu aussi avoir reçu quelque bonne blessure qui me donnât le droit de retourner auprès d'Anneke et qui m'assurât sa tendre pitié.

Nous passâmes bientôt après devant un autre bateau, commandé par un officier qui, debout, semblait épier nos mouvements. Il paraissait bien portant, mais il était sans doute chargé de quelque mission spéciale.

— Comme vous vous.pressez, mes amis! nous dit-il; de grâce, modérez un peu votre zèle. Craignez-vous donc d'être devancés par d'autres pour annoncer les mauvaises nouvelles?

— Vous jugez mal de notre patriotisme et de notre dévouement, monsieur; certes ce n'est pas nous qui voudrions être les premiers à raconter l'échec que viennent d'éprouver les armes anglaises, répondis-je d'un ton assez sec.

— L'échec! mille pardons! je vois que vous êtes en effet des patriotes, et des patriotes renforcés. L'échec! c'est le mot propre; quoique peut-être échec et mat fût encore plus significatif. Eh bien! nous avons passé une charmante journée, n'est-ce pas, messieurs?

— Les troupes ont montré beaucoup d'assurance et de courage, et nous, qui n'étions que simples volontaires, nous sommes prêts à l'attester.

— Oh! ces messieurs étaient des volontaires, reprit l'officier en ôtant son chapeau et en s'inclinant profondément; je ne savais pas que c'était à des volontaires que j'avais l'honneur de parler. Je leur en fais mon compliment bien sincère. Ainsi c'est volontairement que vous avez pris part au combat! Pour moi, je ne puis dire que j'aie le même mérite. Eh bien! sur ma parole, vous allez avoir des choses merveilleuses à raconter, messieurs, quand vous serez assis au coin du feu de la famille.

— Nous aurons à parler de l'intrépidité des montagnards écossais; car nous les avons vus combattre et tomber près de nous.

— Vraiment! vous étiez près de ces braves! s'écria l'officier en quittant son ton à moitié goguenard pour prendre des manières plus franches et plus naturelles; c'est déjà un honneur d'avoir été spectateurs de tant de courage, surtout si ce n'était pas de trop loin. Oserais-je vous demander vos noms?

J'obéis en lui apprenant que nous étions les amis de Bulstrode, et combien nous avions été tourmentés de ne pouvoir le rejoindre, ni lui ni son régiment.

— Messieurs, j'honore le courage partout où il se trouve, dit l'officier en bannissant toute contrainte; et je l'admire surtout dans les habitants de ces colonies lorsqu'il s'agit d'une querelle qui, après tout, est la leur. N'étiez-vous pas auprès du pauvre Howe quand il est tombé si fatalement? J'espère que nous ferons plus ample connaissance. Quant à M Bulstrode, il est passé il y a quelques heures, et son intention est d'attendre sa guérison chez quelques parents qu'il a dans cette province. Nous nous reverrons, n'est-ce pas? Le capitaine Charles Lee sera charmé de vous serrer la main dès que nous serons de retour au camp.

Nous lui exprimions nos remerciements lorsque Susquesus, d'un coup brusque d'aviron, poussa le canot dans la direction du rivage, et mit fin à la conversation.

L'Indien ne dormait plus alors, et il exerçait de nouveau à bord son autorité. Glissant comme une flèche à travers les îles, il nous débarqua bientôt au point précis où nous nous étions embarqués cinq jours auparavant. L'Onondago attacha son petit canot, puis, traversant le ravin, il nous conduisit, après une heure de marche pénible, sur le sommet nu de la montagne où nous avions déjà campé.

Si la nuit avait été si remarquable, le tableau qui s'offrit à nous à la pointe du jour ne l'était pas moins. Lorsque nous arrivâmes au sommet, il pouvait être l'heure où l'Indien m'avait éveillé quelques jours auparavant, et le panorama était à peu près le même, quoique les sensations qu'il causait fussent bien différentes. Comme la première fois, mille embarcations étaient en vue; une douzaine, tout au plus, étaient arrivées à l'extrémité du lac; tout le reste de la flottille était disséminé sur la paisible surface de cette immense nappe d'eau, formant une longue ligne de points noirs qui s'étendaient jusqu'à la jetée sous le fort William-Henry d'un côté, et de l'autre aussi loin que l'œil pouvait atteindre. Quel aspect différent présentait cette triste procession de bateaux, se suivant sans ordre, avec celui qu'avaient offert ces mêmes embarcations résonnant des accords d'une musique guerrière, couvertes de jeunes soldats, frais et pleins d'ardeur, qu'animait l'assurance de la victoire! En regardant ce tableau, je ne pouvais m'empêcher de me figurer toutes les souffrances physiques, toutes les angoisses déchirantes, toutes les profondes mortifications, qu'on aurait pu lire sur les visages, s'il eût été possible de les voir d'assez près. Nous venions de nous trouver mêlés à cette scène d'agonie humaine, et nos imaginations nous retraçaient des détails qui, à la hauteur où nous nous trouvions, étaient hors de la portée des sens.

Une semaine auparavant, le nom d'Abercrombie était dans toutes les bouches en Amérique; c'était à qui placerait le héros sur le piédestal le plus élevé. Quelques heures avaient renversé l'idole. Ceux qui avaient mis le plus d'empressement à l'encenser étaient les premiers à lui jeter la pierre, et personne n'aurait eu le courage de prendre sa défense. Les hommes, déçus dans leur attente, ne sont jamais justes; le cri de réprobation que pousse la foule est répété par chaque individu, qui soulage ainsi sa mortification et son orgueil blessé, sans croire sa responsabilité engagée, et la victime est immolée à la vindicte publique. Et cependant Abercrombie n'était pas un sot et stupide fanfaron comme Braddock s'était montré. Son malheur avait été d'ignorer comment il fallait faire la guerre dans le pays où il était envoyé, et, peut-être, de compter trop sur le courage réputé invincible des troupes qu'il commandait. Très-peu de temps après, il fut rappelé, et l'Amérique n'entendit plus parler de lui.

Dès que nous fûmes arrivés sur la hauteur, l'Onondago fit signe à Jaap d'allumer un grand feu, et il tira d'un dépôt qu'il avait eu la prudence de laisser dans cet endroit quelques provisions destinées à former notre déjeuner. Comme aucun de nous n'avait rien pris depuis la veille à la même heure, ce repas fut le bienvenu, et nous y fîmes grand honneur. Le nègre en eut naturellement sa part; et ensuite la délibération s'ouvrit sur ce que nous allions faire.

Guert posa la question en ces termes : — Devons-nous aller droit à Ravensnest, ou bien nous rendre d'abord auprès de l'arpenteur, pour voir comment vont les choses de ce côté?

— Il n'y a pas grand danger de poursuite de la part des Français, répondis-je, puisque toutes leurs embarcations sont sur l'autre lac; et l'état du pays est à peu de chose près le même qu'avant le départ de l'armée.

— Faites cette question à l'Indien, dit Dirck avec quelque insistance... Nous regardâmes Susquesus comme pour l'interroger, car un regard suffisait toujours pour se faire comprendre de lui, surtout lorsqu'une allusion assez claire avait précédé cette interrogation muette.

— L'homme noir a fait une sottise, dit l'Onondago.

— Qu'est-ce que j'ai fait, démon de Peau Rouge que vous êtes? demanda Jaap, qui éprouvait une sorte d'antipathie naturelle pour tous les Indiens ; sentiment auquel les Indiens répondaient par un mépris assez marqué pour sa race; qu'est-ce que j'ai fait, vilain démon, pour oser parler ainsi de moi à maître Corny?

Susquesus ne montra aucun ressentiment de cette apostrophe un peu verte; et il resta assis à sa place aussi immobile que s'il ne l'avait pas entendue. Jaap ne s'en emporta que davantage; et comme il était toujours prêt à se battre dès que son orgueil était en jeu, la guerre eût éclaté incontinent entre eux deux, si je n'avais pas levé un doigt, pour arrêter dès sa naissance la fureur de Jaap Satanstoé.

— Pour avancer une pareille accusation contre mon esclave, Susquesus, lui dis-je, il faudrait pouvoir la prouver.

— Il a battu un guerrier rouge comme un chien.

— Eh bien! après? grommela Jaap, qui n'était encore qu'à moitié pacifié par mon signe; est-ce qu'on a jamais entendu dire que quelques coups de corde aient fait mal à une Peau Rouge?

— Le dos d'un guerrier est comme celui d'une squaw ; les coups le blessent. Il ne pardonne jamais.

— Eh bien! alors, qu'il s'en souvienne! cria le nègre en ouvrant sa bouche jusqu'aux oreilles dans une horrible grimace; il était mon prisonnier; et quel bien cela m'aurait-il fait de le laisser aller sans lui avoir donné une leçon? Voilà ce que vous devriez dire à maître Corny, au lieu de toutes vos balivernes. Quand maître me bat, qui m'a jamais entendu me plaindre?

— Et je ne vous ai point battu assez, maître drôle, ou vous auriez de meilleures manières, dis-je à mon tour ; car je crus nécessaire d'intervenir; jamais Jaap n'avait montré en ma présence un caractère si querelleur, sans doute parce que je ne l'avais jamais vu se disputer avec un Indien. — Finissons, ou je serai obligé de vous payer à l'instant les arrérages.

— Une petite fustigation administrée à propos fait quelquefois grand bien à un nègre, ajouta Guert d'un ton expressif.

Dirck ne dit rien; mais il aimait jusqu'à mon esclave à cause de moi, et il lui jeta un regard de reproche. Toutes ces démonstrations combinées réussirent à imposer silence à Jaap.

— Voyons, Susquesus, dis-je alors, nous écoutons; expliquez-vous.

— Musquerusque est un chef. — Un chef huron a la peau très-tendre, — il n'oublie jamais la corde.

— Voulez-vous dire que le prisonnier de mon nègre va chercher à se venger de la petite correction qui lui a été infligée?

— Précisément. L'Indien a bonne mémoire. Il n'oublie pas un ami. — Il n'oublie pas un ennemi.

— Mais votre Huron sera bien embarrassé pour nous trouver, Onondago. Il nous croira naturellement avec l'armée, et, s'il s'aventure à nous y chercher, vous voyez qu'il ne réussira pas.

— Qui sait? le bois est plein de sentiers. L'Indien est plein de malice. Pourquoi avoir parlé de Ravensnest?

— Est-ce que le nom de Ravensnest a été prononcé en présence de ce Huron? demandai-je, plus tourmenté que je n'aurais aimé à l'avouer d'un incident aussi futile.

— Oui; quelque allusion y a été faite, mais trop indirecte pour que le drôle ait pu y rien comprendre, répondit Guert d'un ton d'insouciance. Au surplus, qu'il revienne, s'il n'en a pas encore eu assez.

Ce n'était nullement ma manière de voir. Je ne pouvais penser à Ravensnest sans songer à Anneke, et je me la représentais exposée à toutes les horreurs d'une vengeance indienne.

— Je vous enverrai auprès du Huron, Susquesus, repris-je, si vous pouvez me dire à quel prix il vendrait son pardon.

L'Onondago me regarda un moment d'un air significatif, puis, s'approchant de Jaap, il traça avec son doigt un cercle autour de la tête du nègre, comme pour indiquer la partie qu'enlève ordinairement le couteau du guerrier pour avoir un trophée de sa victoire. Jaap comprit très-bien, ainsi que nous tous, ce geste expressif; et la manière dont il aplatit sur sa tête sa toison crépue, comme pour défendre la place, provoqua malgré nous nos éclats de rire. Le nègre ne partagea point notre gaieté, mais il regardait l'Indien à peu près comme le boule dogue montre les dents avant de s'élancer sur sa proie. Un nouveau signe de doigt de ma part suffit néanmoins pour arrêter l'explosion; et, afin de mettre un terme à cette scène, je dis à Jaap d'aller faire les préparatifs du départ. Délivré de sa présence, j'invitai Susquesus à s'expliquer plus clairement.

— Vous connaissez l'Indien, répondit l'Onondago. Maintenant qu'il croit les Habits Rouges en déroute, il cherche des chevelures — il aime les chevelures de toute espèce, — les jeunes comme les vieilles — chevelure d'homme, — chevelure de femme, — chevelure d'enfant; toutes rapportent profit; toutes rapportent honneur — pas de différence entre elles.

— Oui! s'écria Guert avec l'énergie de quelqu'un qui est vivement convaincu de ce qu'il dit, c'est un démon incarné, dès qu'il est entraîné sur quelque piste par l'odeur du sang! Ainsi donc, vous pensez que ces Indiens français vont pousser une pointe du côté de nos établissements?

— Ils iront au plus près; le reste leur importe peu; — le plus près, c'est votre ami — ça ne vous irait pas, je crois?

— Vous avez parfaitement raison, Onondago; aussi allez-vous nous conduire à vol d'oiseau à Ravensnest, cette maison fortifiée que vous connaissez, où demeurent des personnes qui nous sont plus chères que nous-mêmes.

Susquesus comprenait à merveille tout ce qu'on disait; aussi ces dernières paroles de Guert le firent-elles sourire.

— La squaw n'est pas mal, répondit-il avec un certain air de complaisance; il n'est pas étonnant que le jeune homme la trouve de son goût. Mais nous ne pouvons point aller là maintenant. Il faut d'abord trouver les amis qui mesurent la terre — cette terre qui était indienne autrefois!

Cette dernière remarque fut faite d'un ton qui ne me plut pas; elle semblait avoir été provoquée par quelque idée qui s'était présentée subitement à l'esprit de l'Onondago et que je crus devoir combattre.

— Je serais fâché qu'il en fût autrement, Susquesus, lui dis-je ; car notre titre n'en est que plus valable. Vous savez sans doute que mon père et son ami, le colonel Follock, ont acheté cette terre aux Mohawks, et ils en ont payé le prix qu'ils ont demandé.

— L'homme rouge ne mesure jamais la terre ainsi. Il montre avec son doigt, abat les broussailles et dit : là ! prenez depuis cette eau jusqu'à cette eau.

— Très-bien, mon ami ; mais comme cette manière de mesurer ne peut servir pour établir des fermes séparées, nous sommes obligés de diviser le tout en lots plus petits. Les Mohawks ont commencé par donner à mon père et à son ami toute la terre dont ils pourraient faire le tour pendant deux soleils, en leur accordant la nuit pour se reposer.

— C'est un bon acte celui-là ! s'écria l'Indien avec chaleur. Jambe ne peut pas tromper. Plume est une grande coquine.

— Eh bien ! nous avons réuni les deux genres de concession ; car les propriétaires parcoururent en effet la circonférence du domaine, accompagnés de quelques Indiens qui veillaient à ce que les choses se passassent en règle. Après cela, les chefs signèrent un acte en bonne forme, afin d'empêcher toute méprise ; et ensuite nous obtînmes la concession du roi.

— Qui a donné la terre au roi ? Toute la terre qui est ici est à l'homme rouge ; qui l'a donnée au roi ?

— Qui a fait des femmes des Delawares ? Ne sont-ce pas les guerriers des Six Nations, Susquesus ?

— Oui, les miens ont aidé ; — les Six Nations sont grands guerriers ; et ils ont mis des jupons aux Delawares, et les Delawares ne peuvent plus se présenter sur le sentier de guerre. Qu'est-ce que cela a de commun avec la terre du roi ?

— C'est que, voyez-vous, mon camarade, les guerriers du roi ont pris possession de ce pays, juste comme les Six Nations ont pris possession de celui des Delawares, avant d'en faire des femmes.

— Les guerriers du roi ? que sont-ils devenus ? demanda l'Indien avec la rapidité de l'éclair. Où se sont-ils enfuis ? Où est à présent la terre de Ticonderoga ? A qui est la terre de l'autre côté du lac à présent ?

—Il est certain que les troupes du roi ont éprouvé des revers, et que, pour le moment, leurs droits sont affaiblis; je n'en disconviens pas. Mais, en un jour, tout peut changer, et le roi reprendra sa terre. Faites attention qu'il n'a pas vendu Ticonderoga aux Français, comme les Mohawks nous ont vendu Mooseridge; et vous serez le premier à convenir que cela fait une grande différence. Un marché est un marché, Onondago.

— Oui, un marché est bon — bon pour l'homme rouge, bon pour le Visage Pâle; pas de différence. Ce que le Mohawk vend, il ne le reprend pas; que le Visage Pâle le garde. Mais comment les Mohawks et le roi peuvent-ils vendre en même temps? Tous deux possèdent donc la terre, heim?

Cette question était assez embarrassante, surtout lorsque c'était à un Indien qu'il fallait répondre. Nous autres Européens, nous pouvons très-bien comprendre qu'un gouvernement qui, en vertu des principes reconnus par les nations civilisées, exerce un droit de juridiction sur de vastes territoires situés dans des forêts vierges, territoires qui servent seulement à certaines tribus sauvages de terrains de chasse, et encore momentanément, — que ce gouvernement, dis-je, croie juste d'indemniser les tribus avant de diviser ces terres pour les livrer à la culture; mais il n'est pas si facile de faire comprendre à un enfant de la nature que le même bien peut avoir deux propriétaires. La transaction nous paraît simple, et elle dépose en notre faveur, car nous aurions la faculté d'accorder ces terres sans éteindre le titre indien, pour me servir de l'expression usitée; mais elle présente des difficultés à l'esprit de ceux qui ne sont pas habitués à considérer la société avec les nombreux intérêts que la civilisation crée autour d'elle. En fait, l'acquisition faite aux Indiens n'a d'autre valeur, au point de vue légal, que d'appuyer la demande en concession que nous faisons auprès de la couronne; laquelle ensuite nous impose telle autre condition que dans sa sagesse elle croit juste d'exiger. Néanmoins il fallait bien, de manière ou d'autre, répondre à l'Onondago, pour ne pas laisser s'accréditer dans son esprit l'idée erronée que nous n'étions pas légitimes possesseurs de nos domaines.

—Supposons, Susquesus, dis-je après un moment de réflexion,

qu'une carabine vous plaise, que vous vouliez l'acheter, et qu'il se trouve deux Indiens qui prétendent qu'elle leur appartient ; si vous payez à chaque guerrier le prix qu'il demande, croyez-vous que votre droit à la propriété de la carabine en sera moins bon ?

L'Indien fut frappé de cette réponse, qui allait au caractère de son esprit. Il étendit la main droite, reçut la mienne et la secoua cordialement, comme pour dire qu'il était content. Cet épisode terminé, nous en revînmes au sujet plus important de la route que nous prendrions.

— Il paraîtrait que l'Onondago regarde comme probable que les Indiens français vont attaquer les établissements, dis-je à mes compagnons, et que nos amis de Ravensnest auront besoin de notre appui ; mais en même temps il pense que nous devons commencer par retourner à Mooseridge, auprès des arpenteurs. Qu'en pensez-vous, mes amis ?

— Entendons d'abord les raisons que donne l'Indien pour rejoindre les arpenteurs, répondit Guert. Si elles sont bonnes, je suis prêt à le suivre.

— Un arpenteur a une chevelure aussi bien qu'une squaw, dit Susquesus dans son langage bref, mais significatif.

— Il suffit ! s'écria Guert ; je comprends maintenant. L'Onondago croit que l'arpenteur et ses agents peuvent être attaqués par les Indiens, isolés et sans défense comme ils le sont, et que nous devons aller les prévenir.

— C'est très-bien, répondis-je, et certes, puisqu'ils travaillent pour nous, ils ont droit à notre appui. Mais, Guert, j'aurais pensé que ces arpenteurs auraient pu rester une année entière où ils sont, au milieu de la forêt, sans courir aucun risque d'être découverts. Qui les trahirait ?

— Voyez ! dit Susquesus avec énergie ; tuez un daim et laissez-le dans le bois. Les corbeaux ne trouveront-ils pas sa carcasse ?

— Il se peut ; mais le corbeau obéit à son instinct carnivore. Et puis il plane dans les airs, et peut voir plus loin qu'un Indien.

— Rien ne voit plus loin qu'un Indien ! Il voit du lac salé à l'eau douce ; il connaît tout dans les bois. Dites-lui une chose qu'il ne connaisse pas !

— Vous ne supposez pas, Susquesus, que les guerriers hurons trouveraient nos arpenteurs à Mooseridge?

— Et pourquoi ne les trouveraient-ils pas? Mooseridge est la Butte-aux-Rennes. Ils trouvent le renne; pourquoi ne trouveraient-ils pas aussi la butte? Ils trouveront l'arpenteur.

— Tout bien considéré, Corny, me dit Guert, nous ferons bien de suivre son avis. J'ai entendu parler de tant de désastres arrivés à des habitants de la forêt, pour avoir négligé des conseils donnés par des Indiens, que je suis un peu superstitieux à ce sujet. Voyez seulement ce qui est arrivé hier! Si l'on avait consulté des Peaux Rouges, Abercrombie serait peut-être aujourd'hui vainqueur, au lieu de ne savoir où cacher sa honte.

Susquesus leva un doigt, et une expression singulièrement éloquente anima sa figure basanée.

— Pourquoi ne pas ouvrir l'oreille aux paroles de l'homme rouge? demanda-t-il avec dignité. Des oiseaux chantent une chanson qui est bonne; d'autres, une chanson qui est mauvaise; mais chaque oiseau sait sa propre chanson. Le guerrier mohawk est habitué aux bois, et il suit un sentier de guerre détourné quand il rencontre beaucoup d'ennemis. Le grand chef anglais pense-t-il donc que ses guerriers ont deux vies, pour les placer devant les canons et les carabines, afin qu'ils restent là, debout, pour se faire tuer? Les Indiens ne font pas de ces folies; non, jamais!

Il n'y avait point de discussion à engager à cet égard; Susquesus n'avait que trop raison. Au lieu de lui répondre, je lui annonçai que nous étions prêts à reprendre le chemin par lequel nous étions venus la première fois, et qu'il n'avait qu'à nous conduire. Susquesus, suffisamment reposé, se leva, et, sans impatience comme sans hésitation, il prit les devants. Je ne manquai pas de remarquer, à certains objets devant lesquels nous avions déjà passé, que notre guide ne déviait pas d'un seul arbre, et cependant aucun sentier n'était tracé; on apercevait bien parfois quelques empreintes de nos pas, mais l'Onondago n'y faisait pas la moindre attention; il avait d'autres indices plus sûrs pour se diriger.

Guert le suivait immédiatement, et moi j'étais le troisième en ligne. Que de fois, dans cette journée laborieuse, mes regards se portèrent sur mon chef de file, dont j'admirais la prestance et le maintien !... Guert semblait né pour être soldat ; tout robuste, tout vigoureux qu'il était, il n'en était pas moins agile, et c'était en quoi il différait de Dirck, qui, malgré sa jeunesse, avait déjà quelque chose de lourd dans la démarche. Guert marchait la tête droite, le regard intrépide, la démarche ferme et légère en même temps. Guert sautait par-dessus les arbres renversés, franchissait d'un bond des fossés naturels, et prouvait de mille autres manières que ses muscles de fer avaient conservé toute leur vigueur. Je remarquai pour la première fois que le bas de sa blouse avait été coupé dans la bagarre et qu'une balle avait traversé son bonnet. Guert n'avait pu manquer de s'en apercevoir, mais il était d'une nature tellement mâle qu'il n'avait pas songé à en parler.

Nous fîmes une seule halte, comme la première fois, pour dîner. La conversation ne fut ni longue ni animée pendant ce repas, et aucune modification ne fut apportée à nos projets. C'était le point où il eût fallu nous écarter de notre direction première, si nous avions voulu commencer par aller à Ravensnest ; nous le savions tous, mais personne n'en fit l'observation.

— Nous allons porter de tristes nouvelles à M. Traverse, dit Guert après que nous fûmes assis ; car personne n'a pu le prévenir avant nous.

— Nous sommes les premiers, répondit l'Onondago ; il est encore trop tôt pour les Hurons ; personne ne sait rien.

— Je voudrais, Corny, que nous eussions eu l'idée de dire un mot à la mère Dorothée de cette maudite expédition. Il ne sert à rien de faire l'esprit fort, et quand on se met à courir les aventures, il ne serait pas si mal de consulter un diseur de bonne aventure.

— Eh bien, supposé que nous l'eussions fait, et que tout ce qui est arrivé nous eût été prédit, le résultat n'aurait-il pas été le même après tout ?

— En aucune manière ; nous aurions répété ce qu'elle nous aurait dit, et Abercrombie lui-même aurait pu visiter cette étonnante vieille ; car vraiment, Corny, elle a une intelligence qui me passe. Si on l'eût consultée, qui sait si lord Howe ne vivrait pas encore?

— Comment cela, Guert? Je ne vois pas quel avantage aurait pu en résulter?

— Comment cela? mais de la manière la plus simple du monde. Je suppose que Dorothée eût prédit cette défaite; il est clair qu'Abercrombie, s'il eût eu la moindre foi dans les paroles de Dorothée, n'aurait pas commandé l'attaque.

— Mais alors Dorothée aurait menti; car, pour qu'elle prédise vrai, il faut bien que l'événement soit d'accord avec la prédiction; le beau mérite vraiment de prédire des malheurs qu'on pourrait ensuite éviter! Rien ne serait plus facile alors que d'être sorcier.

— Par saint Nicolas! Corny, je n'y songeais pas. Ce que c'est pourtant que d'avoir été élevé dans un collége! Je regrette tous les jours de n'avoir rien fait quand j'étais enfant, et je crains bien d'avoir à le regretter toute ma vie.

Pauvre Guert! Il était toujours l'humilité même, dès qu'on venait à parler d'éducation; aussi était-ce un sujet que j'avais grand soin d'éviter avec lui. Cette fois rien ne me fut plus facile. Notre repas était terminé, et il fallut se remettre en marche.

Nous n'étions pas au bout de nos fatigues; mais personne ne manifesta le moindre découragement. Pour Susquesus, il semblait toujours aussi alerte qu'au moment du départ.

Le soleil était près de se coucher quand nous atteignimes les limites du domaine de Mooseridge. Quelques entailles faites dans les arbres nous servirent à les distinguer, et nous permirent de nous diriger ensuite en assez droite ligne vers l'habitation.

Susquesus jugea quelques précautions nécessaires au moment où nous approchions du terme de notre voyage. Il nous fit rester en arrière et prit les devants en éclaireur. Bientôt après il nous appela, et nous le trouvâmes près de la hutte, qui était dans l'état où nous l'avions laissée, mais personne ne se montrait. Peut-être les arpenteurs étaient-ils allés travailler à une assez grande distance, et ils avaient préféré camper dans la forêt, comme c'était souvent leur habitude. Peter les avait sans doute accompagnés pour ne pas rester seul. Nous entrâmes donc avec confiance dans la maison. Elle était vide, comme nous nous y attendions; mais tout annonçait que les habitants n'en étaient sortis que tout récemment; le matin même, selon toute apparence.

Jaap se mit à préparer le souper avec les provisions qu'il trouva à leur place et en abondance. Tout avait été soigneusement serré, et Jaap fit la remarque que ces dispositions mêmes annonçaient une absence qui devait être de quelque durée, et que très-vraisemblablement M. Traverse était parti avec Peter pour continuer ses opérations dans quelque partie éloignée de la propriété. A cette observation du nègre, l'Indien fit une signe de tête expressif :

— Pas besoin de deviner, dit-il, je vais voir. Assez de jour encore; assez de temps. L'Indien vous le dira bientôt.

A ces mots il quitta l'habitation.

CHAPITRE XXV.

> Tu trembles; et la pâleur de tes joues en dit plus que toutes tes paroles.
>
> SHAKSPEARE.

LA curiosité me poussa à suivre l'Indien pour observer ses mouvements. Susquesus s'éloigna de l'habitation, descendit de la butte; puis arrivé dans ce que j'appellerai par comparaison la vallée, où l'empreinte des pas s'apercevait plus facilement, il commença par faire le tour de la butte, les yeux attachés à terre, comme le limier qui suit une piste. J'éprouvais trop d'intérêt à observer l'Onondago pour ne pas le suivre, quoique d'assez loin, pour ne pas le gêner dans ses recherches.

Les empreintes étaient nombreuses, surtout sur le terrain bas et humide où nous étions; mais elles me paraissaient être sans intérêt pour l'Indien. Nous portions presque tous des moccasins, et je ne voyais pas comment il serait possible de distinguer la trace d'un ami de celle d'un ennemi. Cependant Susquesus montrait, par la persévérance et l'ardeur de ses recherches, qu'il n'était pas du même avis.

D'abord mon compagnon ne fit aucun découverte; mais, après avoir fait la moitié du tour de l'habitation, en se tenant toujours à trois cents pas de distance, il s'arrêta tout à coup et se coucha contre terre; puis il se leva, et enfonçant dans le sol une branche brisée en signe de reconnaissance, il me fit signe de me tenir un peu de côté, rebroussa en arrière, de manière à former un angle droit avec la direction qu'il avait suivie jusque-là, et se porta ainsi du côté de notre habitation. Je le suivis lentement, épiant ses mouvements pas à pas.

Nous arrivâmes ainsi à la hutte par une ligne oblique. Susquesus y procéda à un nouvel examen, long et minutieux, mais sans résultat. Les traces étaient si nombreuses que l'Indien lui-même s'y perdait. Alors il retourna à l'endroit où il avait planté la branche en terre, en suivant exactement sa piste. Cela seul aurait suffi pour me convaincre que sa vue était bien plus exercée que la mienne; car il m'eût été impossible d'en faire autant.

Arrivé près de la branche, Susquesus suivit cette trace, invisible pour moi, qui de la hutte et de la source d'eau conduisait dans la forêt. Je restai près de lui, quoiqu'aucun de nous n'eût parlé pendant cette investigation qui avait duré une grande demi-heure. Comme le jour commençait à baisser, et que Jaap venait de faire le signal convenu pour annoncer que notre souper était prêt, je pensai qu'il était temps de rompre le silence.

— Eh bien, que concluez-vous de tout cela, Susquesus? lui demandai-je. Trouvez-vous quelque piste?

— Bonne piste, et piste toute récente. Elle sent le Huron.

C'était une nouvelle à faire tressaillir, assurément; cependant tout disposé que j'étais à m'en rapporter à la pénétration supérieure de mon compagnon en pareille matière, je crus que pour cette fois il se trompait. D'abord, quoique j'eusse vu beaucoup d'empreintes de pas près de l'habitation et dans le long circuit que l'Indien avait fait à l'entour, je n'en apercevais aucune à l'endroit où nous étions. J'en fis la remarque à l'Indien, et je le priai de me montrer un des signes sur lesquels il basait son opinion.

— Voyez, dit Susquesus en se baissant et en mettant le doigt sur la couche de feuilles mortes qui forment une espèce de tapis éternel dans la forêt; ici a passé un moccasin; voilà le talon; voilà l'orteil.

Grâce à ces indications, je finis par remarquer une faible empreinte qui pouvait à la rigueur être celle de pas, mais qui pouvait aussi, à ce qu'il me semblait, provenir de toute autre cause.

— Je vois ce que vous voulez dire, Susquesus; et la chose n'est pas impossible; mais cette empreinte ne peut-elle avoir été produite par quelque corps qui aurait touché la terre juste à cet endroit, — une branche d'arbre en tombant, par exemple?

— Où est la branche? demanda l'Indien, prompt comme l'éclair.

— C'est plus que je ne puis vous dire, j'en conviens; mais je ne vois pas de raison suffisante pour supposer que ce soit l'empreinte d'un pied de Huron.

— Et ceci, cela, ceci, cela encore? ajouta l'Indien reculant rapidement, et montrant quatre vestiges semblables, très-faiblement imprimés sur les feuilles; — pas visible, n'est-ce pas? et la distance des jambes, juste de l'un à l'autre.

C'était vrai, et maintenant que mon attention était ainsi dirigée, et mes sens mis sur la voie, je reconnus en effet des traces que je n'aurais jamais été capable de distinguer par moi-même.

— Je vois ce que vous voulez dire, Susquesus; et j'avoue que cette succession régulière d'empreintes ou de marques leur donne l'air de traces de pas. Mais, après tout, est-ce que nos gens ne portent pas pour la plupart des moccasins tout comme les Peaux-Rouges? Qui vous dit que quelque arpenteur n'a point passé par ici!

— Arpenteur ne ferait pas d'empreinte semblable. Les orteils sont en dedans.

La remarque était juste. Mais, parce que c'était la trace d'un pas indien, il ne s'ensuivait pas nécessairement que cet Indien fût un Huron. D'où seraient-ils venus, dans le peu de temps qui s'était écoulé entre le combat et le moment actuel? Il était certain que les Français avaient réuni toutes leurs forces à Ticonderoga, Visages Pâles et Peaux Rouges, pour faire face aux

Anglais; et comment une troupe de Hurons aurait-elle pu franchir déjà une pareille distance? Si le lac n'avait pas été là, j'aurais pu supposer que des maraudeurs, jetés sur les flancs de l'armée pour inquiéter sa retraite, auraient poussé leurs incursions jusqu'au point où nous étions nous-mêmes; mais le lac leur eût opposé un obstacle infranchissable dans un espace de plus de trente milles. Cette réflexion était si naturelle que je m'empressai de la communiquer à mon compagnon.

— Erreur! répondit Susquesus en secouant la tête. Cette empreinte est une empreinte de Huron. Vous ne connaissez pas les Peaux Rouges.

— Mais les Peaux Rouges sont des hommes après tout, comme les Visages Pâles. Il y a soixante-dix milles d'ici au bord du lac George, et pour que votre conjecture fût fondée, il faudrait que des Indiens eussent franchi cette distance en moins de vingt-quatre heures, et qu'ils fussent arrivés ici avant nous; c'est impossible.

— Ne l'avons-nous pas fait?

— Sans doute, Susquesus; mais nous avons fait une grande partie du chemin en canot, dormant et nous reposant tour à tour. Il faudrait que ces Hurons eussent fait toute la route par terre.

— Pourquoi? Le Huron dirige une barque aussi bien que l'Onondago. Le lac est là; il y a des canots en quantité. Pourquoi ne seraient-ils pas venus?

— Pensez-vous, Susquesus, que des Indiens français se seraient aventurés sur ce lac pendant qu'il était couvert de nos embarcations, comme il l'a été toute la nuit?

— Nos embarcations! à quoi ont-elles servi? à porter des guerriers blessés, à porter des fuyards. Le Huron s'en inquiète bien! Pourquoi aurait-il peur d'un canot? est-ce qu'un canot a des yeux? est-ce qu'il voit? est-ce qu'il entend? est-ce qu'il tue?

— Non, mais ceux qui s'y trouvent peuvent faire tout cela; et ils héleraient du moins un canot étranger.

— Mon canot n'est-il point un canot étranger, un canot onondago? Il est bien passé cependant.

Ce raisonnement était plausible. Sans doute il se pouvait qu'un canot, monté par plusieurs rameurs, eût mis moins de temps à traverser le lac dans toute sa longueur, que nous à franchir, avec deux avirons seulement, les deux tiers de la même distance; il était également possible que des Indiens, débarqués près du fort William-Henry, fussent arrivés à notre habitation quelques heures avant nous. Mais si tout cela était possible, rien n'était moins probable. Comment des Indiens, venus de si loin, auraient-ils su qu'ils devaient suivre exactement cette route? Comment auraient-ils découvert la position de la hutte? En retournant lentement pour rejoindre nos compagnons, je fis part de ces objections à l'Onondago.

— Vous ne connaissez pas l'Indien, répondit-il avec plus de gravité et de sérieux qu'il ne lui était ordinaire quand il discutait avec un Visage Pâle les usages de sa tribu. Il se bat d'abord, puis il cherche des têtes à scalper. Vous avez vu quelquefois un cheval mort dans le bois; il n'y a point de corbeaux, n'est-ce pas? les corbeaux y viennent en foule. Ainsi de l'Indien. On transporte des soldats blessés; l'Indien est aux aguets dans le bois, derrière l'armée, à l'affût d'une chevelure. C'est bon une chevelure, après le combat. Il les aime beaucoup. Le bois est plein de Hurons jusqu'à Albany. L'Anglais a le cœur bas dans ce moment, et le Huron l'a très-haut. C'est si bon une chevelure! Il ne pense qu'à cela.

Nous étions alors arrivés à la hutte, où je trouvai Guert et Dirck qui se mettaient à table. J'avoue que mon appétit n'était pas aussi bon qu'il l'eût été sans la découverte et les conjectures de l'Onondago. Cependant je pris place à côté de mes compagnons, et je me mis à manger avec eux. Pendant le repas, je leur communiquai ce qui venait d'arriver, et je demandai particulièrement à Guert, qui était plus familier avec la vie des bois, ce qu'il en pensait.

— Si les Hurons sont venus ici récemment, répondit l'Albanien, ce sont de malins démons; car aucun objet n'a été dérangé ni dans la hutte ni au dehors. J'ai fait moi-même une visite approfondie, dès que nous sommes arrivés, pour m'en assurer; car il n'était pas sans vraisemblance que les Hurons se fussent répandus sur la route entre William-Henry et les établissements, dans l'espoir de trouver des chevelures à couper dans quelque détachement envoyé à l'arrière-garde avec des officiers blessés.

— Mais alors notre ami Bulstrode pourrait courir quelque danger.

— Il est probable qu'il se sera fait porter à Ravensnest, et qu'il y est en sûreté. Quoi qu'il en soit, Corny, je n'aime pas ces empreintes dont vous me parlez. Une Peau Rouge comme l'Onondago se trompe rarement en pareil cas.

— Il est trop tard à présent pour rien faire ce soir, dit Dirck. D'ailleurs, je ne pense pas qu'il puisse arriver rien de très-fâcheux à aucun de nous; autrement Dorothée nous en aurait dit quelque chose. Ces sorcières manquent rarement de donner quelque avertissement sous une forme ou sous une autre, quand il se prépare quelque grave événement. Vous voyez, Corny, que nous sommes sortis de toute cette bagarre sans avoir reçu une égratignure, et c'est en faveur de ses prédictions.

Pauvre Dirck! il était toujours sous le charme. Il avait une foi robuste, et il allait même jusqu'à faire honneur à Dorothée de son silence. Mais néanmoins Dirck avait raison en un sens, c'est qu'il était trop tard pour agir. Il ne s'agissait que de chercher les moyens de pourvoir à notre sûreté pendant la nuit.

L'Indien fut admis à notre délibération. Il fut décidé que la porte serait fortement barricadée, et que nous coucherions tous dans l'intérieur, car les nègres et les Indiens passaient presque toujours la nuit dehors, sous des hangars qu'ils s'étaient construits eux-mêmes avec des broussailles. Il semblait évident qu'après avoir visité la hutte, et l'avoir trouvée vide, l'ennemi, s'il fallait lui donner ce nom, ne reviendrait pas immédiatement, et que cette circonstance seule assurait pour le moment notre tranquillité. Nous avions en outre la chance que ce fussent des vestiges d'Indiens amis et non pas de Hurons, quoique Susquesus ne manquât jamais de faire un signe de tête d'incrédulité, toutes les fois que cette idée était mise en avant. En tout cas, nous n'avions le choix qu'entre trois expédients : ou abandonner la propriété, et chercher notre salut dans la fuite; ou aller camper dans les bois, ou nous enfermer dans notre forteresse. Le dernier parti fut celui auquel on s'arrêta ; c'était en même temps le plus facile à exécuter et le plus sûr.

Le conseil n'était pas séparé depuis une heure que nous avions tous perdu le sentiment de ce qui venait de s'y passer. Jamais, pour ma part, je ne dormis d'un plus profond sommeil, et chacun de mes compagnons en dit autant le lendemain. La fatigue, la jeunesse, la santé, se réunirent pour nous faire goûter un repos dont nous avions un si grand besoin. Nous nous étions couchés à neuf heures, et ma montre m'apprit qu'il était deux heures du matin, quand l'Indien me réveilla en me frappant sur l'épaule. On prend l'habitude d'être matinal dans les bois, et je fus sur pied en un instant.

Malgré l'obscurité, car la nuit était encore profonde, je pus remarquer que Susquesus était seul debout, et qu'il avait ôté les barricades et ouvert la porte. Il sortit de la hutte, dès qu'il vit que j'étais éveillé. Sans m'amuser à réfléchir, je le suivis, et je le rejoignis à quinze ou vingt pas de l'habitation.

— C'est une bonne place pour entendre, dit l'Indien d'une voix sourde ; maintenant ouvrez l'oreille.

Quelle scène se présenta alors à mes sens ! je la vois encore, après tant d'années de bonheur paisible, et tant d'années de fatigues et de vie aventureuse. La nuit n'était pas très-sombre par elle-même, mais le peu de lueur qu'elle laissait pénétrer était encore obscurcie par l'épaisseur des bois, et tout avait un aspect funèbre et solennel. Il était impossible de voir à quelque distance, et c'est à peine si l'on distinguait les objets les plus rapprochés. Néanmoins il était facile à l'imagination de revêtir d'un caractère de majestueuse grandeur cette voûte qui se prolongeait sous le feuillage des arbres. De sons, il n'y en avait littéralement aucun, lorsque l'Indien me dit pour la première fois d'écouter. Le calme était si profond qu'il me semblait entendre les soupirs de l'air de la nuit au milieu des branches les plus élevées. Plus haut encore, les sommets des chênes et des pins géants formaient une sorte de monde supérieur par rapport à nous ; région habitée par les corbeaux, les aigles, les faucons, qui s'abattaient quelquefois pour chercher quelque proie, mais qui remontaient aussitôt à leurs repaires invisibles.

Mais c'était le monde inférieur qui m'occupait alors, et comme il était sombre, muet, mystérieux! J'écoutais en vain pour saisir le passage de quelque écureuil actif; car les animaux les plus petits s'agitaient dans la forêt la nuit aussi bien que le jour; mais, dans ce moment, tout était plongé dans un silence de mort.

— Je n'entends rien, Susquesus, lui dis-je tout bas. Pourquoi êtes-vous venu ici?

— Vous entendrez bientôt. J'étais couché, et j'ai entendu deux fois. Le son reviendra.

Il revint en effet! C'était un cri humain, un cri de détresse lamentable! je ne l'entendis qu'une seule fois; mais je vivrais cent ans que je ne l'oublierais jamais. Il retentit souvent à mes oreilles pendant mon sommeil, et vingt fois je me suis réveillé en sursaut, le front couvert de sueur. Il était long, perçant, et les mots « au secours! » s'entendaient distinctement.

— Grand Dieu! m'écriai-je; quelqu'un est assailli et appelle à son aide. Réveillons nos amis et courons à son secours. Je ne saurais demeurer ici, Susquesus, avec un pareil cri dans l'oreille.

— Il vaut mieux aller, je le crois aussi, répondit l'Onondago. Pas besoin d'appeler non plus. Deux vaut mieux que quatre. Attendez une minute.

Je restai immobile, écoutant avec la plus pénible anxiété, pendant que l'Indien rentrait dans la hutte, et en rapportait nos carabines. Dès que nous fûmes armés, et qu'il eut refermé la porte, Susquesus partit en avant, de son pas silencieux, dans la direction du sud-ouest, celle d'où le cri semblait partir.

L'Onondago m'avait recommandé de faire le moins de bruit possible, et j'étais trop agité pour songer à parler dans un pareil moment. Mon étude était de suivre de mon mieux les traces de mon compagnon; son pied posait à peine à terre; et nous avions fait ainsi un demi-mille quand il s'arrêta en me disant tout bas:

— Pas loin d'ici! arrêtons-nous.

J'avais toute confiance en Susquesus, et je lui obéis. Il avait choisi pour nous abriter l'ombrage épais de deux ou trois jeunes pins; et, cachés sous le feuillage des branches inférieures, nous n'aurions pas été découverts à dix pas de distance. L'Onondago me fit signe de m'asseoir auprès de lui sur un arbre renversé. Je remarquai qu'il avait le doigt posé sur le chien de sa carabine, et je n'ai pas besoin d'ajouter que je pris la même précaution.

— Bien! dit Susquesus d'une voix si basse et si douce que c'était à peine un souffle ; très-bien ; vous allez entendre bientôt, et vous saurez alors.

Un gémissement étouffé se fit entendre en effet, presque au moment où mon compagnon cessait de parler. Je sentis mon sang se glacer à cet indice effrayant des souffrances que devait endurer quelque créature humaine ; et un mouvement irrésistible d'humanité m'entraînait à m'élancer en avant, quand la main de Susquesus m'arrêta.

— Il n'y a rien à faire, dit-il d'un ton ferme ; restez tranquille. Un guerrier sait quand il ne faut pas bouger.

— Mais, grand Dieu! un être est à l'agonie, tout près de nous. N'avez-vous pas entendu un gémissement?

— Eh bien! après? La souffrance fait toujours gémir un Visage Pâle.

— Vous pensez donc que c'est un blanc qui a poussé ce cri? Alors ce ne peut être que quelqu'un des nôtres. Si je l'entends encore, je vole à son secours.

— Pourquoi vous conduire comme une squaw? qu'importent quelques cris? Il est certain que c'est un Visage Pâle ; l'Indien ne profère jamais une plainte sur le sentier de guerre. Restez en place. L'Indien sait quand il faut agir ; il sait quand il faut attendre.

J'étais tout prêt à élever la voix pour demander qui avait besoin de secours ; cependant les recommandations de mon compagnon, secondées par les sombres mystères de cette vaste forêt, au milieu de la nuit, ne furent pas sans influence, et je me contins. Trois fois, néanmoins, ce cri lamentable fut répété, mais chaque fois plus faible et plus étouffé. Il me sembla même, quand tout était calme dans les bois et que, retenant notre haleine, nous entendions une feuille tomber à terre, que la dernière plainte qui arriva jusqu'à nous, quoique de beaucoup la plus faible, était pourtant la plus rapprochée. Une fois même j'entendis ou du moins je crus entendre murmurer d'une voix presque éteinte ces mots : de l'eau! tout auprès de moi. Il me semblait aussi que cette voix ne m'était pas inconnue, quoique, dans l'état où j'étais, je ne pusse me rappeler exactement où je l'avais entendue.

Nous passâmes ainsi deux des plus cruelles heures de ma vie, attendant le retour si lent de la lumière. J'avais peine à modérer mon impatience, tandis que l'Indien semblait aussi impassible que le tronc sur lequel il était assis, et n'était pas moins immobile. Enfin une faible clarté commença à percer l'épaisseur du feuillage; les objets les plus proches sortirent successivement de l'obscurité complète qui les enveloppait. Cette anxiété si douloureusement prolongée, touchait à son terme.

Nous ne tardâmes pas à reconnaître que le fourré dans lequel nous étions entrés était si épais qu'il nous masquait complétement les objets placés en dehors. C'était une position favorable pour reconnaître les lieux avant de quitter notre retraite; et elle nous permettait de prendre quelques précautions tout en cherchant à remplir les devoirs de l'humanité.

Susquesus regarda autour de lui avec la plus grande prudence avant de s'aventurer au dehors. J'étais tout près de lui, cherchant à plonger mon regard à travers les percées qui pouvaient s'offrir; car mon intérêt était trop vivement excité pour que je songeasse beaucoup à moi. Bientôt j'entendis l'interjection familière aux Indiens s'échapper des lèvres de mon compagnon:

— *Hugh!*

C'était la preuve qu'il avait découvert quelque chose d'extraordinaire. Il m'indiqua de quel côté je devais regarder. Quel spectacle frappa mes yeux! Et pourquoi faut-il que les usages des guerriers farouches de ce continent aient sanctionné en quelque sorte des actes de barbarie aussi atroces! Les cimes de deux jeunes sapins avaient été abaissées de force et inclinées l'une vers l'autre; à chacune d'elles avait été attachée une des mains de la victime, et ensuite on avait laissé les arbres reprendre leur position naturelle, autant du moins que le permettaient les moyens affreux employés pour les rapprocher. Je pus à peine en croire mes sens quand la terrible vérité me fut révélée. Là pendait la victime, retenue par les bras, à une élévation d'au moins dix à quinze pieds de terre. J'avoue que j'espérai de tout mon cœur que le malheureux était mort, et l'immobilité du corps me donna lieu de croire que je ne me trompais pas. Cependant ces cris de détresse, ces plaintes lamentables que j'avais entendus, c'était lui qui devait les avoir proférés! Ainsi donc il vivait encore, quand on l'avait ainsi écartelé!

L'Onondago lui-même fut impuissant à me retenir, dès que j'eus vu, dès que j'eus bien compris la nature du supplice qui avait été infligé à ce malheureux, et je sortis du fourré, bien décidé, je l'avoue, à faire feu sur le premier homme de couleur que je rencontrerais. Heureusement pour moi, sans doute, la place était déserte. Comme la victime avait le dos tourné de mon côté, je ne pus distinguer qui elle était; mais à la grossièreté de ses vêtements, il était facile de reconnaître qu'elle appartenait à la dernière classe. Le sang avait coulé à grands flots de sa tête, et je ne doutais pas que le malheureux n'eût été scalpé, quoique la hauteur à laquelle il était suspendu, et la manière dont sa tête retombait sur sa poitrine, m'empêchassent de m'en assurer.

— Vous voyez! dit Susquesus en me rejoignant; je vous l'avais dit. Les Hurons ont été ici.

En disant ces mots, l'Indien me montra d'un air significatif la peau nue qu'on apercevait entre les souliers grossiers de la victime et le pantalon qu'elle portait. Cette peau était noire. Je courus rapidement de l'autre côté, pour voir la figure, et je reconnus Peter, le nègre de Guert Ten Eyck. On se rappelle qu'il avait été laissé avec les arpenteurs. Était-il tombé dans les mains des Hurons en s'occupant des détails de son service dans l'habitation, ou bien en allant porter des provisions aux autres dans la forêt; c'est ce que je ne savais pas alors, c'est ce que j'ignore encore aujourd'hui.

— Donnez-moi votre tomahawk, Sans-Traces, m'écriai-je dès que l'horreur dont j'étais saisi me permit de parler; que j'abate ce sapin pour délivrer ce malheureux.

— A quoi bon? il est mieux ainsi, répondit l'Indien. Ni sanglier, ni loup ne pourront l'atteindre. Laissez la peau noire pendue; elle est aussi bien là qu'enterrée. Il ne fait pas bon à rester ici. Regardez et comptez les Hurons, puis partons.

— Compter les Hurons! dis-je en moi-même, et comment cela? Cependant le jour permettait alors de distinguer des empreintes de pas, s'il y en avait, et l'Onondago se mit à examiner toutes les traces qui avaient pu rester de ce drame sanglant, avec l'intelligence qui le caractérisait.

Au pied d'un chêne séculaire, à vingt pas des funestes sapins, nous trouvâmes les deux paniers couverts, dans lesquels nous savions que Peter avait coutume de porter des provisions à M. Traverse et à ses gens. Ces paniers étaient vides; mais les provisions étaient-elles arrivées à leur destination, ou bien avaient-elles été interceptées par les Hurons; c'est ce que nous ne sûmes jamais. Il n'y avait aucune trace d'os ni d'autres fragments; et si elles étaient tombées entre les mains des Hurons, ils les avaient sans doute transportées sur-le-champ en lieu sûr, sans s'arrêter à les manger. Susquesus acquit la preuve que la victime s'était assise au pied du chêne, et qu'elle y avait été saisie. De nombreuses empreintes de pas attestaient même qu'il devait s'être engagé une courte lutte. On voyait aussi des traces de sang sur les feuilles, depuis le pied du chêne jusqu'à l'endroit où le pauvre Peter était suspendu; ce qui annonçait qu'il avait été blessé avant d'être abandonné à son cruel destin.

Mais le point le plus intéressant pour Susquesus était de s'assurer du nombre de nos ennemis. Il examina les empreintes rapidement, quoique avec soin, puis il me dit qu'il fallait retourner à l'habitation, de peur que ceux que nous y avions laissés ne fussent surpris pendant leur sommeil. Il m'apprit en chemin que, sur ce point, les Hurons n'avaient pas dû être au nombre de plus de trois ou quatre, qu'ils s'étaient sans doute séparés des autres, et que toute la troupe n'avait pas assisté à cette atroce exécution.

Il faisait grand jour quand la hutte reparut à mes yeux, et je vis Jaap qui lavait ses pots et ses marmites près de la source. Sans doute Guert et Dirck dormaient encore, puisqu'ils ne se montraient nulle part. De la hauteur où nous étions placés, nous jetâmes un long regard de défiance sur tous les alentours de l'habitation, avant d'approcher davantage. N'apercevant aucun indice alarmant, — et la vue pouvait planer assez loin sans obstacle, les arbres en cet endroit s'élançant à une grande hauteur, sans qu'il y eût de branches inférieures ni de broussailles dans le bas,

— nous avançâmes sans crainte. Cette facilité de voir à une assez grande distance autour de l'habitation était un grand motif de sécurité, puisqu'en plein jour des ennemis ne pouvaient s'approcher sans être vus. Cela tenait à deux causes, d'abord à la grande quantité de branches de moyenne grosseur que nous avions employée pour notre construction, et ensuite au nombre considérable de fagots que les nègres avaient brûlés.

Comme je m'y attendais, je trouvai mes deux amis profondément endormis, et, par conséquent, très-exposés. Quand je leur eus raconté ce que j'avais vu, ils restèrent stupéfaits. Jaap qui, ne nous voyant pas le matin, en avait conclu que nous étions sortis pour chasser, nous avait suivis dans la hutte, et il entendit mon récit. Son indignation fut extrême en pensant qu'un homme de sa couleur avait été traité ainsi, et il jura entre ses dents de se venger, dans des termes qui n'étaient rien moins que mesurés.

— Par saint Nicolas! s'écria Guert, qui avait alors fini de s'habiller, la mort du pauvre garçon ne sera pas impunie, si ma bonne carabine se conduit bien! Et vous dites qu'il a été scalpé, Corny?

— Je m'en crois sûr, autant qu'il était possible d'en juger à une pareille distance. Vous savez d'ailleurs que c'est une mutilation que l'Indien n'épargne jamais à son prisonnier mort.

— Et voilà trois heures, dites-vous, que vous êtes dans la forêt, Corny? — vous et Susquesus?

— A peu près, ce me semble. Il aurait fallu avoir un cœur de pierre pour ne pas être attiré par ces cris.

— Je ne vous blâme pas, Littlepage, bien qu'il eût été plus sage et plus à propos d'emmener vos amis avec vous. Il ne faut plus nous quitter, quoi qu'il arrive. Pauvre Peter! Je m'étonne que Dorothée ne nous ait pas dit un mot du sort qui l'attendait.

Nous eûmes alors une longue consultation sur le parti à prendre. Je ne la rapporterai pas, puisqu'on verra par la suite même de ce récit quel en fut le résultat, mais elle se termina brusquement par suite de coups de hache que nous entendîmes retentir dans la forêt. Le bruit semblait venir du lieu même où le pauvre Peter était suspendu. On s'arma, on sortit en toute hâte, et nous allions courir de ce côté, quand nous vîmes s'avancer Jaap courbé en deux sous le poids du corps de son ami. Il s'était échappé sans être vu, pour aller accomplir ce pieux devoir. Arrivé près de la source, il se mit à laver la plaie sanglante de la tête, et nous ne vîmes que trop clairement avec quelle atrocité le malheureux avait été dépecé à coups de couteau. Les deux bras semblaient disloqués, et la seule consolation de Guert était de penser que son esclave était mort dès le commencement du supplice, consolation que les cris déchirants que j'avais entendus ne me permettaient guère de partager. Une fosse fut creusée pour recevoir le corps, et nous roulâmes par-dessus deux gros troncs d'arbre pour empêcher des bêtes sauvages de le déterrer. Jaap ne se donna pas un moment de relâche que ces travaux ne fussent terminés; et au moment où le corps fut placé dans la fosse, Guert récita la prière de Notre-Seigneur et le *Credo* avec une ferveur qui me surprit un peu.

— Ce n'était qu'un nègre, Corny, il est vrai, me dit-il après la cérémonie, comme s'il jugeait quelque excuse nécessaire; mais d'abord c'était un très-bon nègre, et puis il avait une âme tout comme un blanc. Peter avait autant de mérite dans son genre qu'un révérend, et j'espère qu'il lui en sera tenu compte au grand jour. Il faisait très-bien la cuisine, et c'était un véritable chien pour la fidélité. Jamais il ne se permit la moindre fredaine sans venir m'en demander la permission, quoique, à coup sûr, il sût bien à qui il s'adressait, et qu'il n'avait pas beaucoup à redouter la sévérité de son maître.

Nous déjeunâmes, je laisse à juger si ce fut avec appétit; chacun endossa son havre-sac, chaque chose fut remise à la place qu'elle occupait avant notre arrivée, et nous commençâmes notre marche, Susquesus toujours en tête.

Nous allions à la recherche des arpenteurs, que nous supposions à l'extrémité sud-est de la concession, se livrant à leurs travaux ordinaires, et ignorant ce qui s'était passé. D'abord nous avions eu l'intention de décharger nos carabines pour les appeler, mais ce signal pouvait apprendre notre présence à nos ennemis; et d'ailleurs la distance était trop grande pour que nous eussions grande chance de nous faire entendre.

CHAPITRE XXVI.

> C'est par trop horrible ! la vie humaine la plus triste, la plus maudite, celle que l'âge, la misère, la souffrance, accablent le plus, est un paradis auprès de ce que nous craignons de la mort.
>
> *Mesure pour mesure.*

Nous ne tardâmes pas à arriver à la partie de la forêt où les arpenteurs avaient déjà travaillé, et, guidés par les marques faites sur les arbres, il nous fut facile de nous diriger vers l'emplacement de leurs opérations actuelles. Pendant une heure et demie nous marchâmes d'un pas rapide, Susquesus en avant, toujours silencieux, attentif, aux aguets. Pas une syllabe ne fut prononcée pendant ce temps, quoique tous nos sens fussent sur le qui-vive, et nous évitions avec soin tous les endroits couverts qui auraient pu cacher une embuscade. Tout à coup l'Indien s'arrêta ; l'instant d'après il était derrière un arbre ; prompts comme la pensée, au même moment nous en avions fait autant, car nous savions que, dans la guerre qui se fait au milieu des forêts, le premier soin doit être d'avoir où se cacher, et c'était la recommandation que nous avions reçue dans le cas où nous rencontrerions quelque ennemi. Jusqu'alors, cependant, aucun ne se montrait ; après avoir regardé autour de nous dans toutes les directions, voyant que tout était tranquille et désert comme auparavant, Guert et moi nous sortîmes de derrière nos arbres, et nous rejoignîmes Sans-Traces au pied du pin gigantesque qu'il avait choisi.

— Qu'est-ce donc, Susquesus ? demanda l'Albanien d'un ton sec ; car il commençait à soupçonner l'Indien de chercher à se faire valoir en exagérant ses craintes ; — il n'y a ici ni Visage Pâle ni Peau Rouge ; cessons toutes ces simagrées, et allons en avant.

— Ce n'est pas bon ; guerrier a été ici ; peut-être est-il parti, peut-être non. Vous verrez bientôt ; ouvrez les yeux et regardez !...

Comme un geste expressif accompagnait ces paroles, nous regardâmes dans la direction indiquée. A trois cents pas de nous était un châtaignier que nous pouvions voir depuis ses racines jusqu'à ses branches. Sur la terre, en partie cachée par l'arbre, en partie exposée aux regards, était une jambe d'homme, étendue de manière à faire supposer que l'individu auquel elle appartenait était couché sur le dos et dormait; elle laissait voir un moccasin, et l'entourage de la jambe était dans le goût indien; mais la cuisse et tout le reste de la personne étaient cachés. L'œil perçant de l'Onondago l'avait aperçue malgré la distance; il avait compris sur-le-champ la vérité, et son premier mouvement avait été de se mettre derrière un arbre. Guert et moi, nous eûmes quelque peine, même après avoir été mis sur la voie, à reconnaître l'objet indiqué.

— Est-ce une jambe de Peau Rouge? demanda Guert en ajustant son fusil, comme s'il allait essayer son adresse.

— Je ne sais, répondit l'Indien; il y a le moccasin, il y a l'entourage; je ne puis voir la couleur. On dirait plutôt un Visage Pâle : la jambe est grosse.

Il était difficile de concevoir ce qui pouvait, à une pareille distance, établir pour lui une distinction entre la jambe d'un blanc et celle d'un Indien. L'Onondago nous l'expliqua dans son langage concis et sentencieux.

— L'orteil est en dehors, l'Indien le tourne en dedans; ce n'est pas du tout la même chose; le Visage Pâle est gros et l'Indien pas très-gros.

La première remarque était assez juste quant à la manière de marcher, et il était présumable que la même différence existait pendant le sommeil. Guert déclara toutefois qu'il était inutile d'hésiter plus longtemps; si c'était un Indien, il approcherait tout doucement de lui et le ferait prisonnier avant qu'il eût pu se lever pour se défendre; et si c'était un blanc, ce ne pouvait être qu'un des nôtres, qui revenait d'une longue course, et qui prenait un instant de repos. Susquesus s'était sans doute assuré de son côté qu'il n'y avait pas de danger immédiat à courir, car il se contenta de dire : — Allons tous ensemble; — et, sortant de son abri, il se dirigea vers le châtaignier d'un pas rapide, mais sans bruit. Arrivés à l'arbre tous ensemble, nous vîmes Sam, un de nos chasseurs, que nous supposions avec M. Traverse, étendu sur le dos, raide mort; il avait à la poitrine une large blessure faite avec un couteau; lui aussi il avait été scalpé!

Le regard que nous échangeâmes entre nous exprimait assez les sentiments que cette nouvelle découverte faisait naître en nous. Susquesus seul fut impassible; il s'attendait, je crois, à ce spectacle. Après avoir examiné le corps, il se contenta de dire : Il a été tué la nuit dernière.

Il était évident en effet que le pauvre Sam était mort depuis plusieurs heures, et c'était pour le moment un motif de sécurité. Il était rare que les farouches guerriers des bois restassent longtemps près des lieux qu'ils venaient de désoler, mais ils poursuivaient leur course, comme l'ouragan ou la tempête. Guert, toujours prompt quand il fallait agir, me montra une de ces cavités naturelles qui sont si communes dans les forêts, et qui ont pu être formées dans le principe par la chute d'arbres violemment déracinés; le corps fut déposé dans cette tombe improvisée, recouvert de notre mieux, d'abord d'une couche épaisse de terre, puis de pierres plates; et des troncs d'arbres furent roulés sur le tout, comme nous l'avions fait à la fosse de Peter. Guert était alors dans un état d'exaltation tel qu'aux prières qu'il avait récitées la première fois avec tant de ferveur, il crut devoir joindre une courte allocution pour terminer la cérémonie; et ce fut très-sérieusement qu'il s'acquitta de ce pieux devoir; car, malgré sa légèreté apparente, il y avait en lui un fonds de simplicité et de bonne foi qui le rendait particulièrement susceptible de fortes émotions religieuses.

— La mort, mes *pons* amis, dit-il en reprenant son accent hollandais qui reparaissait dès qu'il était fortement impressionné, la mort n'annonce pas ses visites; elle vient, comme un voleur, pendant la nuit, ainsi que vous l'avez entendu dire maintes fois au révérend; et heureux celui dont les reins sont ceints et dont la lampe est prête. J'espère que vous êtes tous dans ce cas, car il ne faut pas se faire illusion : nous allons avoir une rude besogne. Il n'est que trop évident que les Indiens ont passé par ici et qu'ils sont sur le sentier de guerre, cherchant des chevelures anglaises, et qui pis est, pour M. Follock et pour moi, des chevelures hollandaises. Raison de plus pour nous tenir tous sur nos gardes, et pour veiller tous les uns sur les autres, comme le chien du berger veille sur le troupeau. Dieu me préserve de prêcher la vengeance sur la tombe d'un ami! mais le guerrier ne s'en bat pas moins bien pour savoir qu'il a reçu un sanglant outrage. Ce serait peut-être ici le cas de dire un mot en faveur du pauvre Sam, puisqu'il nous a dit un éternel adieu. Sam était un excellent chasseur, comme son ennemi le plus acharné en conviendrait; et maintenant qu'il est parti, il en reste peu de meilleurs après lui. Il avait un faible, et ce n'est pas sur sa tombe qu'il convient de le dissimuler, il aimait la boisson; mais, après tout, il n'était pas le seul. Néanmoins il était honnête, et l'on pouvait se fier à sa parole, et je le laisse entre les mains miséricordieuses de son Créateur. Mes amis, je n'ajouterai qu'un mot; c'est que la vie est incertaine et que la mort est sûre. Sam n'a fait que nous précéder de quelques jours; tenons-nous tous prêts à rendre aussi notre grand compte!

Ce discours n'était ni très-éloquent, ni très-pathétique; et cependant il fit sur nous une vive impression, parce qu'il était prononcé avec un accent de sincérité qui vaudra toujours mieux que toutes les figures de rhétorique.

Nous laissâmes la tombe du chasseur dans les profondeurs de cette forêt sans limites, de même que le vaisseau s'éloigne après avoir déposé un mort dans les abîmes de l'Océan. Un jour peut-être le laboureur, en passant le soc de la charrue sur ces ossements rendus tout à coup à la lumière, se demandera à qui ils ont pu appartenir, et se perdra en conjectures sur le sort probable de la victime. Au moment où nous allions nous éloigner, Susquesus nous arrêta un moment pour nous mettre sur nos gardes.

— Le Huron n'a pas fait cela sans intention, nous dit-il; ne voyez-vous pas la différence? Sam n'a pas été pendu comme Peter.

— Sans doute, répondit Guert que son âge, sa plus grande habitude des bois, son courage personnel, nous faisaient regarder comme le chef de notre petite troupe, mais pouvez-vous nous en dire la raison?

— Musquerusque est un grand chef — le dos lui cuit Je le connais bien; il n'aime pas le fouet. Aucun Indien ne l'aime.

— Ainsi donc vous pensez que le prisonnier de Jaap est pour quelque chose dans tout ceci; que le sentier de guerre est ouvert pour la vengeance privée aussi bien que pour un intérêt public; et qu'on nous fait la chasse moins pour avoir nos chevelures que pour mettre un emplâtre sur le dos du Huron?

— C'est certain. Trois canots sont venus par le lac. C'est Musquerusque; je le connais, il ne pourra pas dormir tant que son dos ne sera pas guéri. Voyez comme il a traité le nègre! Il l'a pendu à un arbre. Le Visage Pâle, il s'est contenté de le tuer et de prendre sa chevelure.

— Vous croyez donc que la différence de la couleur a été la seule cause de la différence du traitement infligé aux deux captifs; et qu'il ne s'est montré si cruel à l'égard de Peter que parce qu'un autre nègre, Jaap, l'avait battu?

— Juste! le dos s'en est bien trouvé. Rien n'est bon pour le dos comme de pendre un nègre. Jaap le verra quelque jour.

Je dois rendre à mon nègre cette justice que, pour le courage, il avait à peine son égal. Il ne craignait personne au monde; car le respect qu'il avait pour moi, tempéré par l'affection, suffisait pour lui commander l'obéissance. En général, son visage était d'un noir luisant; mais je remarquai qu'en dépit de son exaltation et des idées de vengeance dont il était rempli, sa peau prenait cette teinte grisâtre qu'on ne remarque guère chez les hommes de sa race que dans les froids rigoureux. Il était évident que le langage de Sans-Traces avait fait impression; et j'ai toujours pensé qu'il en était résulté un grand bien pour nous, en ce que Jaap avait compris la nécessité de tenir éveillées toutes les facultés de son corps et de son esprit. Il n'avait plus un instant de repos, et rôdait constamment autour de moi, cherchant les occasions de me faire le dépositaire de ses doléances.

— J'espère, maître Corny, me dit-il, que vous ne croyez pas un mot de ce que dit l'Indien?

— Je crois au contraire, Jaap, que vous ne sauriez vous tenir trop sur vos gardes, et que, si vous veniez à tomber entre les mains de votre ami Musquerusque, il vous arriverait pis encore qu'au pauvre Peter. Que ce soit pour vous un avertissement de traiter à l'avenir vos prisonniers avec plus de bonté, si vous avez le bonheur d'en faire encore.

— La belle avance, maître, de faire un prisonnier, s'il faut le laisser aller sans le battre un peu — un tout petit peu seulement, maître Corny! Pensez donc aussi comme l'occasion était belle. J'avais la corde à la main, le dos nu devant les yeux, et puis le cœur un peu excité, après toute la peine que j'avais eue à prendre cette vermine.

— Eh bien! Jaap, il n'y a plus à revenir sur le passé, et toutes les réflexions du monde n'y feraient rien; mais ce dont vous pouvez être bien certain, c'est que, si nous avons le malheur de tomber dans les mains de cette vermine, comme vous dites, votre compte est bon, et vous n'avez à attendre aucune pitié.

Le nègre murmura entre ses dents je ne sais quelles paroles de mauvaise humeur, et je vis qu'il était bien décidé à se défendre vaillamment, avant de laisser entamer son cuir chevelu par le couteau d'un sauvage. L'instant d'après, il se retira en arrière et rendit à Dirck la place qu'il avait usurpée dans la ligne de marche.

Nous pouvions être à deux milles de l'endroit où nous avions enterré Sam, le chasseur, lorsqu'en montant une petite hauteur, l'Indien agita le bras, en signe qu'il venait de faire une nouvelle découverte. Cette fois cependant le geste indiquait plutôt la joie que l'horreur. Comme en même temps il s'était arrêté tout court, nous nous empressâmes de le rejoindre, et nous vîmes ce qui avait causé ces démonstrations.

De l'endroit où nous étions, le terrain descendait pendant quelque temps par une sorte de pente douce; et comme les arbres s'élevaient tous à une grande hauteur sans qu'aucune branche inférieure masquât la vue, ce lieu avait quelque chose de l'apparence d'une vaste galerie dont la cime des arbres formait le toit, tandis que les troncs des chênes, des tilleuls, des hêtres et des érables, pouvaient être regardés comme les colonnes qui le soutenaient. Dans l'intérieur de ce vaste et lugubre édifice, qui n'était pourtant pas sans charmes, pénétrait une sombre lumière, comme celle qui passe à travers les fenêtres d'un bâtiment gothique, jetant sur tous les objets une teinte à la fois douce et grave. Une source se précipitait du haut d'un roc; et, au pied, étaient assis en cercle M. Traverse et ses deux aides, qui semblaient prendre leur repas du soir, ou plutôt qui venaient de le terminer, car on voyait encore devant eux une partie des provisions.

Tom, le second chasseur, était couché un peu à l'écart.

— Grâce à Dieu, dit Guert d'un ton joyeux, il n'y a pas eu même d'alarme de ce côté, et nous arrivons à temps pour les instruire du danger. Je vais les appeler; le son de notre voix retentira agréablement à leurs oreilles.

— N'appelez pas! dit vivement Susquesus; le bruit ne sert à rien. Allez tout près, et parlez à voix basse.

Comme, après tout, ce conseil était prudent, nous avançâmes tous ensemble, sans prendre toutefois la peine de cacher notre approche, mais en marchant d'un pas mesuré. Une sensation étrange s'empara de moi en remarquant qu'aucun des arpenteurs ne bougeait. Le soupçon de l'affreuse vérité se présenta aussitôt à mon esprit, mais je puis à peine dire que l'horreur que j'éprouvai en fut moins grande quand, en approchant, nous reconnûmes à la lividité des visages, à la fixité des yeux, que tous nos amis étaient morts. Les Indiens s'étaient fait un atroce plaisir de placer les corps dans des attitudes qui pussent faire croire que leurs victimes se livraient tranquillement au repos.

— Juste ciel! s'écria Guert en laissant tomber à terre la crosse de son fusil, nous arrivons trop tard!

Personne ne parla. En ôtant les bonnets, nous découvrîmes que nos malheureux compagnons avaient été scalpés, et que ceux que nous avions laissés si peu de jours auparavant pleins de force et de santé n'étaient plus que des cadavres inanimés. L'autre Indien, le Sauteur restait seul à retrouver. Les quatre autres avaient été tués à coups de balle. M. Traverse en avait reçu à trois endroits différents.

J'avouerai que, pour la première fois, je ne pus m'empêcher de soupçonner le Sauteur; et je n'hésitai pas à faire part de mes soupçons à mes compagnons, dès qu'il nous fut possible de parler ou d'écouter.

— Erreur! dit Sans-Traces d'un ton positif. Le Sauteur est un pauvre Indien, c'est vrai; il aime le rhum; mais pas capable de tuer un ami. Musquerusque est le guerrier qui s'est vengé; c'est bien lui. Non, le Sauteur aime le rhum; mais ce n'est pas un mauvais Indien.

Mais alors où donc était-il? Seul de tous ceux que nous avions laissés derrière nous, il restait à trouver. Nous fîmes une longue recherche après son corps, mais sans succès. Susquesus examina les empreintes de pas et les corps, et il en vint à cette conclusion qu'il n'y avait que trois ou quatre heures que l'arpenteur et ses aidés avaient été tués, et que les meurtriers, car il nous était impossible d'appeler autrement ceux qui avaient commis de telles atrocités, devaient ne s'être éloignés qu'une vingtaine de minutes avant notre arrivée. Il n'était pas étonnant que nous n'eussions pas entendu les coups de fusil : la distance jusqu'à la hutte était de plusieurs milles, et, deux heures auparavant, nous n'étions pas éloignés de l'endroit où nous avions passé la nuit. Il y avait tout lieu de regarder comme positif que l'attaque avait eu lieu de jour : et comme il était également certain que Peter avait été saisi vivant, les sauvages avaient pu obtenir de lui l'indication du lieu où les malheureux arpenteurs l'attendaient. Néanmoins ce n'était après tout que des conjectures, et nous ne sûmes jamais quelle victime avait succombé la première, et si le nègre avait été pris près de l'endroit où nous l'avions trouvé pendu. L'infernale cruauté de Musquerusque avait pu le garder quelque temps prisonnier avant la catastrophe finale, et le promener ainsi à travers la forêt, pour prolonger son agonie, car, suivant l'expression de Susquesus, le dos lui cuisait.

Nous enterrâmes le pauvre Traverse et ses aides près de la source, dans une de ces cavités qui se trouvaient creusées naturellement dans les bois, comme nous avions fait pour le chasseur. Nous reconnûmes que les armes et les munitions avaient été enlevées et les poches des victimes vidées. L'Indien d'Amérique est rarement voleur, dans l'acception ordinaire du mot;

mais s'il a tué quelqu'un, il regarde comme à lui ce qui appartenait au mort. A cet égard, il ne diffère guère des soldats civilisés, le pillage étant généralement considéré comme le bénéfice légitime de la victoire. Les Hurons avaient pris la boussole et les instruments d'arpentage; ils n'avaient laissé que les plans et les notes de Traverse, qui ne pouvaient leur être d'aucune utilité. Sous d'autres rapports, la visite des sauvages dans ce lieu fatal semblait avoir été précipitée.

Dans cette occasion, Guert ne fit ni phrases ni sermon; le choc avait été trop rude pour permettre cette fois des manifestations de ce genre, et la cérémonie des funérailles fut accomplie avec la sérieuse préoccupation d'hommes qui pensent que le même sort peut leur arriver d'un moment à l'autre. On se mit sérieusement à l'œuvre, et pas une minute ne fut perdue en réflexions inutiles. Aussi fûmes-nous bientôt prêts à partir. Il fut convenu que nous suivrions les traces des Hurons, comme le plus sûr moyen de les surprendre, et par conséquent de ne pas être surpris par eux. L'Indien n'aurait aucune peine à se guider d'après les empreintes qui étaient toutes récentes et qui semblaient avoir été faites par une douzaine d'hommes.

Le lecteur qui ne connaît pas les usages du sauvage d'Amérique ne doit pas supposer que cette troupe avait traversé la forêt sans ordre et sans faire attention à la nature des vestiges qu'elle aurait pu laisser de son passage. Les guerriers indiens n'agissent jamais ainsi. Ils marchent sur une seule file, ordre de marche que nous avons appelé ligne indienne; et toutes les fois qu'ils ont des motifs sérieux de cacher leur nombre, chacun a grand soin de poser le pied sur la trace même du guerrier qui précède, de manière à déjouer tous les calculs. C'était ainsi que nos ennemis avaient évidemment marché; mais Susquesus, qui avait examiné attentivement les empreintes qui se trouvaient autour de la source pendant que nous étions occupés à ensevelir les morts, nous déclara que nos ennemis étaient pour le moins au nombre de douze. Cette nouvelle n'avait rien de rassurant, puisqu'une lutte ouverte ne nous offrait aucune chance de succès. C'était du moins mon avis; mais l'intrépide Guert pensait différemment, et il eût vu devant lui cent Indiens rangés de front qu'il se fût, je crois, précipité sur eux, sans se donner le temps de la réflexion.

L'Onondago n'eut pas de peine à suivre la piste, qui nous conduisit d'abord pendant quelque temps dans la direction de Ravensnest, puis qui se détourna brusquement vers la hutte; c'était sans doute à cause de ce circuit, et parce que les Hurons n'avaient pas de plan arrêté que nous ne les avions pas rencontrés en nous avançant vers « la source sanglante, » nom qui fut donné par la suite à l'endroit où Traverse avait péri.

Nous ne tardâmes pas à nous retrouver près de nos propres traces, mais sans les suivre exactement, ce qui fut peut-être un bonheur pour nous. Si notre marche avait été découverte, sans doute l'ennemi serait venu nous prendre par derrière, position dans laquelle les Indiens sont toujours redoutables. Quoi qu'il en soit, c'était nous qui avions alors cet avantage, et nous poursuivîmes notre route avec d'autant plus de confiance que nous savions bien que nous n'avions de danger à craindre que par devant; aussi était-ce de ce côté que tous nos regards étaient dirigés.

Si notre retour fut rapide, il fut encore plus silencieux. On eût dit la marche d'un cortége funèbre. C'est qu'en effet le deuil était dans tous les cœurs. Comment ne pas compatir au sort de nos malheureux compagnons et aux atroces souffrances qu'ils avaient dû endurer? Jamais Susquesus ne nous avait vus le suivre d'aussi près. A peine notre chef de file avait-il levé le pied que celui qui venait après lui posait le sien dans la même empreinte.

La piste nous conduisit tout près de la hutte, où nous arrivâmes vers midi. En approchant, nous prîmes les plus grandes précautions de peur que nos ennemis n'y fussent placés en embuscade. La piste ne s'étendait pas tout à fait jusqu'au bâtiment; elle se détournait dans la direction de l'ouest, à la distance de peut-être trois cents pas de notre habitation, qui de ce point était en vue. Nous y trouvâmes tous les indices d'un rassemblement qui y aurait eu lieu récemment, et nous en conclûmes qu'on y avait tenu un conseil pour délibérer si l'on retournerait à la hutte, ou si l'on se dirigerait d'un autre côté. L'examen que Susquesus fit des lieux le convainquit de nouveau qu'il ne s'était pas trompé en portant au moins à douze le nombre de nos ennemis. Nous laissant le soin de chercher les traces qui pouvaient se trouver dans les environs immédiats de la hutte, il suivit la piste pendant un demi-mille pour s'assurer qu'elle ne rejoignait pas la maison de l'autre côté. Mais il reconnut tout au contraire qu'elle se dirigeait en droite ligne vers Ravensnest. Guert et moi nous ne pouvions rien apprendre de plus affligeant, et nous aurions préféré mille fois que l'Onondago eût vu se confirmer ses premiers soupçons que les Hurons nous attendaient dans notre propre enceinte. Mais les plaintes étaient inutiles, et personne ne se communiqua ses inquiétudes.

Susquesus n'était pas d'un caractère à s'en fier entièrement aux apparences. Il arrivait souvent que les Indiens expérimentés laissaient une piste visible uniquement pour tromper ; et l'Onondago, qui connaissait personnellement Musquerusque, savait bien qu'il avait affaire à un ennemi artificieux. Non content même de ce qu'il avait vu, il ne nous permit de quitter l'abri d'où nous faisions nos observations qu'après qu'il nous eut rejoints. Alors, pour franchir le dernier intervalle qui nous séparait de la hutte, il eut recours à autant de précautions qu'en prendraient des assiégeants pour s'approcher d'un fort. Chacun de nous devait choisir l'arbre le plus proche pour s'y tenir caché, et ne le quitter que pour passer derrière un autre avec la rapidité de l'éclair. Il nous fallut dix minutes pour arriver ainsi à vingt pas de la porte de l'habitation. Guert ne put s'astreindre plus longtemps à cette marche lente, et, suivant lui, si peu courageuse ; mais, quittant son abri, il alla droit à la porte d'un pas résolu, l'ouvrit toute grande et nous annonça que la hutte était vide. Susquesus, après avoir fait encore en dehors le tour de l'habitation, nous dit qu'il était sûr que personne n'y était entré depuis notre départ. Cette nouvelle était rassurante en ce que c'était le seul moyen que nos ennemis eussent pu avoir de connaître notre retour.

Il fallait décider à présent ce que nous allions faire. Il ne pouvait être question de rester où nous étions : la prudence, le danger que couraient nos amis, nous appelaient ailleurs. Certes, c'était une entreprise hasardeuse d'essayer de gagner Ravensnest, mais cependant c'était le seul parti qu'il semblait possible de prendre. Tout en discutant cette question, ceux d'entre nous qui avaient quelque appétit profitèrent de la halte pour dîner. Un Indien sur le sentier de guerre sait manger ou jeûner à volonté, et l'on ne saurait croire à quel point sous ce rapport il peut maîtriser la nature.

Pendant que Susquesus et Jaap en particulier s'acquittaient ainsi de leur tâche en conscience, et que nous autres nous avions à peine le cœur de manger un morceau, comme des hommes chez qui une profonde douleur a absorbé toute autre sensation, j'aperçus dans l'éloignement une forme humaine qui se glissait à travers les arbres en venant à nous. Dans le premier mouvement de surprise et de terreur, je ne pus prononcer une parole, mais je montrai vivement du doigt à l'Onondago l'objet que j'avais vu. Sans doute il l'avait aperçu même avant moi; car, loin de manifester aucune émotion, il continua son repas, et se contenta de remuer la tête en disant :

— Bon! nous allons avoir des nouvelles, le Sauteur vient.

C'était lui en effet; et en le voyant paraître sain et sauf, nous poussâmes tous un long cri de joie. Il continua à s'avancer de ce pas allongé qui est naturel aux coureurs; puis, arrivé au milieu de nous, il resta calme et immobile. Il ne salua pas; mais, s'asseyant tranquillement sur un tronc d'arbre, il attendit qu'on le questionnât. L'impatience était à ses yeux une faiblesse qui ne convenait qu'à des femmes.

— Par saint Nicolas! mon ami, s'écria Guert d'une voix que l'émotion rendait tremblante, soyez le bienvenu! Ces diables incarnés, les Hurons, ne vous ont du moins pas fait de mal.

La boisson avait engourdi en général les facultés du Sauteur, quoique, pour le moment, il fût parfaitement sobre. Il regarda celui qui lui parlait d'un air presque hébété, qui indiquait pourtant qu'il le reconnaissait, et il répondit d'une voix basse et traînante :

— Beaucoup de Hurons! les bois en sont pleins. Le Visage Pâle du fort m'envoie avec un message.

Nous l'aurions accablé de questions, s'il ne s'était pas mis à déplier un coin de sa chemise de calicot, et à nous montrer plusieurs lettres à notre adresse. Il y en avait pour Guert, pour Dirck et pour moi. Une quatrième, de l'écriture d'Herman Mordaunt, était adressée au pauvre M. Traverse. Voici la mienne :

« Mon bon père est si occupé que c'est *moi* qu'il charge de vous écrire ce billet. M. Bulstrode a envoyé hier un exprès qui nous a appris les tristes nouvelles de Ticonderoga. Il nous a annoncé en même temps son arrivée, et nous l'attendons ce soir. Le bruit court que des sauvages se sont montrés dans nos bois. Je m'efforce de croire que c'est une de ces vaines rumeurs qui ont couru si souvent depuis quelque temps. Mon père n'en prend pas moins toutes les précautions nécessaires, et il vous prie instamment de rassembler votre monde, et de venir nous rejoindre sans délai. Nous avons appris de la bouche de l'envoyé de M. Bulstrode votre belle conduite. Nous savons aussi que vous vous êtes retirés sains et saufs ; son maître ayant eu de vos nouvelles par M. Lee, officier d'un caractère très-original, mais d'un grand talent, à ce qu'il paraît, que mon père se trouve connaître. J'espère que ce billet vous trouvera de retour à l'habitation, et que nous vous verrons tous ici, sans un seul moment de retard.

« ANNEKE. »

Certes, il n'y avait rien dans ce billet qui fût de nature à satisfaire l'impatience d'un amant, quoique ce fût pour moi une vive jouissance de voir l'écriture d'Anneke Mordaunt, et de pouvoir baiser les caractères qu'elle avait tracés. Mais il y avait un postcriptum, cette partie de la lettre où l'on dit qu'une femme dépose toujours sa pensée la plus intime. Il était ainsi conçu :

« En vous disant que c'était moi que mon père avait chargée de vous écrire, de préférence à tout autre, je m'aperçois que j'ai souligné le mot moi. C'est que, Corny, nous avons déjà passé ensemble par une scène terrible ; et s'il devait en arriver quelque autre, ce serait une grande consolation pour moi de vous voir avec nous, vous et les vôtres, derrière les retranchements de cette maison, plutôt que de vous savoir exposé sans défense à toutes les attaques, dans la forêt. Venez donc, je vous le répète, le plus tôt possible. »

Ce postcriptum me causa beaucoup plus de plaisir que le corps même du billet ; et je n'éprouvais pas moins d'empressement à me rendre à la demande d'Anneke que la chère enfant n'en montrait de me revoir. La lettre de Guert contenait ce qui suit :

« M. Mordaunt nous a recommandé, à Anneke et à moi, d'écrire aux personnes de votre petite troupe, auprès desquelles il pense que chacune de nous a le plus d'influence, pour vous presser de venir à Ravensnest en toute hâte. Nous avons reçu de bien tristes nouvelles, et une terreur panique s'est répandue parmi nos pauvres colons. Nous apprenons que M. Bulstrode, accompagné de M. Worden, est à quelques heures de marche de nous, et les familles des environs viennent se réfugier ici, tout éplorées. Ce n'est pas que moi-même je ressente de vives alarmes ; je me repose sur la miséricordieuse Providence ; mais enfin Celui en qui j'espère se sert d'agents humains, et je ne sache personne qui m'inspire plus de confiance que Guert Ten Eyck.

« MARY WALLACE. »

—Par saint Nicolas ! Corny, voilà un de ces appels auxquels un homme n'hésite jamais à obéir, s'écria Guert, se levant tout à coup, et s'apprêtant à endosser son havre-sac. En faisant grande diligence, nous pouvons encore arriver ce soir à Ravensnest et les tranquilliser.

J'étais tout à fait du même avis, et Dirck fut loin d'élever aucune objection. Certes, ces lettres stimulèrent encore notre activité, bien qu'au fond il n'y eût rien d'autre à faire ; à moins que nous ne voulussions rester exposés à tous les effets de la vengeance des Indiens. La lettre à Dirck était d'Herman Mordaunt ; et elle allait droit au but en faisant connaître les faits dans toute leur nudité.

« — Cher Dirck, — les Indiens approchent, nous n'en saurions douter ; et il est de notre intérêt commun d'unir nos forces. Venez, au nom du Ciel, vous joindre à nous avec tous vos compagnons. J'ai envoyé des éclaireurs de différents côtés, et tous s'accordent à dire qu'il y a des traces nombreuses dans la forêt.

Je prévois que nous aurons au moins cent guerriers à notre porte demain, et je fais mes préparatifs en conséquence. En approchant de la maison, je vous engage à suivre le ravin qui s'étend du côté du nord, et qui vous offrira un abri. Vous arriverez ainsi à couvert jusqu'à cent pas de la porte, et vous aurez beaucoup plus de chances de nous rejoindre, si la maison venait à être investie au moment de votre arrivée. Dieu vous protége, mon cher Dirck, et vous amène en santé auprès de vos amis!

« HERMAN MORDAUNT. »

Ravensnest, 11 juillet 1738.

Je lus rapidement cette lettre; et, abandonnant la hutte et ce qu'elle contenait à la merci de quiconque voudrait en prendre possession, nous partîmes d'un pas rapide, n'emportant que nos armes, nos munitions, et ce qu'il nous fallait de provisions pour soutenir nos forces jusqu'au lieu de notre destination.

Comme dans nos marches précédentes, Sans-Traces prit les devants; et le Sauteur marcha à quelque distance sur la même ligne que lui, car le danger de rencontrer des ennemis était encore considérablement augmenté. Il était vrai que nous étions encore derrière la bande qui s'était signalée à Mooseridge par tant d'atrocités; mais l'Onondago cessa de suivre la même piste pour prendre une direction qui menait plus droit au but.

CHAPITRE XXVII.

> Mon père avait une fille qui aimait un homme, comme peut-être, si j'étais femme, j'aimerais votre seigneurie.
>
> *Viola.*

COMME le lecteur doit s'être fait maintenant une idée assez exacte de notre manière de marcher dans la forêt, j'abrégerai les détails. Il était plus de midi au moment de notre départ, et aucun de nous n'espérait arriver à Ravensnest avant la nuit. En effet l'obscurité nous enveloppait depuis près d'une demi-heure, lorsque Susquesus arriva à l'entrée du ravin. Jusque-là rien ne nous avait annoncé la présence d'ennemis. Notre marche avait été silencieuse, rapide, prudente; mais elle n'avait pas été inquiétée. Nous savions néanmoins que le moment critique était arrivé; aussi, au coucher du soleil, nous étions-nous arrêtés pour voir si nos armes étaient en bon état.

C'est peut-être ici le lieu de parler de la position de la citadelle d'Herman Mordaunt, comme on appelait son habitation, ainsi que des établissements qui l'entouraient. Elle était à un demi-mille du point le plus rapproché de la forêt, à l'exception d'une ceinture d'arbres qui remplissait le ravin. Les établissements principaux s'étendaient à l'est et à l'ouest sur un espace de plus de quatre milles. Cet emplacement n'avait été défriché qu'en partie, suivant les besoins; et il restait des portions de forêt vierge disséminées en assez grand nombre sur la surface. A l'extrémité était situé le Lot des Moulins, nom que portait la nouvelle acquisition de Jason; mais la hache n'y avait pas encore été mise. J'avais remarqué dans ma dernière visite que, de la porte d'Herman Mordaunt, on voyait d'un coup d'œil une douzaine de huttes en bois, dans différentes parties de la propriété, et qu'en changeant de position, on pouvait en apercevoir jusqu'à une vingtaine.

Je n'ai pas besoin d'ajouter que cet espace découvert était plus ou moins encombré d'arbres morts ou renversés, de troncs informes, de branches, de broussailles, comme cela ne peut manquer d'arriver dans les défrichements nouveaux pendant les huit ou dix premières années. Cette période dans l'histoire d'un pays peut être comparée à l'état vague et indécis où nous nous trouvons nous-mêmes lorsque nous avons perdu les grâces de l'enfance sans avoir pris encore les formes accomplies de l'homme fait.

La position occupée par Herman Mordaunt était assez forte, pour qu'il eût pu livrer un combat en rase campagne, s'il eût eu un nombre d'hommes suffisant. Mais c'était à peine s'il pouvait compter sur dix-sept hommes de bonne volonté. Quelques-uns de ses gens étaient des Européens qui n'avaient aucune connaissance des armes à feu; et l'expérience lui avait appris que d'autres, à la moindre alarme, ne manquaient jamais de s'enfuir dans les bois avec leurs familles, au lieu de se rallier dans la citadelle. Ce sont de ces défections auxquelles il faut toujours s'attendre dans les conjonctures critiques, l'amour de la vie l'emportant encore sur celui de la propriété. Il se trouvait néanmoins de temps en temps un colon résolu qui se barricadait dans sa hutte, et qui se signalait par une défense qui aurait fait honneur à un héros.

Pour peu qu'on ait quelque idée de la manière de faire la guerre des sauvages, on doit concevoir que le ravin étant le seul endroit boisé près de la citadelle d'Herman Mordaunt, c'était là que les ennemis devaient se cacher, pour approcher sans être vus. Nous le savions; et Guert, qui prit en main le commandement dès qu'il vit augmenter le danger, recommanda à chaque homme de se tenir sur ses gardes, afin de prévenir toute confusion. Il nous apprit ce que nous devions faire en cas d'alarme, et, sous sa direction, nous nous étions habitués à imiter les cris des différents habitants des bois, et notamment des oiseaux, cris qui devaient nous servir de signaux entre nous. Cette invention était due aux Peaux Rouges, qui employaient souvent des moyens semblables; mais nos chasseurs étaient devenus, disait-on, plus habiles sous ce rapport que ceux mêmes qui en avaient eu la première idée.

En entrant dans le ravin, l'ordre de notre marche fut changé. Susquesus et le Sauteur continuèrent d'aller en avant; mais Guert, Dirck, Jaap et moi, nous marchâmes de front, serrés les uns contre les autres. L'épaisseur du feuillage et les ténèbres qui couvraient le ravin rendaient cette précaution nécessaire. L'obscurité devint bientôt si profonde que notre seul guide était le torrent qui bruyait au fond, et qui, en sortant du ravin, allait se jeter dans une petite rivière qui serpentait à travers quelques prairies naturelles à l'ouest de Ravensnest.

Nous avions pénétré assez avant dans cette espèce d'antre du Tartare, pour être arrivés à un point où la faible lueur provenant de la clairière et des astres du firmament arrivait jusqu'à nous,

quand nous nous trouvâmes tout à coup sur la même ligne que
Susquesus et le Sauteur. Ces Indiens s'étaient arrêtés ; car leurs
regards rapides et pénétrants avaient découvert des indices d'ennemis. Un détachement d'une quarantaine de sauvages, tous
couverts de leurs peintures de guerre, avaient allumé un grand
feu sous la voûte d'un roc, et ils s'étaient assis à l'entour pour
souper. Le feu avait déjà cessé de brûler ; mais les restes jetaient
encore une lueur faible et vacillante sur les traits sombres et farouches du groupe accroupi. Si nous nous étions avancés dans
toute autre direction, nous n'aurions pas vu le danger à temps
pour l'éviter ; mais la bonté de la Providence avait dirigé nos
éclaireurs sur un point où les cendres mal éteintes avaient immédiatement attiré leur attention, et ils s'étaient arrêtés comme je
viens de le dire. Je ne crois pas que nous fussions à plus de quarante pas de cette troupe sauvage ; et tout endurci que j'étais par
les événements tragiques auxquels j'avais pris une part active,
j'avoue qu'à cette vue mon sang se glaça dans mes veines.

Nous échangeâmes quelques mots à l'oreille. Debout sous un
chêne immense dont l'ombre ajoutait encore à l'obscurité, qui
faisait notre sauvegarde, nous étions tellement serrés, que le
corps même de Jaap touchait le mien. Susquesus proposa de faire
un détour en traversant le torrent, qui, par bonheur, passait en
cet endroit sur des cailloux, ce qui produisait un bruit qui nous
était très-favorable ; nous laisserions ainsi derrière nous nos ennemis, qui sans doute n'auraient pas fini leur repas avant que
nous eussions eu le temps d'arriver à la citadelle. Mais Guert repoussa énergiquement cette proposition. Il pensait, et c'était bien
l'opinion d'un homme né pour être soldat, que nous étions dans
une position à choisir entre mille pour pouvoir servir nos amis,
et frapper nos ennemis de terreur. En tombant sur eux à l'improviste, nous jetterions la confusion dans la troupe, et ils renonceraient sans doute à tout projet d'attaque contre l'établissement.
Dirck et moi nous embrassâmes cet avis avec ardeur, et Jaap
lui-même y donna son assentiment.

— Oui, oui, maître Corny, voilà l'instant de venger Peter !
murmura-t-il d'une voix plus haute que ne l'eût demandé la
prudence.

Dès que Sans-Traces connut notre détermination, le Sauteur et lui se préparèrent au combat avec autant d'ardeur qu'aucun de nous. Nos dispositions étaient très-simples et furent bientôt prises. Nous devions faire une seule décharge de la place où nous étions, pousser un grand cri, et charger, le couteau et le tomahawk à la main. Pas un instant ne devait être perdu. Au lieu de rester près de la lumière, quelque faible qu'elle fût, nous devions nous précipiter vers l'extrémité du ravin, et de là courir, ou tous ensemble ou séparés, suivant l'occasion, à la porte de Ravensnest. En un moment chacun fut à son poste.

— Rappelez-vous Traverse! dit Guert énergiquement; rappelez-vous le pauvre Sam et tous nos *pons* amis massacrés!

Le lecteur sait que Guert était sujet à retomber dans sa prononciation hollandaise, toutes les fois qu'il était vivement impressionné. Nous eûmes égard à sa recommandation : nous nous rappelâmes les morts; et, sans en savoir précisément le nombre, je crois qu'il n'y eut aucun de nous qui, dans cette occasion mémorable, n'immola au moins une victime aux mânes de nos compagnons. Nos carabines partirent presque en même temps; un cri s'éleva du milieu des sauvages qui entouraient le feu; nos acclamations y répondirent, et nous nous élançâmes en avant, nous efforçant de dissimuler notre nombre à force d'audace et d'énergie.

Il est difficile de conserver une idée bien distincte d'une attaque pareille, faite dans l'obscurité. Ce que je sais, c'est que notre petite troupe se précipita au milieu des morts et des blessés, et que j'entendis Jaap asséner plusieurs coups terribles; mais personne n'opposa de résistance. Un moment après que nous avions dépassé l'endroit où avait été allumé le feu, trois ou quatre coups furent tirés contre nous, mais sans atteindre personne. Il ne nous restait qu'une centaine de pas à faire pour sortir du ravin; le peu de clarté qui venait du dehors servait alors à nous guider, et chacun se dirigea de son mieux de ce côté.

A partir de ce moment, je ne puis plus parler que pour moi. Je vis des hommes se glisser légèrement au milieu des arbres, et je supposai que c'étaient mes compagnons, sans pouvoir en avoir la certitude; car nous étions tous séparés, et chacun de nous devait se tirer d'affaire comme il le pourrait. Comme nous n'avions pas le temps de recharger nos carabines, il eût été imprudent de s'arrêter. Je ne sortis point du ravin à l'endroit du torrent; mais, prenant un peu sur le côté, je le quittai en gravissant une petite hauteur qui se trouvait un peu au-dessus du niveau de la prairie. La position était favorable; j'y étais à l'abri, et je m'arrêtai un moment pour charger ma carabine. Tout en le faisant, je regardai autour de moi pour reconnaître la situation, autant que l'heure et l'obscurité le permettaient.

Dans la plaine on distinguait encore les cendres d'une douzaine de grands feux, c'était tout ce qui restait d'autant de huttes et de granges. La lueur qu'elles jetaient ne servait guère qu'à rendre les ténèbres visibles, et à donner une faible idée des ravages déjà commis. L'habitation principale n'avait point souffert. Elle s'élevait, sombre et ténébreuse; car, comme elle n'avait point de fenêtres extérieures, on ne voyait qu'une seule lumière qui était placée sans doute dans une meurtrière, comme signal. Un calme, un silence profond régnait dans le bâtiment et à l'entour, et avait quelque chose de mystérieux qui, dans les circonstances actuelles, était un élément de force. Derrière moi, tout était également tranquille, mais cette tranquillité avait quelque chose d'effrayant.

Il fallait pourtant prendre un parti, et s'il pouvait y avoir danger à quitter l'abri que j'avais trouvé, c'était un hasard qu'il fallait courir. Je résolus donc de me diriger en toute hâte vers la porte. D'un bond j'avais descendu la hauteur, et je me trouvais dans la prairie. Devant moi je vis deux hommes dont l'un semblait être fortement tenu par l'autre. Comme ils marchaient, quoique lentement, dans la direction de la maison, je me hasardai à demander : qui va là?

— Oh! Corny, mon garçon, est-ce vous? répondit Guert. Dieu soit loué! Il ne vous est rien arrivé, et vous voilà à temps pour m'aider à faire avancer ce Huron, contre lequel je me suis heurté dans l'obscurité, et que j'ai désarmé et fait prisonnier. Employez les coups de pied ou les coups de poing à votre choix; car le drôle se cabre en arrière et me donne un mal de tous les diables.

Je connaissais trop bien le caractère vindicatif des Indiens pour adopter aucun des moyens qui m'étaient indiqués. Je me contentai de saisir le prisonnier par un bras, tandis que Guert le tenait par l'autre, et nous gagnâmes ainsi l'habitation. Herman Mordaunt était à la porte avec une douzaine de ses gens, tous armés, et prêts à nous recevoir; car les cris qu'ils avaient entendus leur avaient fait pressentir notre arrivée. En moins d'une minute tout le monde était entré. Le fait était que notre attaque avait été si soudaine que nous avions tout balayé devant nous, et les ennemis n'avaient pas eu le temps de se remettre de leur frayeur, avant que nous fussions tous en sûreté. Une fois renfermés à Ravensnest, nous ne courions plus d'autres dangers que ceux qui étaient communs à toute forteresse dans ces guerres des forêts.

Il faudrait une plume plus exercée que la mienne pour peindre cette transition si brusque de l'obscurité du ravin, de ce combat court, mais sanglant, de ces cris, de cette confusion, de cette course précipitée, à ce bien-être, à cette sécurité que nous trouvions à Ravensnest. Nous étions reçus dans un appartement chaud, bien éclairé, commode, et quels étaient nos hôtes! des femmes que des larmes involontaires mêlées à de ravissants sourires rendaient plus séduisantes encore. Anneke et son amie avaient éprouvé des angoisses terribles; mais en nous voyant sains et saufs, il semblait que pour elles tout sentiment de danger fût passé, et les couleurs avaient reparu sur leurs joues. Ce furent des remerciements sans nombre sur la promptitude que nous avions mise à leur répondre, et de la manière la plus agréable, en venant nous-mêmes; comme si nous avions en cela quelque mérite, comme si le soin même de notre conservation ne nous en eût pas fait un devoir, quand même nous n'aurions pas éprouvé le besoin de venir les défendre! Dans les explications qui suivirent, dans cet échange de pensées entre nous depuis une séparation qui nous semblait déjà si longue, nous aurions oublié tout l'univers, si Herman Mordaunt n'était entré tout à coup très-agité.

— Nous venons, s'écria-t-il, de barricader la porte, et nous ne nous sommes pas aperçus que tout votre monde n'est pas encore ici. Je ne vois ni Traverse et ses aides, ni vos chasseurs. A coup sûr, ils ne sont pas restés dans la forêt?

Aucun de nous n'eut le courage de répondre ; mais sans doute nos regards en disaient assez ; car Herman Mordaunt reprit aussitôt :

— Non, ce n'est pas possible ! comment, tous?

— Tous, monsieur Mordaunt, jusqu'à mon pauvre esclave Peter, répondit Guert d'un ton solennel. Surpris sans doute pendant qu'ils étaient séparés, ils ont été massacrés en notre absence.

Les chères filles étendirent les mains avec horreur, et il me sembla que les lèvres pâles d'Anneke murmuraient une prière. Son père secoua la tête, et, pendant quelque temps, il marcha en silence dans l'appartement. Puis se faisant violence, comme quelqu'un qui sent la nécessité de montrer du calme et de l'assurance, il reprit la conversation :

— Grâce à Dieu, M. Bulstrode est arrivé hier sain et sauf, un moment après le départ du coureur, et il est, lui, à l'abri de la rage de ces démons incarnés !

M. Mordaunt nous proposa alors de nous conduire à son appartement, car Bulstrode avait exprimé le désir de nous voir dès que nous serions libres. Le major nous reçut avec son affabilité ordinaire, et il parla avec beaucoup de sens de la funeste campagne de Ticonderoga, sans chercher à cacher la mortification qu'il avait éprouvée, avec tout l'empire britannique. Par bonheur sa blessure n'était pas dangereuse, et il en serait quitte pour boiter pendant quelques semaines.

— N'ai-je pas eu l'adresse de me faire conduire dans un assez bon hôpital, ce malencontreux siége excepté, Corny? me dit-il quand on nous eut laissés seuls. Notre rivalité, toute généreuse, a maintenant un beau champ pour s'exercer. Si nous quittons cette maison sans savoir exactement l'état du cœur d'Anneke, nous sommes deux grands nigauds qui méritons d'être condamnés au célibat pour le reste de notre vie. Jamais il ne s'est présenté une pareille occasion de faire sa cour !

— J'avoue que l'occasion ne me paraît pas si merveilleusement favorable, monsieur Bulstrode. Anneke est trop agitée, elle a trop à craindre et pour elle et pour les autres, pour pouvoir être susceptible en ce moment d'un sentiment plus tendre, comme si elle était dans le calme et la tranquillité de Lilacsbush.

— On voit bien, Corny, que vous ne connaissez rien aux femmes. Je veux bien que, si la chose était à commencer, s'il n'y avait pas eu quelques petites fondations jetées d'avance, si je puis me permettre cette image tant soit peu libre, votre théorie puisse être juste; mais il n'en est pas de même dans les circonstances actuelles. Voici une jeune personne de dix-neuf ans, qui sait qu'elle est recherchée, et recherchée avec toute l'ardeur dont ils sont capables, par deux jeunes gens, — sur lesquels il n'y a pas la moindre objection à élever, n'est-il pas vrai? Eh bien! je dis que, dans cette position, la semaine ne doit pas s'écouler sans qu'il y ait une conclusion. Si je suis l'heureux mortel, vous pouvez compter de ma part sur la plus tendre compassion, comme je compte sur la vôtre, *vice versa*. Au surplus, depuis cette malheureuse affaire de Ticonderoga, je suis fait aux humiliations.

Je ne pus m'empêcher de sourire à ce singulier exposé de notre situation comme amants; et, malgré la gravité des circonstances, qui certes auraient dû réclamer toute mon attention, Anneke occupait tellement toutes mes pensées que je n'eus pas le courage de m'arracher à cet entretien, et je priai Bulstrode, puisqu'il ne goûtait pas ma théorie, de m'exposer la sienne.

— Moi, Corny, voici comment je raisonne. Anneke aime l'un de nous, c'est évident. D'abord, elle aime, j'en mettrais ma main au feu. Sa rougeur, son regard tendre et humide, sa beauté même, tout respire l'amour. Maintenant, il n'est pas possible qu'elle aime une autre personne que l'un de nous deux, par la raison toute simple que nous sommes les seuls qui lui ayons fait la cour. Je serai franc avec vous, et je ne vous cacherai pas que je crois être le mortel préféré, tandis que je parierais que, de votre côté, vous ne vous croyez pas moins sûr de votre fait.

— Détrompez-vous, major Bulstrode; je vous donne ma parole qu'une pareille présomption n'a jamais.....

— Oui, oui, je vous comprends. Vous n'êtes pas digne de l'affection d'Anneke Mordaunt, et vous n'avez jamais présumé qu'elle pût l'accorder à un être aussi pauvre, aussi chétif, aussi misérable, aussi nul; vous voyez que je ne vous ménage pas, et vous ne parleriez pas mieux, n'est-il pas vrai? Mon Dieu, j'en dirais tout autant de moi; ce qui n'empêche pas qu'au fond de l'âme nous ne nous flattions également du succès, ou bien nous aurions abandonné la partie depuis longtemps.

— Je vous assure, Bulstrode, que, quels que soient mes sentiments, la confiance n'y entre pour rien. Vous pouvez avoir vos raisons pour penser autrement; mais, moi, je vous le répète, je n'en ai aucune.

— Mes raisons? je n'en ai qu'une seule, c'est l'amour-propre, dont chaque homme doit avoir une légère dose pour sa propre satisfaction et pour sa tranquillité d'esprit. Je dis que l'espoir est indispensable à l'amour, et que l'espoir engendre la confiance. Mon raisonnement est très-simple. Écoutez plutôt. Je reçois une blessure, c'est très-bien, une blessure honorable, en bataille rangée, combattant pour mon roi et pour mon pays. On m'apporte ici en litière, en présence de ma maîtresse, portant sur ma personne les marques évidentes des dangers que j'ai courus, et, je l'espère, de ma conduite héroïque. Et vous voulez que ce ne soit pas assez pour qu'une femme se prononce en ma faveur? Vous n'en trouveriez pas une sur mille qui hésitât un seul instant. Vous ne savez donc pas à quel point les cœurs si bons, si sensibles, si généreux, de nos jeunes Américaines, se fondent à la douce chaleur de la sympathie en voyant les souffrances d'un pauvre diable qu'elles savent qui les adore? Du moment qu'une femme vous soigne dans une maladie, il y a dix à parier contre un qu'elle finira par vous aimer. Cette blessure est un coup de maître, convenez-en! mais en amour, comme à la guerre, les stratagèmes sont permis.

— Je comprends facilement votre politique, Bulstrode; mais j'éprouve plus de peine à comprendre votre franchise. Quoi qu'il en soit, vous pouvez être certain que je n'en abuserai pas. Voyons, à présent, quels sont, suivant vous, les avantages que je puis faire valoir contre vous?

— Ceux d'un défenseur. Oh! il y a là de quoi battre en brèche bien des prétentions. Cette maudite attaque des Indiens, qu'on dit être assez sérieuse, et qui peut tenir ces dames en émoi pendant quelques jours, est une chose très-malheureuse pour moi, en même temps qu'un grand bonheur pour vous. Un blessé ne saurait exciter la moitié de l'intérêt de celui qui s'expose à être tué à chaque instant. Oui, oui, c'est un rôle admirable que celui de défenseur; et, en rival généreux, je vous engage de nouveau, Corny, à en tirer tout le parti possible. Je ne cache rien, moi; et je vous avertis que je compte bien exploiter ma blessure de mon mieux.

Il était difficile de ne point rire d'un conseil si étrange, quoique évidemment sincère. Bulstrode, malgré toutes ses idées de convention, importées de Londres, était la franchise même, et il était toujours prêt à dire ce qu'il avait sur le cœur. Après être resté encore une demi-heure avec lui à causer des dernières opérations militaires, dont il parla avec beaucoup de sens et de raison, je pris congé de lui pour la soirée.

— Bon courage, Corny! me dit-il en me serrant la main; profitez de vos avantages comme vous l'entendrez; car je vous répète que j'en ferai autant de mon côté. La valeur passée est aux prises avec la valeur présente. Si je n'étais pas personnellement intéressé dans la question, je vous proteste qu'il n'existe personne à qui je souhaiterais plus sincèrement de réussir.

Et Bulstrode ne disait que ce qu'il pensait. Il était évident pour moi qu'il se croyait sûr du succès. Son rang, sa fortune, l'appui du père, étaient de puissants auxiliaires que je ne pouvais invoquer. En quittant mon rival, et par une coïncidence assez étrange dans de pareilles circonstances, je trouvai Anneke seule dans le petit salon où l'on se tenait ordinairement. Guert avait réussi à décider Mary Wallace à faire quelques tours avec lui dans la cour, seule promenade qui fût alors possible; tandis que Herman Mordaunt, M. Worden et Dirck étaient réunis dans la grande salle pour se concerter avec les colons qui étaient venus se réfugier à Ravensnest. Je n'essaierai pas de dépeindre le ravissement que j'éprouvai en la voyant, et il ne fut pas moindre en remarquant la tendre expression de ses yeux, et la rougeur aimable qui couvrait ses joues. La conversation que je venais d'avoir produisit sans doute son effet, car je résolus sur le-champ de ne pas laisser échapper une occasion si favorable de mettre les leçons de Bulstrode à profit. Sa blessure, s'il faut tout dire, m'inspirait de vives inquiétudes.

Ce que je dis au commencement de cette entrevue, il me serait impossible de me le rappeler; mais je réussis à me faire comprendre, ce qui n'arrive pas, je crois, à tous les amants dans des positions semblables. D'abord je dus être assez peu clair, assez incohérent; mais le sentiment profond et vrai qui m'inspirait me fit triompher de ma timidité et me suggéra des expressions convenables. Vers la fin, si, comme je le crois, mes paroles furent en harmonie avec ce que j'éprouvais, je dus m'élever jusqu'à une certaine éloquence. Comme c'était la première occasion qui m'eût jamais été offerte de plaider ma cause directement; j'avais tant à dire, tant d'explications à donner, tant de circonstances en apparence indifférentes à faire valoir, que, pendant les dix premières minutes, Anneke n'eut guère autre chose à faire que d'écouter. J'ai toujours attribué le sang-froid qu'elle put montrer pendant le reste de cette entrevue au temps qui lui fut ainsi accordé pour rassembler ses idées.

Chère Anneke! comme sa conduite fut admirable dans cette soirée si précieuse pour moi! C'était sans doute une situation extraordinaire pour parler d'amour; cependant je ne sais si les sentiments n'ont pas alors plus de vivacité et de naturel qu'au milieu des habitudes calmes et raisonnées de la vie ordinaire. Je ne pus me dissimuler que ma jeune compagne semblait émue depuis le moment où j'avais commencé, et qu'elle paraissait m'écouter avec un tendre intérêt. Encouragé par ces apparences si douces à mon cœur, je me risquai à prendre une main, qui ne fut pas retirée. Ce fut alors que je trouvai des paroles qui amenèrent des larmes dans les yeux d'Anneke, et elle put me répondre.

— C'est, dit-elle, un moment si étrange, si extraordinaire pour parler de pareilles choses, Corny, que je sais à peine ce que je dois répondre. Ce qui me semble, du moins, c'est que des personnes entourées comme nous le sommes de dangers sérieux doivent avant tout être sincères. L'affectation n'a jamais été mon partage, et je ne prétends pas afficher une pruderie que vous condamneriez, j'en suis sûre. Il est un sentiment qui domine en cet instant dans mon cœur, que je voudrais, mais que je ne sais comment exprimer.

— Parlez, de grâce, chère Anneke; soyez aussi généreuse que je suis certain que vous êtes sincère.

— Eh bien! Corny, le voici. Je sais que nous courons risque, grand risque d'être pris et peut-être mis à mort par les êtres implacables qui sont répandus autour de cette habitation; et que personne ici, malgré la présomption si naturelle à l'homme, ne peut se flatter d'exister demain. S'il vous arrivait quelque chose, mon ami, et que je vous survécusse, ce serait pour moi un regret de tous les instants, en pleurant votre perte, d'avoir hésité à vous déclarer tout l'intérêt que depuis si longtemps vous m'avez inspiré, et en même temps tout le bonheur que j'ai éprouvé il y a quelques mois à l'aveu si franc et si loyal que vous me fîtes de vos sentiments pour moi.

Il était impossible de se méprendre à ce langage qu'accompagnaient de douces larmes et une rougeur charmante. Guert eut l'heureuse idée de retenir Mary Wallace, pendant que les affaires occupaient les autres. J'eus ainsi plus d'une heure à passer avec Anneke; et quand le cœur s'ouvre librement et sans contrainte, qu'une heure passe vite dans ces doux épanchements! Avant de me quitter, Anneke m'avoua qu'elle avait souvent pensé au petit garçon intrépide qui avait voulu se battre pour elle lorsque elle-même n'était qu'une enfant. Cette préférence précoce avait été fortifiée par l'affaire du lion, et par nos relations subséquentes. Bulstrode, ce rival formidable, si fort de l'appui de son père, ne lui avait jamais inspiré d'autres sentiments que ceux qu'on doit à un parent; et je me serais épargné bien des heures de cruelles angoisses, si j'avais pu deviner ce qu'on me disait alors avec tant de confiance. Pauvre Bulstrode! j'étais presque tenté de le plaindre en apprenant qu'il n'avait jamais touché le cœur d'Anneke, et je ne pus m'empêcher d'en dire quelque chose.

— N'ayez aucune inquiétude sur le compte de M. Bulstrode, Corny, répondit Anneke avec un malin sourire; il pourra éprouver un moment de mortification, mais il ne tardera pas à se réjouir de n'avoir pas cédé à un caprice passager, en unissant son sort à celui d'une jeune Américaine sans expérience, trop gauche et trop simple pour se présenter dans les cercles où sa femme doit être appelée à briller. Il se peut que M. Bulstrode me préfère à toute autre femme qu'il se trouve connaître dans ce moment; mais son attachement, si le sentiment qu'il éprouve mérite ce nom, ne part pas, cher Corny, comme le vôtre, du fond du cœur. On dit que nous autres femmes nous savons découvrir vite quand nous sommes réellement aimées, et j'avoue que ma petite expérience personnelle me donne lieu de penser que cette remarque est pleine de justesse.

Je parlai alors de Guert, et j'exprimai l'espoir que son dévouement si profond, si sincère, finirait par attendrir Mary Wallace, et que mon nouvel ami, qui m'était devenu aussi cher que si je l'avais toujours connu, obtiendrait enfin quelque retour pour une passion qui n'était pas moins vive que la mienne; et, certes, je ne pouvais pas dire plus en sa faveur.

— Sur ce sujet, Corny, vous voudrez bien me permettre de ne point m'expliquer, répondit Anneke en souriant; chaque femme est maîtresse de ses secrets en pareille matière, et je connaîtrais les intentions de Mary, par rapport à M. Ten Eyck, que je ne me croirais pas libre de les révéler, même à vous. Personnellement, je n'ai plus de secrets pour Corny Littlepage; mais il ne s'attend pas à me trouver assez faible pour trahir mon sexe comme je me suis trahie moi-même.

Je fus obligé de me contenter de ce doux aveu et de la certitude que j'étais aimé depuis longtemps. Quand Anneke me quitta, je restai tout ébahi, ayant peine à me persuader que tout ce qui venait de se passer n'était pas un rêve. Cet éclaircissement si soudain, si inattendu, pouvait bien en effet passer pour tel; cependant je crois que nous emportions chacun de notre côté une provision de bonheur pour le reste de nos jours. Néanmoins, je déclare solennellement que j'éprouvai un sentiment de chagrin, je dirais presque de regret, pour Bulstrode; le pauvre garçon se croyait si sûr du succès, il n'y avait qu'une heure ou deux, que, quand même j'aurais pu le voir, je ne me serais pas senti le courage de le désabuser.

Quant à Guert Ten Eyck, il me rejoignit plus triste et plus désespéré que jamais.

— J'avais pensé, Corny, que si Mary Wallace se sentait pour moi la plus petite inclination, elle la manifesterait dans un moment où nous sommes, pour ainsi dire, suspendus entre la vie et la mort. J'ai souvent entendu dire que la femme la plus disposée à se moquer d'un jeune soupirant dans un salon, et à lui faire subir mille avanies pendant que tout le monde se livre à la joie et au plaisir, serait la première à tourner, comme la girouette sur nos granges hollandaises, au moindre changement de vent, dès que quelque revers inattendu viendrait le frapper. En d'autres termes, que la même fille qui se montrerait capricieuse et irrésolue à l'heure du bonheur et de la prospérité, deviendrait tout à coup tendre et fidèle du moment que l'infortune atteindrait son amant. D'après cette assurance, je crus que c'était l'instant de redoubler d'efforts auprès de Mary pour obtenir au moins une lueur d'espérance; j'y mis tout mon esprit, et vous savez, Corny, que ce n'est pas grand'chose. Eh bien, je n'ai pas réussi; tout ce que j'ai pu arracher d'elle, c'est que le temps était très-mal choisi pour parler de pareilles choses. En vérité, j'irais me jeter au milieu de ces infâmes Hurons pour me faire tuer, si je ne réfléchissais qu'après tout cette même enfant, qui me rebutait ainsi, était restée deux grandes heures à écouter ce que j'avais à dire, quoique je n'eusse point parlé d'autre chose. C'est pourtant une petite consolation, Corny, ou je ne connais rien à la nature humaine.

C'était vrai, et cependant je ne pouvais m'empêcher de comparer cette réticence calculée aux aveux si francs et si généreux d'Anneke, et de me dire que les affaires du jeune Albanien au cœur si ouvert, aux manières si franches, étaient beaucoup moins avancées que les miennes.

CHAPITRE XXVIII.

> La vie est suspendue entre deux mondes, comme l'étoile entre la nuit et le matin, à l'extrémité de l'horizon. Combien peu nous savons ce que nous sommes; combien moins encore ce que nous deviendrons! Le flot du temps coule incessamment, emportant nos bulles de savon, qui crèvent à peine formées; tandis que les empires ne s'élèvent un moment, comme la vague, que pour retomber dans l'abîme.
>
> BYRON.

HERMAN Mordaunt annonça lui-même qu'un service de nuit venait d'être organisé pour veiller à la sûreté générale, et que chacun pouvait se livrer au repos. La foule était si grande à Ravensnest qu'il n'était pas facile de trouver un endroit pour poser la botte de paille qui devait nous servir de lit; enfin, nous parvînmes à nous établir tant bien que mal; et, malgré tout ce qui s'était passé le soir, la vérité m'oblige à dire que je ne tardai pas à dormir d'un profond sommeil; mes compagnons en firent autant, la fatigue étant plus forte cette fois que toutes les préoccupations de l'amour, heureux ou malheureux, ou que les inquiétudes personnelles.

Il pouvait être trois heures quand je sentis qu'on me pressait le bras; c'était Jason Newcome, qui avait été chargé d'éveiller les hommes de la maison, sans faire aucun bruit, afin qu'on ne pût rien entendre du dehors. En quelques minutes, tout le monde fut sur pied et armé.

Comme c'est le matin, avant le jour, lorsque le sommeil est le plus profond, que les sauvages font ordinairement leurs attaques, cette précaution n'étonna personne; on y reconnaissait la prudence d'Herman Mordaunt, qui, déjà levé depuis longtemps, s'était placé en observation dans l'endroit le plus favorable. Pendant ce temps, les hommes, rassemblés dans la cour, au nombre de vingt-trois ou vingt-quatre, attendaient des ordres pour se porter sur le point qui leur serait indiqué. Jason avait rempli sa mission si adroitement que pas une femme ni un enfant n'avaient rien entendu; tous dormaient ou semblaient dormir dans une entière sécurité. Me trouvant à côté de l'ex-pédagogue, maintenant meunier, je profitai de l'occasion pour le féliciter de l'habileté qu'il venait de montrer, et la conversation s'établit entre nous à voix basse.

— Je pense, Corny, que cette guerre pourrait bien amener quelques changements dans les défrichements, me dit Jason au bout de quelque temps, surtout en ce qui concerne les titres.

— Je ne vois pas comment cela pourrait arriver, monsieur Newome, à moins que vous ne supposiez que les Français s'emparent de la colonie, ce qui n'est nullement probable.

— C'est précisément le principe que je voulais poser. Les Hurons ne se sont-ils pas emparés par le fait de cet établissement? C'est incontestable; ils le possèdent tout entier, sauf cette maison; si nous en reprenons jamais possession, ce sera par une nouvelle conquête. Or, il me semble que la conquête donne au conquérant un droit sur le territoire conquis? Je n'ai pas encore de livres ici, mais, ou j'ai la mémoire superlativement mauvaise, ou j'ai lu que telle est la loi.

C'était la première démonstration directe que Jason eût jamais faite pour s'assurer la propriété du moulin; depuis, il s'en permit beaucoup d'autres, que, ou moi, ou celui qui continuera ces mémoires, nous rapporterons quelque jour; mais, ce que je tenais à établir, c'est que ce fut la première de ses tentatives pour déposséder Herman Mordaunt en faveur de sa très-humble mais très-méritante personne.

J'eus peu de temps pour répondre à ce singulier raisonnement, car alors M. Mordaunt parut, et il nous donna ses instructions, qu'il fit précéder des explications suivantes. Comme on devait s'y attendre, les Indiens avaient adopté le seul moyen qui pouvait être efficace contre une citadelle comme Ravensnest, sans l'aide de l'artillerie; ils faisaient leurs préparatifs pour y mettre le feu, et ils avaient employé toute la nuit à rassembler une grande quantité de pommes de pin, de racines, etc., qu'ils avaient réussi à entasser contre la partie du mur de bois extérieur qui s'avançait presque jusqu'à l'extrémité du rocher, et où la configuration du terrain leur permettait d'approcher sans courir beaucoup de risques.

La manière dont ils s'y prirent mérite d'être rapportée. Un des plus hardis et des plus adroits de la bande s'était glissé jusqu'au pied du mur, où il s'était accroupi de manière à être à l'abri tout à la fois des regards et des balles. Ses compagnons lui avaient alors tendu l'extrémité d'une longue perche, et ils s'étaient échelonnés, les uns sur le flanc du roc, les autres à terre. Ainsi placés, ces enfants de la forêt eurent la patience de passer successivement dans un panier les pommes de pin et les autres combustibles, au guerrier qui, placé contre le mur, les empilait de la manière la plus favorable à son projet.

Susquesus eut le mérite de découvrir ces arrangements, qui avaient échappé à la vigilance des sentinelles. Connaissant les artifices des Hommes Rouges, et en particulier le caractère de Musquerusque, il était convaincu que la nuit ne se passerait pas sans quelques tentatives sérieuses contre nous. Le côté du roc était de beaucoup le point le plus faible de l'habitation ; et elle n'était protégée que par ce rempart naturel, qui était loin d'être inaccessible, et par une palissade peu élevée. Dans ces circonstances, l'Indien ne doutait pas que l'attaque n'eût lieu de ce côté ; se mettant donc aux aguets, il découvrit les premières tentatives des Hurons, mais il attendit pour en avertir Herman Mordaunt qu'ils eussent presque terminé : il craignait l'impatience des Visages Pâles, qui se seraient hâtés d'interrompre les travaux, tandis qu'il trouvait un grand avantage à laisser les Hurons s'épuiser en efforts pour faire des dispositions qui, une fois prévues, n'offraient aucun danger. Au contraire, déjoués dans ce premier projet, ils auraient eu recours à un autre artifice, qu'il n'eût pas été peut-être si facile de découvrir. Ainsi raisonnait Susquesus, et il agit en conséquence.

Mais le temps était venu de prendre un parti. Herman Mordaunt, instruit de ce qui se passait, nous consulta sur ce qu'il convenait de faire : fallait-il tirer sur le sauvage audacieux qui était toujours sous le mur, et faire une sortie pour détruire son

ouvrage; ou bien ne valait-il pas mieux laisser l'ennemi mettre
le feu aux matières qu'il avait préparées, avant de nous montrer? Il y avait beaucoup à dire pour et contre. Sans doute le
premier projet était suffisant pour faire avorter la tentative
actuelle; mais, dans toutes les probabilités, une autre serait
faite la nuit suivante; et, en attendant jusqu'au dernier moment,
nous pouvions donner aux Hurons une assez rude leçon pour
qu'ils ne fussent pas tentés de recommencer.

Il y avait un endroit d'où l'on pouvait voir en plein les matériaux préparés; c'était une meurtrière qui n'avait été pratiquée
que la veille dans une partie du second étage qui s'avançait en
saillie, de manière à protéger la partie inférieure du bâtiment.
Je courus m'y placer, surveillant ce qui se passait au-dessous de
moi. La nuit était obscure, mais il n'était pas difficile de distinguer les matières amoncelées qui s'élevaient déjà, sur un assez
grand espace, à plusieurs pieds de hauteur, ni de suivre les
mouvements de l'Indien. Au moment où je venais de me poster
à la meurtrière, l'Indien s'occupait à mettre le feu aux matières
combustibles.

Pendant quelques minutes, Guert et moi, nous l'observâmes
attentivement; car le Huron était obligé de prendre les plus
grandes précautions, de peur qu'une clarté répandue prématurément ne le trahît. Il alluma les pommes de pin qu'il avait placées au centre de l'amas de bois; de sorte que tous les matériaux
étaient en feu avant que la flamme eût commencé à se répandre
au dehors. Nous avions une provision d'eau dans la salle même
d'où nous surveillions tous ses mouvements, et nous pouvions à
notre volonté, éteindre le feu par notre meurtrière, pourvu que
nous n'attendissions pas trop longtemps.

Par suite de notre position, nous n'avions pu jusque-là voir
la figure du Huron. Mais lorsqu'il releva la tête pour observer
l'effet des flammes, qui commençaient à darder de tous côtés
leurs langues fourchues, nous reconnûmes le prisonnier de Jaap,
Musquerusque. Cette vue était plus que ne pouvait supporter la
philosophie de Guert; et passant le canon de son fusil par la
meurtrière, il tira sur lui sans se donner à peine le temps de
viser. Ce fut une sorte de signal, qui mit tout en mouvement;

un long cri retentit dans l'habitation, ainsi qu'au dehors. Je ne pouvais plus voir Musquerusque, mais quelques-uns de nos sentinelles, qui ne l'avaient pas perdu de vue, me dirent ensuite qu'il avait paru étourdi de cette attaque subite, qu'il avait regardé un instant la meurtrière, et que poussant alors de toutes ses forces le cri de guerre, il s'était enfui en bondissant comme un daim chassé tout à coup de son gîte. De tous côtés semblaient sortir de terre des légions de démons qui poussaient des hurlements affreux. Je ne sais si c'était l'effet de leur agilité et de leurs cris infernaux, mais il me semblait que je les comptais par centaines; néanmoins ils ne manifestèrent point l'intention de nous attaquer, mais ils continuèrent à courir autour de nous dans toutes les directions, en poussant leurs clameurs sauvages, lâchant parfois quelques coups de fusil, mais semblant attendre patiemment le moment où les flammes auraient accompli leur œuvre.

Dans des circonstances aussi critiques, Herman Mordaunt montrait un calme admirable. Quant à moi, Anneke occupait toutes mes pensées, et je déplorais de n'avoir qu'une vie à exposer pour elle. Les femmes ne se conduisirent pas moins bien que les hommes, ne faisant pas de bruit, et maîtrisant leur émotion pour ne point troubler leurs parents et leurs amis. Quelques-unes des femmes des colons montrèrent même une sorte de mâle courage qui aurait fait honneur à des guerriers; elles se réunirent dans la cour toutes armées, et cherchèrent tous les moyens de se rendre utiles. Il arrivait souvent que des femmes de cette classe, en chassant les daims, les loups et les sangliers, apprenaient à manier les armes à feu, et rendaient ensuite de grands services dans les attaques dirigées contre leurs maisons. Je remarquai cette nuit-là dans celles qui étaient avec nous un sentiment d'animosité farouche contre leurs ennemis, en qui elles ne voyaient que des misérables qui ne faisaient jamais de distinction de sexe ni d'âge; on eût dit autant de lionnes défendant leurs petits en danger.

Il dut s'écouler de douze à quinze minutes entre le moment où Guert lâcha son coup de fusil et celui où le combat commença réellement. Pendant ce temps le feu faisait des progrès rapides, nos tardifs efforts pour l'éteindre se trouvant complètement inutiles. Mais ce n'était pas pour nous un grave sujet d'appréhension, car la flamme avait pour nous cet avantage qu'elle éclairait au loin la prairie et même le bas des rochers, tandis qu'elle ne s'étendait pas jusqu'à la cour; de sorte que nos ennemis, s'ils tentaient une attaque, ne pouvaient manquer d'être vus, pendant que nous restions dans l'obscurité. Le seul point véritablement vulnérable était, comme je l'ai dit, du côté du rocher, où la cour n'était défendue que par une palissade basse, quoique assez forte. Heureusement l'emplacement de la citadelle avait été choisi de telle sorte que des prairies on ne pouvait faire feu d'aucun côté sur les personnes réunies dans la cour.

Tel était l'état des choses quand la femme de chambre d'Anneke vint me prier d'aller trouver sa maîtresse, si je pouvais quitter mon poste, ne fût-ce que pour une minute. Je n'avais été chargé d'aucune surveillance spéciale; je pouvais donc me rendre sans inconvénient à un désir qui me causait tant de joie. Guert qui était près de moi, et qui entendit ce que me disait la jeune négresse, s'informa s'il n'y avait point aussi de message pour lui; mais, même à cet instant critique, Mary Wallace lui tenait rigueur. Dans la soirée elle avait montré plus de tendresse et d'abandon que précédemment; mais on eût dit, en même temps, qu'elle se défiait d'elle-même, et il avait été impossible de lui arracher ce qui eût pu être regardé comme un encouragement direct.

Anneke m'attendait dans le petit salon où la veille nous avions eu une si douce explication. Elle était seule, pâle comme la mort, au moment où j'entrai, sans doute parce qu'elle pensait à la lutte qui allait s'engager, et dont elle envisageait les terribles conséquences. Ses joues se couvrirent d'une rougeur soudaine au souvenir de ce qui s'était passé si récemment entre nous. Elle eut pourtant la force de me parler la première.

— Corny, me dit-elle en mettant la main sur son cœur, comme pour en arrêter les battements, je vous ai fait appeler parce que je sentais le besoin de vous parler une dernière fois. J'espère que ce n'est point mal.

— Et pouvez-vous jamais mal faire, ma bien-aimée? répondis-je en la pressant tendrement sur mon cœur. Ne soyez pas agitée à ce point. Vous vous exagérez le danger, que nous sommes loin de regarder comme si terrible. Guert, Dirck et moi, nous nous sommes trouvés dans des positions bien plus critiques.

La chère enfant ne chercha pas à se soustraire à ma douce étreinte, et laissant tomber sa tête sur mon épaule, elle fondit en larmes. Le soulagement qu'elle en éprouva lui permit bientôt de relever la tête, et me regardant en face avec toute la confiance de l'affection :

— Je ne dois pas vous laisser prendre part à cette lutte terrible, Corny, me dit-elle, sans un mot, sans un regard, qui vous peignent toute l'ardeur de mes sentiments. Mon bon père sait tout! Vous n'ignorez pas qu'il désirait M. Bulstrode pour gendre; mais il vient de me dire que jamais il n'avait eu l'intention de contrarier mes inclinations ; et, en me quittant à l'instant, après m'avoir donné sa bénédiction, il a ajouté que mon choix était le sien, et il m'a autorisée à vous l'annoncer en son nom. Dieu seul sait si nous nous reverrons jamais, mon ami; mais en tout cas j'ai pensé que ce serait pour vous une consolation de savoir que désormais nous ne formerions qu'une seule famille.

— Nos parents n'ont pas d'autres enfants que nous, Anneke, et ils partageront notre bonheur.

— Oui, j'ai déjà pensé avec ravissement que j'aurais une mère à présent, bonheur que j'ai à peine connu!

— Et une mère qui vous chérira tendrement, comme je le lui ai entendu répéter mainte et mainte fois.

— Merci, Corny, merci et pour elle et pour vous. Mais retournez auprès de vos amis; je crains que ce plaisir égoïste que j'ai voulu me donner ne cause quelque retard. Allez! je prierai Dieu pour vous.

— Encore un mot, un seul pour ce pauvre Guert! Vous ne sauriez croire à quel point il est triste de ce que j'ai été appelé seul dans un pareil moment.

— Que voulez-vous? dit Anneke d'un air de regret. Mary Wallace a une haute idée des convenances, et rien ne saurait la faire se départir des principes qu'elle s'est une fois posés.

— Je vous comprends, Anneke; mais Guert a tant de noblesse dans le caractère, il reconnaît ses défauts avec tant de bonne foi! Il est impossible d'aimer plus tendrement qu'il ne le fait. Il adore dans Mary Wallace jusqu'à cette prudence excessive qui le fait tant souffrir.

— Il faut bien prendre Mary comme elle est, dit Anneke en souriant tristement, et d'un ton qui semblait dire qu'à sa place elle ne serait pas si cruelle. Peut-être sommes-nous à la veille de voir cesser son indécision, car ces derniers événements sont loin d'avoir nui à M. Ten Eyck; et ce sont d'excellents avocats qui plaident en sa faveur. Mais il faut se rappeler que Mary est orpheline, et que, dans sa position, elle ne saurait montrer trop de réserve. Mais partez, Corny, partez; on doit s'alarmer de votre absence.

La chère fille me quitta précipitamment, mais non sans donner un nouveau cours à son émotion. Je la serrai dans mes bras; ce n'était pas le temps d'affecter une froideur de convention; et je ne crois pas qu'Anneke ni moi nous en ayons été moins heureux, pour avoir échangé ces preuves mutuelles de notre attachement.

Au moment où j'entrais dans la cour, j'entendis un hurlement qui partait du dehors et que je reconnus pour le cri de guerre des Hurons au moment où ils commencent une attaque. Un feu roulant succéda aussitôt, et l'action s'engagea vivement des deux côtés. Si nous avions le désavantage du nombre, nous étions du moins favorisés par cette circonstance, que, tandis qu'une partie des bâtiments était éclairée par l'incendie, la cour restait toujours dans l'obscurité. C'est à peine si nous pouvions nous voir les uns les autres.

En approchant de la palissade, à travers laquelle nos gens entretenaient un feu bien nourri sur les démons féroces qui bondissaient dans la prairie, j'appris de la bouche même d'Herman Mordaunt, qui, dès qu'il m'aperçut, vint me serrer affectueusement la main, qu'un détachement considérable de Hurons était rassemblé sous le rocher, et que Guert avait entrepris de les déloger. Il avait emmené avec lui Dirck, Jaap, et trois ou quatre des hommes les plus résolus, du nombre desquels étaient nos deux Indiens. Le moyen qu'il prit était plein d'audace, et tout à fait conforme au caractère du chef de l'entreprise. Comme le succès était pour nous d'une haute importance, je suis obligé d'entrer dans quelques détails pour le faire comprendre.

La façade de la maison s'étendait du nord au sud, et regardait l'occident. Le feu avait été allumé à l'extrémité du roc, et à l'angle nord-est du bâtiment. De cette manière deux côtés de l'habitation étaient éclairés, ceux du nord et de l'est, tandis que les deux autres restaient dans une obscurité complète. Comme la porte s'ouvrait à l'ouest, ce n'était pas une tentative si désespérée de chercher à doubler l'angle sud-ouest de la maison, de manière à gagner le bord du rocher, d'où il serait facile d'effectuer une décharge sur ces sauvages qui s'établissaient sans doute immédiatement sous notre palissade dans l'intention de saisir un moment favorable pour l'escalader. Telle était la nature de l'expédition pour laquelle Herman Mordaunt m'apprit que ses amis étaient partis.

— Qui garde la porte pendant ce temps? demandai-je presque machinalement.

— M. Worden et votre ancienne connaissance M. Newcome. Ils sont armés l'un et l'autre; car un ministre sait payer de sa personne au besoin, et je vous assure que M. Worden a montré beaucoup de courage dans toute cette affaire.

Je ne répondis rien, et voyant que ma présence était inutile dans la cour, je courus à la porte. J'avais des inquiétudes sur la tentative de Guert, et aussi sur les progrès du feu.

Je fus bientôt auprès des deux gardiens. Leur consigne était de se tenir prêts à barricader la porte ou à l'ouvrir, au moindre signal, selon qu'il se présenterait des amis ou des ennemis. Ils semblaient comprendre toute l'importance du poste qui leur était confié, et je les priai de me laisser sortir. Je voulais avant tout examiner l'état de l'incendie; car je trouvais qu'on avait négligé trop longtemps de l'éteindre, et qu'il pouvait finir par se propager d'une manière inquiétante. Dès que je fus dehors, je me glissai le long du mur jusqu'à l'angle nord-ouest, d'où seulement je pouvais découvrir l'amas de bois qui brûlait.

Le reflet éblouissant que l'incendie jetait sur la plaine ajoutait à ma sécurité par le contraste, quoique, à un autre point de vue, il fût loin d'être rassurant. Les troncs d'arbres, disséminés dans la prairie, qui pour la plupart avaient éprouvé l'action du feu lors du défrichement, et qui étaient absolument noirs, semblaient danser à cette clarté vacillante, et deux fois je m'arrêtai pour faire face à des Hurons imaginaires, avant d'atteindre le coin de la maison. Enfin j'arrivai à l'endroit que j'avais en vue, et je dominai le foyer de l'incendie. Non-seulement les bois accumulés étaient tout en feu, mais une longue traînée de flamme s'attachait aux bûches de clôture, nous menaçant d'une conflagration générale. Le danger aurait été plus grand encore, sans une pluie d'orage, venant du nord, qui était tombée quelques heures auparavant, et qui avait inondé toute cette partie du bâtiment. Cet orage avait éclaté après que Musquerusque avait commencé son travail, autrement il aurait sans doute transporté d'un autre côté le théâtre de ses opérations. La profonde obscurité qui en était résultée, lui avait été favorable, et il avait dû travailler tout le temps que l'orage avait duré.

J'étais de retour à la porte en moins de deux minutes. Ce court instant avait suffi pour l'examen que je voulais faire. Je priai Jason d'entrer dans la cour, et de prévenir Herman Mordaunt qu'il n'y avait pas un moment à perdre pour éteindre l'incendie. Le danger de ce côté était plus grand peut-être que celui qu'on pouvait craindre d'une attaque de la palissade. Il nous quitta, en promettant de faire diligence, et je portai mes regards dans la direction où devait être Guert avec sa petite troupe. Jusqu'alors on n'avait rien entendu. Ce silence même était un motif d'inquiétude, bien qu'il fût difficile de supposer qu'il eût rencontré des ennemis, puisque le bruit de la lutte fût du moins parvenu jusqu'à nous. Quelques coups de fusil, tirés par-ci par-là, tous à l'ouest du bâtiment, et le pétillement du bois enflammé, rompaient seuls par intervalles le calme morne de la nature à cet instant solennel.

En me dirigeant vers l'angle sud-ouest de l'édifice, je ne fus pas moins heureux que dans ma première excursion. On eût dit que de ce côté les sauvages avaient complétement abandonné la place. Quand je pris position au coin du bâtiment, toute la façade du midi était dans l'obscurité, quoique au-dessus une faible lueur éclairât les flancs escarpés du rocher. Mon regard plongea le long des murs en bois jusqu'à cette traînée de lumière, mais je ne pus apercevoir aucune trace de mes amis. Je commençai à craindre que l'audacieux Albanien ne fût tombé dans quelque embuscade. Pendant que je faisais des efforts inouïs pour percer les ténèbres et découvrir le moindre objet, je me sentis toucher légèrement le coude, et je vis un sauvage à demi-nu, dans son costume de guerre, mais sans pouvoir distinguer ses traits. Je mettais la main sur mon couteau de chasse, quand la voix de Sans-Traces m'arrêta.

— Il a tort! dit l'Onondago avec emphase; il a la tête trop jeune — le cœur est bon — la main est bonne — la tête est mauvaise. Il y a trop de feu là-bas. — Ici il fait sombre — Cela vaut beaucoup mieux.

Cette critique caractéristique de la conduite du pauvre Guert servit à m'expliquer toute l'affaire. Guert s'était placé dans une position que Susquesus avait jugé prudent de quitter. Il s'était avancé jusqu'au bord du rocher, où il était exposé à la lueur de l'incendie, et où il courait nécessairement risque d'être vu. Cependant je ne l'apercevais nulle part, et je m'apprêtais à me diriger de ce côté, quand Sans-Traces me toucha de nouveau le bras, en me disant : Là!

C'était bien lui! il était parvenu à atteindre avec sa petite troupe une saillie du roc, où ils étaient dans une position admirable pour faire feu sur ceux des ennemis qui tenteraient d'escalader la palissade, mais où ils se trouvaient à une distance dangereuse de l'habitation. Je reconnaissais bien là le caractère aventureux de Guert, et, tout en déplorant son imprudence, j'admirais son audace. Je n'avais ni le temps de le rejoindre, ni la possibilité de l'avertir du danger qu'il courait, et dont nous pouvions apprécier l'étendue, de l'endroit où nous étions, beaucoup mieux qu'il ne pouvait le faire lui-même. Lui et ses compagnons se dessinaient tous en relief sur ce fond lumineux. Chacun apprêtait ses armes et se disposait pour une décharge générale. Guert était le plus près du bord, presque suspendu sur l'abîme; Dirck était à côté de lui; Jaap, derrière Dirck; le Sauteur, tout contre Jaap; et les quatre colons, hommes braves et résolus, derrière le Sauteur.

Je retins mon haleine dans l'angoisse de l'attente, en voyant ainsi Guert et ses compagnons sortir en quelque sorte de terre, et se montrer tout à coup dans le rayon éclairé par l'incendie. Que m'eût-il servi de crier pour les mettre sur leurs gardes? Guert avait pris son parti, et il se mettait à l'œuvre avec sa promptitude ordinaire. Presque à la même minute, en effet, la petite troupe faisait feu en même temps avec tant de précision qu'on n'entendit qu'une seule détonation. Un instant de silence solennel suivit; puis une décharge partit de derrière les troncs d'arbres à peu de distance de l'endroit où nous étions, et nos amis, ou du moins ceux d'entre eux qui le purent, se précipitèrent du côté de la porte. Je vis moi-même tomber deux des colons et le Sauteur. Celui-ci fut enlevé littéralement en l'air, et précipité en bas du rocher. Mais Guert, Dirck, Jaap et les deux autres colons, s'étaient éloignés. Ce fut à ce moment que mes oreilles furent assaillies de cris tels que je n'aurais jamais cru que des poumons humains pussent en pousser; et tous les environs de notre côté semblaient couverts de sauvages. Pour ajouter à l'horreur de cette scène, c'était le moment où l'on versait à grands flots sur les flammes l'eau qu'Herman Mordaunt avait eu la précaution de faire monter d'avance, et toute clarté disparut comme par enchantement. Sans cette coïncidence providentielle, il est probable qu'aucun de nos compagnons n'eût réussi à s'échapper. Les coups de fusil continuaient à se succéder, mais sans qu'il fût possible de viser d'une manière certaine.

Le combat était alors devenu une mêlée. Les sauvages sautaient par-dessus la palissade en poussant de grands cris, et se jetaient dans l'obscurité au travers de leurs ennemis avec lesquels ils échangeaient des coups terribles. On entendait, au-dessus du tumulte et des hurlements sauvages, la voix mâle et claire de Guert qui exhortait ses compagnons à fendre courageusement la presse, et à se frayer un passage de vive force. Sans-Traces et moi nous déchargeâmes nos carabines sur les Hurons qui étaient le plus près de nous, et certes chaque coup fut mortel; mais cela ne suffisait pas. Me tenir à l'écart et voir mes amis accablés par le nombre, c'est ce qui m'était impossible, et je fondis avec Susquesus sur l'arrière-garde ennemie. Cette attaque produisit l'effet d'une sortie; un passage s'ouvrit par lequel Dirck et les deux colons se précipitèrent et vinrent se joindre à nous. Aussitôt après, nous commençâmes à rétrograder tous pas à pas, de notre mieux. Je ne sais néanmoins si nous aurions réussi à atteindre la porte, si Herman Mordaunt ne s'était avancé à la tête d'une demi-douzaine de ses colons. Nous fîmes une décharge générale, et c'en fut assez pour faire disparaître nos ennemis. Nous entrâmes tous ensemble, et la porte fut aussitôt refermée et barricadée avec soin.

Le changement le plus complet s'était opéré dans l'aspect des choses. Le feu était éteint, et une profonde obscurité avait succédé à la clarté rougeâtre des flammes. Les cris, les hurlements, les acclamations, car nos gens avaient souvent répondu ainsi aux provocations de leurs ennemis, avaient cessé. Partout régnait le silence du tombeau. Nos blessés mêmes auraient rougi de faire entendre un gémissement; et les quatre qui furent transportés dans la maison y entrèrent résignés et tranquilles. Il n'y avait plus à craindre la présence d'ennemis en deçà des palissades, car une traînée de lumière qui commençait à se montrer à l'orient au-dessus de la forêt, annonçait le lever du soleil, et il est rare que les Indiens hasardent une attaque en plein jour. En un mot, la nuit du moins était passée, et nous étions encore protégés par la Providence.

Herman Mordaunt s'occupa alors de reconnaître sa situation exacte, les pertes qu'il avait essuyées, et, autant que possible, celles qu'il avait fait souffrir aux ennemis. Guert fut appelé pour fournir des renseignements; mais Guert n'avait point reparu! Jaap aussi était absent. Le jour arriva lentement pendant que nous étions livrés à une anxiété cruelle; mais il ne nous apporta aucun sujet de consolation. Nous nous hasardâmes bientôt à rouvrir les portes, convaincus qu'aucun Indien n'était resté près de l'habitation; et, après avoir examiné avec soin tous les endroits où il eût été possible de se cacher, nous sortîmes de la cour avec assurance pour aller chercher les corps de nos amis. Pas un cadavre indien ne fut trouvé, à l'exception de celui du Sauteur. Il était étendu au pied du rocher, et il avait été scalpé, ainsi que les deux colons, couchés sur le sommet. Dirck était pourtant certain qu'il n'avait pu périr moins de six à sept Hurons; mais les corps avaient été enlevés. Pour Guert et pour

Jaap, il ne restait d'eux aucune trace, qu'ils fussent morts ou vivants.

CHAPITRE XXIX.

> Elle regardait chaque figure d'un air hagard, chaque objet sans y faire attention ; elle voyait qu'on l'entourait, sans savoir pourquoi. On eût dit qu'elle parlait, et elle ne parlait pas ; pas un soupir ne la soulageait. Qu'on essayât de se taire ou de lui adresser la parole, elle restait immobile — elle respirait ; c'etait le seul signe qu'elle eût quitté le tombeau.
>
> BYRON.

Ce fut un moment des plus pénibles pour moi que celui où Herman Mordaunt, une heure après notre retour, me fit prévenir qu'il m'attendait avec Anneke et Mary Wallace. Un éclair de joie brilla dans les yeux d'Anneke en me revoyant sain et sauf, mais il disparut vite pour faire place à la plus tendre sympathie pour les angoisses de son amie. Cette pauvre Mary semblait atterrée, et ses joues étaient couvertes d'une pâleur mortelle. Anneke fut la première à parler.

—Dieu soit loué que cette terrible nuit soit passée, et que vous et mon père vous ayez été épargnés ! dit la chère enfant en serrant avec ardeur la main que je lui avais présentée. Pourquoi faut-il que tous nos amis ne soient pas revenus !

— Dites-moi sur-le-champ la vérité, monsieur Littlepage, ajouta Mary Wallace, je puis tout supporter plutôt que l'incertitude. M. Mordaunt dit que vous connaissez les faits mieux que personne et que vous allez me les raconter. Parlez-moi franchement, dût mon cœur se briser en vous écoutant : a-t-il été tué ?

— Oh ! non, je l'espère de toute mon âme ; mais je crains bien qu'il ne soit prisonnier.

— Merci ! oh ! mille fois merci de cette assurance ! que vous êtes bon, monsieur Littlepage ! Mais, dites-moi, ne vont-ils pas lui faire subir d'affreuses tortures ? Est-ce que les Hurons torturent

SATANSTOË.

leurs prisonniers? Ne me cachez rien, Corny; vous ne sauriez croire à quel point je suis maîtresse de moi. Oh! ne me cachez rien!

Pauvre fille! au moment où elle se vantait de son courage, elle tremblait de tous ses membres, et il y avait dans son sourire quelque chose de hagard qui était véritablement effrayant. Cette passion comprimée, qui avait si longtemps lutté contre la prudence, éclatait enfin. Je savais qu'elle aimait Guert; depuis quelques mois surtout je n'avais pu conserver de doute à cet égard; mais le contraste entre la réserve si grande qu'elle avait toujours montrée et cette explosion soudaine d'une douleur si intense et si vraie m'arracha le cœur. Je me hâtai de la faire asseoir, ne sachant que lui dire pour la consoler. Pendant ce temps ses yeux restaient fixement attachés sur les miens, comme si elle eût cherché, à l'aide de la vue seule, à découvrir la vérité. Que ce regard était inquiet, avide, et en même temps suppliant!

— Sera-t-il torturé? murmura-t-elle enfin à mon oreille, d'une voix entrecoupée.

— A Dieu ne plaise! m'écriai-je. Ils ont fait aussi prisonnier Jaap, mon esclave, et, s'ils infligent quelque supplice, il est plus que probable que c'est lui qui sera victime plutôt que M. Ten Eyck...

— M. Ten Eyck! pourquoi l'appeler ainsi? Vous l'appeliez toujours Guert depuis quelque temps. Vous êtes son ami; ce n'est pas vous qui lui seriez moins attaché parce qu'il est malheureux.

— De grâce, calmez-vous, ma chère miss Wallace; jamais mon attachement pour Guert ne subira d'altération.

— C'est ce que j'aimais à croire; et combien l'amitié d'un homme tel que Corny Littlepage, qui a reçu de l'éducation, est un témoignage précieux en faveur des sentiments de Guert! Aussi ai-je écrit à ma tante. Il ne faut pas se hâter de porter un jugement; toute cette fougue de jeunesse passera, et nous verrons alors se développer de brillantes qualités. N'est-il pas vrai, Anneke?

Anneke se jeta à genoux auprès de son amie, la serra dans ses bras, pencha sur son sein cette pauvre tête en feu, et l'y tint quelque temps avec une tendre affection. Enfin Mary Wallace fondit en larmes, et ce fut sans doute ce qui sauva sa raison. Elle devint plus calme, et se concentrant en elle-même, comme elle le faisait souvent, elle me laissa continuer avec Anneke ce pénible entretien.

Après avoir successivement passé en revue toutes les chances et les probabilités, je proposai à mes compagnes de ne pas perdre un moment, mais d'aviser aux mesures à prendre pour découvrir ce que Guert pouvait être devenu, et pour le secourir.

— Vous ne voudriez pas me tromper, Corny, me dit tout bas Mary Wallace en me serrant la main au moment où je me retirais ; je sais que je puis me fier à vous, car il se fait gloire d'être votre ami.

Anneke appuya cette prière par un triste sourire, et je les quittai pour aller rejoindre Herman Mordaunt, qui causait dans la cour avec Susquesus.

— Je consultais Sans-Traces à ce sujet, me dit M. Mordaunt, dès que je lui eus expliqué le motif qui m'amenait, et j'attends sa réponse. — Pensez-vous donc, Susquesus, qu'on puisse sans danger envoyer un messager aux Hurons pour avoir des nouvelles de nos compagnons et pour traiter avec eux ?

— Quel danger ? et pourquoi pas envoyer ? répondit l'Indien. L'Homme Rouge reçoit bien les messagers. Ils viennent quand ils veulent, ils s'en vont quand ils veulent. — Comment pourrait-il conclure un marché, s'il scalpait les messagers ?

J'avais entendu dire que les tribus les plus sauvages respectaient les messagers, et cela se conçoit d'autant mieux qu'il y a pour elles intérêt à le faire. Sans doute ils pouvaient être plus exposés en pareil cas que s'il s'agissait d'entrer dans le camp d'une armée civilisée ; mais les Indiens du Canada servaient depuis longtemps avec les Français, et leurs chefs avaient dû puiser dans ces relations quelques notions des usages de la guerre. Sans donc me donner même le temps de la réflexion, et sous l'impulsion de l'intérêt que m'inspirait le sort de mon ami et celui de Jaap, à qui j'étais sincèrement attaché, je m'offris pour cette mission. Herman Mordaunt secoua la tête et montra de la répugnance à accepter.

— Anneke me pardonnerait à peine d'y consentir, me dit-il. Vous ne devez pas oublier maintenant, Corny, que vous ne vous appartenez plus ; qu'un cœur tendre et sensible ne vit plus qu'en vous, et que par conséquent il ne vous est plus permis d'agir en jeune écervelé. Il vaudrait infiniment mieux envoyer cet Onondago, s'il y consent. Il connait les Hommes Rouges, et il sera beaucoup plus à même qu'aucun de nous d'apprécier la situation. — Qu'en dites-vous, Susquesus? Voulez-vous être notre messager auprès des Hurons?

— Pourquoi pas, si c'est nécessaire? Il est bon quelquefois d'être messager. Où est le wampun? que faut-il dire?

En un moment Susquesus fut prêt à partir. Il déposa ses armes, effaça toute trace de peinture de guerre sur son visage, mit sur ses épaules une chemise de calicot et prit tous les dehors d'un messager de paix. Nous lui remimes en main un petit drapeau blanc, certains que les chefs Hurons en comprendraient la signification, et jugeant convenable que celui qui était porteur d'un message des Visages Pâles l'annonçât par les symboles en usage chez eux. Susquesus néanmoins prit aussi un peu de wampun, ce qui lui inspirait sans doute au moins autant de confiance. Il partit donc, chargé d'offrir aux Hurons une forte rançon, s'ils consentaient à remettre en liberté Guert et Jaap sans leur faire aucun mal.

Nous n'avions pas le moindre doute que l'ennemi ne fût resté caché dans le ravin ; c'était, à tous égards, le point le plus favorable pour les opérations du siége, puisqu'il offrait un abri excellent, de l'eau, du bois, et qu'il était à proximité de Ravensnest, ce qui permettait de surveiller tous les mouvements des habitants et de profiter des occasions favorables. C'était donc là que Susquesus devait se rendre, quoique nous n'eussions pas cru devoir gêner par des instructions trop précises un envoyé aussi intelligent. Nous l'accompagnâmes jusqu'à la porte, et nous le vîmes traverser la prairie dans la direction du bois, du pas allongé qui lui était ordinaire; un oiseau aurait pu à peine voler plus droit au but.

La demi-heure qui suivit fut un moment de douloureuse attente. M. Worden, Jason, Dirck et une demi-douzaine de colons nous avaient rejoints, et nous attendions tous en dehors le résultat de la mission. Enfin l'Onondago reparut, et, à notre grande joie, il était suivi d'un détachement d'Indiens, au milieu desquels étaient les deux prisonniers; ils étaient garrottés, mais ils pouvaient marcher. Les Indiens, au nombre de douze, étaient tous armés. Ils débouchèrent lentement du ravin, et gravirent la prairie, qui s'étendait jusqu'à l'habitation; puis, quand ils furent à quatre cents pas de nous, ils s'arrêtèrent. Voyant ce mouvement, nous nous avançâmes en nombre rigoureusement égal, et nous fîmes halte à deux cents pas des Indiens; là, nous attendîmes notre messager, qui continua à se diriger vers nous. Jusque-là tout semblait favorable.

— Nous apportez-vous de bonnes nouvelles? demanda vivement Herman Mordaunt; nos amis sont-ils sains et saufs?

— Ils ont la chevelure intacte; on s'est jeté sur eux, deux, six, dix; on les a pris alors. Ouvrez les yeux, vous verrez.

— Et les Hurons semblent-ils disposés à accepter la rançon? Du rhum, des carabines, de la poudre, des couvertures, vous avez tout offert, n'est-ce pas, Susquesus?

— Tout; rien n'a été oublié, mais c'est mauvais. Ils disent que tout cela va leur appartenir, et plus encore.

— Et cependant ils sont venus pour traiter avec nous? Que nous conseillez-vous de faire, Susquesus?

— Déposez vos carabines, approchez-vous et parlez. Allez, vous, — que le prêtre aille, — le jeune chef aussi, cela fera trois; — alors trois guerriers déposeront leurs carabines et viendront parler aussi. Les prisonniers attendent, — c'est bon.

Ce langage était assez clair; et, convaincus que tout ce qui ressemblerait à de l'hésitation pourrait empirer la situation de Guert, nous exécutâmes à la lettre ce qui nous était commandé. Le révérend M. Worden n'y allait pas de grand cœur; mais quand il vit Herman Mordaunt s'avancer résolument, il n'osa pas rester en arrière. Nous fûmes rencontrés à moitié chemin par un nombre égal de Hurons, parmi lesquels était l'ami de Jaap, Musquerusque, qui était évidemment le chef de la troupe. Guert et Jaap, toujours garrottés, furent gardés cent pas en arrière, mais de manière à pouvoir entendre, si l'on élevait la voix. Guert n'avait que sa chemise et son pantalon ; sa tête était découverte, et ses beaux cheveux bouclés flottaient au gré du vent. Je crus remarquer sur sa chemise quelques traces de sang ; ce pouvait être le sien, comme celui de quelque ennemi. Je l'appelai donc pour lui demander comment il se trouvait, et s'il était blessé.

— Une misère, Corny, rien qui vaille, me dit-il d'un air dégagé ; ces messieurs les Peaux Rouges m'ont attaché à un arbre, et ils ont voulu montrer avec quelle grâce ils savent faire tourner leurs tomahawks sans jamais vous atteindre. C'est un de leurs amusements favoris, et, pendant le jeu, j'ai reçu une ou deux égratignures. J'espère que nos dames sont en bonnes dispositions, et qu'elles ne se laissent pas abattre par les événements de la nuit dernière?

— J'ai d'excellentes nouvelles pour vous, mon cher Guert. — Susquesus, demandez à ces chefs s'ils me permettraient de m'approcher un instant de mon ami pour lui dire un mot de consolation ; je promets sur l'honneur qu'aucune tentative ne sera faite pour le délivrer tant que je serai avec lui.

Je m'étais exprimé avec chaleur, et l'Onondago traduisit mes paroles dans le langage des Hurons. En faisant cette demande assez hardie, j'avais cédé à un mouvement irrésistible, et je fus aussi charmé que surpris de me la voir accorder ; ces sauvages se fièrent à ma parole avec un sentiment élevé de délicatesse qui eût fait honneur à des chefs civilisés, ne paraissant surveiller en rien mes démarches, bien que je dusse passer derrière eux. Il était trop tard pour hésiter, si j'avais été tenté de le faire, et, laissant Herman Mordaunt s'efforcer de conclure un marché avec Musquerusque et ses deux compagnons, je me dirigeai hardiment vers les Indiens armés qui gardaient Guert et Jaap. Il me parut que mon approche causait quelque sensation parmi ces sauvages, et quelques paroles furent échangées rapidement entre eux et leurs chefs. Ceux-ci ne dirent qu'un mot ou deux, mais ils furent prononcés d'un ton d'autorité et avec des gestes expressifs ; aussi ne fus-je pas inquiété pendant la courte entrevue que j'eus avec mon ami.

— Merci mille fois de cette marque d'amitié, mon bon Corny !

s'écria Guert avec émotion en me serrant vivement la main ; il faut bien du dévouement et du courage pour venir se hasarder dans cet antre de lions. Ne restez qu'un moment, je vous en conjure, de peur qu'il ne vous arrive quelque malheur ; cette poignée de main est inappréciable pour un homme dans ma position ; mais songez à Anneke. Ah ! Corny, mon cher ami, je serais heureux, même ici, si je pouvais penser que Mary Wallace éprouve quelque pitié pour moi !

— Soyez donc heureux, Guert ; je n'avais d'autre but en venant auprès de vous que de vous dire que vous aviez tout à espérer. Que dis-je, espérer ? Ce sont des assurances positives que je puis vous donner ; vous n'avez plus à craindre ni froideur, ni hésitation, ni remises, quand vous nous serez rendu.

— Littlepage, vous ne voudriez pas vous jouer de la sensibilité d'un pauvre captif qui est suspendu entre la torture et la mort? Je puis à peine en croire mes sens, et cependant vous ne voudriez pas me tromper.

— Croyez ce que je vous dis ; figurez-vous l'attachement le plus tendre, le plus dévoué, et vous resterez encore au-dessous de la réalité. Si je vous quitte à présent, c'est pour aller seconder les efforts d'Herman Mordaunt pour que vous puissiez entendre de vos propres oreilles ce que je suis si heureux de pouvoir vous redire de *sa* part.

Guert ne répondit rien, il était trop affecté ; je lui serrai la main, et nous nous séparâmes, dans la ferme espérance, du moins de mon côté, que notre séparation serait courte. J'ai lieu de croire que l'émotion de Guert alla jusqu'aux larmes ; car, lorsqu'en m'en allant, je lui jetai un dernier regard, je vis qu'il s'était détourné, comme pour éviter les yeux de ceux qui étaient près de lui. Jaap était un peu en arrière, et il épiait mes mouvements avec la vigilance d'un chat. Je crus préférable de ne point lui parler, mais je lui adressai tacitement un signe d'encouragement.

— Ces chefs sont loin d'être dans des dispositions très-amicales, Corny, me dit Herman Mordaunt dès que je l'eus rejoint ; ils m'ont donné à entendre que Jaap ne serait délivré à aucune condition. Ils veulent avoir sa chevelure, me dit Susquesus, à cause de certain traitement qu'il a fait subir à l'un d'eux. Pour me servir de leur langage, c'est un emplâtre dont ils ont besoin pour le dos de ce guerrier; son sort est, à ce qu'il paraîtrait, décidément fixé; et ils ne l'ont amené que pour faire naître chez lui des espérances qui n'en seront que plus cruellement déçues; les barbares ne craignent pas d'en convenir dans leur langage sentencieux. Quant à Guert, ils prétendent qu'il a tué deux de leurs guerriers, et que leurs femmes ne pourront guère être apaisées qu'en voyant aussi sa chevelure. Ils offrent néanmoins de le relâcher à l'une ou l'autre de ces conditions : ou bien nous donnerons en échange deux de ce qu'ils appellent des chefs, ou quatre hommes ordinaires; ou bien, si ces conditions ne nous conviennent pas, deux hommes ordinaires seulement, mais alors nous leur abandonnerons Ravensnest, et nous en sortirons tous avant que le soleil soit au-dessus de nos têtes.

— Et toutes ces conditions sont inacceptables, n'est-ce pas? je ne le sens que trop.

— Assurément. Il s'agirait de ma vie, que je ne consentirais jamais à cet affreux échange. Pour ce qui est de Ravensnest et de tout ce qui s'y trouve, à l'exception de quelques papiers, pour eux sans importance, je le leur abandonnerais volontiers; mais quand je pourrais me fier à la bonne foi des chefs, je sais qu'il ne leur serait pas possible de retenir leurs compagnons; l'affreux massacre au fort William-Henry n'en est une preuve que trop récente. Ils ont déjà ma réponse, et nous allons nous séparer. Peut-être, en nous voyant prendre notre parti, se décideront-ils à se relâcher un peu de leurs conditions.

Musquerusque, qui s'était conduit avec beaucoup de dignité pendant l'entrevue, fit gravement un signe de la main, comme pour prendre congé de nous, et les trois Hurons s'éloignèrent ensemble.

— Il vaut mieux partir aussi, dit Susquesus avec une intention marquée; on peut avoir besoin de carabines. — Les Hurons ne plaisantent pas.

Cet avertissement nous suffit, et, retournant auprès de nos amis, nous reprîmes nos armes. Ce qui suivit, je le sais, en partie comme témoin oculaire, en partie par les récits qui me furent faits. Il paraît que Jaap avait compris, dès le premier moment, que sa position était désespérée. Le souvenir de sa conduite à l'égard de Musquerusque, dont il était devenu plus spécialement le prisonnier, ne lui permettait pas de se faire illusion; aussi toutes ses pensées étaient-elles constamment dirigées sur les moyens d'obtenir sa liberté autrement que par l'effet d'une négociation dont le résultat n'était pour lui que trop prévu. Depuis l'instant où il avait été conduit hors du ravin, il était sans cesse aux aguets, épiant la moindre occasion d'effectuer son projet. Il arriva qu'un des sauvages se trouva placé devant le nègre dans une position qui permit à celui-ci de tirer de sa gaine le couteau du Huron sans être découvert. J'étais alors auprès de la petite troupe, et tous les yeux étaient fixés sur moi. Guert et lui avaient les bras attachés au-dessus du coude derrière le dos; et lorsque Guert se détourna pour donner un libre cours à son émotion, Jaap réussit à couper ses liens. Cela eut lieu pendant que les sauvages m'observaient attentivement au moment où je me retirais. En même temps Jaap passa le couteau à Guert qui lui rendit le même service. Les Indiens n'ayant rien remarqué, les prisonniers attendirent un instant, tenant leurs bras comme s'ils étaient encore garrottés, et regardèrent autour d'eux. L'Indien le plus rapproché de Guert avait deux carabines, la sienne et celle de Musquerusque, toutes deux appuyées négligemment sur son épaule, la crosse reposant à terre. Guert montra ces armes; et, quand les trois chefs étaient sur le point de rejoindre leurs amis, qui guettaient leurs mouvements afin de connaître le résultat, Guert saisit ce sauvage par le bras, et le lui tordit de manière à lui faire pousser un grand cri, puis il saisit une carabine, pendant que Jaap se jetait sur l'autre. Ils firent feu en même temps, et abattirent chacun leur homme; puis ils se précipitèrent sur les autres à grands coups de crosse. Cette attaque audacieuse, quoique désespérée en apparence, était la seule chance de réussite qu'ils pussent avoir; car, s'ils avaient tenté de fuir à l'instant, les balles, envoyées après eux, n'auraient pas manqué de les atteindre.

La première nouvelle de cette tentative nous fut transmise par le bruit des coups de fusil. Alors, non-seulement je vis, mais j'entendis le coup terrible que Jaap déchargea sur la tête de Musquerusque. La tête de la victime et la crosse de la carabine en furent brisées en même temps; mais le nègre, brandissant le reste de l'arme, frappa de tous côtés avec une rage telle qu'il balaya tout devant lui. Cependant Guert ne restait pas oisif. Il se battait pour Mary Wallace aussi bien que pour lui, et, en un clin d'œil, il avait renversé deux autres Indiens. En ce moment Dirck rendit un grand service à nos amis. Il avait sa carabine à la main, et, prenant son temps pour viser juste, il abattit un vigoureux sauvage qui s'apprêtait à saisir Guert par derrière. Ce fut le commencement d'un engagement général; les coups de feu se succédèrent, et les Indiens, qui étaient à l'abri dans le bois, commencèrent à se mettre de la partie. Quant à ceux qui étaient près de Guert et du nègre, intimidés par la violence de notre attaque, ils se retirèrent en bondissant vers leurs amis, laissant leurs prisonniers libres, mais plus exposés aux balles que lorsqu'ils étaient entourés d'ennemis.

Tout se passa avec une effrayante rapidité. Guert saisit l'arme d'un Indien qui était tombé, Jaap en prit une autre, et tous deux se replièrent sur notre petite troupe, comme deux lions aux abois, tandis que les balles sifflaient de tous côtés à leurs oreilles. Nous fîmes feu aussitôt, et nous nous portâmes au-devant d'eux; démarche imprudente, puisque le corps principal des Hurons était à couvert, ce qui rendait la lutte inégale. Mais il n'y avait pas moyen de résister au mouvement électrique qui nous entraîna, en voyant les prouesses de nos deux amis. En nous voyant arriver, Guert poussa une acclamation de joie, et s'écria :

— En avant, Corny, mon *prave !* chargeons-les jusque dans le *pois !* Dans cinq minutes il n'y restera pas une Peau Rouge! en avant, mes amis, en avant tous ensemble!

En avant! en avant! nous mîmes-nous à crier tous ensemble. M. Worden lui-même cria comme les autres, et doubla le pas. Jason aussi se conduisit bravement, et nous courûmes au bois comme autant de limiers affamés. On voyait que le pédagogue combattait pour son moulin. Cependant nous eûmes soin de ne pas tirer, réservant notre feu pour le dernier moment; mais, recevant les balles qui pleuvaient autour de nous, sans nous atteindre, nous nous élançâmes dans le fourré.

Les Hurons, déconcertés, prirent la fuite. Il est rare que la panique se mette parmi ces sauvages, mais plus rare encore qu'ils se rallient sur le champ de bataille. Si une fois ils sont forcés de lâcher pied, et qu'ils soient poursuivis, ils se dispersent pour le moment, et c'est ce qui arriva alors. Une fois dans le ravin, je ne vis point d'ennemis. Guert et Jaap, qui étaient devant nous et que nous n'avions pu rejoindre encore, venaient de faire une décharge sur les derniers sans doute qu'ils avaient aperçus. Un seul coup fut tiré par les Hurons dans cette retraite; cet adieu qu'ils nous adressaient retentit dans le ravin. Quoique envoyé de loin, ce coup eut les résultats les plus funestes. J'aperçus Guert à travers les arbres, et je le vis tomber. En un instant, j'étais à côté de lui.

Quel changement affreux de se voir arraché tout à coup à l'ivresse de la victoire pour se trouver face à face avec la mort! Je vis à l'impression répandue sur les traits de Guert, lorsque je le soulevai dans mes bras, que le coup était fatal. La balle avait traversé le corps, épargnant les os, mais attaquant les organes de la vie. Il n'y a pas à se méprendre à l'altération qui se manifeste immédiatement sur la figure humaine, lorsqu'une blessure est mortelle. La nature semble avertir la victime de son sort.

— Ce coup m'a été fatal, Corny, me dit Guert, et il semble que ce soit le dernier qu'ils comptent tirer. Je suis tenté de souhaiter qu'il n'y ait rien de vrai dans ce que vous m'avez dit de Mary Wallace.

Ce n'était ni le temps ni le lieu de parler d'un pareil sujet, et je ne répondis rien. Dès que Guert était tombé, toute poursuite avait cessé, et nous étions tous rassemblés autour du blessé. Susquesus seul semblait comprendre encore combien il nous importait de savoir ce que faisait l'ennemi; car ce n'était pas lui qui se laissait jamais ébranler par le spectacle de la mort. Et cependant il aimait Guert, comme, du reste, tous ceux qui, ne s'arrêtant pas à l'enveloppe extérieure de son caractère, savaient découvrir tout ce qu'il y avait en lui de sentiments nobles et généreux; il regarda un moment le blessé, gravement, et d'un air d'intérêt; puis, se tournant vers Herman Mordaunt, il lui dit:

— Cela est mauvais, — la chevelure est sauvée, cela est bon du moins. Portez-le dans la maison, — Susquesus suivra la piste et verra ce que deviennent les Indiens.

C'était en effet le meilleur parti à prendre ; on le chargea donc de surveiller l'ennemi pendant que nous nous dirigions vers Ravensnest. Dirck consentit à nous précéder pour faire connaître la fatale nouvelle, et je restai auprès de Guert, qui ne quitta pas ma main de toute la route. Nous formions un bien triste cortége pour des vainqueurs. Aucun de nous n'avait souffert dans cette dernière affaire, le pauvre Guert excepté ; eh bien, trois ou quatre des nôtres seraient restés sur le terrain que nous aurions été moins atterrés. Nous étions familiarisés avec la mort ; c'est une image que le soldat s'habitue si vite à envisager froidement ; mais il est de ces malheurs subits qui font faire un pénible retour sur soi-même, et qui apprennent à ne point oublier à quel point nous dépendons de la Providence. Tel était l'effet que la mort de lord Howe avait produit sur l'armée devant Ticonderoga, et c'était une impression semblable que la blessure de Guert Ten Eyck avait faite sur la petite troupe rassemblée pour défendre les possessions de Ravensnest.

A notre entrée dans la maison, nous trouvâmes la plupart de ceux qui y étaient restés, déjà rassemblés dans la cour, comme on se réunit dans une église pour recevoir un mort. Herman Mordaunt avait donné ordre de préparer sa propre chambre pour le blessé, et nous y portâmes Guert ; il fut placé sur le lit, puis la foule se retira en silence. Je remarquai que Guert jetait autour de lui des regards avides et inquiets, et je lui dis tout bas que j'allais chercher les deux amies. Un sourire et un serrement de main expressif me témoignèrent que j'avais bien compris sa pensée.

Je trouvai Mary Wallace pâle, il est vrai, mais plus calme et plus maîtresse d'elle-même que je ne m'y attendais ; cet instinct des convenances, qui lui était si naturel, lui avait fait sentir la nécessité d'imposer silence à ses sentiments, de peur de redoubler les souffrances du pauvre malade par l'éclat de sa douleur. Pour Anneke, c'était toujours la même personne : douce, résignée, pleine de compassion pour son ami.

Dès qu'elles apprirent le sujet de ma visite, toutes deux s'écrièrent qu'elles étaient prêtes à se rendre auprès de Guert. Comme elles connaissaient le chemin, au lieu de les accompagner, je me dirigeai d'un autre côté afin de ne pas être présent à l'entrevue. Anneke m'a dit depuis que Mary montra un sang-froid admirable, tandis que les transports de reconnaissance de Guert abusèrent sans doute la pauvre fille au point de lui faire espérer un moment que la blessure n'était pas mortelle. Pour moi, je passai une heure à faire une revue générale dans la maison et à l'entour, afin de m'assurer que toutes les mesures de précaution avaient été bien prises. Je retournai alors auprès de Guert, et je rencontrai Herman Mordaunt près de la porte.

— Le peu d'espoir que nous avions est évanoui, me dit-il avec tristesse; le pauvre Ten Eyck a été atteint mortellement, il n'y a plus de doute possible, et il n'a plus que quelques heures à vivre. Oh! que Ravensnest n'a-t-il été pris, pillé, dévasté de fond en comble, et que ce malheur ne fût pas arrivé!

Préparé par ces paroles, je fus moins frappé que je ne l'aurais été autrement du grand changement qui s'était opéré dans les traits de mon ami, depuis que je l'avais quitté. Il était évident qu'il prévoyait le dénouement funeste; néanmoins il était calme, et semblait heureux; il n'était pas assez affaibli pour ne point pouvoir parler encore facilement et d'une manière assez distincte.

Cette expression de bonheur que je croyais remarquer provenait de ce que Mary Wallace lui avait fait l'aveu de son amour; et, à dater de ce moment, il avait dit qu'il mourrait content. Pauvre Guert! De lui-même il n'aurait guère pensé à l'avenir, si plein de mystères et de terreurs; mais Mary Wallace, malgré sa réserve et sa retenue ordinaires, avait eu avec lui plusieurs conversations sérieuses à ce sujet; et Guert, charmé de recevoir des leçons qui passaient par une bouche si chère, l'écoutait toujours avec empressement. Au moment où j'entrai, quelque allusion de ce genre venait d'être faite.

— Sans vous, Mary, je ne vaudrais guère mieux qu'un païen, disait-il en tenant la main de sa bien-aimée, que son regard ne quittait pas un seul instant ; si Dieu a pitié de moi, ce sera grâce à vous !

— Oh ! non, non, Guert, ne parlez pas ainsi, ne pensez pas ainsi ! s'écria Mary Wallace, désolée d'un excès d'attachement poussé à ce point dans un pareil moment ; c'est grâce à la mort et à la médiation de son Fils bien-aimé que nous recevons tous notre pardon ; voilà ce qui peut seul nous sauver, mon cher Guert, et je vous supplie d'y penser sérieusement.

Les idées de Guert parurent un moment confondues ; il ne se rendait pas un compte bien exact de la nature de cette expiation mystérieuse qui échappe à l'intelligence de l'homme abandonnée à elle-même, et qu'il est plus facile de sentir que de comprendre. Mais il se remit bientôt, et sa figure rayonna d'un éclair de joie ; ces mots de « mon cher Guert », dans la bouche de Mary, lui avaient été au cœur, en lui révélant qu'il possédait les affections de la femme qu'il aimait depuis si longtemps presque sans espérance. Guert, plein d'audace et de pétulance dès qu'il s'agissait de quelque folle équipée, avait de lui une opinion plus humble que le chrétien le plus fervent, et il se reconnaissait indigne de l'attachement de Mary, bien qu'il n'eût pas le courage de cesser de l'aimer.

Mary Wallace, une fois livrée aux mouvements de son cœur, mit de côté toute réserve. Pendant toute la matinée, elle resta à genoux, auprès du lit de Guert, comme une mère qui veille son enfant malade. S'il fallait lui donner à boire, c'était elle qui lui présentait la coupe ; s'il semblait avoir la tête trop basse, c'était elle qui s'empressait de relever l'oreiller ; si son front avait besoin d'être essuyé, elle remplissait ce devoir, ne permettant pas que personne intervînt entre elle et le tendre objet de sa sollicitude.

Anneke et moi, nous savions que son plus grand désir était d'amener les pensées du cher malade sur le grand changement qui allait s'opérer. Néanmoins, la tendresse de la femme l'emportait encore même sur l'anxiété de la chrétienne, et elle craignait d'aborder un sujet qui pouvait irriter sa blessure. Enfin, heureusement, pour mettre fin à une angoisse qui n'eût pas tardé à devenir intolérable, Guert fut le premier à ramener la conversation sur ce point, soit que ses pensées l'y portassent naturellement, soit qu'il devinât la sollicitude de son amie.

— Je ne saurais rester longtemps avec vous maintenant, Mary, dit-il; et je voudrais que M. Worden unît ses prières aux vôtres en ma faveur. Corny ira bien le prier de venir me voir.

Je disparus aussitôt, et je ne fus pas dix minutes absent; il ne fallut pas plus de temps à M. Worden pour se préparer, et nous nous rendîmes ensemble à la chambre du malade. Le ministre aimait Guert, et il accomplit cette triste cérémonie avec une ferveur qui la rendit encore plus touchante; elle parut faire beaucoup d'impression sur Guert, qui n'avait jamais réfléchi beaucoup à ces graves questions qui se rattachent à notre existence, à notre origine, à notre avenir; et la manière dont il écouta les prières récitées pour lui était de nature à nous remplir de consolation.

Avec quelle tendre vigilance Mary lui continua ses soins pendant cette triste journée! Elle semblait ne plus connaître la fatigue. Vers le soir, elle vint à nous d'un air presque joyeux, et nous dit tout bas que Guert semblait mieux. Dix minutes ne s'étaient pas écoulées, que, m'approchant du lit, je remarquai qu'il faisait un léger mouvement de la main comme s'il désirait me parler.

— Corny, me dit-il d'une voix éteinte, c'est presque fini; je voudrais voir Mary Wallace encore une fois avant de mourir!

Mary était derrière moi; elle tomba à genoux, et serra son ami dans ses bras. Rien ne fut dit de part ni d'autre; ou, si quelques paroles furent échangées, ce fut une sainte communication qui ne fut entendue que du ciel. Cette jeune femme si timide, si réservée, resta une heure entière dans cette attitude, et ce fut dans ce long et tendre embrassement que Guert rendit le dernier soupir.

Pauvre ami! sans doute il avait ses imperfections; mais les longues années qui se sont écoulées depuis sa mort n'ont nullement affaibli dans mon cœur l'estime que méritait un si noble caractère.

CHAPITRE XXX.

> Que le jour s'écoule lentement! quand nous voudrions que le temps hâtât le pas, il semble le disputer de lenteur à l'écrevisse. Désirons-nous qu'il s'arrête, il court comme s'il avait emprunté les ailes de la pensée.
>
> ALBAMAZAR.

Je ne parlerai point de la douleur que nous fit éprouver la perte de Guert. Tout le monde resta sur pied toute la nuit pour se tenir sur ses gardes; mais ce fut une précaution inutile : aucune alerte n'eut lieu. Une ou deux heures après le lever du jour, Susquesus rentra, et il nous annonça que les ennemis s'étaient retirés du côté de Ticonderoga. Il n'y avait plus rien à craindre de leur part, et les colons ne tardèrent pas à retourner dans leurs habitations, du moins dans celles qui avaient été épargnées. Les autres furent reconstruites successivement, et les coups de hache retentirent de nouveau dans la forêt. Comme Bulstrode ne pouvait pas encore être transporté sans inconvénient, Herman Mordaunt se décida à passer le reste de la saison à Ravensnest. Il n'était pas fâché en même temps d'encourager ses colons par sa présence. Le danger était passé, du moins pour la fin de l'été, et l'on espérait que la Grande-Bretagne, blessée si profondément dans son honneur, ne tarderait pas à prendre sa revanche et à chasser l'ennemi de la province, ce qui ne manqua pas d'arriver.

Il parut convenable de transporter le corps de Guert à Albany, pour qu'il reposât au milieu des siens. Je l'accompagnai avec Dirck et le révérend M. Worden, dont le zèle pour les missions apostoliques était singulièrement refroidi.

— Voyez-vous, Corny, me dit-il pendant que nous marchions derrière la litière qui portait les restes du pauvre Guert, c'est une tentative prématurée que de vouloir introduire le christianisme sur cette frontière. La religion chrétienne demande un certain degré de civilisation. Vous me direz que les premiers apôtres n'étaient pas des hommes instruits, suivant le monde; mais ils étaient civilisés. La Palestine était un pays civilisé, et les Hébreux étaient un grand peuple. Je regarde l'exemple donné par notre divin Sauveur comme un commandement qui doit être suivi en tout temps; et, en paraissant dans la Judée, il disait par cela seul à ses apôtres : allez et prèchez mon Évangile à toutes les nations *civilisées.*

Je me hasardai à lui faire la remarque que le précepte de la Bible ne portait aucune restriction.

— Il est vrai, mais le sens n'en est pas moins clair, et tel que je vous l'explique, répondit M. Worden. Et puis c'était avant la découverte de l'Amérique, et il est assez présumable que le commandement ne s'appliquait qu'aux nations alors connues. Il ne faut pas violenter les textes de l'Écriture, Corny; il faut au contraire les interpréter naturellement, et telle me semble être, après mûre réflexion, l'explication naturelle de ce passage. Je le sens, je me suis laissé emporter par un zèle exagéré; et, à l'avenir, je concentrerai mes efforts dans la sphère qui m'est assignée. Allez donc parler raison à des Indiens qui ont toujours le tomahawk à la main pour vous prendre votre chevelure! Non, non, je crains fort qu'il ne soit impossible de les sauver. Il est bon d'avoir des sociétés charitables qui s'occupent d'eux, mais de loin; ce ne sont pas des messieurs qu'il soit, en aucune façon, agréable d'approcher.

Avant de faire connaître comment avait abouti la mission de M. Worden, j'aurais dû dire un mot de la manière dont je me séparai d'Anneke. Je ne la vis pas beaucoup en particulier dans les derniers moments; car elle restait presque constamment enfermée avec Mary qui, sous l'apparence de la résignation, cachait une douleur profonde et durable. Jamais je n'aurais soupçonné à quel point elle aimait le jeune Albanien, cet étourdi sans éducation, qui, de son côté, lui avait toujours porté un si tendre attachement.

Anneke ne montra aucune réserve vis-à-vis de moi, bien qu'il lui en coûtât de parler de nos amours, lorsque Mary était si cruellement éprouvée dans ses affections; et elle ne me laissa point partir sans la douce assurance que j'emportais son cœur tout entier et sans partage. Jamais elle n'avait aimé Bulstrode ; elle ne se lassait pas de me le répéter. Pauvre Bulstrode ! sûr de mon bonheur, il m'était facile d'être généreux à son égard, et je lui reconnaissais une foule de bonnes qualités qui ne m'avaient pas frappé auparavant. Herman Mordaunt avait demandé qu'on ne dît rien au major ; il se réservait de lui apprendre lui-même prochainement le choix d'Anneke. C'était en effet le procédé le plus convenable.

— Vous savez, Littlepage, à quel point j'avais toujours désiré d'avoir pour gendre M. Bulstrode, me dit-il dans notre dernière entrevue, et vous ne vous en étonnerez pas, si vous réfléchissez que ce projet était arrêté dans mon esprit avant même que je vous connusse ; mais si j'avais quelque préférence pour le major, il paraît que ma fille en avait une bien plus forte encore pour une autre personne, et vous voyez que le père n'est pas un tyran inexorable, puisqu'il a cédé de bonne grâce.

— Croyez, monsieur Mordaunt, que j'apprécie vivement tout ce qu'il y a de généreux et de délicat dans votre conduite. Si je n'ai ni le rang ni la fortune de M. Bulstrode, ce que je puis du moins assurer, c'est que personne n'aime votre fille aussi tendrement que moi, personne ne désire autant de la rendre heureuse.

— J'en suis convaincu, mon ami. Ma fille et vous vous aurez pour le moment une fortune suffisante ; et vos enfants trouveront un jour, je l'espère, une source de revenus abondants dans les domaines de Ravensnest et de Mooseridge. Partez donc tranquille, mon cher enfant ; écrivez-nous d'Albany, et venez nous voir à Lilacsbush au mois de septembre. Vous y serez reçu comme un fils.

Je ne décrirai pas la marche du cortége funèbre à travers les bois. J'accompagnai le corps de Guert à pied avec Dirck jusqu'à la grand'route, où des voitures nous attendaient. A notre arrivée à Albany, nous remîmes les dépouilles mortelles de notre ami à sa famille, et les obsèques se firent avec une grande solennité. L'armoire murée, à côté de la cheminée, fut ouverte, suivant l'usage, et les six douzaines de bouteilles de Madère qui y avaient été placées vingt-quatre ans auparavant, le jour du baptême du pauvre garçon, se trouvèrent excellentes.

Le révérend M. Worden officia solennellement, et il inspira un intérêt universel lorsqu'on sut qu'il avait failli partager le sort de celui dont il confiait en ce moment la dépouille à la terre, poussière qui retournait se mêler à la poussière.

Pauvre Guert! Je passai quelques instants auprès de son tombeau avant de partir. Voilà donc tout ce qui restait de ce beau jeune homme, de ce courage indomptable, de cette pétulante gaieté! Au physique, il eût été impossible de trouver un homme plus accompli. Si, sous le rapport intellectuel, il laissait à désirer, c'était pour n'avoir pas reçu d'éducation. Néanmoins, tous les livres du monde n'auraient jamais pu faire de Guert un Jason Newcome, ni de Jason un Guert Ten Eyck. Chacun d'eux avait sans doute les travers particuliers de sa province; mais la nature avait aussi établi entre eux des distinctions profondes. Toute la fougue impétueuse de Guert n'avait jamais pu altérer sa sensibilité ni sa délicatesse; tandis que les prétentions extravagantes de Jason n'avaient jamais pu l'élever au-dessus du commun. Hélas! je pleurai sincèrement mon ami, et sa mémoire n'a jamais cessé de m'être chère.

Dirck et moi, nous avions tant de connaissances à Albany qu'on fit de grands efforts pour nous retenir; mais, après tant de secousses, il nous tardait de nous retrouver chez nous, et nous nous embarquâmes à bord du premier sloop qui partit pour New-York. Notre traversée fut généralement regardée comme très-heureuse; elle ne dura que six jours. Il est vrai que nous engravâmes trois fois; mais c'étaient des accidents trop fréquents pour qu'on y fît grande attention. Un de ces séjours forcés eut lieu dans l'Overslaugh, et j'y passai quelques heures délicieuses à me retracer tous les détails de nos tragiques aventures sur la glace. Anneke m'avait avoué qu'à cette époque elle m'aimait déjà depuis longtemps, et je cherchais à me rappeler les moindres mots, les moindres circonstances qui eussent pu m'éclairer alors; il me semblait qu'en effet j'avais été bien aveugle de ne pas comprendre que mon amour était partagé.

Dirck me quitta à Tappan-Sea pour aller dans le Rockland auprès de sa famille; et, le lendemain, je débarquais à New-York où mon oncle et ma tante Legge furent ravis de me voir. Dès qu'on sut la part que j'avais prise à l'expédition dans le Nord, je devins l'objet de la curiosité générale, et ce fut à qui me fêterait. Mais j'étais impatient de revoir Satanstoé, et je partis à cheval. Je n'entreprendrai pas de cacher ma faiblesse. Lorsque je m'arrêtai, comme d'habitude, à Kingsbridge pour diner, pendant que l'hôtesse mettait la table, je gravis la hauteur pour découvrir de loin Lilacsbush. La jolie maison était toujours là, au pied de la colline, au milieu de charmants bosquets; mais la maîtresse était absente, et le plaisir que me causait cette vue était mêlé de regrets.

— J'apprends que vous avez été dans le Nord, monsieur Littlepage, me dit la bonne mistress Léger, pendant que je faisais honneur au repas qu'elle m'avait préparé; dites-moi, je vous prie : avez-vous vu nos respectables voisins, M. Mordaunt et sa charmante fille?

— Oui, mistress Léger, et dans les circonstances les plus critiques. Les terres de mon père, dans cette partie de la province, sont près de la propriété d'Herman Mordaunt, et j'y ai passé quelque temps. Vous n'avez pas eu récemment des nouvelles de sa famille?

— Non, si ce n'est pourtant la nouvelle que miss Anneke ne doit plus nous revenir.

— Anneke! et pourquoi donc, au nom du ciel?

— Du moins comme *miss* Anneke, puisqu'elle va devenir *lady* Anneke. N'y a-t-il pas un général *Bulstrom*, ou quelque officier supérieur de ce nom, qui lui fait la cour?

— Ah! je commence à comprendre. Eh bien, que dit-on de ce général?

— On dit qu'ils vont se marier le mois prochain; quelques-uns même prétendent que la chose est déjà faite, et que le père donne Lilacsbush et quatre bonnes mille livres par-dessus le marché; pour acheter un si grand honneur. Moi, je dis aux voisins que c'est beaucoup trop, et que miss Anneke vaut bien, par son seul mérite, tous les lords d'Angleterre.

Les voisins, toujours les voisins! Voilà pourtant comme ils fabriquent des nouvelles, quand ils n'en ont pas à colporter ! On pense bien que ma tranquillité n'en fut nullement troublée, et que je ne m'amusai même pas à tirer mistress Léger de son erreur.

Je n'ai pas besoin de dire quel accueil me fut fait à Satanstoé. Ma bonne mère ne pouvait s'arracher de mes bras, ni rassasier ses yeux du plaisir de me voir. Mon père était attendri jusqu'aux larmes. Le capitaine Hugh Roger, avec ses soixante-dix ans, n'avait plus la fibre extrêmement sensible; mais il me serra cordialement la main, et il écouta mon récit de l'expédition avec l'intérêt d'un soldat qui avait servi lui-même dans des temps plus heureux. Il me fallut recommencer plus d'une fois les détails du combat, et il en fut de même des aventures à Ravensnest. Après le dîner, ma mère me prit à l'écart.

— Corny, mon cher enfant, me dit-elle, vous ne m'avez rien dit de *particulier* sur les Mordaunt. Voyons ! n'avez-vous rien à me confier ?

— Il me semble, ma mère, que je vous ai parlé de notre rencontre à Albany, de nos aventures sur la glace, enfin de tout ce qui est arrivé à Ravensnest ?

— Sans doute, mon fils; mais que m'importe tout cela ? c'est d'Anneke que je voudrais vous entendre parler. Est-il vrai qu'elle soit sur le point de se marier ?

— Très-vrai. Je le tiens de sa propre bouche.

— Comment, elle a pu vous le dire elle-même ?

— Mon Dieu, oui, quoique je doive ajouter qu'elle rougit beaucoup en me l'apprenant.

— Voilà qui me confond ! Ainsi donc la vanité et l'ambition peuvent aveugler même les cœurs les plus ingénus !

— Et où voyez-vous de la vanité ou de l'ambition dans le choix qu'a fait Anneke ?

— Mais il me semble que ce M. Bulstrode...

Je n'eus pas le courage de la laisser plus longtemps dans l'erreur, et, me précipitant dans ses bras, je mis fin à ce badinage en lui apprenant toute la vérité. En voyant ma mère fondre en larmes, j'eus regret de l'avoir ainsi tenue en suspens ; je demandai mon pardon, qui m'était accordé d'avance, et je racontai ce qui s'était passé entre Anneke et moi. La joie de ma mère fut partagée par toute la famille.

Mon retour à Satanstoé avait eu lieu à la fin du mois de juillet. Les Mordaunt ne devaient être à Lilacsbush que vers le milieu de septembre; j'avais donc près de deux mois à attendre cet heureux moment. Je passai ce temps de mon mieux. Je cherchai à m'intéresser à notre vieille propriété de Satanstoé, et à former des plans de bonheur qui devaient s'y réaliser avec Anneke. C'était une belle ferme, productive, admirablement située, entourée d'eau de trois côtés, et ayant un verger où venaient en abondance des pommes, des pêches, des abricots, tels qu'on n'en eût pas trouvé dans tout l'univers. On dit que les provinces un peu plus au sud, telles que New-Jersey, la Pensylvanie, Maryland, etc., l'emportent sur nous pour la qualité des pêches; quant à moi, je n'ai jamais mangé de fruits comparables à ceux de Satanstoé. Il n'est pas une prairie, pas un mur, pas un arbre, pas une motte de terre du bon vieux domaine qui ne me soient chers. Une seule chose me peine. C'est qu'on veuille substituer au nom qu'il porte depuis si longtemps celui de Dibbleton, pieux diminutif de Devil's Town, Ville du Diable. Depuis que les troupes de l'Est ont commencé à venir de ce côté, on s'attaque avec acharnement à nos vieux noms hollandais, que les Anglais, venus directement d'outre-mer, avaient généralement respectés. Le changement, le changement toujours et partout, voilà quelle semble être la devise de ces provinces. Nous autres, de New-York, nous nous contentons de faire comme nos ancêtres ont fait avant nous; et je ne vois pas en quoi nous en sommes plus ridicules. Que ceux qui veulent changer soient libres de le faire; le changement est quelquefois une amélioration; mais que du moins aussi on puisse rester tel que l'on est, quand on se trouve bien. Voilà pourquoi je tiens tant au nom de Satanstoé : il vient de mes ancêtres; c'est témoigner du respect pour leur mémoire que de le maintenir; et j'espère bien que tous les Yankees de la chrétienté réunis ne parviendront pas à le changer en celui de Dibbleton.

Ce fut un beau jour que celui où un domestique à la livrée d'Herman Mordaunt vint m'apporter une lettre de son maître qui m'apprenait l'heureuse arrivée de la famille, et qui m'invitait à venir déjeuner le lendemain avec eux. J'avais reçu dans l'intervalle deux lettres d'Anneke où respirait la tendresse la plus dévouée, quoique les expressions en fussent tempérées par la délicatesse naturelle à son sexe. A peine le messager était-il parti, que, cédant pour la première fois de ma vie à un mouvement romanesque, je me mis en route pour aller coucher à l'auberge bien connue de Kingsbridge, afin d'être plus près de l'objet de toutes mes affections, et de n'avoir plus le lendemain qu'un court trajet à faire pour être auprès d'elle.

— Votre servante, monsieur Littlepage, me dit la bonne hôtesse dès qu'elle m'aperçut; comment va le vénérable capitaine Hugh Roger, et le major, votre respectable père? Bien, n'est-ce pas? je le vois à votre sourire. On est bien heureux de voir ceux qu'on aime bien portants. Mon pauvre cher homme a *joui* d'une très-mauvaise santé tout l'hiver dernier, et je crains bien qu'il n'en soit de même l'hiver prochain. J'aurais cru que vous alliez à la noce à Lilacsbush, monsieur Corny, si, au lieu de vous arrêter chez moi, vous aviez été droit à la maison de M. Mordaunt.

Je tressaillis; mais je supposai que la nouvelle de l'événement qui se préparait avait transpiré; et que, pour cette fois et sans tirer à conséquence, les caquets du voisinage avaient mis en circulation une vérité.

— Ce n'est pas ce motif qui m'attire, mistress Léger; mais j'espère me marier un de ces jours, de manière ou d'autre.

— Je ne voulais pas parler de votre mariage, monsieur, mais de celui de miss Anneke avec ce lord Bulstrom. C'est un grand parti pour les Mordaunt, après tout. Le valet de chambre du baronnet vient souvent ici boire du cidre nouveau, qu'il dit aussi bon que le cidre d'Angleterre, ce qui n'est pas un petit éloge dans la bouche d'un homme qui ne trouve rien de bien dans les colonies. Thomas dit donc que c'est une affaire arrangée, et que la noce doit avoir lieu au premier jour. Elle a été différée à cause du deuil de miss Wallace qui vient de perdre son mari dans le mois de miel, ce qui fait qu'elle conserve son nom de fille. Il paraît que c'est l'usage en pareil cas.

Comme il était clair que les voisins n'étaient nullement au fait de ce qui se passait dans la famille d'Herman Mordaunt, je n'écoutai pas plus longtemps ces commérages, et, prenant mon chapeau, je me mis à réaliser le projet qui m'avait fait venir. Je gravis les hauteurs, et j'arrivai bientôt à l'endroit où un jour j'avais rencontré les deux amies à cheval. Quel fut mon étonnement d'y voir, assis sous un arbre, Bulstrode seul, plongé en apparence dans de graves réflexions ! J'aurais voulu l'éviter, et je me retirais quand, levant les yeux par hasard, il vint à m'apercevoir.

Je vis du premier coup d'œil qu'il savait la vérité. Il rougit, se mordit les lèvres et vint à moi avec un sourire forcé. Il ne boitait que tout juste ce qu'il fallait pour donner plus d'intérêt à sa démarche, et il m'offrit la main avec une franchise qui était vraiment méritoire. Ce n'était pas peu de chose de perdre une femme comme Anneke, et je doute qu'à sa place j'eusse montré autant de magnanimité. Mais Bulstrode était homme du monde, et il savait maîtriser ses sentiments secrets.

— Je vous ai demandé, Corny, me dit-il, de rester amis, coûte que coûte ; vous avez réussi, et j'ai échoué. Herman Mordaunt m'a tout appris au moment de quitter Albany, et les regrets qu'il m'a témoignés ne sont pas des plus flatteurs pour vous. Néanmoins il convient que vous valez votre pesant d'or, et que si son gendre de prédilection n'avait été Alexandre, il eût été Diogène. Ainsi vous n'avez qu'à vous munir d'une lanterne, à épouser Anneke et à vous mettre en ménage. Quant à l'honnête homme, pour continuer ma comparaison, je m'offre moi-même pour ce rôle, ce qui vous épargnera la peine de chercher, et même d'allumer votre lumière. Allons, asseyez-vous sur ce banc, et causons un peu.

Il y avait bien quelque chose d'un peu forcé dans ces plaisanteries ; mais enfin c'était prendre son parti en brave. Je m'assis à côté de lui, et Bulstrode continua :

— C'est la rivière qui a fait votre bonheur, Corny, et qui m'a noyé.

Je souris, mais je ne dis rien, quoique je susse à quoi m'en tenir à ce sujet.

— L'amour a ses vicissitudes comme la guerre. Me voici dans la même passe qu'Abercrombie ; nous nous attendions l'un et l'autre à être vainqueurs, et tous deux nous avons été battus. Je suis même le plus heureux ; car il n'aura jamais une autre armée, tandis que, moi, je puis trouver une autre femme. Voyons, soyez franc avec moi : à quoi attribuez-vous particulièrement votre succès ?

— Il est naturel, monsieur Bulstrode, qu'une jeune personne aime mieux rester dans son pays que d'aller sur une terre étrangère.

— Parbleu, Corny, c'est joindre la modestie au patriotisme ; mais ce n'est point la véritable raison. Non, non, c'est Scrub et le théâtre qui m'ont perdu. Qui va s'attendre aussi à trouver des jeunes personnes si étonnamment scrupuleuses ? En vérité, sous tous les rapports, vos jeunes Américaines ont renversé toutes mes idées. J'arrive, bien convaincu que je ne verrai pas une seule femme qui n'ait l'air plus ou moins commun ; et je trouve partout, au contraire, sauf peut-être ce dernier vernis que donne l'usage du monde, des figures tout aussi aristocratiques que si vous aviez un régiment de duchesses. C'est à n'y rien comprendre. Sans doute l'Américaine peut manquer d'un certain fini, de je ne sais quelle grâce d'élocution qu'on ne trouve que dans une sphère élevée ; mais pour avoir l'air commun, c'est ce qui ne se rencontre presque jamais.

— Et où voulez-vous en venir avec tout cela, Bulstrode ?

— A expliquer votre succès et ma défaite, Corny, pas autre chose. Anneke, au lieu de prendre les opinions toutes faites, telles qu'elles arrivent d'Angleterre, s'avise de vouloir en avoir une à elle ; elle se met au-dessus de la mode et ne considère que ce qui est convenable. Vous voyez donc bien que c'est Scrub qui m'a perdu.

Je ne croyais pas la chose précisément exacte ; mais voyant Bulstrode si bien disposé à donner ce tour à sa défaite, je n'avais aucun intérêt à le contredire.—Nous causâmes encore une demi-heure de la manière la plus amicale, et, en me quittant, Bulstrode me promit de ne pas trahir mon incognito.

Je continuai à errer çà et là jusqu'au soir, toujours ayant la maison en vue; et alors je m'aventurai à approcher davantage, dans l'espoir d'apercevoir Anneke à quelque fenêtre ou sous le vestibule, à la faveur de la douce clarté de la lune. Insensiblement j'avançai de plus en plus, et j'étais tout près de l'habitation quand j'entendis des pas légers sur le sable d'une avenue. Au même instant de douces voix arrivèrent jusqu'à mon oreille, et j'entendis en quelque sorte malgré moi la conversation suivante :

— Non, Anneke, disait Mary Wallace, mon parti est pris, et je porterai fidèlement, et à jamais, le deuil de Guert comme si notre mariage avait été célébré. Je le dois à sa mémoire, pour l'avoir peut-être, par mes hésitations continuelles, entraîné dans ces scènes terribles qui ont causé sa perte. Quand une femme aime réellement, Anneke, elle doit se prononcer sur-le-champ. Pauvre Guert! si je lui avais accordé ma main, il vivrait encore. Eh bien! du moins, je serai sa veuve en secret, et je lui resterai fidèle. Que vous avez bien fait, chère Anneke, d'être franche avec Corny Littlepage et de lui avouer la préférence que vous avez sentie pour lui presque depuis le premier jour où vous l'avez vu!

Quoique ces paroles résonnassent délicieusement à mes oreilles, l'honneur ne me permettait pas d'en entendre davantage; et j'écartais les branches qui me cachaient pour m'éloigner, quand le bruit que je fis involontairement trahit la présence d'un tiers. Je ne pouvais plus me dispenser de me montrer, mais je tâchai du moins de le faire de manière à ne pas effrayer les deux amies.

— C'est sans doute M. Bulstrode qui nous cherche, dit la douce voix d'Anneke; le voici, et nous allons...

La chère enfant s'arrêta tout court : elle venait de me reconnaître, et l'instant d'après je la pressais dans mes bras. Mary Wallace disparut, je ne saurais dire ni quand ni comment : tout entier à mon bonheur j'oubliais l'univers entier. Anneke me convainquit aisément que je ne pouvais plus me retirer sans avoir vu son père, et je me décidai à entrer, dussé-je encourir toutes les railleries d'Herman Mordaunt. Mais je fus traité avec beaucoup d'indulgence, et le père d'Anneke se contenta de rire de ma petite aventure, en disant qu'elle lui semblait de bon augure, et que je serais un excellent mari.

Au commencement d'octobre, notre mariage fut célébré par le révérend M. Worden. Nous devions habiter Lilacsbush, que mon beau-père m'abandonna en toute propriété avec tout le mobilier. Il me remit aussi ce qui revenait à ma femme du côté de sa mère, et c'était une fortune assez considérable. Enfin la mort du capitaine Hugh Roger ne tarda pas à nous faire faire un riche héritage. Nous ne formions qu'une seule famille; Anneke et ma mère avaient surtout conçu l'une pour l'autre la plus vive affection, et notre temps se passait entre New-York, Lilacsbush et Satanstoé.

Quand à Bulstrode, il repartit pour l'Angleterre avant notre mariage, mais il continua à nous écrire. Il est toujours garçon, et il dit qu'il ne se mariera jamais; mais ses lettres sont écrites d'un style trop léger pour me laisser aucune inquiétude à ce sujet. C'est au surplus mon fils Mordaunt qui dira quelque jour ce qui pourra être advenu de ces bonnes résolutions, s'il lui est jamais donné de continuer ces mémoires de famille.

FIN DE SATANSTOE.

www.ingramcontent.com/pod-product-compliance
Lightning Source LLC
Chambersburg PA
CBHW070440170426
43201CB00010B/1168